编辑委员会（按姓氏笔画排序）

委　　员：马　光　马　新　王学典　王育济
　　　　　　方　辉　代国玺　江林昌　刘玉峰
　　　　　　刘家峰　刘新利　孙一萍　张新刚
　　　　　　陈尚胜　杨　瑞　胡卫清　胡新生
　　　　　　赵兴胜　徐　畅　顾銮斋　韩吉绍

主　　编：陈尚胜

执行主编：代国玺

编辑部主任：谭景玉

编　　辑：马　光　冯　佳　孙　琇　孙丽芳
　　　　　　吴雪飞　崔华杰　谭景玉

山东大学历史文化学院 主办

SHANDONG UNIVERSITY HISTORICAL STUDIES

第一辑

陈尚胜 主编

中国社会科学出版社

图书在版编目（CIP）数据

山大史学. 第一辑 / 陈尚胜主编. —北京：中国社会科学出版社，2020.12
ISBN 978-7-5203-7144-5

Ⅰ.①山… Ⅱ.①陈… Ⅲ.①史学—文集 Ⅳ.①K0-53

中国版本图书馆 CIP 数据核字（2020）第 169147 号

出 版 人	赵剑英
责任编辑	宋燕鹏
责任校对	王建国
责任印制	李寡寡

出　　版	中国社会科学出版社
社　　址	北京鼓楼西大街甲 158 号
邮　　编	100720
网　　址	http://www.csspw.cn
发 行 部	010-84083685
门 市 部	010-84029450
经　　销	新华书店及其他书店

印刷装订	三河弘翰印务有限公司
版　　次	2020 年 12 月第 1 版
印　　次	2020 年 12 月第 1 次印刷

开　　本	710×1000　1/16
印　　张	20.5
插　　页	2
字　　数	306 千字
定　　价	108.00 元

凡购买中国社会科学出版社图书，如有质量问题请与本社营销中心联系调换
电话：010-84083683

版权所有　侵权必究

《山大史学》发刊词

去年冬,历史文化学院同事在新落成的山东大学青岛校区博物馆进行年度学术报告会,以纪念山东大学历史系建系70周年(1949年山东大学开始单设历史系)。会上,大家在分享与讨论同事学术报告的同时,特别缅怀建系以来的前辈先贤。1950年代山东大学能以"文史见长"闻名于世,是与杨向奎、丁山、童书业、王仲荦、郑鹤声、张维华、黄云眉、陈同燮、赵俪生、吴大琨、卢振华、华山、韩连琪、孙思白、庞朴、葛懋春等为代表的历史系诸位前辈的学术研究是分不开的。他们所秉持的朴实厚重、精勤严谨、执著专注的优良学风与经世致用的史学情怀,正是我们所应发扬的宝贵学术传统。

历史学作为一门学术,人们是要通过这门学术研究来了解人类的过去,她的最高使命是要"究天人之际,通古今之变",要求史学家从长时段或关联化的微观历史事实来揭示人类过去的经验与教训,从而为人们把握今天和创造明天来供给历史知识营养。人们在历史研究过程中,不仅受到各民族、各国家的历史记忆(例如史料)之影响,更会受到各个国家、各个时代的需要所驱动。譬如,梁任公于1902年倡导"史界革命",则与晚清社会民族主义思潮和中华民族图存图强有着很大关联;顾颉刚等人在1934年创办《禹贡》杂志,也是通过史地研究来聚焦中国的民族与边疆问题,以警醒国人提防外国侵略和肢解中国的图谋。1950年代我国史学界关注于"五朵金花"(中国古代史分期问题、中国封建土地所有制形式问题、中国封建社会农民战争问题、中国资本主义萌芽问题、汉民族形成问题)的研究,则为中华人民共和国建立后的意识形态建构所驱动。而当下对于中国文明的研究,也显示了在全球化过程中中国社会对于国家主体意识建构的需要。

《山大史学》发刊词

目前，史学研究者在面对一个以互联网为纽带的世界时，不同程度感受到新史料与新研究信息的快速传播所带来的空前影响，历史学者之间跨越具体分支学科、跨越学校、跨越国家的学术交流与对话更是十分活跃。即使当下的跨国往来被新冠病毒疫情所阻困，但仍然妨碍不了学者们通过网上的学术交流和讨论。身处我们这样一个历史学传统十分悠久的国度，历史学者更有责任提供别人看不到的史实，来引导人们在全球化与本土化之间寻求对话与理解，以促进不同文明之间的互学互鉴。而身处这样一个时代，山东大学历史文化学院同事们觉得有必要创办《山大史学》，不仅仅要表达和记录我们对于当代历史学发展的一份关怀与相关议题的对话和讨论，也想使它发挥学术苗圃的功能，来哺育和培养学术新人和学术新议题。

本辑文章主题，包括中华文明起源问题、中国古代制度史、16世纪末东亚壬辰战争史和欧美全球史研究。大家从本辑文章作者的分布情况可以看到，我们决非是把《山大史学》办成本院同仁刊物。我们希望通过这个学术园地，成为我们与校内外乃至国内外学人进行学术交流的一个平台，不断加深和拓展历史学研究的议题。因此，我们特别祈盼海内外学者的大力支持！

陈尚胜

二〇二〇年十月二十日

目　录

制度史研究

西周早期中国礼制的转向与定型 …………………… 胡新生（3）
关于中国古代地方政治研究的几个问题 ……………… 马　新（38）
宋代县令系衔若干问题试探 …………………………… 范学辉（59）

文明起源研究

黄帝与五帝时代 ………………………………………… 江林昌（85）
夏商周断代工程与夏代考古研究 …………………… 李伯谦（110）
师𩛥鼎铭文与西周德教 ………………………………… 冯　时（121）

壬辰战争研究

文禄·庆长之役诸大名的目的
　　——对参战动机的讨论 ……………… ［日］津野伦明（137）
16世纪朝鲜战争所反映的明朝政治生态
　　——以柳思瑗《文兴君控于录》为中心 ……… 卜永坚（157）
万历东征副总兵佟养正及明军后勤供应网络
　　探析 …………………………………………… 杨海英（170）
壬辰战争期间朝鲜军和日本军的秘密交涉 ……… ［韩］金图泰（195）

目 录

第二次"晋州之战"前后明朝东征援军在朝鲜的
  布防与动向 ……………………………………… 石少颖（222）
两场战争：明清之交的朝鲜王朝国家正体性问题
  研究 ……………………………………… ［韩］桂胜范（241）
世界历史视域下的壬辰战争再评析 …………… 宋成有（259）

全球史研究

全球化是昨天的新闻吗？ ………………… ［英］A. G. 霍布金斯（283）

制度史研究

西周早期中国礼制的转向与定型

胡新生[*]

摘要：西周早期主流礼制奠基于周邦文化传统，在精神内涵和风格气派等方面均与商礼有所不同。周朝统治者确立了以族类意识和宗法观念为核心的族本主义礼制原则，明确以"孝""友"伦理作为礼制创设和礼制实践的指导方针，将宗族道德与国家礼制紧密结合起来。在族类意识和宗法观念的引领下，周初礼制呈现出去巫术化和追求"肃雍"之美的新趋向、新风格。此种变化标志着中国文化开始摆脱巫风盛行、蒙昧幼稚的状态，初步建立起一套具有中华礼教文明特点的礼仪制度体系。西周早期礼制中的新元素对后来儒家礼学的形成产生了深远的影响，在中国礼制发展史上占有特殊地位。

关键词：西周礼制　族类　宗法　礼制风格　中国礼制定型

西周早期礼制在物质—技术层面（如器物、建筑、青铜冶炼、文字等）主要继承了商代的制度，而在精神—理念层面则发生了重大变革。这两个方面是同时存在、同时进行的，其中精神层面的变革对中国礼制的发展影响最大，因为这种变革关乎礼制的走向和道路，决定了中国礼制的形态。西周早期礼制的转向和定型，实质上是一种礼制文明化。这里说的"文明化"包括两层含义：首先是指礼制内涵的变化——礼制建设有了明确的指导思想，礼制与"孝""友"伦理的结合日趋紧密。从西周开始，礼制即稳定地表现出中华礼教文明的道德特质，以族类意识和宗法观念为核心的价值观成为指导礼制创设和

---

[*] 胡新生，山东大学历史文化学院教授。

礼制实践的根本原则，礼制的发展有了确定的方向和轨道。其次，文明化又是指礼制形式风格的不断雅化。周代礼制不断剔除旧礼中的原始宗教—巫术因素，不断淘汰神秘性的礼仪和礼仪中的神秘内容，逐渐排除礼制中狂热、躁动、激烈的成分，使礼仪更接近日常生活而不追求对日常生活的超越，使礼仪风格走向庄重舒缓、肃敬雍和、文明雅驯一路。

西周早期礼制确立了以"孝""友"为核心的礼制原则，这是礼制文明化进程中具有决定意义的变化。"孝"和"友"分别代表了宗法观念和族类意识，这两者所代表的价值观念和精神取向可以称为"族本主义"。周代礼制在族本主义价值观的引领下向前发展，走上了一条独具特色的中国礼教文明之路，此后中国礼制乃至整个中国文化都是以族本主义作为基本的精神内涵。西周礼制的雅化现象则是在族本主义价值观确立的基础上发生的礼制形式方面的更新。周初礼制以其特有的新精神新风格构成了中国礼制文明化的开端，创法垂统，笼罩百代，在中国礼制发展史上占有特别重要的地位。

一 礼制文明化的开端

西周王朝建立前后，姬周统治者将宗族伦理道德贯注于礼制领域，使之成为制礼行礼的基本原则；同时逐步剔除商礼中的神秘、血腥元素，崇尚舒缓的节奏与温和的仪态，使之成为引领礼制发展的主流风格。

以"孝""友"为核心的宗族伦理道德成为指导礼制创设和礼仪实践的基本原则，是西周礼制有别于商礼的最重要的特点。这个特点，主要表现为周初礼制所受宗族道德的影响程度，以及周初制礼者道德意识的自觉程度都与商代明显不同。

按商代社会的发展程度，不能说当时还没有"孝""友"等道德观念，但是从商代礼制中看不出宗族道德观念对当时的政治制度包括国家礼仪制度有决定性的影响。《尚书·洪范》罗列九种治国大法，完全不说宗族伦理道德的社会政治意义，其关注的重点是如何突出最高统治者的权威以及一些事务性、技术性的政治要领如政务分工、统治手段选择、预测及决策方法等。因此，商朝礼制即使受到宗族道德的影响，其影响也不是决定性的，换言之，宗族道德在当时的政治领域和礼制领域并不具有最高指导原则的地位。西周王朝则在最关键的地方改弦更张大事损益。《尚书》所载周公训词表明，"孝""友"不仅是宗族道德，同时也是一种政治原则。西周王朝开启了宗族伦理与政治伦理相结合的道路，西周时期占主流地位的礼制都是贯穿了宗族道德观念的礼制，诸如突出祖先亲切感和人鬼沟通具象化的尸祭之礼，同血缘族群"系之以姓而弗别"的制度，君王及夫人按性别分工传统带领族人耕种籍田和养蚕纺织的仪式，周人最擅长的尊齿养老之礼等，都是族群一体意识和族人友爱观念在礼制上的反映。标志政权之宗族归属的祭天配祖和社稷配祖礼制，标志最高政治权力和最高宗族权利集于一身的"天子"称谓，标志个别祖先具有特殊政治地位的祧庙之制，标志诸侯对于王室具有宗族和国家意义上的双重隶属关系的诸侯朝觐之礼等，都是宗法等级关系在国家礼仪上的反映。这类充满宗族道德精神的礼制，在商代或者尚未形成，或者尚不成气候。

西周礼制的新气象不仅在于体现宗族道德观念的礼制事实上占据主流，而且在于周人是有意识地、自觉地将宗族生活中的血缘情感和道德原则贯穿于国家礼制当中。《诗经》西周早期宗庙诗歌、《尚书》周初诸"诰"以及西周金文所反映的崇尚祖先之德、避免商亡覆辙等训词，都表现出一种强烈的道德意识和同舟共济的宗族亲情。这种意识和情感必定通过各种方式渗入社会礼仪生活和国家礼制领域。而在现有的史料中，我们看不出商代统治集团有此种道德自觉。商代的祭祀带有极强的消灾除祸的功利性，缺乏与祭祀对象之间的亲情沟通，缺乏对所祭祖先崇高道德的仰慕之心，祭祀鬼神包括祭祀祖先更多的是出自对鬼神的反复无常和巨大破坏力的极度恐惧。这种祭礼的道德意识比较淡薄，严格说来不属于宗教礼仪（宗教活动往往同时有道德要求）而更近似于巫术活动。西周时期，这种远离道德一味追求功利的礼仪活动当然不会绝迹（如《尚书·金縢》所记周公为武王祈祷就带有浓厚的巫术意味），但它在国家礼制中已逐渐退居次要地位。要求礼仪参与者遵循祖德、敬天自律成为一种礼制原则，诸如"济济多士，秉文之德""不显维德，百辟其刑之""仪式刑文王之典，日靖四方""敬之敬之，天唯显思，命不易哉"等周初庙祭诗句，都真切地反映出周人的道德要求和道德自觉已经远非商代可比。

宗族道德观念成为礼制原则，随之带来礼制形式与风格的更新。这种变化主要表现为：对既和且敬的"肃雍"仪容的赞美和追求，对日名、周祭、腰坑殉狗、毁宗躐行、龟卜迷狂、桑林狂舞等礼俗的排斥以及由此形成的礼制发展去巫术化、去神秘化的倾向，对人殉、人祭、大量杀牲、杀牲方法名目繁多、追求新奇等礼俗的排斥以及由此形成的礼制发展去血腥化、去野蛮化的倾向。礼制风格的变化是礼制的内容和精神发生变化的伴生物或副产品，只要宗族生活崇尚亲密、和睦、温馨、宽松、舒缓、有序的价值观向礼制领域渗透，只要"孝""友"等宗族道德成为礼仪实践的指导原则，礼制风格必定会出现否定血腥和神秘、肯定温情和敦朴的变化。

西周早期礼制精神与风格的转变在中国礼制发展史上具有划时代的意义。为突出这一转变的重要意义，同时也是为突出周初礼制发展所具有的不同于以后各阶段的独特的历史内容，我们不妨用"文明化"这一概念来概括西周早期的礼制变革。

周初礼制文明化，意味着西周早期礼制开启并确定了中华礼制的发展方向和发展道路，开始表现出中国古代文明形态有别于世界其他文明的特点，可以代表此后延续了三千年的中华礼制文明。此种意义上的"文明化"概念与考古学者常用的文明化概念，譬如与主要是从考古学视角探讨中国文明起源问题时使用的文明化概念有所不同。这里说的"文明化"侧重于描述精神文化特征的形成和发展，是指明确表现出以"纲常名教"为核心价值观的中华礼教的文化特征。夫妇之别、父子之别和君臣等级的形成，只能标志一般意义上的文明，只能反映物质文明和社会政治制度发展到了一定阶段，却不能由此论定中国文明形态的形成。中国文明的特点是将夫妇之别、父子之别和君臣之别并列为核心价值，将家庭家族伦理与社会政治伦理融为一体，并以家庭伦理作为社会政治伦理的根基。中国古代所谓"三纲"不是分别、孤立的伦理要求，而是三位一体、精神贯通的道德纲领。商代及以前，礼制的民族文化特征尚不明显，礼制尚不具备以纲常名教为核心的礼教的特质。随着西周王朝建立，过去在夏商礼制中不占主导地位和没有形成自觉的文化因素，也就是将家庭家族伦理与社会政治伦理融为一体的观念和相关制度等，开始被有意识地突出和强化，从而成为决定礼制走向和礼制类型的主流文化。礼制从此表现出鲜明的中国作风与中国气派，成为带有中国礼教文明特色的礼制。西周礼制为后来三千年中国礼制的发展确定了基调，奏响了在中国古代文化史上贯彻始终的主旋律，而商代及以前的礼制只能说尚处于前奏和序曲的阶段。用"文明化"一词概括周初礼制发展过程，就是特意强调西周礼制变革在构建中华礼教文明方面所具有的这种创业垂统的意义。

周初礼制文明化，又意味着西周王朝将商礼中那些神秘、野蛮的因素排斥于主流礼制之外，礼制风格趋向于文明。此种意义上的文明化是与旧礼的野蛮气息相对应的概念。就像中国文学史上不少原本充满野性、格调鄙俚的文学形式经过文人的加工整理而逐渐雅化一样，西周早期的礼制变革同时也是一种贬斥神秘、摒弃野蛮的雅化过程。《诗》《书》所反映的西周礼制风格与后世历代礼制的风格是一致的，而商礼明显带有更多狂躁、狞厉、诡异的成分，它的色彩混杂多变而偏于"萨满"一路，与后世礼制风格存在巨大差异从而形成了一种阶段性的分隔。商代礼制未经雅化，多有杂质，周礼则开启了中国礼制的雅化历程，这是由宗族伦理道德精神所决定的另一种意义上的礼制文明化。

周初礼制文明化，还意味着西周早期阶段礼制发展的主题是定型和定向的问题，这与以后礼制发展的重心顺次转移到规范化和经典化方面有所不同。笔者对整个周代礼制发展史的理解可以概称为"三主线三阶段说"，是说周代礼制发展同时具有三种趋向即文明化、规范化和经典化的趋向，而这三种趋向并非强弱无别、齐头并进而是依次构成不同时期的主旋律，从而使一部周代礼制发展史呈现出清晰的阶段性。西周早期礼制发展的历史主题就是文明化。礼制的规范化和经典化历程很早就开始了，但在西周早期这些方面的变化还处于副旋律的地位。周初礼制变革的主要内容不是从物质技术层次改变商代旧礼，而是实现精神价值层次的转换，"文明化"概念可以将这一转换的阶段性特点显示出来。经过西周早期（武王至穆王）近一个世纪的发展，周代礼制的文明属性和文化风格趋于确定，礼制的文明化过程即告完成，下一阶段的发展主题即转向追求程式严整以及对旧礼作更多技术性改造的礼制规范化方面。

战国秦汉儒家常用"质"和"文"的概念来表示三代礼制内涵和风格的不同。如《礼记·表记》引孔子曰"虞夏之质，殷周之文，至矣。虞夏之文，不胜其质；殷周之质，不胜其文"。这里将殷、周视为同属于"文"的一大类别，以与更质朴的虞夏作对照，后来儒家则直接将殷、周差异视为"一质一文"轮转的典型。如《尚书大传》说："王者一质一文，据天地之道。"① 《公羊传·隐公八年》何休注"《春秋》变周之文，从殷之质"②。即使不作"质""文"对比，秦汉学者也惯于把周文化归于"文"的范畴。如司马迁说："夏之政忠……殷人承之以敬……周人承之以文。"③ 董仲舒说："夏上忠，殷上敬，周上文。"④ 《盐铁论·错币》说："夏忠，殷敬，周文。"⑤ 这些论述所说的"文"都是代表复杂、文明的文化类型。此外，孔子说过"周监于二代，郁郁乎文哉，吾从周"⑥，他是用"文"

---

① 《白虎通义·三正》引，陈立《白虎通疏证》卷8，中华书局1994年版，第368页。
② （清）阮元校刻：《十三经注疏》，中华书局1980年版，第2209页。
③ 《史记·高帝本纪》"太史公曰"，中华书局2013年版，第489页。
④ 《汉书》卷56《董仲舒传》，中华书局1962年版，第2518页。
⑤ 王利器：《盐铁论校注》，天津古籍出版社1983年版，第52页。相似的说法还有《说苑·修文》："夏后氏教以忠……殷人教以敬……周人教以文"，见向宗鲁《说苑校证》卷19《修文》，中华书局1987年版，第477页；《白虎通义·三教》："夏人之王教以忠……殷人制王教以敬……周人制王教以文"，"夏后氏教以忠……殷教以敬……周人教以文"，见陈立《白虎通疏证》卷8，中华书局1994年版，第369、372页。以上所谓"夏忠，殷敬，周文"诸论，都是根据《礼记·表记》"夏人尊命""殷人尊神""周人尊礼"的说法改编而成。
⑥ 《论语·八佾》，（清）阮元校刻《十三经注疏》，中华书局1980年版，第2467页。

来表示周代文明成果的丰富多彩。可以看出，儒家一贯认为周代礼制代表着一种与商礼不同的文化类型，其文明化程度高于前代。我们用"礼制文明化"来说明周初礼制发展所具有的开启礼教文明形态和后世礼制风格的双重意义，与儒家原本主张的"周文"之说也比较契合。

周初礼制确立了以宗族伦理道德为核心的礼制原则，确立了崇尚温情、崇尚肃雍的礼仪风格，中华礼教文明的基调也由此确立。作为礼制文明化的开端，周初礼制变革对于中国文化的深远影响及其在中国礼制发展史上所占据的特殊地位，也许唯有王国维"商周之际变革说"那样的评价才足以当之。

二 以族类意识和宗法观念为核心的族本主义礼制原则

周初确立的以宗族伦理道德为核心的礼制原则主要包括哪些内容，如何概括和指称此种礼制原则及其所反映的中国文化的精神特征，这是需要进一步探讨的问题。

现在描述西周思想变革和道德发展状况的论著，喜欢将西周新思想新道德定性为"人道主义""人本主义""人文主义""人文精神""宗法模式""宗法基因"等。这些概念虽有与周初史实相合的一面，但整体说来都不能全面准确地反映西周礼制变革的实质和特征。

"人道主义""人本主义""人文主义""人文精神"，都是从西方迻译来的概念。这些概念与西周道德思想只在个别层面上有相似之处，而其各自所处的文化背景和历史背景根本不同，可以说是两种文明体系的产物，过分强调两者的形似之处没有太大意义。就重视人的尊严、重视人的价值、强调人与动物的区别、强调人的自主意识和责任意识等含义而言，"人道主义""人本主义"与西周道德思想确有某些相同；就与神权观念、科学主义对应或对立的意义而言，西周道德思想也未尝不可以说体现出一种"人文主义"或"人文精神"，但西周道德思想和礼仪制度的基本精神，即十分浓重的宗族群体意识和宗法观念，却是这些舶来的概念所不具备的内涵，而这些概念所包含的强调个人权利和个体自由的内容，也是西周以来中国的思想和制度中所极度欠缺的。这是文化背景方面根本性的差异。从历史发展阶段来看，上述舶来概念都是西方近代化过程中兴起的思想或思潮，与西周初期的文化发展水平完全不在同一历史序列。因此，当我们看到有学者说西周初期出现"人道主义之黎明"①，说周公、孔子时期形成了"人本主义哲学"②，说西周开创了中国文化的人文主义风格的时候，总会产生一种时序错乱的感觉，好像中国文化的早熟已经到了极不正常的程度。其中"人文精神"更是一个被说滥了的概念，论者几乎都是凭感觉随意使用"人文"一词，完全缺乏应有的含义界定。使用这种概念很难对中国礼制的特点做出确切的说明。

用"宗法模式"或"宗法基因"③等中国固有的概念来说明西周以来中国文化的历史特征和民族特征，比前面那些概念更觉贴切。不过，"宗法"一词偏重于描述宗族的等级、秩序、差异、分隔等属性，尚不能全面体现出中国礼制精神的另一侧面，即由血缘共同体产生的一体、凝聚、温暖、温情的一面。"宗法模式"等概念容易使人过分强调中国历史上"礼教吃人"之类的事实，从而否定或忽视礼教在维护族群团结稳定方面的积极功能，这同样不符合历史实际。假如中国文化精神中一直是相互抑制、相互伤害、冷漠残忍等负面因素在起主导作用，这种文化绝不可能有强大的再生能力并维持长期延续的局面。

如何定义西周确立的以宗族伦理道德为核心的礼制原则以及中华礼教的精神实质？这里尝试借鉴"人本主义"的提法，将它概括为"族本主义"。这是前人很少使用的一个概念。提出这个概念完全没

---

① 傅斯年：《性命古训辨》，傅斯年《民族与古代中国史》，河北教育出版社2002年版，第329页。原载《国立中央研究院历史语言研究所集刊》单刊乙种之五，上海商务印书馆1940年版。

② 何炳棣：《华夏人本主义文化：渊源、特征及意义》，《何炳棣思想制度史论》，中华书局2017年版，第1—47页。

③ 何炳棣：《儒家宗法模式的宇宙本体论：从张载的〈西铭〉谈起》，《何炳棣思想制度史论》，中华书局2017年版，第398—412页。

有标新立异之想而实出于不得已，因为在比较了多种相关概念的长短之后，仍然觉得还是"族本主义"一词可以更准确、更全面地反映中华礼教的文化特征和历史特征。此外，"族本主义"是一个描述事实的中性概念，不像其他概念或多或少附加了价值判断的因素。追求历史认识客观性是史学工作者的天职。本文冒着自创词汇、费力解释的风险选用新概念，很大程度上是因为这个概念具有客观、中性的特质。

有关中国礼制和中国古代文化的族本主义特色，其实已有大量论著反复论说，只是这些论著未曾使用"族本主义"的概念而已。前人说法各异，所指事实则大致相同。"五四运动"中的思想家曾猛烈抨击中国古代的家族制度和宗法文化。陈独秀指出："西洋民族以个人为本位，东洋民族以家族为本位。""宗法社会，以家族为本位，而个人无权利，一家之人，听命家长。""宗法社会尊家长，重阶级，故教孝……宗法社会之政治，……国家组织，一如家族，尊元首，重阶级，故教忠。忠孝者，宗法社会封建时代之道德，半开化东洋民族一贯之精神也。"吴虞指出："欧洲脱离宗法社会已久，而吾国终颠顿于宗法社会中而不能前进。推其原故，实家族制度为之梗也。""儒家以孝弟二字为二千年来专制政治与家族制度联结之根干"，认为"政治、儒教、家族制度三者之联结为一而皆不可不改者"①。这些批评，意在促进政治文化变革而非研究学术，措辞不免有尖锐过当之处，但其基本观点都触及中国文化的特质，其深刻合理之处不是浮词浅论所能轻易驳倒的。值得注意的是，一些秉持文化保守主义观点的学者，对中国文化重宗族重家族的特质所做的事实陈述，与上引改革派的论断并没有太大差异。② 所以这些论述，并非专门讨论宗族观

---

① 以上陈独秀、吴虞之说均引自蔡尚思《中国礼教思想史》，上海古籍出版社2006年版，第200、207页。

② 如"新儒学"的代表人物也承认中国文化的家族特性，并对此种特性持肯定态度。详见钱穆《中国文化史导论》，九州出版社2011年版；唐君毅《中国文化之精神价值》，九州出版社2016年版。系统论述中国文化家族基因的论著还可以举出很多，如殷海光的《中国文化的展望》（中华书局2016年版）、何炳棣的《何炳棣思想制度史论》（中华书局2017年版）等。

念对西周礼制的影响，也没有对决定宗族—家族文化的核心价值观以及相关概念做全面梳理，但其对中国文化的基本认识可以为后人了解西周礼制提供启示和参考。现在提出"族本主义"概念，就是尝试综括前人的相关思想，根据一个更完整的概念体系展开对西周礼制精神内涵的分析。

族本主义的核心内涵是高度重视血缘和宗法，它包括两个紧密关联的基本观念，即族类意识和宗法观念。族类意识派生的社会文化特征是突出亲情和人情的价值，淡化法律规则意识；突出宗族价值和群体价值，淡化个体权利和个体自由意识。宗法观念则派生出突出家长权威和天然身份差异，淡化社会成员的平等意识等现象。族类意识和宗法观念又共同促成了维系这些社会文化特征的宗教信仰——高度发达的祖先崇拜。

族类意识是西周礼制以及后世礼制的精神内核之一，它是以血缘情感为基础的宗族整体意识，是对以血缘关系为纽带的家庭、家族、宗族等亲属组织的高度认同感。族类意识主导下的礼制设计和实践都是以强化宗族或准宗族群体的认同感为依归。先秦时期的宗族组织直接由原始的氏族、部落等血缘组织蜕变而来，这时的族类意识最为强烈。战国以后，社会结构发生重大变化，个体家庭成为社会基本单位，但对血缘关系的重视并未改变。东汉时期豪族组织兴起，魏晋南北朝时期门阀世族支配社会与政治，唐宋及以后各朝代家族势力始终相当强大，这些次生性的宗族组织一直对中国文化产生持久而深刻的影响力。因此，族类意识不但是西周礼制的观念基础和思想依据，也是中国传统文化有别于西方文化的显著特色之一。

族类意识包括两个方面，即宗族一体意识和宗族至上观念。宗族一体意识是将宗族视为不可分割的整体，认为宗族成员有共同的祖先、共同的血缘，因而也具有相同的品德、性格、思想和感情，应当加强团结以防范来自异姓族群的威胁。由此派生的一种更极端的思想是：只有同祖、同姓、同族亦即血缘相同的人，才会具有共同的品性、思想和情感从而建立起相互信赖、相互辅助的关系；反之，对于不同血统不同族属的人则应采取戒备态度，因为来源不同决定了他们是另外一类有着不同思想情感的人。这种意识的典型表现是西周春秋时期流行的"非我族类，其心必异"①"同姓则同德，同德则同心，同心则同志"②等格言。宗族至上观念是认为宗族成员的个人利益必须从属于宗族的集体利益和长远利益，个人不能凌驾于宗族之上。在生产力低下、个人必须依附宗族才能生存的先秦时期，这一观念表现得尤为突出，如宗族首领的首要任务是"保姓受氏，以守宗祊""守其官职，保族宜家"③，具体到礼制领域来说最重要的是如何保证祖先"血食"。帝制时代的皇帝的个人意志、个人利益每每突破族类意识，但就总体而言，宗族至上作为一种道德要求仍然具有相当的约束力，全社会认同和宣扬的价值观都是宗族、家族、家庭等集体组织的利益绝对高于和永远高于个人利益。

族类意识对中国古代政治生活和政治思想的影响至为深刻。周武王所举商纣王的罪状之一即为"昏弃厥遗王父母弟不迪（用）"，这是以批判的方式明确提出了宗族政治合法正义的思想。周公旦所作《常棣》诗说"常棣之华，鄂不韡韡，凡今之人，莫如兄弟"，又说"兄弟阋于墙，外御其务（侮）"④，由此确立了周代政治的"亲亲"原则。此后，"刑于寡妻，至于兄弟，以御于家邦"⑤，"大上以德抚民，其次亲亲以相及也"⑥，"克明俊德，以亲九族；九族既睦，平章

---

① 《左传·成公四年》引"史佚之《志》"，（清）阮元校刻《十三经注疏》，中华书局1980年版，第1901页。
② 上海师范大学古籍整理研究所校点：《国语·晋语四》载晋司空季子语，上海古籍出版社1998年版，第356页。
③ 《左传·襄公二十四年》，同书《襄公三十一年》，（清）阮元校刻《十三经注疏》，中华书局1980年版，第1979、2016页。
④ 《诗经·小雅·常棣》，（清）阮元校刻《十三经注疏》，中华书局1980年版，第408页。此诗《国语·周语中》明确记为"周文公（即周公旦）之诗"，《左传·僖公二十四年》谓邵穆公"作"此诗，有人以为两说矛盾并认为邵穆公是《常棣》作者，系误解。
⑤ 《诗经·大雅·思齐》，（清）阮元校刻《十三经注疏》，中华书局1980年版，第516页。
⑥ 《左传·僖公二十四年》，（清）阮元校刻《十三经注疏》，中华书局1980年版，第1817页。

百姓;百姓昭明,协和万邦"①,以及儒家提出的"修身、齐家、治国、平天下"的政治思路等,均可视为族类意识的延伸。由周公、召公倡导,经儒家加以哲理化的"德政"思想,最初其实就是"亲亲"原则的另一种表述,如上引《国语·晋语四》"异姓则异德""同姓则同德"之"德"虽是表示品质、性格的中性词汇,但因强调凡我族类同枝连理、品性相同、情投意合、异于外族,故由"同姓则同德"自然可以引申出"同德"之人必须相亲相爱、宽柔相待、抚恤有加的观念,进而就会给"德"字附加施惠族人、追求亲睦等特定的含义,这就是与"亲亲"原则相通的强调的"德政"思想。周公训导康叔说:"惟乃丕显考文王,克明德慎罚,不敢侮鳏寡,庸庸,祗祗,威威,显民。"②这里所谓"明德慎罚""不侮鳏寡"等显然主要是针对宗族成员制定的政策(文王时期的周邦族群构成还比较简单。《左传·成公三年》载申公巫臣说"《周书》'明德慎罚',文王所以造周也。明德,务崇之之谓也;慎罚,务去之之谓也",也隐约反映了"明德慎罚"政策的宗族政治属性)。春秋时人所说"德以柔中国,刑以威四夷"③"乱在内为宄,在外为奸,御宄以德,御奸以刑"④"德以施惠,刑以正邪"⑤等当时流传的格言,仍然带有"同姓则同德""异姓则异德"等严格区分宗族内外观念的影响。后来孔子的"为政以德""道之以德,齐之以礼"等政治思想,则是对原始"德政"思想的进一步泛化和发展。儒家学说的核心概念"仁"以及"仁政"思想,就其渊源说也植根于族类意识。"仁者爱人",但爱人

---

① 《尚书·尧典》,(清)阮元校刻《十三经注疏》,中华书局1980年版,第119页。《尧典》大致是战国文献,所记宗族政治理念可以视为儒家对远古尧舜政治的追拟。

② 《尚书·康诰》,(清)阮元校刻《十三经注疏》,中华书局1980年版,第203页。

③ 《左传·僖公二十五年》,(清)阮元校刻《十三经注疏》,中华书局1980年版,第1821页。

④ 上海师范大学古籍整理研究所校点:《国语·晋语六》,上海古籍出版社1998年版,第426页。《左传·成公十七年》所记为"乱在外为奸,在内为轨,御奸以德,御轨以刑",与常见的内德外刑之说相反,应系一种后出的说法。

⑤ 《左传·成公十六年》,(清)阮元校刻《十三经注疏》,中华书局1980年版,第1917页。

不能逾越家庭而泛爱,所以孟子反对"爱无差等,施由亲始"的言论①,认为"施由亲始"——仁爱的起点是爱家人、爱族人虽可肯定,但仁爱事实上是有差等的,"亲亲"之爱与推而广之的爱仍然有程度上的不同。孟子明言"仁之实,事亲是也""亲亲,仁也"②,又说"老吾老以及人之老,幼吾幼以及人之幼"③,其出发点都是血缘关系和族类意识。

族类意识所派生的"亲亲"原则,将中国文化塑造成了一种带有浓厚的亲情—人情色彩的文化,其显著特征是,国家的法律法规以及社会上各种公开、正式的规则,在具体运行过程中都要因为受到亲情或人情的销蚀而大打折扣。也就是说,在这些明规则的背后,还有一套人人皆知而且默认,基于亲情和人情,专门与所谓"公义"抗衡的潜规则。孔子已经明言他崇尚的风气是违法父子"父为子隐,子为父隐"④,孟子认为虞舜基于亲爱之情将为非作歹的弟弟象封于有庳享受贡税是合理正当的行为⑤,又设想舜宁愿放弃天子之位也要把犯有杀人罪的父亲瞽瞍从监禁之中偷运出来,背负着他逃到遥远的海滨隐居终生,"终身䜣然,乐而忘天下"⑥,都是将宗族亲情、天伦之乐的地位置于公法之上。汉代以来中国知识阶层都是在《论》《孟》《诗》《书》的浸润下成长起来的,孔孟的这些名言无形中把中国人

---

① 《孟子·滕文公上》,(清)阮元校刻《十三经注疏》,中华书局 1980 年版,第 2707 页。
② 《孟子·离娄上》《孟子·告子下》,(清)阮元校刻《十三经注疏》,中华书局 1980 年版,第 2723、2756 页。
③ 《孟子·梁惠王上》,(清)阮元校刻《十三经注疏》,中华书局 1980 年版,第 2670 页。
④ 《论语·子路》,(清)阮元校刻《十三经注疏》,中华书局 1980 年版,第 2507 页。有人援引西方法律不鼓励亲属相互告发等条文为孔子此语辩解,实属强辩。孔子及儒家的思想是一套体系,其根本精神是道德、亲情高于法律。"父为子隐,子为父隐"不是单说家人不应互相揭发的问题,而是整体否定法律在国家治理中的主导地位,与西方法制精神和中国法家的法治理论根本不同。
⑤ 《孟子·万章上》,(清)阮元校刻《十三经注疏》,中华书局 1980 年版,第 2735 页。
⑥ 《孟子·尽心上》,(清)阮元校刻《十三经注疏》,中华书局 1980 年版,第 2769 页。

重亲情、重人情而轻公法的价值观陶铸得更加牢固了。说到宗族组织、族类意识和"亲亲"思想对中国文化的影响,很容易使人联想起现在闽粤地区仍旧保留的客家人的家族性"土楼"建筑,由"土楼"又极易联想到魏晋南北朝时期的所谓"坞堡""坞壁"等家族集团。这些封闭、坚固、自足的"土楼""坞堡"可以说是中国古代宗族和族类意识的象征。中国古代社会有无数不带围墙的"土楼"式的血缘、姻亲共同体在影响着人们的意识和思想,或者说,在人们的意识深处事实上有很多无形的"土楼"从而决定了中国文化重族类、重亲情的风格。"土楼"式宗族往往因某位首领的政治地位的变化而一荣俱荣,人人都有机会从发迹的亲属那里得到特殊的利益,故中国文化对于家族庇荫、亲故请托、裙带之风之类给予最大的默许和宽容。"土楼"式宗族及族类意识还造成了社会成员的分隔和疏离,国家公民意识极其微弱,人在"土楼"之中虽恪守族规,而一旦迈出围墙则几乎没有规矩可守,散漫随意,旁若无人,由此形成全社会普遍缺乏公德意识,讲究礼数而忽略文明的痼疾。

  族类意识所派生的另一种文化现象是突出宗族价值和群体价值,淡化个人权利和个体自由意识。其实只要强调宗族一体和宗族至上,就必然导致弱化和抑制个体权利的结果。在个人和集体关系的问题上,中国文化十分强调个人对集体应尽的义务,从来不讲或很少讲个人对集体有什么权利。个人生活几乎没有集体所不能干涉的领域,个人所享有的自由空间非常狭小。中国传统文献里甚至没有和西方的"权利"概念相对应的词。在中国的家庭和宗族中讲个人权利近似痴人说梦,是一种与文化背景格格不入的被人耻笑的行为。中国文化注重发展社会成员共同的道德品性,不关心不提倡人的个性发展,对个性差异持有一种避忌态度。"个性强"在中国文化传统里始终被看作是消极意义远大于正面价值的否定性词汇。所有这些文化现象都是族类意识高度发达的必然伴生物。另须指出,中国古代儒学包含丰富的个人修养学说,其中不乏崇尚独立人格、追求自我完善等内容,但这些思想和重视个体地位与个性发展的思想是两回事。这些个人修养学说其实是集体主义思想的另一种表达——修成道德高超的圣人,也就是修成高度自觉的符合集体纪律和礼制要求的人,即所谓"从心所欲不逾矩"①。中国历史上也有追求个人自由和个性发展的学说,但是这类学说如庄子一派思想往往走向另一极端,即通过脱离社会隐居山林或者否定社会既定价值、游戏人间的方式来摆脱集体对个人的束缚。这些貌似肯定个人权利和个人价值的思想其实是与族类意识相通或者是被强大的族类意识所扭曲的思想。

族本主义精神的另一侧面是宗法观念,这是建立在以嫡长子继承制和大小宗制为核心的宗法制度的基础之上,强调宗族成员的身份地位差异,强调宗族组织的层级等级区别,特别注重维护宗族秩序的思想观念。族类意识强调宗族的同一性和整体性,宗法观念则强调宗族的等级性和有序性,它们是密切关联不可分割的一体之两面。

宗法观念也可以分解为两个方面,即家长权威意识和天然身份等级观念。家长权威意识认可各级宗族首领具有高于一般族众的地位和特权,视其集权管理或专制统治为理所当然。天然身份等级观念是把家庭、家族、宗族中自然形成的身份差异如父子之别、夫妇之别、长幼之别、辈分之别等看成社会等级和人格等级的基础和依据。

家长权威意识十分强烈是中国文化的重要特点。这里所谓"家长"是一种广义的概念,统指由父系家长制大家庭构成的宗族组织中不同层级的首领。中国早期国家一般是与宗族组织混而不分的宗族国家,各级宗族首领往往同时拥有相应的政治权力,故家长的权威得到极大的强化。宗族组织的层级结构越严密,大宗小宗之间的层级统属关系越强,家长的权力也就越大。西周以后历朝最高统治者在人们心目中也是地位最高的家长,天子是天之嫡子,同时又是天下所有人的父亲。作为宗法观念的重要组成部分,家长权威意识可以说已经深入中国历史文化的骨髓,与此种意识伴生的专制独裁等家长制作风成为中国政治史上一种挥之不去的阴霾。中国古代国家对社会的控制和干

---

① 《论语·为政》,(清)阮元校刻《十三经注疏》,中华书局1980年版,第2461页。强调集体主义价值,反对鼓吹个人主义和个体自由,是中国儒学和马克思主义的共同点之一。

预特别严重，专制君主的力量特别强大，一个重要的原因是因为君权与族权往往结合在一起，君主挟有族权之威因而显得格外强势。

需要特别指出，与家长权威意识结合在一起的君主专制别具一种特色，即它更多带有大家长"温而厉"的特点，有时令人畏惧，有时又不失温情。特别是在王朝建立初期，在战乱结束相对太平的年代，作为最高家长的皇帝会让子民感到有一种"冬日之日"般的温暖。此种仰赖族长收拢、依靠家长庇护的思想情感只有在具有宗法传统的文化中才会产生。

天然身份等级观念对中国文化的影响，造成了一种将家庭成员人格不平等和社会成员权利不平等视为天然合理的文化传统。父子、夫妇、兄弟之别是一种天然差异，但是在宗法制高度发达的中国古代，这种天然差异被扩大成为一种社会等级，从而被赋予了人格不平等的意义。天然身份等级差异在中国古代历史上呈愈演愈烈之势。先秦时期的礼学，论及家庭身份和政治身份对应的双方时还强调上位者的义务，如晏婴所说"君令臣共，父慈子孝，兄爱弟敬，夫和妻柔，姑慈妇听，礼也；君令而不违，臣共而不贰，父慈而教，子孝而箴，兄爱而友，弟敬而顺，夫和而义，妻柔而正，姑慈而从，妇听而婉，礼之善物也"①，就很注重家庭内对应双方权利与义务的平衡。但是秦汉以后却着力强调差异和等级，在"三纲六纪"的口号下，君不违理、父慈、兄爱、夫和之类的要求都被隐没和淡化了。有人根据中国的察举制、科举制使社会下层也有步入政坛改变身份的机会，以及儒家一贯主张"人皆可以为尧舜"等事实，认为中国古代的等级制度（或称"阶级制度"）和等级意识不甚发达，这是一种误解。从皇帝视角看，所有臣民都是被统治者，也都有进身之阶，然而这种与官僚制度相关的身份"平等"并不意味着没有社会等级；主张道德修养不讲身份地位和全无限制，也不意味着没有社会等级。所谓"君为臣纲，父为子纲，夫为妻纲"等纲常名教，实质就是要把由血缘身份差异造

---

① 《左传·昭公二十六年》，（清）阮元校刻《十三经注疏》，中华书局1980年版，第2115页。

成的天然不平等赋予大法地位。不仅如此,君臣、父子、夫妇之不平等事实上在礼制规定、法律实践中都有具体的体现。否认中国古代有天然身份等级观念以及与之相联的社会等级差别,否认家庭成员、宗族成员在观念和事实上都存在人格等级差别,等于抹去了中国文化很重要的一个特色。在基督教世界里,父子、夫妇虽有身份角色之别而同为上帝的子民,故基本不存在社会等级意义上的地位差异。中国古代一些信奉原始平等思想的学派和民间宗教组织也不太强调父子、夫妇之别,但这些思想观念在宗法文化传统中都被视为异端,难成气候,如墨家倡导"兼爱",就被孟子痛斥为"无父"弃亲的禽兽之道;所谓"四海之内皆兄弟""乾父坤母"之类,也都是偏离儒家正统和中国传统文化主流的提法,很容易流入民间秘密结社奉行的平等信仰。其实只要承认纲常名教的存在,就不能否认天然身份等级观念对中国文化的影响。

不过,天然身份等级观念与其他文化中的身份等级观念确有不同。天然身份等级绝不是印度种姓制度那样固化的等级。譬如某一宗族成员,他对父亲而言是天然的卑者,但对子女而言又成了天然的尊者。"父为子纲"被认为是普遍而永恒的规则,父亲的尊严和权威是永远不变的,但是具体到每个个体来说,某人究竟处于父位还是处于子位却是随时变化的。在父亲、长辈那里受到的压抑似乎可以通过对子女、后辈的支配而得到补偿,由此使家庭生活、宗族生活在妇姑勃豀一类错综复杂的矛盾关系中获得一种总体上的平衡。中国古代婆媳关系的不断轮转与此种父子关系具有同样的性质,而且往往更具典型意义。由于人人可以享受到天然身份所赋予的某些特权,所以这种等级关系的稳定性和持久性要远远超过那些追求身份固化的奴隶制度、种姓制度、贱民制度等,能得到全社会广泛的认可和接受,成为中国世代传承的一种文化。

以族类意识和宗法观念为核心的族本主义,其宗教信仰方面的特征是祖先崇拜的高度发达。族类意识和宗法观念共同促成祖先崇拜。宗族以共同的祖先为旗帜,以共同的血缘为纽带,祖先成为维系宗族一体化的最重要、最有力的精神力量。同时,宗族首领被视为祖先血脉之正宗,是祖先在现实生活中的化身或代表,服从宗子的管理就是顺从祖先的意志。这一思想逻辑,用战国礼书的表述就是:"亲亲故尊祖,尊祖故敬宗""敬宗,尊祖之义也。"① 祖先崇拜以宗教信仰的形式集中反映了族类意识和宗法观念,它是族本主义精神的结晶。

祖先崇拜是中国文化中民族特色极其突出的文化现象。晚明和清代西方传教士来到中国,给他们印象最深的是中国人祭拜祖先的礼制。因为此种信仰和礼制与西方基督教文明的差异最为明显,传教士对此最为敏感,他们马上就盯准并说中了中国信仰最关键的特点。利玛窦和明恩溥等人的描述都是如此。中国何以会形成祖先崇拜极度兴盛的局面,中国人的宗教信仰何以会以祖先崇拜为核心?原因就在于中国古代有强固的宗族组织、宗法观念以及与之相关的一系列道德和礼仪,有具有支配地位的族本主义价值观。

祖先崇拜最能反映中国文化"天人合一"的特点。对祖先的信仰具有世俗性质和现实品格。祖先神不同于上帝、自然神,祖先原本是宗族中的一员,是大家长,是父亲、祖父或更上辈的祖先。祖先神灵的神格极其特殊,介乎鬼神和人类之间。由此决定了祖先崇拜绝不可能成为超越性很强的宗教。祖先崇拜是神灵崇拜和家长权力崇拜的混合体。正是这一特点导致了人们在儒学的宗教属性问题上的困惑和分歧。儒家学说十分重视祖先崇拜,儒家最擅长的学术或者说儒家思想的学术基础,是一套"慎终追远"的学问,即专门研究如何处理丧葬和祭祀、如何对待祖先神灵的学问。儒学的宗教属性难以确定,关键在于儒家极度迷恋、大力宣扬的祖先崇拜本身就具有界域模糊、性质混杂、亦此亦彼的特点。中国文化没有成为西方文化或其他文化,从信仰角度说就在于它奉行祖先崇拜,② 而造成祖先崇拜高度发达的社会心理因素,归根结底是西周以来形成的族本主义价值观。

---

① 《礼记·大传》,(清)阮元校刻《十三经注疏》,中华书局1980年版,第1508页。
② 有关祖先崇拜对中国文化的重大影响,前人有较多论述,晚近的论著详参《何炳棣思想制度史论》(中华书局2017年版)。

西周早期中国礼制的转向与定型

中国礼制和中国文化的族本主义导向是从西周开始确立的。此前的夏商时期，虽有宗族组织，也有宗法制的萌芽，但尚未形成文化自觉或文明自觉，尚未把族本主义作为一种纲领贯彻到国家政治领域。西周王朝建立后才真正确定了族本主义价值观的纲领地位，实现了"礼教凸显，文明自觉"的历史转变。反映这一转变的典型事例是，周公在对康叔封的诰辞中明确把"孝""友"作为最重要的社会政治伦理，并强调这是周文王遗留的大法。周公以"王"的名义说：

> 封！元恶大憝，矧惟不孝不友。子弗祗服厥父事，大伤厥考心；于父不能字厥子，乃疾厥子；于弟弗念天显，乃弗克恭厥兄；兄亦不念鞠子哀，大不友于弟。惟吊兹，不于我政人得罪，天惟与我民彝大泯乱。曰：乃其速由文王作罚，刑兹无赦！①

商代已经存在孝友伦理，并且可能已经使用"孝""友"的概念，但是以不孝不友为罪大恶极，将孝友伦理提到如此高度，却是周人的风格。诰辞末句所说"由文王作罚"即依据文王的旧制、惯例实施惩罚之意，这说明"元恶大憝，矧惟不孝不友"是周邦固有的传统观念。《康诰》一篇多次告诫康叔，到卫国后要学习和吸收殷人政教法律中合理的内容，如"绍（昭）闻衣（殷）德言，往敷（广）求殷先哲王用保乂民""师（师法）兹殷罚有伦（理）""罚蔽（断）殷彝"等，但说到处理"不孝不友"的法规时，却特别强调"乃其速由文王作罚"，可见此种视"不孝不友"为"元恶大憝"的法律，乃是周文王创立或传承的条文，是商代法律所不具备或不甚强调的。

周公对"孝""友"伦理的高度重视，既为周代礼制和文化的发展确定了方向，也为中国文化确定了基调。所谓"友"，强调宗族成员相互友爱，也就是我们所说的族类意识；所谓"孝"，强调宗族内部严守秩序，也就是我们所说的宗法观念。强调"孝""友"也就是

---

① 《尚书·康诰》，（清）阮元校刻《十三经注疏》，中华书局1980年版，第204页。

强调宗法与血缘。古巴比伦的法典以及古希腊、罗马的法律中，都没有"元恶大憝，矧惟不孝不友"这种性质的条文。将家庭伦理道德上升到国家大法的层面，将宗族法规与国家制度融为一体，将家庭生活与国家政治生活视为同一层面的事物并确立两相贯通的伦理要求，可以说具典型的中国特色。在周公时代，"孝""友"是最能代表宗法观念和族类意识的概念，也是最能代表西周文明的民族特色的概念。西周早期《曆方鼎》云："曆肇对元德，考（孝）友唯型。"（《殷周金文集成》02614）所谓"孝友唯型"就是"唯型孝友"，也就是毫不动摇、始终不渝地遵循孝友原则。这是将文王、周公的"孝友"思想概括成了极其精练和响亮的格言。时代稍晚些的《毛公旅方鼎》云："其用友，亦引（矧）唯考（孝）。"（《集成》02724）句中的"亦矧"，是在对比两个意思时强调后一意思更重要的虚词，其语法作用是"使进一层说的语气加强"①。"其用友，亦矧唯孝"是说铸作此鼎用以实行兄弟友爱之道，更重要的是用来孝敬父母、孝敬祖先。周宣王时诗歌《诗经·小雅·六月》记述，大臣尹吉甫征伐猃狁归来宴请诸友，"侯谁在矣，张仲孝友"。诗人特别表彰张仲是遵循孝友道德的典范。由此可见，西周贵族对于孝道、友道的推崇是明确而一贯的。春秋战国时期，孔、孟沿着西周确立的族本主义思想路线继续前行，从"孝""友"伦理出发提出了更具普适性的"仁""义"思想。代表核心价值观的概念从"孝友"转换为"仁义"，其抽象性和普适性越来越强，但究其实质并没有发生根本的变化。"仁"不同于墨子的兼爱，也不同于基督教的上帝之爱，而是奠基于"友于兄弟""朋友婚媾"②、族类意识之上的友爱；"义"或"礼"不同于法家"刻薄少恩"的"一断于法"，更

---

① 裘锡圭：《说金文"引"字的虚词用法》，《裘锡圭学术文集》第3卷，复旦大学出版社，第47页。原载《古汉语研究》1988年第1期。唐兰定毛公旅鼎为穆王时器，读"亦矧唯孝"为"亦弘唯孝"，译"其用友，亦矧唯孝"一句为"这用来友兄弟，也大大地来孝父母"，见其《西周青铜器铭文分代史征》，上海古籍出版社2016年版，第356页。裘锡圭论文对唐说有批评。

② "朋友"一词的原始含义指同族兄弟或族人，详见童书业《春秋左传研究·春秋左传考证》"宗法制与分封制"条，中华书局2006年版，第111—112页。

不同于近代兴起的法律面前人人平等的思想，而是基于宗法观念之上的杀伐裁制。

周初的德治思想，其精神特质是强调政治统治必须与宗族统治相结合，政治秩序必须与家族宗族秩序相结合，政治凝聚力必须基于血缘亲情和家族宗族的凝聚力，政治伦理与家族伦理必须保持高度一致。将此种特质表述为"崇尚道德"未免笼统浮泛，将其定性为"人文主义"则貌合神离。"人文主义"原指文艺复兴时期一种"最普遍、最基本的思想文化理想"，其专门含义是指一种研究纲领，旨在以对语言、文学、历史、伦理学的研究取代中世纪经院哲学对逻辑形而上学的重视；其普遍含义是强调人的尊贵，认为人在上帝的所有创造物中是仅次于天使的卓越之辈，人具有支配自己的命运并在尘世过上幸福生活的能力。[①] 以此广、狭二义衡量，周初文化的方向性变化不宜称为"人文主义"兴起。"敬德"思想表面看也有重视文史、重视人类的特点，但它与"人文主义"产生的文化背景和时代背景完全不同，精神气质上风马牛不相及。周初"敬德"思想，其实是一种极力强调血缘纽带的社会政治价值，要把人的天然属性与政治统治结合起来的思想。滥用人文主义概念，既不符合这个概念的本来意义，与西周时期的历史事实也不相符。

三 以族本主义为核心的礼制文化各层面及其精神特征

族本主义精神支配下的中国礼制在礼仪、道德、等级制度等层面都表现出鲜明的民族特色，这些特色又直接影响到中国人的思维方式和精神生活。

广义的"礼"或礼制文化包含礼节仪式、道德规范、伦理等级三个层次。中国古代礼制文化三层次均反映出上述族本主义的特点。

---

① [美]菲利普·李·拉尔夫等：《世界文明史》上卷，赵丰等译，商务印书馆2006年版，第811—812页。

制度史研究

因为各级政治首领往往同时扮演各级族长、家长角色，故本应由宗族、家族操办的社会性礼仪如各种祭典、各种嘉礼之类，成为不同等级的政治首领必须承担的重要职能，其中祭天地、祭祖先等大型祭典尤其被视为显示政治身份和政治地位的最重要的国家职能。从天子以至各级官员都高度重视礼仪规格和礼仪的象征意义，由此造成中国古代以祭祀特别是祭祖礼典为核心的礼仪制度高度发达的局面。可以说，宗族组织中用来加强族类意识和宗法观念的以祭祖礼为核心的一整套礼仪制度，都被国家原封不动地承用了。礼仪发达的副产品礼类文献极其庞杂而且备受重视，如梁武帝时所编《五礼仪注》多达一千卷，内容之繁芜空前绝后；唐代杜佑所编《通典》意在梳理历朝典章制度的演变，全书二百卷，记述礼制的部分就占到一百卷，而所有这些礼书都是将"吉礼"即与祭祀有关的礼仪列在首位。西方古代以至近现代国家，宗族组织和宗族意识的包袱不像中国这样沉重，宗教信仰及相关礼仪活动由实力强大的与国家分庭抗礼的教会组织所操控，故鲜见国家政权极度重视祭祀礼典、把主持祭祀作为重要政治职能的现象，其设计礼仪、编纂礼书的热情也相形见绌。

在伦理道德层面，族权与政权的密切关联，使得家族性、社会性的道德要求与国家政治生活准则贯通为一体，形成了以孝悌为核心的社会与政治通用的道德准则。中国古代礼治社会的特点是家族伦理、社会伦理、天然等级（长幼、性别）构成政治等级的基础，两者紧密结合，难以分离。"三纲"之君臣、父子、夫妇，表面看政治与社会有所分别，其实三者精神贯通，实际运用中往往被视为统一体。例如君臣关系多被类比为父子关系，有时又被比为夫妇关系——《离骚》将君臣关系比喻为恋爱，不得于君就如同失恋、单相思或被抛弃；"六纪"所列诸父、兄弟、族人、诸舅、师长、朋友，四项为亲属关系，其他二项也属社会关系。中国古代政治伦理与社会伦理基本是重合的，事实上始终未曾建立起独立的界域清晰的政治伦理，所有政治伦理都被家族伦理或社会伦理潜在地左右着。"以孝治天下"是中国古代特有的口号，孝道的政治化在西方世界难以想象，但在中国古代却是绵延不断的现实。

礼仪发达，孝悌盛行，政治伦理与社会伦理高度重合，政权与族权相互利用，导致中国古代政治领域中礼治思想和礼治实践始终占主导地位。这也是中国古代文化的鲜明特色。礼治对国家政治制度、政治生活、法律制度和法律实践的深刻影响，有学者概括为四点，即屈法伸情、原心论罪、重视行权、必也无讼。① 屈法伸情是重视家族生活、亲缘关系的必然结果，讲亲情、讲人情、讲私情则必定不能严格守法与执法，礼治中国因此成为最典型的人情社会；原心论罪是强调心理动机与主观因素的重要意义，这正是"礼"来自习惯法的本色体现，反映出礼治重教化、重自觉的特点；重视行权乃是以上两者的派生物，是强调灵活处置、随机应变而不执着于法律条文，其优长是人情味十足，弊病是规则形同虚设，在表面的规则之外另有一套潜规则发挥作用；"必也无讼"是追求大事化小、小事化了，常常以处置家务事、处置情感问题时"和稀泥"的方法维持所谓和谐稳定。

在等级制度层面，战国以前的两千年处于宗族等级与政治等级基本同构的状态，战国以后的两千年则呈现为宗族等级和政治等级交错纠结、相互支撑的情形，族本主义精神始终对社会风俗和政治制度施加巨大的影响。在家国一体的局面下，国君往往被视为最高的族长和家长，由此导致的严重后果是，中国历代专制君主都同时统领所有的文化事业，君主即是全民族的精神领袖，最高层次上的君和师是合而为一的。君主的权威崇高而且排他，王权之强大可以笼罩一切，所以中国古代从来就没有足以与君权、政权相抗衡的独立的神职人员阶层或僧侣集团。君主本是族长或家长，而族内分管宗庙祭祀等精神文化事务的人员都是他的下属，只有操办具体事务的权力而绝没有和君主抗衡的资格。君主虽然不是祭司但高于祭司，可以操控所有祭司；虽然不是教师但高于教师，可以指挥所有教师。各级统治者不但掌管国家政治生活，而且控制了全体人民的精神生活。这种一元化的文化缺少基督教世界那样独立强大的宗教势力，因此也无从构建真正影响民

---

① 详见李泽厚《己卯五说·说儒法互用》，生活·读书·新知三联书店2003年版，第201—210页。

族精神的超越性的宗教理想,不可能形成比较纯粹的神学教义体系;政治权力的强大深刻地影响了全民族的价值取向,社会主流价值都指向现实的政治生活和社会生活。此种君师合一的社会,与所谓"政教合一"的社会有相似之处但不完全相同,因为这里主导全民信仰的并非严格意义上的宗教而是介乎鬼神崇拜与家长崇拜之间的祖先崇拜,而且政治权力始终远远高于各种宗教和准宗教权力。

以上所说礼制文化在礼仪、道德、等级制度三层面所具有的特点,直接影响中国人的思维方式和价值追求。

与礼仪的高度发达相对应,中国传统思维方式重视和擅长技术层面的操作规程而轻视和拙于理论建设,重实践、重实用而轻冥思、轻原理,整体上缺乏理论兴趣和刨根问底的科学精神。"礼,履也。"① 礼仪的要义是按某种要求去做,是履践和实行。尽管礼仪背后也有理念、思想的支撑,但礼仪最终必须表现出来、做出来才有意义。礼仪需要的不是深思而是行动。有关礼仪的学问都是指导礼仪操作技术或说明礼仪社会政治意义的学问。因此,发达的礼制文化土壤中很难培养出计功利重实用的科学精神,而最有利于培养所谓"实用理性"②。

与重视孝悌道德和重视亲情人情相对应,中国传统思维方式重感情、重感性、重直觉、重体悟而轻理性、轻逻辑、轻论证。家庭—家族生活的重头戏是感情纠葛和情绪宣泄,感情生活普遍具有庄子所说"彼亦是也,是亦彼也,彼亦一是非,此亦一是非"的属性,感情生活完全不适用于概念分析和计量分析,处理家庭关系的最高境界是彼此迁就、装愚守拙、无可无不可、委曲求全。一旦开始在家庭琐事上认真讲道理、论是非,就意味着家庭生活、感情生活已濒临危机。中国文化在对待家庭生活和处理人际关系上独有心得,最为擅长,由此派生的思维方式和行事态度就是反对斤斤计较,奉行"差不多"主

---

① 《说文解字·示部》"礼"字,(清)段玉裁注《说文解字注》,中华书局2013年影印本,第2页下。

② 详见李泽厚《实用理性与乐感文化》,生活·读书·新知三联书店2005年版,第1—115页。

义，以"清官难断家务事"的态度对待所有本应需要逻辑论证的问题，把大部分问题视为可以模糊处理的情感类问题，其直接结果是抒情诗歌发达，巫术意识盛行。又因崇拜祖先、崇尚淳朴、追慕古人，导致崇古意识的高度发达和历史编纂事业的长盛不衰。

家庭—家族生活和亲情体验使中国人对人生倾向于一种乐观的评价。家庭和规模更大的家族、宗族既对个体自由产生诸多限制和束缚，同时又是个体最可靠的避风港。家庭生活繁杂琐屑而且充满矛盾，同时又能提供其他集体所难以持久提供的亲密和温暖。在家庭生活中，个体的孤独感、忧惧感以及与此相关的自省自责意识和罪孽意识都被充分地缓解和稀释了。中国文化所具有的这种乐观、达观的品格，有些学者概括的中国文化所具有的"乐感文化"的特性，归根结底都可以从族本主义价值观上得到解释。

亲族伦理与政治伦理、天然等级与国家等级的一体同构对思维方式的影响表现在，重视综合、笼统、含混、模糊，惯于进行"天人合一"式的综合思维，不重视分析、明晰、确定，擅长利用事物之间的相互制衡关系营造并维护平衡稳定的状态，擅长艺术化地处理问题，对人际关系的观察和认识精深独到，对人的心性问题研究最多，对付自然界则成绩平平。

"天人合一"常被视为中国文化的根本特色。与西方社会政治与宗教二元化的情形相比较，中国古代宗教与政治、宗族与国家的一元统治确实可以借用传统的"天人合一"说来表达。国家垄断祭天通天之权是"天人合一"，祖先崇拜成为核心信仰是"天人合一"，心性修养被赋予遵从天道的意义也是"天人合一"。"天人合一"所代表的思维方式是一种合和思维、稳定思维、平衡思维。

以上三种精神现象简要说来就是：重术轻道，重情轻理，重合轻分。此种礼制文化对科学理论的发展起到很大的抑制作用，故明清以来中国的科学技术逐渐落后于西方是思维模式的问题，也可以说是文化传统或文化习惯的问题。随着社会结构的变化和礼制文化的衰落，随着先进的科学技术、科学思想和科学方法的传入，传统思维方式存在的偏差会逐渐得到纠正，中国文化可望在保存自身优势和自身特色的同时逐渐弥补传统势力造成的欠缺，借石攻玉，革故鼎新，为人类文明的发展做出新的贡献。

四　去巫术化与追求肃雍之美的西周礼制新风格

西周礼制不但在精神内涵方面对商礼有所变革，其风格气派也与商礼明显不同。周邦的礼制风俗本来比商礼简单朴素，周王朝建立后，这种简单朴素的风格借助政治势力逐渐成为礼制的主流。

西周早期礼制风格的转变可以概言为去巫术化或脱魅化。商代礼制的一个突出特点是包含大量的巫术元素。巫术是排斥道德意识的，它更相信无所不能的超自然力，更看重目标、手段和效益，更关心某事能否做成以及如何去做，而不在意此事应该做或不应该做等道德问题。商代礼制之所以带有浓厚的神秘色彩并不时显露出随意、狂躁、嗜杀等特性，均与巫术成分太多有关。随着周王朝的建立，周人倡导的族类意识和宗法观念对巫觋行为带来有力的冲击，礼制中的巫术成分大为削弱，追求沉稳端庄与温和雅驯成为礼仪时尚，礼制的整体风格趋向雅化。

西周礼制的去巫术化主要表现在以下两方面。

首先是礼制的神秘性不断削弱。商朝流行的以天干为祖先庙号的日名制度，与日名制相联的旷日持久连绵不断的周祭制度，腰坑殉狗的埋葬制度，重卜轻筮和几乎无事不卜的占卜习惯，桑林之祭中狂放可怖的乐舞，以及商王射天、造酒池肉林、使男女裸逐、为长夜之饮等行为，无不体现出神秘诡谲和放纵狂躁的特色。周邦的社会风气比较质朴，没有日名、周祭之类极度迷信鬼神的礼俗，周人推翻商王朝，意味着那些充满神秘色彩的商礼也和它们的主人商遗民一样在国家礼制体系中失去权威地位和主导作用。周人的崛起给礼制领域吹进一股清新的空气，礼制面貌得以发生根本性的转变。

其次是礼制的残酷性和血腥气渐趋淡化。商代流行的人殉人祭礼俗，花样繁多的杀牲祭法，以及焚人求雨之类的礼制，无不散发出一种强烈的嗜杀气息。这是巫觋自诩可以通过神异的暴力杀神杀鬼解决一切问题的狂妄本性在礼制上的反映。西周时期，巫祝集团的地位迅速下降，族类意识以及由此产生的追求温暖祥和的意识在礼制建设中占据了上风，礼典中滥杀、嗜杀的行为明显减少，礼制风格中狞厉、阴鸷的一面逐渐趋于黯淡模糊。

如果说周初礼制的去巫术化是一种无意识中进行的自然过程，是周礼取代商礼的主导地位后自然发生的结果，是造化之神、历史之神实施的一种淘汰削减，那么周人对礼仪新风格的追求则是一种更有意义的"历史的加法"。西周礼制新风格的形成，从延续周邦文化传统的角度说是礼制自然发展的过程，从改变商礼、革故鼎新的角度说则是周人积极追求和主动创建的结果。

西周早期文献常常用"肃雍"一词形容礼仪之美，这个词不但可以代表周人有关礼仪表演的审美观念，也可以代表周人对整个礼仪风格的追求。周人赞美肃肃雍雍的仪态风度，赞美礼仪的庄重和谐气氛，反映出一种与前代不同的价值追求。这种价值追求基于周人根深蒂固的族类意识和宗法观念，它将礼仪审美与道德评价紧密地结合在一起，成为推动西周礼制风格发生转变的强大的精神动力。

"肃雍"一词始见于《诗经·周颂·清庙》：

于穆清庙，肃雍显相，
济济多士，秉文之德。
对越在天，骏奔走在庙，
不显不承，无射于人斯。

《清庙》是西周初年的诗，"肃雍"一词产生的时代必定很早，很可能是先周以来周人惯用的形容词。《清庙》毛《传》："肃，敬；雍，和。""肃"形容郑重恭敬，"雍"形容亲切温和。据郑玄《笺》，诗中的"肃雍"是歌颂在清庙主祭的周公，"显相"是表扬前来助祭的诸侯："周公之祭清庙也，其礼仪敬且和；又诸侯有光明著见之德者来助祭。"① 这是最早用"肃雍"一词赞美主祭者的礼仪风度庄重温和的例子。《诗经·召南·何彼秾矣》:"何彼秾矣,棠棣之华。曷不肃雍?王姬之车。"诗人是用"肃雍"形容王姬所派嫁女车队有一种庄重和谐的气氛。该诗的时代较晚(平王之后),不过由此可以看到周人对礼仪肃雍之美的追求是一贯而持久的。

"肃雍"可以分言而且可以变成叠音词。《诗经·周颂·雍》说:"有来雍雍,至止肃肃,相维辟公,天子穆穆。"这是用"雍雍""肃肃"赞美前来助祭的诸侯仪容恭敬而温和。《诗经·大雅·思齐》说:"雍雍在宫,肃肃在庙,不显亦临,无射亦保。"这是用"雍雍""肃肃"赞美文王时期礼仪活动中严肃而又和洽的气氛。郑玄《笺》云:"宫谓辟雍宫也。群臣助文王养老则尚和,助祭于庙则尚敬,言得礼之宜。"② 朱熹《诗集传》的解释大致相同:"雍雍,和之至也。肃肃,敬之至也。……言文王在闺门之内则极其和,在宗庙之中则极其敬。"③ 郑、朱将"雍雍""肃肃"分开解释,认为分别是指在宫中和庙中的礼容,恐不合诗旨。《思齐》所谓"雍雍在宫,肃肃在庙"应是用了"互言"的修辞方法(上下两词的含义互相补充),实际意思是说在宫在庙全都雍雍肃肃,不会是说在宫只和而不敬,在庙只敬而不和。对照《雍》篇的"有来雍雍,至止肃肃"可以看得更清楚——诗人赞美前来助祭的诸侯既敬且和,不是说他们来时只雍雍而不肃肃,到达后只肃肃而不雍雍。"肃雍"或"肃肃""雍雍",用来表示礼仪之美时其含义是不能分割的,它们是形容礼仪同时具有庄敬与亲和之美。周人所赞美所追求的就是这样一种既敬且和的礼仪风格。

《清庙》《雍》和《思齐》都是西周早期的诗,说明追求礼仪的肃敬雍和之美是周人很早就已形成的观念。

"肃雍"一词有时又被用来形容音乐声音的和谐悦耳。《诗经·

---

① (清)阮元校刻:《十三经注疏》,中华书局1980年版,第583页。
② (清)阮元校记刻:《十三经注疏》,中华书局1980年版,第517页。
③ (宋)朱熹集撰,赵长征点校:《诗集传》卷16,中华书局2017年版,第280页。

周颂·有瞽》："设业设虡，崇牙树羽，应田县鼓，鞉磬柷圉。既备乃奏，箫管备举。喤喤厥声，肃雍和鸣，先祖是听。我客戾止，永观厥成。"这里的"肃雍和鸣"是形容多种乐器演奏的音乐声和谐动听。《礼记·少仪》说："鸾和之美，肃肃雍雍。"这是用"肃肃雍雍"来形容车马铜铃的声音。另据西周春秋时期金文，周人还习惯用"雉雉雍雍"称颂钟声之美。如厉王所铸器《宗周钟》说："仓仓恩恩，雉雉雍雍，用昭各丕显祖考先王。"（《集成》00260）春秋早期《秦公钟》："作厥和钟，灵音锗锗雍雍，以宴皇公，以受大福。"（《集成》00263）时代稍晚些的《莒叔之仲子平钟》说："唯正月初吉庚午，莒叔之仲子平自作铸其游钟，玄镠镝铝，乃为之音，锗锗雍雍，闻于夏东。"（《集成》00172）金文"锗锗雍雍"是象声词，《殷周金文集成》认为相当于"嘟嘟嗡嗡"（《集成》00172释文）。"锗锗雍雍"与文献中的"肃肃雍雍"应该有一定联系（唯锗、肃两字上古音声、韵均相隔较远），都是形容声音响亮而不刺耳。

"肃雍"一词的本义是形容声音还是形容仪表风度，现在已难明究竟。不过，这两项含义有相通的一面，即都有风格柔和、温婉、令人愉悦的意思。也许就是由此着眼，东周礼家将这两种含义糅合为一，一并解释为"和"与"敬"。例如《礼记·乐记》说："《诗》云：'肃雍和鸣，先祖是听。'夫肃，肃敬也；雍，雍和也。夫敬与和，何事不行！"[①]《有瞽》诗的"肃雍"似乎偏重于"和鸣"一义，不宜分解为肃敬与雍和两方面。《乐记》作者是为了宣传"礼仪风格应当同时兼具肃敬与雍和之美"的思想，才对"肃雍和鸣"做出这种解释。在儒家看来，无论是行礼者的仪表风度，还是礼仪活动中的音乐演奏，都应该表现出既肃敬又雍和的风采。

西周初年宗庙祭祀诗歌中特别赞美礼仪的肃肃雍雍，代表的是一种新的礼仪价值观。当人们赞美颂扬某种行为的时候，就意味着在否定另一种相反的行为。对礼仪肃敬雍和风格的赞美，同时就是对礼仪中夹杂的狂放、轻佻、躁厉、尖刻、凶猛等巫术元素的否定。"有来

---

① （清）阮元校刻：《十三经注疏》，中华书局1980年版，第1541页。

雍雍，至止肃肃""雍雍在宫，肃肃在庙"，既是一种赞美，又是一种对比。文王给人树立的榜样是无时无处不肃肃雍雍，周朝的诸侯前来王室助祭也是一路肃肃雍雍，周人的礼仪表现恭敬谨慎、温文尔雅，绝不像晚商贵族那样"靡明靡晦，式号式呼，俾昼作夜"（《诗经·荡》对殷商贵族酗酒放荡的描写）。因此，西周初年专门用于歌颂礼仪之美的"肃雍"一词，其实可以代表周人在礼仪风格问题上的立场和追求，它代表的是一种扭转晚商颓靡风气、创造新式礼仪文明的意愿和趋向。

西周贵族如此赞美和倡导礼仪的肃雍风格，根本原因在于他们奉行和崇尚的是以族类意识和宗法观念为核心的族本主义价值观。族类意识强调"亲亲"，强调宗族至上和宗族一体，强调维护族人团结和加强族人亲睦。从这种意识出发，兄弟怡怡、室家溱溱被奉为理想，一切有损于血缘情感、有损于族人和睦的言行都被视为倒行逆施而受到挞伐。于是，"雍雍"所代表的和乐、和睦、和谐、温和、亲和、舒缓、文雅等与族类意识关联匹配的礼仪风格就会成为人们的必然选择。《诗经·周颂·丝衣》描写西周祭礼场景说："兕觥其觩，旨酒思柔，不吴不敖，胡考之休。"犀牛角做成的酒器弯曲有致，祭献的美酒性味柔和，祭祀者不喧哗、不傲慢，祖先必定赐予寿考之福。在诗人看来，祭礼中所有的事物包括酒具、美酒和人们的行为都带有雍和的品性，礼仪营造的温馨安详气氛正是宗族生活所需要的。《诗经·小雅·常棣》描写兄弟饮宴的场景说："傧尔笾豆，饮酒之饫。兄弟既具，和乐且孺。妻子好合，如鼓瑟琴，兄弟既翕，和乐且耽。"礼仪是宗族生活的集中体现。日常的宗族生活追求兄弟"和乐且孺""和乐且耽"，举行礼仪时当然不会与这种要求背道而驰。"雍雍"被视为礼仪之美，或者说行礼者追求"雍雍"之美，就是由此而来。

族本主义价值观的另一面是宗法观念。宗法制度讲究尊祖敬宗，其精神内核是一"敬"字。族人必须礼敬宗子，小宗必须礼敬大宗。丧祭礼仪中对于死者、祖先的恭敬，既是对鬼神的尊重也是对主祭者的尊重。没有恭敬，也就无所谓郑重、慎重，一切行为都会流于轻慢、草率和荒疏，宗族生活将无法维系。《国语·楚语下》载，观射父论述祭祀功能时特别提到了祭祀培养恭敬之心的作用：

> 日月会于龙䢈，土气含收，天明昌作，百嘉备舍，群神频行。国于是乎蒸尝，家于是乎尝祀。百姓夫妇择其令辰，奉其牺牲，敬其粢盛，絜其粪除，慎其采服，禋其酒醴，帅其子姓，从其时享，虔其宗祝，道其顺辞，以昭祀其先祖，肃肃济济，如或临之。于是乎合其州乡朋友婚姻，比尔兄弟亲戚。于是乎弭其百苛，殄其谗慝，合其嘉好，结其亲暱，亿其上下，以申固其姓。上所以教民虔也，下所以昭事上也。天子禘郊之事，必自射其牲，王后必自舂其粢；诸侯宗庙之事，必自射牛、刲羊、击豕，夫人必自舂其盛。况其下之人，其谁敢不战战兢兢，以事百神！天子亲舂禘郊之盛，王后亲缫其服，自公以下至于庶人，其谁敢不齐肃恭敬致力于神！①

主祭者对祭礼的高度重视和在祭祀过程中"肃肃济济"的仪态表情，可以直接影响和带动其他人"战战兢兢以临百事""齐肃恭敬致力于神"，质言之都能将人的思想情感导向服从宗法、恪尽职守。观射父所述只限于祭礼，但实际上所有礼仪也都具有教民虔敬的功能。周人追求的"肃肃济济"的礼仪风格，其实就是宗法制度的品格。

总之，随着西周时期族类意识与宗法观念成为主导礼制发展的精神内核，追求"雍雍肃肃"的礼仪风格成为必然。需要强调的是，赞美礼仪的肃雍之美是周人有意识的选择和追求，而商朝统治者似乎尚未形成如此清晰的意识。

西周早期形成的礼仪审美观，对后来礼仪的发展特别是对"容礼"的形成产生了巨大的影响。"容礼"是一整套有关行礼者仪容风

---

① 上海师范大学古籍整理研究所校点：《国语·楚语下》，上海古籍出版社1998年版，第567页。

度的要求。① 这些要求虽然涉及的内容十分广泛，但其基本精神就是"肃雍"二字。不同的礼仪场合需要有不同的表情仪态，而恭敬与温和是所有礼仪都必须遵循的总原则。《周礼·地官·保氏》教国子以六仪："一曰祭祀之容，二曰宾客之容，三曰朝廷之容，四曰丧纪之容，五曰军旅之容，六曰车马之容。"东周礼书对于这些不同场合的"容礼"有详细描述。如《礼记·玉藻》说：

> 庙中齐齐，朝庭济济翔翔。君子之容舒迟，见所尊者齐遬。足容重，手容恭，目容端，口容止。声容静，头容直。气容肃，立容德。色容庄，坐如尸。燕居告温温。凡祭，容貌颜色，如见所祭者。丧容累累，色容颠颠，视容瞿瞿梅梅，言容茧茧。戎容暨暨，言容詻詻，色容厉肃，视容清明，立容辨卑无谄，头颈必中，山立时行，盛气颠实扬休，玉色。②

《礼记·少仪》所谓"言语之美，穆穆皇皇；朝廷之美，济济翔翔；祭祀之美，齐齐皇皇；车马之美，匪匪翼翼；鸾和之美，肃肃雍雍"，以及《礼记·曲礼下》所谓"天子穆穆，诸侯皇皇，大夫济济，士跄跄，庶人僬僬"等，与《玉藻》所说意思相近。《论语·乡党》所记朝廷之容、聘问之容比较具体，但也使用了大量形容词来描述礼仪中的表情仪态，如"君召使摈，色勃如也，足躩如也。揖所与立，左右手，衣前后，襜如也。趋进，翼如也"、"入公门，鞠躬如也，如不容。立不中门，行不履阈。过位，色勃如也，足躩如也，其言似不足者。摄齐升堂，鞠躬如也，屏气似不息者。出，降一等，逞颜色，怡怡如也。没阶，趋进，翼如也。复其位，踧踖如也。执圭，鞠躬如也，如不胜。上如揖，下如授。勃如战色，足蹜蹜如有循。享礼有容色。私觌，愉愉如也"等。因为是描述仪态表情，没有更确切

---

① 详见沈文倬《容礼考》，《菿闇文存》，商务印书馆2006年版，第619—625页；邱衍文《礼容考辨》，《中国上古礼制考辨》，台北文津出版社1992年版，第165—332页；曹建墩《周代容礼考》，《先秦礼制探赜》，天津人民出版社2010年版，第189—225页。

② （清）阮元校刻：《十三经注疏》，中华书局1980年版，第1485页。

的表达方法，只好频繁地用"如也"来形容。汉代贾谊《新书》有《容经》篇，集中论述仪容表情之礼，其中大部分内容都是抄录先秦时期的礼学资料。如果不计较字眼的差异而专论精神实质，可以说上述有关容礼的要求没有一项超出"肃雍"的范围。所谓"色勃如也，足躩如也""鞠躬如也""踧踖如也"，就是"肃肃"；所谓"怡怡如也""愉愉如也"，就是"雍雍"；所谓"济济翔翔""齐齐皇皇"之类，则是兼具肃肃雍雍之美。西周初年宗庙颂诗中赞美的"肃雍显相""有来雍雍，至止肃肃"等，已经为东周礼书连篇累牍的容礼确定了基调。

西周礼仪新风格的形成，对周人心目中"君子"形象的塑造也产生了重要的影响。"君子"不但要有高尚的道德品质，而且要有一种端庄矜持、温文尔雅的风度。这种理想人格的塑造与礼仪实践密不可分。"君子"原本是对贵族的一种敬称，犹如"公子王孙"一样特指贵族身份而无关乎道德与人品。可是在贵族统治的时代，只有养尊处优的贵族才能代表文化，才能具有高度的礼仪修养并展现出礼仪文明之美好、高雅的一面，这是毋庸讳言的事实。在"君子"从身份概念逐步演化为道德概念的历史过程中，西周兴起的新的礼仪审美观起到了一种促动作用。周人强调"君子"礼仪的肃雍之美，强调贵族要表现出有别于野人、庶人的"君子"风度，经过长期的培养积淀，"君子"概念的含义自然会发生转化。周代贵族的君子风度，给此后秦汉时期的文化人留下极其深刻的印象。汉初贾谊曾如此赞美古代君王出行时的风采：

> 古者圣王居有法则，动有文章，位执戒辅，鸣玉以行。鸣玉者，佩玉也。上有双珩，下有双璜，冲牙蠙珠以纳其间，琚瑀以杂之。行以《采荠》，趋以《肆夏》，步中规，折中矩，登车则马行而鸾鸣，鸾鸣而和应，声则和，和则敬。故《诗》曰："和鸾雍雍，万福攸同。"言动以纪度，则万福之所聚也。[①]

[①] （汉）贾谊撰，阎振益、锺夏校注：《新书校注》，中华书局2000年版，第229页。

贾谊所说"古者圣王"其实主要是指西周君王而言，他所依据的礼仪资料基本都是周代的（如所举音乐皆为周乐），与夏商礼制无关。西周贵族的步趋之姿、车马之容，与佩玉、銮铃叮当悦耳的声音相伴，沉着舒缓，不疾不徐，远望如天人降临，自有一种高贵华美的风度。这样的"君子"（君之子或后辈）风度很容易被视为人品高尚的表现从而与后世常见的道德意义上的"君子"概念联系起来。

西周礼仪新风格的形成，对于东周时期儒家构建以仁学、礼学为主干的思想体系也发生了一定影响。西周贵族对于礼仪肃雍之美的赞颂，成为儒家创建仁礼学说和礼乐学说的重要的思想资源。儒家的仁学是对"亲亲"原则和族类意识的理论升华，礼学则是对尊祖敬宗原则和宗法观念的理论总结。"仁"与礼仪的雍和之美精神相通，"礼"或"义"则与礼仪的肃敬之美一脉相联。儒家的礼乐思想与西周礼仪审美观的联系尤为明显。《礼记·乐记》说：

> 乐者为同，礼者为异。同则相亲，异则相敬。乐胜则流，礼胜则离。合情饰貌者，礼乐之事也。礼义立，则贵贱等矣，乐文同，则上下和矣。……仁以爱之，义以正之，如此，则民治行矣。
>
> ……乐者，天地之和也；礼者，天地之序也。和故百物皆化，序故群物皆别。
>
> ……仁近于乐，义近于礼。乐者敦和，率神而从天；礼者别宜，居鬼而从地。故圣人作乐以应天，制礼以配地。礼乐明备，天地官矣。
>
> 天尊地卑，君臣定矣。卑高已陈，贵贱位矣。动静有常，小大殊矣。方以类聚，物以群分，则性命不同矣。在天成象，在地成形，如此则礼者天地之别也。
>
> 地气上齐，天气下降，阴阳相摩，天地相荡，鼓之以雷霆，奋之以风雨，动之以四时，暖之以日月，而百化兴焉，如此则乐

者天地之和也。①

《乐记》用诗的语言歌颂礼乐的功用，将礼乐的运行与大自然的运转视为一体，无限夸大礼乐的神圣性，其论述有故弄玄虚之病，不过《乐记》对礼乐性质的说明十分准确：礼侧重于表现差异、秩序与恭敬，乐侧重于表现共性、亲爱与和谐。《乐记》说的礼乐之用，与西周人赞美的礼仪肃雍之美，精神实质完全相同——在西周贵族赞美"肃雍显相""雍雍在宫，肃肃在庙"的时候，实际上已经包含着推崇"相亲""敦和"（乐）与"相敬""别宜"（礼）的思想。没有西周时期崇尚肃雍之美的观念，没有这种观念的长期积淀和发展，上引《乐记》对于礼乐的性质和功用所做的那些精彩的分析也将无从谈起。

东周时期有关容礼的论述，儒家"君子"人格的构建以及儒家礼乐思想的发展，主要受到了西周礼制特别是西周时期新的礼仪审美观的影响，也就是说，它们的主要思想资源都来自西周。东周时期的礼学礼制当然不会与夏商文化完全没有关系，但我们现在看到的事实是，夏礼、商礼对后世礼制风格和文化性格的影响比较微弱，中国古代礼制的审美追求与风格气派是从西周时期才真正确立起来的。

无论是去巫术化还是追求肃雍之美，都标志着中国礼制的风格在西周早期发生了重要的变化。这是中国礼制在内涵和风格两方面都表现出确定的个性面貌的时期。史前至夏商时期的礼制尚未形成稳定一贯的风格，早期礼俗显露的更多的是蒙昧幼稚、变动无常的共性，尚不足以反映中国礼制的个性特点，西周时期礼制新风格的确立则可以视为中国礼制个性成熟、风格定型的标志。尽管秦汉以后各朝礼制在风格上或多或少有所变化，但这些阶段性变化并未改变一个事实，即后世礼制的主体框架和基本风格都是沿袭周礼而来。西周以后任何朝代的礼制都有周礼的影子，而西周以前的夏商礼制却不足以言此，这就是西周礼制风格在中国礼制发展史上所具有的独特意义。

---

① （清）阮元校刻：《十三经注疏》，中华书局1980年版，第1529—1531页。

关于中国古代地方政治
研究的几个问题

马 新[*]

摘要：中国古代地方政治是相对于中央王朝政治的地方制度与治理。它既受制于中央王朝，是中央王朝政治在地方的实现与延伸，同时又有着自己的历史传承与发展特点，对于中央王朝政治也施加着自己的影响。方国共同体是中国古代地方政治的源头所在，中国早期地方政治以方国制为核心，实际上是一种共主政治，地方当政者拥有较为完整的政治、军事与经济权力，他们与中央政权的关系实质是联盟与共主的关系。中国古代地方政治的主体是以郡县制为核心的地方政治，各级地方政权是王朝中央集权中的一个环节，有较为稳定的地方权力结构与治理体系，但并不具备独立的地方权力。古代地方政治的运行系统分上行系统与下行系统，前者是指地方政权对中央王朝的政治反馈系统，后者是指地方政权对基层社会的管理系统。在中国古代政治运转中，以县为重心，村落则是县级行政的支点所在。中国古代地方政治在制度体系、政治运行体系以及治理模式上有着独有的内涵及特色，较之中央王朝政治体现出更多的稳定性、多样性与兼容性。

关键词：中国古代 中央王朝政治 地方政治 郡县制

中国古代地方政治是中国古代政治史的重要组成部分，在中央王朝政治的大系统中，上承王朝之政令，下司社会之治理，具有较为完整的地方制度体系、地方政治运行体系以及地方治理体系，在中国历

---

[*] 马新，山东大学历史文化学院教授。

代王朝的治乱兴衰中发挥着至关重要的作用。

20世纪以来，学界对中国古代地方政治之研究已灿然可观。早在20世纪前半叶，就有黄绶先生之《中国地方行政史》，黄豪先生之《中国地方行政》，程幸超先生之《中国地方行政史略》，朱子爽先生之《中国县制史纲》，瞿兑之、苏晋仁先生之《两汉县政考》，闻钧天先生之《中国保甲制度》等论著面世。20世纪后半叶，又有严耕望先生之《中国地方行政制度史》、商文立先生之《中国历代地方政治制度》、张厚安先生主编之《中国农村基层建制的历史演变》、周振鹤先生之《中国地方行政制度史》等论著。与此同时，断代专题著作也不断推出，政治制度与政治史的通史著作中也都有专门篇幅论述地方政治制度。如白钢先生主编之十卷本《中国政治制度通史》，各卷均为地方行政体制单列章目，做了较为充分的论述；齐涛主编之《中国政治通史》（12卷本）、马新主编《中国古代地方政治研究》（6卷本）等也从不同角度、不同层面对中国古代地方制度、地方政治的运作机制等进行了考察。

但是，学界关于中国古代地方政治的研究多注重以郡县制为核心的中国古代地方制度，而且偏于制度设计与制度发展研究，对于地方政治的产生、分期，尤其对于地方政治运转、地方政治与地方社会关系的研究，稍显不足，仍有相当多的领域需要我们进一步开拓。

一　古代地方政治的发生

如前所述，长期以来，学界对于中国古代地方政治的产生关注不多，一些学者认为，春秋战国之前，虽也有中央政权，但"由于天子、诸侯、大夫同为有土之君，因此天下、国、家都具有相对独立的地位，周代实际上是一个全面分权的社会，不存在任何形式的行政区划和地方政府，并无所谓中央与地方的行政关系，自然也无所谓地方行政制度"①。因而,许多关于古代地方政治的研究往往自春秋战国开始。

我们认为,对中国古代地方政治的研究,应当从中国文明起源与早期国家发展的视角出发,追根溯源,把握中国古代地方政治发生发展的全过程,以中国历史发展本来的话语体系解构分析中国古代地方政治。这样,才能准确认识中国古代地方政治的基因传承及其基本特性。

在中国文明起源与早期国家的发展道路上,以城邑为核心,城邑与若干村落组成的方国共同体是十分重要的历史起点,也是中国古代地方政治的源头所在。

方国共同体不仅存在于文明起源与早期国家形成中,至商周时代,仍是基本的地方政治单元。据史籍记载,夏禹时"合诸侯于涂山,执玉帛者万国"②,至商汤伐桀时也是"三千诸侯大会"③,都是蕞尔小邦。当时的格局是"四海之内,分为万国,城虽大,无过三百丈者;人虽众,无过三千家者"④。

我们可以通过有关考古发掘与调查对于方国的存在状态有所了解。

比如,聚落考古工作发掘与调查表明,商代的垣曲盆地中分布着一座城邑与若干村落共同组成的共同体。城邑即古城南关遗址,为该共同体的中心;盆地中的十余处村落相对均匀地分布在其中西部与北部,村落间距离多为1—4千米,涉及面积约60平方千米。古城南关城北平面为梯形,周长1470米,总面积约13万平方米;其西、南两面城墙均由内、外两道夹墙构成;城内宫殿区为长方形,南北长约88米,东西宽约50米,分为前、后两进院落;以南北并列的两座大型夯土台基为中心,四周环绕有整齐的夯土围墙,

---

① 周振鹤:《中华文化通志·地方行政制度志》,上海人民出版社1998年版,第14页。
② 杨伯峻:《春秋左传注·哀公七年》,中华书局1990年版,第1642页。
③ 黄怀信、张懋镕、田旭东:《逸周书汇校集注》卷9《殷祝解》,上海古籍出版社2007年版,第1044页。
④ (汉)刘向集录:《战国策》卷20《赵策三》,上海古籍出版社1985年版,第678页。

壁垒森严。① 城址以外的村落以小型村落为主，如其前期村落有 11 处，遗址面积 4 万—6 万平方米者 3 处，其余均为 3 万平方米以下，平均面积为 2.32 万平方米；其后期村落 9 处，除 1 处村落遗址面积不详外，其余 8 处遗址面积均在 2 万及 2 万平方米以下，平均面积为 1.18 万平方米。②

又如，对伊洛河地区的聚落考古调查表明，在干沟河流域 46 平方千米的范围内，存在着东周时代的滑国故城以及 30 余处村落遗址。调查者认为："如果以滑城作为中心，该地区的聚落等级可分为两层，除滑城外，其余皆为小型遗址。"在可统计的 27 处村落遗址中，2 万平方米及其以下者 14 处，占到半数以上，27 处遗址的平均面积为 3 万平方米。③

杜正胜曾依据商王帝辛以攸国为基地征伐人方的记载，推导攸国郊野之邑的状况。他指出：帝辛进入攸的第一邑是边地之永，壬寅，"今日步于永"；第二天癸卯，"在永"，并自永前往温；第三天乙巳，"在温"，并由此往攸都，"今日步于攸"（《殷历谱》下·9.57，《缀》218）。第四天丙午，已在攸（《合集》36492）。杜正胜认为，帝辛从攸鄙之永抵达国都走了三天路程，古者师行三十里而宿，这段路程大约百里以内，因此，以攸故国都作中心，八九十里之半径画一圆，大概就是攸国的范围。他还认为，除永、温之外，卜辞中"右牧于片，攸侯古鄙；中牧于义，攸侯古鄙"（《合集》32982）中的"片"和"义"，都是攸国鄙野之邑。卜辞中"己未壬卜，在□，贞，田元"（《英》2562 正）。之元，也是攸国鄙野之邑。④ 这一推论与考古发掘和调查所给出的商周方国的

---

① 参见王月前、佟伟华《垣曲商城遗址的发掘与研究》，《考古》2005 年第 11 期。
② 据中国国家博物馆考古部编著《垣曲盆地聚落考古研究》"二里岗下层文化聚落组织形式一览表"及"二里岗上层文化聚落组织形式一览表"（科学出版社 2007 年版，第 381 页）统计。
③ 参见陈星灿等《中国文明腹地的社会复杂化进程：伊洛河地区的聚落形态研究》，《考古学报》2003 年第 2 期。
④ 参见杜正胜《古代社会与国家》，台北允晨文化实业股份有限公司 1992 年版，第 235—237 页。

存在状态是一致的。

要之,在中央王朝出现之前,各方国完全独立,各自为政,自然无所谓地方政治;随着夏商王朝的建立,有了中央政治与地方政治之分,中国古代地方政治即告产生。不过,春秋战国之前,地方政治以方国政治为载体,尚处于初始阶段。自战国时代始,随着中央集权政体的形成,以郡县制为核心的地方政治同时形成。这一地方政治形态存续时间久远,纵贯两千多年,可视为古代地方政治的主体。

以方国制为核心的地方政治可视为中国古代早期的地方政治,它实际上是一种共主政治。在这一政治体制下,地方当政者拥有较为完整的政治、军事与经济权力,他们与中央政权的关系实质是联盟与共主的关系。各个方国、诸侯国可以视为中央政权的地方政权,而中央政权也可以视为各方国的共主,具有一定的政治联盟关系。早期地方政治以西周分封制为界可分为前、后两期:前期方国如一盘散沙,平行分布,从亲缘与地缘的合作关系,到松散的联合体,再到共主的逐渐形成,其自身的独立性都是比较强的,可以说是相对独立的政治单元。后期方国则分为两类:一类是臣服的方国,另一类是分封的方国。后者又可称为"封国"。西周分封制下的层层分封,造就了两种政治单元:各封国与天子是册封与共主关系,具有较强的独立性;封国内部虽也是层层分封,却实现了相对的一统,诸侯对卿大夫所拥有的权力往往要大于天子之于诸侯所拥有的权力。

早期地方政治时代,虽然作为地方共主的周天子号称"溥天之下,莫非王土;率土之滨,莫非王臣"[1],但实际上,共主地位的奠定首先是依托力量的制衡。在自己的王畿内,共主是绝对的权威,在自己的血缘属邦内,也有相应的权力延伸;但在其他称臣的邦国那里,则只能靠震慑力维持其共主地位。如《诗·大雅·大明》所咏:"惟此文王,小心翼翼,昭昭上帝,聿怀多福。厥德不回,以受方

---

[1] (唐)孔颖达等正义:《毛诗正义》卷13《小雅·四月》,(清)阮元校刻《十三经注疏》,中华书局1980年影印本,第462页。

国。"郑玄笺:"方国,四方来附者。"①

在西周时代,各方国地位的确立通过自上而下的分封进行,王畿与血缘属邦这类核心层邦国占据了主导地位,周天子作为共主的地位也至于顶点。分封中,既有天子贵戚,也有异姓勋旧,还有大量的称臣纳贡的异姓方国。前者为鲁,后者有齐,第三类为楚,均可作为各自的代表。不过,此时周天子对各方国的权力仍是有限的,诸侯们一旦完成分封,各自就国,他们便享有充分的政治自主。对于天子,他们主要有从征与纳贡的义务,有时也接受天子指令,征讨他国。如齐国开国之君就被授权:"五侯九伯,女实征之,以夹辅周室!"其范围"东至于海,西至于河,南至于穆陵,北至于无棣"②。而对于封国内的卿士民众,他们则有完全的处置权。西欧中世纪所谓"我的附庸的附庸,不是我的附庸",放到这里,也是十分恰当的。

二 古代地方政治的发展

郡县制与方国制最大的不同在于它是自上而下的授权,地方政府的所有权力均来自中央王朝。因而,以郡县制为核心的地方政治实际上是集权政治。如韩非所言:"事在四方,要在中央;圣人执要,四方来效。"③ 在这一政治体制下,各级地方政权都只是王朝中央集权中的一个环节,并不具备独立的地方权力,它们对于中央王朝都是服从与被统辖的关系。当然,东汉末的州牧、刺史与唐代的藩镇另当别论,它们都是正常体制外的产物。

郡县制自战国定型,一直延续到近代社会,这是一种上下一体、纵向贯通的地方政体。每一层次的政权所拥有的权力尽管不尽一致,但对于其上层权力的责任反馈是一致的。这一制度与官僚制密切相

---

① (唐)孔颖达等正义:《毛诗正义》卷16《大雅·大明》,(清)阮元校刻《十三经注疏》,中华书局1980年影印本,第507页。
② 杨伯峻:《春秋左传注·僖公四年》,中华书局1990年版,第289—290页。
③ (清)王先慎撰,钟哲点校:《韩非子集解》卷2《扬权》,中华书局1998年版,第44页。

关，每位地方长官都是代行皇帝或中央政府所赋予的权力，没有自身的权力或利益分割，也不向此外的任何人负责，自然，他们也都是自上而下委任产生的。

自战国到明清时代，郡县制可以划分为三大阶段，即郡政阶段、州政阶段、省政阶段。三大阶段中，县与县政一直相对稳定，中央与县级政权之间的变动是三个阶段地方政治演变的主要内容。

秦分天下为三十六郡，实行郡、县两级制，汉沿袭之，是为郡政阶段。自秦至西汉时期，郡一级的权力较为集中：郡守集行政、经济、民政、司法诸权于一身，一郡所有事务都经由郡守上传或下达。与之相应，郡守地位颇高，尚书令、尚书仆射有外任郡守者，郡守也往往可以入为三公九卿。另外，作为其副贰的郡尉掌军事，监郡御史掌监察。自武帝始，在全国范围内设十三部州，十三部州刺史以六条问事监察地方官，主要以郡守为监察对象。十三部州实际上是十三个监察大区。到东汉时代，州刺史渐成一级长官，尾大不掉，在东汉末年的分崩离析中，他们是主要的割据者。

自魏晋至唐宋为州政阶段。一方面，举国之内，实行州、县二级制；另一方面，在州与中央王朝之间，断断续续但又越来越明确地存在着一级组织，从汉之部州、唐之道，到北宋之路，重复地实现着由监察大区向行政大区的转变，因此，又可以说，这一时期是二级制向三级制的过渡时期。在这一过渡时期，唐代是一个重要的转折点。唐代仍实行地方二级体制，即州县制，也试图在州之上设立监察大区，所设各道观察使、黜陟使、采访使、按察使以及节度使等，最初都是只负有监察或某一专项事务。但在运转的过程中又渐以坐大，拥有了一道中的军政全权，成为一方割据者。如洪迈所言：

> 唐世于诸道置按察使，后改为采访处置使，治于所部之大郡。既又改为观察，其有戎旅之地，即置节度使。分天下为四十余道，大者十余州，小者二三州，但令访察善恶，举其大纲。然

兵甲、财赋、民俗之事，无所不领，谓之都府，权势不胜其重。①

唐代后期，面对地方割据势力的日益发展，唐王朝在可能的范围内运用了巡院这一新设机构对地方加强控制与管理。唐中央之所以对江南有比较稳定的控制，与当地巡院机构之完备不无关系。不过，在唐后期特定的历史条件下，强藩跋扈已成事实，巡院对此也无能为力。至北宋立国，取法巡院之意，置诸路转运使，促成了监察大区向行政大区的过渡，维护了中央集权的统治。

北宋一般是每路设一转运使，"各分路列职"②，置有使司，故北宋之诸路转运使又称"逐路转运使"。宋初分全国为十五路，后增至二十余路，转运使也增至二十余员，这一点与设于诸道的唐代巡院是一致的。

北宋转运使的理事特点是事无大小，均条陈上阙，多督察权而较少处理权。如大中祥符五年（1012），"以侍御史赵稹为兵部员外郎、益州路转运使……稹至部，事无大小，悉心究访，至有一日章数上者"③。

自元至明清为省政阶段。这一阶段，逐步实行了比较规范的省、州（府）、县地方三级政制。元代划全国为若干行省，数量在6—11个，行省之下有路（府）、（州）县二级政区，间亦有分设路、府、州、县四级政区者。明王朝建立后，划全国为两京与十五布政使司作为一级政区，俗称"十五省"。同时分设若干都指挥使司和按察使司，两者之区划与布政使司大致吻合，但也有交叉。明后期又在各地派驻总督与巡抚，统领各地行政、军务、监察之权，其辖区或与布政使司一致，或跨相邻布政使司之间，或为某布政使司一部。清代将督

---

① （宋）洪迈撰，孔凡礼点校：《容斋随笔·三笔》卷7"唐观察使条"，中华书局2005年版，第509页。
② （清）徐松辑，刘琳等点校：《宋会要辑稿·职官》42之5，上海古籍出版社2014年版，第4073页。
③ （宋）李焘：《续资治通鉴长编》卷77，大中祥符五年二月甲子，中华书局2004年版，第1757页。

抚所辖与省级政区完全一致,划全国为18省,将政区层级明确为省、府、县三级,省级体制成为稳定的地方政治体制。

与郡政时代之郡以及州政时代之部州、诸道相比,省政运转呈现出三个显著特点:其一是省级权力的分割恰如其分,既避免了过分集权之悍,又无诸权分散之弱。如明前期,一省之中,布政、按察、都指挥三司并存,均直接向中央王朝负责;中期以后,虽然大政统于督抚,但中央王朝各有司对省内诸司的制约仍十分有力。其二是地方大吏督抚分设,互相制约,也颇见成效。其三是省级军事、监察、漕赋诸权弱化,以中央王朝的垂直管理为主,这在很大程度上强化了中央集权。明、清两朝很少出现督抚坐大而割据者,这是非常重要的内在原因。[1]

三 古代地方政治的运行系统

中国古代地方政治是在中央集权政体下的地方治理,因而,其范围既与中央王朝的运转相对应,又与地方社会的要素相配合,包括政治、军事、民政、司法、赋役等诸多方面的内容。从政治运转的角度分析,地方政治可以分为两大运行系统,即上行系统、下行系统。

所谓上行系统,是指地方政权对中央王朝的政治反馈系统。就中央政权而言,地方政权是其基础所在,虽然韩非子早已设计了"事在四方,要在中央"[2]的集权体制,但对于一个庞大的王朝而言,中央王朝不可能事无巨细,一切通揽,而必须向地方政府分权、授权,使其能够履行中央王朝所赋予的职责。对于地方政权而言,忠实地执行中央王朝的政令,行使其法定的职掌之责,是应有之义。但是,地方事务毕竟千头万绪,千差万别,中央政令难以全部涵盖,而且,地方政权从维护当地利益、保障地方势力权益出发,与中央王朝存在着种

---

[1] 以上参见齐涛主编《中国政治通史》第1卷,泰山出版社2004年版,第20、22—25页。

[2] (清)王先慎撰,钟哲点校:《韩非子集解》卷2《扬权》,中华书局1998年版,第44页。

种矛盾，也时时在扩大着其政治权力与政治影响，对此，中央王朝又要加以制约与调整。

在上述条件下，地方政权对中央王朝的政治反馈系统便包括了正反馈与负反馈两个部分。正反馈是地方政权忠实有效地执行中央政令的反馈；负反馈则是与中央政令相左的政治行为的反馈。两种反馈构成了地方政治较为完整的上行系统，对地方政治与王朝政治同样起着重要作用。

以清代地方财政为例。虽然清初仍继承明代旧制，将地方赋入分为上解银与地方存留银两项，但因军务所需，中央不断裁扣地方存留银的比例，使地方财政难以为继。如直隶灵寿县，每年地方存留银原约为6323两，经多次裁扣，至康熙二十年（1681），每年仅约为1718两，不足原额的1/3。[①] 对于这一财政政策，地方官员有两种作为：一是尽力满足政策所需，压缩地方开支。有一些地方官员甚至因经费难以筹措而自杀。顺治十四年（1657），清世祖为此下诏称："近见州县官有自尽者，动称为此苦累，或实缘钱粮不足，供应不能及额……有司疲于奔命，勒索过当，除自尽之外，几无长策。"[②] 二是变相变更财税政策，向百姓加征"火耗"和"羡余"等。顺治年间，"天下火耗之重，每银一两有加耗至五钱者"[③]。其原因固然是"存留各项节次裁减，州县之事束手无策，势不得不私派之民"[④]。这一做法对整个王朝赋税体系的冲击以及对百姓的侵害都不可低估。[⑤]

地方官员的前一种作为属于正反馈，后一种作为则属于负反馈。在两种反馈的交互影响下，清王朝不得不调整财税政策。雍正初年，在全国范围内实行耗羡归公和养廉银制度，使地方政治走上了较为良

---

① 同治《灵寿县志》卷4《田赋志》，《中国方志丛书》，台北成文出版社1976年版，第236—237页。
② 《清世祖实录》卷111，顺治十四年九月辛酉，中华书局1985年影印本，第874页。
③ 《清世祖实录》卷85，顺治十一年秋七月壬子，中华书局1985年影印本，第670页。
④ 同治《灵寿县志》卷4《田赋志》，《中国方志丛书》，台北成文出版社1976年版，第215页。
⑤ 参见郑学檬主编《中国赋役制度史》，上海人民出版社2000年版，第603—604页。

性的运转道路。

所谓下行系统,是指地方政权对基层社会的管理系统。前已述及,各王朝中央对基层社会的管理都是通过地方政权实现的,在实现社会管理的职能中,三个子系统构成了地方政权下行系统的基本架构,即官方组织系统、半官方组织系统、民间组织系统。

官方组织系统较为明确,是指以州县为主体的行政机构与各级官员,这是下行系统中的骨干子系统。

半官方组织系统处于不稳定状态中,它主要指乡里组织及充任人员。乡与乡官虽然都在正式的政府组织体系之中,但乡并非一级政区,而且乡官也往往不是正式的品秩官员。唐宋以来,乡与乡官更是既无衙署,又无品秩,已成为职役。如唐代之里正实际上在行使乡之职掌。所谓里正,如王梵志诗所言:"当乡何物贵?不过五里官。"①但里正的选任却是"县司选勋官六品以下白丁清平强干者充";无适当人选时,"里正等并通取十八以上中男、残疾等充"②。乡之下的村官自始至终都是无品无秩。唐以前的里正及唐代的村正都是这样的村官。

无论是乡官还是村官,也无论其职掌与权力如何,大都具有两个共同的特点:其一,他们都处在官方组织体系中,其人选的使用完全由地方政府决定,他们也必须听命于各级政府;其二,他们一直都不是王朝的正式官员,无品无秩,绝大多数人都不可能由此进入官僚队伍与官方组织体系。正因为此,我们将这一系统称作"半官方系统"。

乡里系统虽是半官方系统,但其职能却直接承自县级政权,完成着县级政权对基层社会管理的重要内容。如唐代之里正,即"掌按比户口,课植农桑,检查非违,催驱赋役"③。仅就"催驱赋役"而言,如不能按期催纳上缴,他们或者遭笞杖判刑,或者代人输纳,苦不堪

---

① 项楚校注:《王梵志诗校注》卷2,上海古籍出版社2010年增订本,第109页。
② (唐)杜佑撰,王文锦等点校:《通典》卷3《食货典三》,中华书局1988年版,第64页。
③ (唐)杜佑撰,王文锦等点校:《通典》卷3《食货典三》引《大唐令》,中华书局1988年版,第63页。

言。这一系统对地方政权的正反馈与负反馈状况直接关系到地方政治的效能，是地方政治的要害所在。

民间组织系统是指非官方的在地方社会具有较强影响力的组织与人员。就中国古代社会的情况而言，主要有宗族组织、民间结社、地方乡绅势力三种力量。尽管它们都是官方体系之外的社会力量，但由于在地方社会中的实际影响力，任何时代的地方政府都必须正视并依托之。在多数情况下，它们对地方政府是顺从与配合。东汉宗族势力与地方官员的配合，唐代民间结社与官方的合作，明代乡绅对乡约的推广，等等，实际上都起到了地方政府难以发挥的作用。与此同时，在一些时期，上述力量都可能尾大不掉，形成与地方政府抗衡的力量。比如，汉代地方长吏上任伊始，往往要"先问大姓主名"①，一些强宗大姓根本不把地方政权放在眼里。正如《汉书·酷吏传·严延年》所记：

> 大姓西高氏、东高氏，自郡吏以下皆畏避之，莫敢与忤，咸曰："宁负二千石，无负豪大家。"宾客放为盗贼，发，辄入高氏，吏不敢追。浸浸日多，道路张弓拔刃，然后敢行，其乱如此。②

又如，明代乡绅势力颇大，地方社会"无一事无衿绅、孝廉把持，无一时无衿绅、孝廉嘱托"③。曾任太仓州知州的陈璜就深有感触地说：凡地方兴举之大事，"必集儒绅耆彦议"④，否则会一事无成。更为重要的是，在一些特定的情况下，宗族组织、民间结社以及地方乡绅势力都有可能成为官方体系的叛逆者，它们对于地方政治的

---

① 《后汉书》卷77《酷吏传·周䋐传》，中华书局1965年点校本，第2494页。
② 《汉书》卷90《酷吏传·严延年传》，中华书局1962年点校本，第3668页。
③ （明）刘宗周撰，吴光主编，丁晓光点校：《刘宗周全集》第4册《文编上·奏疏四·责成巡方职掌以振扬天下风纪立奏化成之效疏》，浙江古籍出版社2012年版，第185页。
④ （明）陈璜：《太仓州大东门闸记》，（明）张国维《吴中水利全书》卷25，明崇祯九年刻本，第55页a。

威胁往往要远远大于对王朝政治的威胁。

在政治史研究中，制度与法律的研究固然重要，但政治制度与政治运行在实际政治过程中往往并不一致，在地方政治中尤其如此，所以，我们认为，中国古代地方政治运转中的上行系统与下行系统应当是地方政治研究的一个关键领域。

四　古代地方政治的权力结构

郡县制以来的中国古代地方政治经历了两千年的演进，繁复多变，但从其总体脉络看，还是有着一以贯之的一些共同特点。比如，地方政治的集权与被集权，地方政治运转中中间组织的缺失，等等，都值得深入研究。

就地方政治的集权与被集权而言，主要是指中央集权政体下，地方之权必然要被集中于中央，同时也必然要被集中于长吏之手。这一点对中国古代的地方政治影响至大。

先看地方之被中央集权问题。军权方面自不待言。此外，财政、民政、用人诸权也多由中央直接掌控。这种被集权的结果直接带来了吏治的效率低下、敷衍塞责、唯上是从以及政以贿成等问题。

包拯为监察御史时，曾上奏《请支义仓米赈给百姓》。其中写道：

> 臣访闻江浙、荆湖等路自去秋亢旱，田苗一例灾伤，即日米价甚高，民食不足。若不速令赈济，必致流亡。强壮者起为盗贼，老弱者转死沟壑。因此生事，为患不细。缘诸州除军粮、常平仓外，别无大段斛斗准备。窃知王琪见起请义仓，所在见管米数稍多，州县未必敢专辄支用。若一一取候朝廷指挥，往复数月，当此艰食之际，恐无所及……①

---

① （宋）包拯撰，杨国宜校注：《包拯集校注》卷1，黄山书社1999年版，第19页。

包公此奏既写明了地方州县对于赈灾专用的"义仓"之粮无支用权，又说明了"一一取候朝廷指挥"则要"往复数月"的效率之低下。这在历代王朝中是普遍现象。

既然中央事事集权，地方长吏便事事请示。如明朝人即言当时的地方官"若米盐琐细一一上闻，则所遗者反大矣"①。请示过后，则是以上方意思为准，敷衍塞责："上官曰是，彼亦曰是；上官曰非，彼亦非；迨其后事势乖违，民怨沸腾，彼则曰此是上官之意。"② 由是，公文往来成弊，行政效率每况愈下。

再看地方权力集中于长吏问题。这一问题的关键在于州、县二级政府均为一长制，除长吏之外，再无制约抗衡之人。而地方政府政烦事冗，属于全权政府，虽然在财政、民政以及用人上要听命中央、受制于上司，但在其治下，其可自由裁量的余地甚大，尤其是那些中央政府干预较少的治安、诉讼、民事、征调等方面，更是可以因缘为奸。

如是看来，长吏对地方政务几乎是包揽无余。难怪明朝人即言州县之长吏"六部之事系于一人"。这些事务中能够因缘取利的不在少数。柏桦先生曾对此分析道：

> 钱粮征收上为州县官提供诸多方便。首先，征收钱粮有耗羡，一般是百分之二三十，有些地方加耗更多，"乃至加耗银数倍蓰（五倍）正数、十百正数，九重宁复知有此耶！"朝廷不知，全在州县官加减。其次，这些加耗是州县官能够使用的主要经费来源，"一个县官自己要吃用，要交际上司，要取无碍官银，过往上司使客要下程小饭"。州县各种公费开支无不从此支出。再次，这些加耗是州县官主要的经济收入，若是清白的州县官，本着"我若把你们县里的银子拿到家里买田起屋，这样柳盗跖的

---

① （明）于慎行撰，吕景琳点校：《谷山笔麈》卷10《建言》，中华书局1984年版，第113页。

② （清）徐栋辑：《牧令书辑要》卷2《事上》，清同治七年江苏书局刻本，第31页b。

事，我决不做他。你若要我卖了自己地，变了自己的产，我却不做这样陈仲子的勾当"。而更多的州县官是能够把这些银子拿到家，在原籍置下许多田地房产。此外，这笔钱还用于行贿，所以"至朝觐年，则守令以上必人辇一二千金入京投送各衙门及打点使费"。大多是依靠这笔钱粮的耗羡。由此可见，钱粮是既易见功，又易见利的事，州县官们把此事作为施政重点，当然也在情理之中。①

就地方政治运转中的中间组织的缺失而言，这一状况同样植根于中国古代的中央集权政体。打开中国政治史，我们可以清楚地看到，中国历史上的各级政府是全能的一元化政府，从中央到地方，有着机构齐全、涵盖几乎所有事务的机构与管理者。无论是关乎国计民生的大小事务，还是司法、治安、民政以及宗教、教化等，都在各级政府的一元化管理之中。如经济事务的管理，从农业到工商业，无一遗漏。中央王朝既有大农令、大农丞、劝农使，又有均输官、平准官，还有工部、户部、少府等。县一级则有工曹、户曹、市曹等，县城中的市场也有市令与均平令进行市场秩序维护与物价管理。社会精神生活与不同信仰也在一元化的管理下，倡导什么礼俗，尊崇什么宗教，以至于表彰孝子烈妇，调和邻里之争，也都在地方政府的统辖之下。

从朱元璋为地方官制定的《授职到任须知》，我们可以较为直观地了解地方政府的全能化功能。该《须知》共31款，内容如下：

1. 祀神有几。2. 养济院孤老若干。3. 见在狱囚若干已未完。4. 入版籍官民田地若干，官粮民粮若干。5. 节次圣旨制书及奉旨榜文谕官民者若干，曾无存者若干。6. 本衙门吏典若干。7. 各房吏典不许那移管事，违者处斩。8. 承行事务已完若干，已施行未完若干，未施行若干。9. 在城印信衙门若干。10. 仓库若干。11. 所属境内仓场库务若干。12. 系官头匹若干。13. 会

---

① 柏桦：《明代州县政治体制研究》，中国社会科学出版社2003年版，第210—211页。

关于中国古代地方政治研究的几个问题

计粮储，每岁所收官民税粮若干，支用若干。14. 各色课程若干。15. 鱼湖几处，岁课若干。16. 金银场分若干，坐落何山川，所在若干。17. 窑冶各开是何使器及砖瓦名色。18. 近海郡邑煮海场分若干。19. 公廨间数及公用器皿裀褥之类若干。20. 邑内及乡村系官房舍，有正有厢若干。21. 书生员数若干。22. 耆宿几何，贤否若干。23. 孝子顺孙，义夫节妇，境内若干。24. 境内士君子在朝为官者几户。25. 境内有学无学，儒者若干。26. 境内把持公私，起灭词讼者有几，明注姓氏。27. 好闲不务生理，异先贤之教者有几。28. 本衙门及所属该设祇禁弓兵人等若干，各报数目。29. 境内士人在朝为官，作非犯法，黜罢在闲几人，至死罪者几人。30. 境内民人犯法被诛者几户。31. 境内警迹人若干。①

与之相应，中国古代历史上没有独立于政府管理之外的宗教体系与宗教组织，也没有自成体系、相对独立的工商业行会或居民自治组织。中国历史上存在宗法血缘组织，也有过村社组织，但它们都在政府的管理之中，实际上都是政府体系的末梢或变体，一旦成为异己的力量，政府会毫不犹豫地加以革除。而在欧洲中世纪，则是另一番景象。从经济体系看，欧洲是典型的二元体系：一方面是领主领地内自给自足的庄园经济体系，另一方面则是游离于其外自发形成的城市工商业经济体系。无论是君主还是领主，对城市工商业与市民都没有形成有效的管理，工商业行会的自主管理与市民自治是主要的管理模式。宗教体系也是如此。欧洲中世纪的教权和君权虽然经历过激烈的斗争，但从总体上看，是君权屈服于教权；宗教体系自立于国家体系之外，制约着人们包括君主与领主的精神世界与社会生活，实际上也制约着君主权力的行使。

---

① （明）李东阳等撰，申时行等重修：《大明会典》卷9《吏部八·关给须知·到任须知》，广陵书社2007年影印本，第168—173页。

五　古代地方治理的重心

郡县制与方国制最大的共同点在于它们都是以城邑—村落共同体为基本政治单位，地方政区地理的基本单元一直相沿不替，从方国到县，保持着相似的政区地理结构。春秋战国时期，在列国兼并中，相当数量的败亡方国转而为县，一些卿大夫的采邑也同样转化为县。如：楚灭息国，在其旧地设息县；灭蔡国，在其故地设蔡县；灭申国，在其故地设申县；灭陈国，在其故地设陈县，等等。故国转而为新县是这一时代的常见现象。在这一转化过程中，原有方国的政治区划、空间地理形态得以传承，成为古代地方政治的重要基因。战国秦汉时代的新设之县，也往往采用城邑统领若干村落的基本模式，与故国转化之县并无不同。

正因为此，数千年以来，中国古代地方政区层级虽处在不断变动中，但变动区间均在县级以上的政区层级，县级政区自秦汉以来一直十分稳定，县级行政的基本内容也未有明显变化，县之数量也是如此。如西汉曾有1587县，唐代曾有1573县，清代曾有1455县。[①] 其主要原因在于县是地方治理的重心所在，历朝历代都十分注重保持其稳定性。

自古以来，县级政府是中央王朝的基层政府，县政包含着国政所赋予的地方治理区全权。以汉代为例。县政包括了社会管理、经济管理、司法管理与治安管理等内容。就社会管理而言，其核心职责是治民，也就是对城乡居民的管理。在中国古代，民是国家之根本，关系国家治乱，又决定着赋税徭役。东汉末年的徐幹即言：

  故民数者，庶事之所自出也，莫不取正焉。以分田里，以令贡赋，以造器用，以制禄食，以起田役，以作军旅。国以之建

---

① 参见周振鹤《中华文化通志·地方行政制度志》，上海人民出版社1998年版，第203页。

典，家以之立度，五礼用修，九刑用措者，其惟审民数乎！①

举凡汉代之户籍管理、户口核查、人员迁徙，均由县政负责；礼仪教化的推广、官吏的乡举里选、孝子顺孙的举荐、灾荒饥馑的赈济、县域桥梁道路庙宇的修筑、各种地方的祭祀信仰，等等，也都是县政所司。

就经济管理而言，其核心是劝农治赋。一方面要劝农耕桑。如汉律《二年律令·田律》即规定："县道已垦田，上其数二千石官，以户数婴之，毋出五月望。"② 在县令的行事中，"劝督农桑"或"课使耕桑"往往是其代表性事迹。另一方面，则要及时足量完成国家的赋役征发。汉代赋税与徭役均由县定其数额，交由乡里征发，再由县总其成，以县为单位上解赋入或送递兵士役卒。对于其上一级的郡国，各县只是在上计时递交总账而已。如《后汉书·百官志》李贤注引胡广云："秋冬岁尽，各计县户口垦田，钱谷入出，盗贼多少，上其集簿。"③

就司法与治安管理而言，其核心是保障司法公平，维护社会秩序。汉代各县都设"丞署文书，典知仓狱"④；设"尉主盗贼，凡有贼发，主名不立，则推索行寻，案察奸究，以起端绪"⑤。县级行政是诉讼与治安的基本单位，县令长的重要职责就是听讼案狱，这也是对县政监察考核的重要内容。上司循县时，"县邑囚徒，皆阅录视，参考辞状，实其真伪"⑥。遇有社会治安事件，也是以县为主进行处置。如张家山汉简《二年律令·捕律》载：

---

① （汉）徐幹撰，孙启治解诂：《中论解诂·民数》，中华书局2014年版，第370—371页。
② 张家山二四七号汉墓整理小组编：《张家山汉墓竹简（二四七号墓）》，文物出版社2001年版，第166页。
③ 《后汉书》志二八《百官志五》李贤注引"胡广曰"，中华书局1965年点校本，第3623页。
④ 《后汉书》志二八《百官志五》本注，中华书局1965年点校本，第3623页。
⑤ 《后汉书》志二八《百官志五》，中华书局1965年点校本，第3623页。
⑥ 《后汉书》志二八《百官志五》中华书局1965年点校本，第3618页。

> 群盗杀伤人、贼杀伤人、强盗，即发县道，县道亟为发吏徒足以追捕之，尉分将，令兼将，亟诣盗贼发及之所，以穷追捕之，毋敢□界而环（还）。①

这表明捕盗之职虽有县尉，但县令要统一调度与指挥，负有首责。

汉代以降，县级行政之重要性一如既往。魏晋南北朝时期，在许多职能上甚至还重于前代；宋元以来，相沿不改，对此，王夫之指出：

> 唐、宋以降，虽有府州以统县，有禀承稽核之任，而诛赏废置之权不得而专，县令皆可自行其意以令其民，于是天下之治乱，生民之生死，惟县令之仁暴贪廉是视，而县令之重也甚矣。②

需要指出的是，在中国古代政治运转中，以县为中心，当无异议，但此重心的支点却在县城之外的各个村落。长期以来，一直有学者认为中国古代政治运转中，"国权不下县"。此说甚为不当。③ 国家政令之实施、赋役之征发、兵役之调集、民生之维系均由县以下各级机构操作、落实，县总其成。在长期的历史发展中，县以下、村以上的各种机构变化多端，但最为基础的社会组织单位村落一直长期稳定，始终是县以下最为基本的组织单元，也是县级行政的支点所在。

---

① 张家山二四七号汉墓整理小组编：《张家山汉墓竹简（二四七号墓）》，文物出版社2001年版，第152页。

② （清）王夫之：《读通鉴论》卷22《唐玄宗一〇》，中华书局1975年版，第660页。

③ 20世纪50年代，萧公权先生以英文撰成《中国乡村：19世纪的帝国控制》，于1960年出版。台湾联经出版公司和九州出版社分别于2014年和2018年推出了张皓等的中文译本。该书以丰富的文献，考察了19世纪清王朝统治中国乡村的政治体系，理清了清帝国控制乡村的构想、措施及其合理性，考察了"皇权下县"的成效，否定了"皇权不下县"说。但近年来仍有坚持"皇权不下县"说者，且时有论争。

就中国古代乡里组织的设置而言，村落始终是最基本的行政组织单位，无论是机构设置还是人员选任均由官方负责。比如，汉代的自然村落多称为"聚"。聚的规模大小不一，有时相差悬殊，但它们与里的设置是一致的，聚与里是重合的。这些聚落错落参差，大小不一，地方政府则因地制宜，在现有的自然聚落基础上设置里的建置，除非一些大至数百户或小至三五户人家的特殊聚落，一般情况下，都是每个聚落设置一里，三十几户、四十几户以至百余户都可作为一里。三国两晋时代仍有较为完整的乡里之设，至南北朝时期，南朝的村落开始接收里的一部分组织功能，渐有行政意义，村一级的管理机构，被称为"村司"。村逐渐成为基本的税收单位，已具有基本的治安管理职能并成为基本的社会事务单位。唐代的乡里组织上承南朝之乡里村落制，较前代发生了重要变化，其集中表现是乡里之制与乡正的消失，里正直接向县衙负责，成为实际上的乡政处理者；村设村正，前代里正的职掌则交村正行使，村落的行政与法律地位得到确认，乡里之制演化为乡村之制。

又如，两税法实施以来，随着中央王朝越来越倚重于田土之征，对人户的控制不断削弱，直接影响着乡村社会的基础。因而，宋元明清时代乡村管理的最大特点就是不断加强对人口的直接管理，王安石变法中所实施的都保制是这一体系的肇始。以后，不同时期都保制的规定虽然各不相同，但总的原则是一致的，即以人户为单位编制乡村居民，形成了以人户编制为基础、层层展开的乡村管理体系，这一体系的基层组织单位仍是村落。

都保体系的最大特点是以人户为单位编制乡村人口，与此同时，又依原有村落体系而成立，两者内容似乎并不相容，但却是各地在实施过程中的必然选择。众所周知，作为自然聚落的村落，因环境、历史以及经济状况等多种因素的制约，规模大小不一，有时甚至相去悬殊。在这样一种条件下，虽然都保制的编制都是以什伍为单位，但在实施过程中应当是普遍地加以变通。保甲法颁布时，以五家为一小保，五十家为一大保；同时规定"本保内户数足，且令附保，候及十户,即别为一保"①。亦即五户以上至十户之内,仍可为一小保;达到十户后,即分为两个小保。不久,又将五十户一大保调整为二十五家为一大保。按照附保的原则,一大保满二十五户后,多余户数仍可附保,至满五十户后拆为两大保。这样,就形成了五户、五到十户、二十五户、二十五到五十户等若干层次,可以涵括多数自然村落。在这种情况下,小保、大保甚或都保与村落往往合一。明清时代的乡村体系上承宋元,仍是着力于对乡村人口的控制与管理,先后实施了里甲之制与保甲之制,村落作为基本行政单位的地位依然如故。中国古代地方治理中县与村的高度稳定性及其独特地位,与方国时代地方政治的发生有着密不可分的关系,值得我们深入探讨。

综上所述,中国古代地方政治是相对于中央王朝政治的地方制度与治理,它既受制于中央王朝,是中央王朝政治在地方的实现与延伸,同时又有着自己的历史传承与发展特点,对于中央王朝政治也施加着自己的影响。正因为此,中国古代地方政治在制度体系、政治运行体系以及治理模式上有着独有的内涵及特色,较之中央王朝政治体现出更多的稳定性、多样性与兼容性,值得深入发掘与研究。

---

① (宋)李焘:《续资治通鉴长编》卷218,熙宁三年十二月乙丑,中华书局2004年版,第5298页。

宋代县令系衔若干问题试探

范学辉*

摘要： 宋代县令系衔，属于品位与职位相糅合的复式结构，通常由官阶、差遣、兼衔、勋级与章服四部分构成。官阶，文官京朝官以元丰改制为界，此前为文散官加本官阶，此后则为寄禄官。幕职州县官在崇宁二年宋廷更幕职州县官为"选人"七阶之前，还要加系幕职州县官阶与试衔。武官则系武阶。差遣（元丰后为职事官），区分为知县和县令。文官京朝官、幕职官与武官三班使臣长县皆为知县、文官"选人"长县则为县令，此诚两宋之通制，然而"破格"亦始终存在。根据资历、堂除、辟差、对换等授职时情况的不同，在差遣之前或加以"权""特差""宜差""改差"等字系衔。尚未到任或就职者，则要在差遣之前加系"新差"。兼衔，包括普遍性兼衔和区域特殊性兼衔两大类。勋级废止于政和三年，章服则指赐绯鱼袋、借绯。宋代县令系衔以"品位化"为中心，官阶居于最为前列的位置，系以权责的差遣与部分兼衔的名号也主要由官阶来决定，勋级与章服同样是品位、资历之体现。

关键词： 宋代　县令系衔　复式结构　精细化　品位化

精细化，是宋代制度文明最为突出的时代特征。官员系衔的空前复杂与细致，品位、权责区分往往寓于一二遣字措辞之间，就是这一时代特征的突出体现。宋代县令尽管只是基层官员，然其系衔的主体与中高级官员相类似，同样大致由复杂的四部分组成，依次为：官

---

* 范学辉，山东大学历史文化学院教授。

阶、差遣（职事官）、兼衔和勋级与章服，同样是将品位、职位、爵勋、章服等糅合在一起的复式结构，完全可以作为研究宋代官员系衔制度的较好突破口。但迄今为止，学界对县令乃至整个宋代官员系衔制度的专题研究，还较为薄弱。对于县令的兼衔，笔者在此前已有专文加以考察①。在其基础之上，本文拟重点发掘和使用第一手的石刻史料，结合史籍文献，对宋代县令系衔中的官阶、差遣、勋级与章服等问题，再进行专门的探讨。

一　官阶系衔：散官加本官阶至寄禄官

宋代县令系衔的第一部分为官阶。宋代通差文、武官长县，《宋会要辑稿》即有云："诸县事务要剧者，以京朝官或武臣、幕职领。"又引《两朝国史志》曰：县令"参用京官，或试衔幕职及三班使臣，皆谓之知县事"②。京朝官、幕职州县官皆为文官，三班使臣则为武官。

众所周知，宋代的武阶主要由五个层级组成，地位由高至低依次为：正任、横行、诸司使副、三班使臣、无品杂阶。三班使臣共十阶，又分为大使臣、小使臣两个部分，大使臣依次为：内殿承制（正八品）、内殿崇班（正八品），小使臣依次为：东头供奉官、西头供奉官（从八品），左侍禁、右侍禁（正九品），左班殿直、右班殿直（正九品），三班奉职、三班借职（从九品）。徽宗政和年间之后分别更名为：敦武郎（南宋为训武郎）、修武郎、从义郎、秉义郎、忠训郎、忠翊郎、成忠郎、保义郎、承节郎、承信郎③，品级仍然保持不变。

三班使臣皆为品级不高的下级武官，但顾名思义起码具有君主侍臣宠将的名义，在战事频繁的宋初（太祖至真宗朝）、两宋之际，宋

---

① 范学辉：《宋代县令兼衔考》，《中国史研究》2018年第3期。
② （清）徐松辑，刘琳等点校：《宋会要辑稿·职官》48之25，上海古籍出版社2014年版，第4321页。
③ 龚延明：《宋代官制辞典（增补本）》，中华书局2017年版，第765—766页。

廷多差其为军务较多的沿边、次边等县分的知县。《宋史·选举志》云："凡三班院，二十以上听差使，初任皆监当，次任为监押、巡检、知县。"① 据《淳熙三山志》所载福州长溪县的县令《题名记》来看，该县真宗景德至仁宗庆历间全为武官长县："景德左班殿直戴、三班奉职冯、右班殿直吕，大中祥符右班殿直宁，天禧右班殿直林、右侍禁胡、王、李。"② 他们的官阶皆为"三班使臣"中的小使臣。证诸金石亦如是：太宗至道三年（997），李崇即以"殿直"知京兆府武功县事③；真宗咸平四年（1001），慈释回以"右班殿直"知解州闻喜县事④；仁宗皇祐二年（1050）某氏亦以"左班殿直知阳曲县事兼兵马监押"⑤ 等。武臣以三班使臣为知县，地位大致相当于文臣的京官知县。左、右侍禁以上，又可选为阁职即带阁门祗候，官阶上升为从七品。武臣以阁门祗候为知县，地位就大致相当于文臣的朝官知县。

武官长县，其衔当然要系以上述左右班殿直、左右侍禁等武阶，宋初还要加系散官、检校官并兼宪衔等。一个比较典型的事例，为真宗大中祥符二年（1009）真定府藁城县知县王文化，其系衔为"左班殿直银青光禄大夫检校太子宾客武骑尉兵马监押兼知县事"⑥。银青光禄大夫作为文散官是从三品高阶，检校太子宾客是十九阶检校官中的第十七阶，然中唐以来武人跋扈，五代宋初禁军都头、副都头一

---

① （元）脱脱等：《宋史》卷158《选举志四》，中华书局1985年点校本，第3695页。
② （宋）梁克家：《淳熙三山志》卷24《秩官类五·县官》，《宋元方志丛刊》，中华书局1990年版，第7994页。
③ （清）陆增祥：《八琼室金石补正》卷86《宋五·宝意寺修弥勒阁记（至道三年九月十五日）》，文物出版社1985年版，第606页。
④ （清）胡聘之：《山右石刻丛编》卷13《闻喜县夫子庙碑（皇祐五年）》，国家图书馆善本金石组编《宋代石刻文献全编》第1册，北京图书馆出版社2003年版，第656页。
⑤ （清）王昶：《金石萃编》卷134《宋十二·重修北岳庙记（皇祐二年）》，国家图书馆善本金石组编《宋代石刻文献全编》第3册，北京图书馆出版社2003年版，第232页。
⑥ （清）沈涛：《常山贞石志》卷11《宋一·藁城县重修文宣王庙堂记（大中祥符二年）》，国家图书馆善本金石组编《宋代石刻文献全编》第4册，北京图书馆出版社2003年版，第83页。"兼"字十分模糊。

级的小武官就可以兼带银青光禄大夫、检校国子祭酒、监察御史、武骑尉,时称"银酒监武"①,宋制"三班及吏职、蕃官、诸军副都头加恩,初授检校太子宾客兼监察御史,自此累加焉"②。案:王文化即带检校太子宾客,依制当兼监察御史,疑碑文或有阙失。神宗元丰三年(1080)九月,宋廷罢三班使臣等加恩授宪衔、检校官及银青光禄大夫,止许加勋转武骑尉③。

宋代虽有以武臣为知县之制,但自真宗、仁宗之际开始,武臣知县的数量呈现迅速下降之势。譬如福州古田县本来"太平兴国以后率用武臣",然"天禧初,始授文吏",天禧元年(1017)后改差文臣,神宗熙宁之后更专注京朝官④。长溪县亦然,该县"咸平初以使臣为兵马监押,庆历后用文臣以知县兼兵符"⑤。古田、长溪两县的上述情况,应该就是两个十分典型且带有普遍意义的例证。高宗绍兴九年(1139)宋廷曾诏令吏部:"日后县令差文臣。"起因是"以臣寮奏建炎以来始注武臣,为害甚众故也"⑥。是诏也说明:在建炎以前的北宋中晚期与绍兴九年之后的南宋,其实是很少以武官来长县的。

孝宗朝武官知县"不晓文墨,百里受弊"⑦的观念,更是成为朝野主流观念。淳熙年间,连缘边、次边诸县的知县、县令也是优先差文官,"如同日有四选官指射者,先差京朝官,次大使臣,次选人,次小使臣"。宁宗庆元四年(1198),宋廷再次诏令吏部:"自今缘边

---

① 龚延明:《宋代官制辞典(增补本)》,中华书局2017年版,第669页。
② (元)脱脱等:《宋史》卷170《职官志十》,中华书局1985年点校本,第4077页。
③ 龚延明:《宋代官制辞典(增补本)》,中华书局2017年版,第669页。
④ (宋)梁克家:《淳熙三山志》卷24《秩官类五·县官》,《宋元方志丛刊》,中华书局1990年版,第7995页。
⑤ (宋)梁克家:《淳熙三山志》卷24《秩官类五·县官》,《宋元方志丛刊》,中华书局1990年版,第7994页。押,误作"折"。
⑥ (清)徐松辑,刘琳等点校:《宋会要辑稿·职官》48之34,上海古籍出版社2014年版,第4332页。
⑦ (清)徐松辑,刘琳等点校:《宋会要辑稿·职官》48之39,上海古籍出版社2014年版,第4337页。

知县,并令吏部先差文臣,次差武臣。"① 除了四川、两广暨少数"沿边溪洞""蛮瘴之乡"部分县分以外,事实上就形成了绝大部分知县"专用文臣"②的局面。即使是武臣知县,通常也得武举出身。《武义南宋徐谓礼文书》暨现存金石材料中的宋代知县,文官数量都要占据绝对的压倒性优势,就是宋代此一制度的准确反映。与县令主要用文官不同,县尉、巡检则大量任用武官,这显然是出自宋廷一以贯之的"以文制武"的思路,以此来取得彼此互相制衡的效果。

文官长县当然要系以文阶。宋代的文阶以神宗元丰改制为界,划分为前后两个阶段。元丰改制之前,京朝官知县使用散官阶加本官阶系衔,二者之间往往还要加系"行""守"或"试"字。文散官高于本官阶的,系衔要于本官阶前加"行"字。反过来,若文散官低于本官阶,系衔要于本官阶前加"守"字,非正式命官则加"试"字③。就笔者所见,元丰之前县令加系"行"字者相当罕见,加系"守"字者却颇夥。例如:真宗大中祥符四年(1011)梓州元武县(中江县)知县刘某,其官阶即为"将仕郎守大理寺丞"④。将仕郎,为从九品下的文散官阶;大理寺丞,为从八品的本官阶。仁宗嘉祐八年(1063)九月,建康府溧阳县知县周景纯为"朝散郎守太子中舍"⑤。朝散郎,为从七品上的文散官阶;太子中舍,为正五品的本官阶。英宗治平二年(1065),向宗旦以"宣奉郎守太常博士"知常熟县事。宣奉郎,为从七品下的文散官阶;太常博士,为从七品上的本官阶。此三者之文散官皆低于本官阶,故皆于本官阶前加系"守"字。

---

① (宋)佚名,刘笃才点校:《吏部条法·差注门二·知县县令》,杨一凡、田涛主编《中国珍稀法律典籍续编》第2册,黑龙江人民出版社2002年版,第58—59页。

② (元)脱脱等:《宋史》卷167《职官志七》,中华书局1985年点校本,第3977页。

③ 龚延明:《宋代官制辞典(增补本)》,中华书局2017年版,第737页。

④ (清)陆增祥:《八琼室金石补正》卷88《宋七·宁国寺牒碑并阴(大中祥符四年八月中旬)》,文物出版社1985年版,第618页。

⑤ (宋)马光祖修,周应合纂:《景定建康志》卷27《诸县令·溧阳县题名》,《宋元方志丛刊》,中华书局1990年版,第1793页。

制度史研究

加系"试"字，或称试秩、试衔，宋初地方幕职官与知县、令录及科举初及第者多带校书郎、大理评事、大理司直等京官试衔①。太祖乾德二年（964）颁布的《少尹幕职官参选条件》规定："应拔萃判超及进士、《九经》判中者，并入初等职事，判下者依常选。初入防御团练军事推官、军事判官者，并授将仕郎，试校书郎。"② 然后试衔依次晋升为试大理评事、试大理司直。太宗淳化元年（990）补充诏令："知县、令录人未有试衔，并与试校书郎。"③ 幕职官知县、县令一律皆系试衔，自"试秘书省校书郎"始。仁宗嘉祐二年（1057）马益以"将仕郎试秘书省校书郎守相州邺县令"④，嘉祐七年（1062）郭九龄之系衔亦为"登仕郎试秘书省校书郎守凤翔府麟游县令"⑤。马益、郭九龄两县令皆以"试秘书省校书郎"系衔，应该就属于这种情况。

宋代幕职官，指"签书判官厅公事，两使、防、团、军事推判官，节度掌书记，观察支使"⑥ 等州府属官，防御、团练、军事推官与军、监判官为"初等职官"，位于其上的节察推官、军事判官等为"两使职官"。幕职官在宋初也作为京官之下自成系列的官阶（高等"选人"）来使用，科举初及第较高名次进士被授予幕职官阶者颇夥。幕职官与京朝官、三班使臣也就并列为知县的三大群体。仁宗初宋廷即"诏吏部选幕职官为知县"⑦，天圣元年（1023）更"诏吏部流内

---

① 张希清：《宋朝典制》，吉林文史出版社1997年版，第98页。
② （宋）李焘：《续资治通鉴长编》卷5，乾德二年五月庚寅，中华书局2004年版，第129页。
③ （清）徐松辑，刘琳等点校：《宋会要辑稿·职官》48之27，上海古籍出版社2014年版，第4324页。
④ （清）武亿等：《安阳县金石录》卷5《魏西门大夫庙记》，国家图书馆善本金石组编《宋代石刻文献全编》第2册，北京图书馆出版社2003年版，第437页。
⑤ （清）王昶：《金石萃编》卷135《宋十三·石林亭唱和诗（嘉祐七年）》，国家图书馆善本金石组编《宋代石刻文献全编》第3册，北京图书馆出版社2003年版，第262页。
⑥ （元）脱脱等：《宋史》卷167《职官志七》，中华书局1985年点校本，第3975页；（宋）赵升编，王瑞来点校：《朝野类要》卷2《称谓·幕职》，中华书局2007年版，第46页。
⑦ （元）脱脱等：《宋史》卷一五八《选举志四》，中华书局1985年点校本，第3704页。

铨选幕职官知大县,阙京朝官故也"①。

以幕职官为知县,其系衔在文散官之外要再加系幕职与试衔,如神宗熙宁七年(1074)陈之方系衔为"清海军节度推官承事郎试大理评事知英州浛光县事权清远县事"②,神宗熙宁元年(1068)李恂之系衔就是"宣奉郎试大理评事充平海军节度推官知福州宁德县事"③。宋初幕职官掌书记、防御团练判官以上在试衔同时再加宪衔"监察御史",掌书记、防御团练判官试大理评事兼监察御史,留守两府节度观察判官试大理司直兼监察御史④。神宗元丰三年(1080),宋廷废止文武散官阶、试衔及改京朝官本官阶为寄禄官,此后官员仅以寄禄官系衔,系衔中的官阶部分较此前就要相对简化了许多。京朝官知县之外,元丰之后,以幕职官知县者往往仅以所居幕职官阶来系衔,譬如元丰五年(1082)潞城县知县朱某之系衔即为"登州防御推官知县事"⑤,绍圣三年(1096)黄汝翼以"山南东道节度推官知晋州神山县令"⑥ 等。

徽宗崇宁二年(1103)九月,宋廷又开始"定选阶"⑦,将幕职州县官更为寄禄官之"选人"七阶。选人长县,亦皆仅系寄禄官阶。《武义南宋徐谓礼文书》中的六位知县和一位县令,其系衔中的官阶部分就皆仅为寄禄官,分别为:通直郎、从政郎、宣义郎、通直郎、

---

① (宋)李焘:《续资治通鉴长编》卷101,天圣元年十二月辛未,中华书局2004年版,第2344页。
② (清)陆耀遹:《金石续编》卷16《宋四·程师孟祠南海神记(熙宁七年)》,国家图书馆善本金石组编《宋代石刻文献全编》第3册,北京图书馆出版社2003年版,第653页。
③ (清)陆心源:《吴兴金石记》卷6《飞英寺浴院碑(熙宁元年)》,国家图书馆善本金石组编《宋代石刻文献全编》第2册,北京图书馆出版社2003年版,第557页。
④ (宋)李焘:《续资治通鉴长编》卷5,乾德二年五月庚寅,中华书局2004年版,第129页。
⑤ (清)胡聘之:《山右石刻丛编》卷14《吕仙诗碣(元丰五年)》,国家图书馆善本金石组编《宋代石刻文献全编》第1册,北京图书馆出版社2003年版,第695页。
⑥ (清)胡聘之:《山右石刻丛编》卷16《玉兔寺钟楼记(绍圣三年)》,国家图书馆善本金石组编《宋代石刻文献全编》第1册,北京图书馆出版社2003年版,第724页。
⑦ (宋)陈均撰,许沛藻等点校:《皇朝编年纲目备要》卷26,中华书局2006年版,第674页。

宣教郎、宣教郎、奉议郎。其中，通直郎、奉议郎属"朝官"，宣义郎、宣教郎为"京官"，从政郎为"选人"。

二　差遣系衔：知县、县令与破格

宋代县令系衔的第二部分为差遣。宋初差遣系以权责，是系衔的核心。神宗元丰改制，以职事官代差遣，但"差遣作为职事官同义词，已不可废。知州之类，仍习称差遣"①。众所周知，宋代知县之差遣为"知某州（府）某县事"或"知某州（府）某县"，以"知某县""知县事"为之简称。县令为"某州（府）某县令"，简称"某县令"。《武义南宋徐谓礼文书》所记诸县知县或县令的差遣（职事官），就正是如此。

主要根据资历、堂除、辟差、对换等授职时情况的不同，在差遣之前或加以"权""特差""宜差""改差"等字系衔。尚未到任或就职者，则要在差遣之前加系"新差"。

县令差遣之前加系"权"字者，分为两种情况：或是以他职权摄县事，宋代制度规定："诸县令阙，听以次官暂权，不许辄差他官。若阙丞处，或以次官不胜任，听本州见任许差官内选差权；阙，即申监司于他州选差。"② 通常是以县丞或州府幕职官来权摄县事。若非以他职暂权县事而系衔带"权"字者，则是因长县者资历较浅，如徐谓礼"权知建康府溧阳县"即然。

县令差遣之前有加系"特差"两字者。光宗绍熙四年（1193）杨潜差遣系衔即为"特差知秀州华亭县"③，理宗开庆元年（1259）潜说友"特差知严州建德县"④。度宗咸淳初年金昌年系衔亦为"宣

---

① 龚延明：《宋代官制辞典（增补本）》，中华书局2017年版，第648页。
② （宋）谢深甫编撰，戴建国点校：《庆元条法事类》卷6《权摄差委》，杨一凡、田涛主编《中国珍稀法律典籍续编》第1册，黑龙江人民出版社2002年版，第100页。
③ （宋）杨潜修，朱端常等纂：《云间志·序》，《宋元方志丛刊》，中华书局1990年版，第5页。
④ （宋）钱可则修，郑瑶、方仁荣纂：《景定严州续志》卷2《物力》，《宋元方志丛刊》，中华书局1990年版，第4367页。

教郎特差知庆元府慈溪县"①。南宋添差官称"特差"（特添差），为"正式员阙之外的差遣，为非正任差遣官"②，绝大多数为编制之外的超编员阙。知县为一县之长，自然不会存在"添差"超编的问题。从《云间志》和《景定严州续志》的县令题名记来看，不论杨潜还是潜说友，在任时毫无异议皆为该县之唯一主官，显非添差。笔者认为：知县差遣以"特差"系衔者，一种可能性当是指任职非经吏部铨选（"选阙"），而或者是由堂除（都堂奏差），或者极个别者由帝王中旨（特旨差），知县系衔当中的"特差"有可能就是"中旨"即"特旨差"的简称（实则多为堂除），故要在系衔当中专门加以标明，以彰显帝王宠遇和朝廷器重之意，其官场地位应皆要略高于选阙知县。案：理宗淳祐八年（1248）监察御史兼崇政殿说书陈求鲁奏请重县令之权，"俾县令得以直达于朝廷"③，宋末县令颇多"特差"者或即与此有关。而且，既然是"特差"，其中必然多为破格者。譬如理宗淳祐年间夙子与系衔为"从政郎特差知惠州河源县主管劝农公事兼弓手寨兵军正"④。从政郎为"选人"的第三阶，以其长县按制度当为"县令"，为知县显属破格。另外一种可能性，即县令系"特差"者，乃"特改差"之简称，也就是由转运使等本路监司所对移调换的。

县令差遣之前亦有加系"宜差"者。理宗景定四年（1263），安庆府桐城县知县尤某系衔即为"奉议郎宜差知安庆府桐城县主管劝农营田公事兼弓手寨兵军正"⑤。"宜差"，清代学者钱大昕有精确考证云：理宗景定年间，"当时诸路帅臣多有奉敕便宜行事者，以其未承

---

① 光绪《慈溪县志》卷50《金石上·孙孝子祠碑》，清光绪二十五年刻本，第45页b。
② 龚延明：《宋代官制辞典（增补本）》，中华书局2017年版，第716页。
③ （元）脱脱等：《宋史》卷174《食货志上二》，中华书局1985年点校本，第4221页。
④ （宋）方大琮：《铁庵集》卷4《举知河源县夙子与状》，《景印文渊阁四库全书》第1178册，台湾商务印书馆1986年版，第183页。此奏上于方大琮知广州任上，当在淳祐四年前后。
⑤ （元）佚名纂修：《无锡志》卷4中《无锡县徐偃王庙庵记》，《宋元方志丛刊》，中华书局1990年版，第2290页。营田，误作"管田"，径改。

朝旨，故谓之'宜差'，或读为'宣差'者，非也"①。尤某差遣既以"宜差"系衔，可知其当为本路帅司辟差。此当为南宋之制，多在边境地区，譬如孝宗淳熙三年（1176）"命自今极边知县、县令阙官，专委本州守臣奏辟"②。北宋辟差则主要限于幕职，尚不得辟差州县主官。在神宗元丰改制之前，"宜差"实为中书门下牒尚书吏部行文中之习语。岳珂即藏有一"皇祐五年十二月敕牒"，其词曰："中书门下牒光禄寺丞钱中立，牒奉敕，宜差知虔州赣县事，替阮士龙。过满阙，候到交割县务，诸般公事，一一点检，依例施行。牒至准敕。故牒。"③ 钱氏显非为辟差者。南宋时，据洪迈所云：在孝宗朝之前，宋廷任命知州下发吏部的录黄仍有云："某官姓名，宜差知或权知、权发遣某州军州。"④ 南宋公文当中所常用的"宜差"，乃模仿元丰前之笔，也大致与此类似，并无特殊之含义。

县令差遣加系"改差"者。较典型事例：理宗宝庆三年（1227），李知退的系衔为"宣教郎新特改差知婺州浦江县"⑤。绍定三年（1230），李曾伯的系衔亦是"儒林郎改差知襄阳府襄阳县"⑥。宋代官员本有对换之法，称"两易其任"。宋廷更赋予了各路监司对换本路县令的权力，称为"繁简难易对换县令法"。《职制令》规定："诸县有繁简难易，监司察令之能否，谓非不职者。随宜对换，仍不理遗阙。"⑦ 授权监司（包括知州）根据各县的客观情况与县令个人

---

① （清）钱大昕撰，陈文和、孙显军点校：《十驾斋养新录》卷10《宜差》，江苏古籍出版社2000年版，第220页。
② （元）脱脱等：《宋史》卷160《选举志六》，中华书局1985年点校本，第3756页。此所言本州守臣，或当为以知州兼任安抚使之帅臣。
③ （宋）岳珂撰，朗润点校：《愧郯录》卷13《皇祐差牒》，中华书局2016年版，第171页。
④ （宋）洪迈撰，孔凡礼点校：《容斋随笔·五笔》卷4《近世文物之殊》，中华书局2005年版，第878页。
⑤ （宋）胡榘修，方万里、罗浚纂：《宝庆四明志》卷17《慈溪县志二》，《宋元方志丛刊》，中华书局1990年版，第5219页。
⑥ （宋）李曾伯：《可斋续稿》前卷5《京西提举司平籴仓记》，《景印文渊阁四库全书》第1179册，台湾商务印书馆1986年版，第541页。
⑦ （宋）谢深甫编撰，戴建国点校：《庆元条法事类》卷8《对移·职制令》，杨一凡、田涛主编《中国珍稀法律典籍续编》第1册，黑龙江人民出版社2002年版，第252—253页。

的才能高下来调换其任职，以使诸县令扬长避短、人尽其才，但不得徇私舞弊，《职制敕》即规定"诸监司以繁简难易察换县令而私徇者，以违制论"①。绍兴三年（1133），江南西路监司即奏请"洪州南昌县事务繁重，见任知县晁颂之以疾作力衰，乞于外县选官两易其任。今欲将靖安知县王恺与晁颂之两易其任，不理遗阙"②，并得到了批准。

案：两易其任的对换，时称"改差"。譬如元丰五年（1082）神宗曾有御批："新判尚书刑部何正臣自擢置朝廷以来，未尝践履刑狱职任，可改差判尚书兵部兼知审官东院。"③宁宗嘉定十六年（1223）正月，宁国府通判史安之与绍兴府通判丘寿对换，就是"于一等州郡内改差"④。根据这些确证，笔者断定：差遣加系"改差"之县令，应当就是为本路监司所对换者。需要说明的是，《职制令》明确点明监司对换县令"谓非不职者"，也就是并非为降黜，只是县令之间的"两易其任"，换一个县当县令而已，与监司的"对移贪吏"即降黜之制有着质的不同⑤。不过，对被对换到繁难县者而言，显然也是一种能力上的被肯定和重用，故要专门在系衔中加以反映。反之，被对换到简易之县者，仕途前景可能就会比较黯淡。

县令差遣加系"新差"者。何为"新差"？文献大致阙如，须考诸金石。以墓志铭所记差遣加系"新差"的县令为例：宣和元年

---

① （宋）谢深甫编撰，戴建国点校：《庆元条法事类》卷8《对移·职制敕》，杨一凡、田涛主编《中国珍稀法律典籍续编》第1册，黑龙江人民出版社2002年版，第152页。

② （清）徐松辑，刘琳等点校：《宋会要辑稿·职官》61之48，上海古籍出版社2014年版，第4714页。

③ （清）徐松辑，刘琳等点校：《宋会要辑稿·职官》61之41，上海古籍出版社2014年版，第4710页。

④ （清）徐松辑，刘琳等点校：《宋会要辑稿·职官》61之57，上海古籍出版社2014年版，第4720页。

⑤ 中国社会科学院历史研究所宋辽金元史研究室点校：《名公书判清明集》卷2《澄汰·知县淫秽贪酷且与对移》记有由知县对移为本县主簿之事，中华书局1987年版，第42页；《对移》列有《对移贪吏》《对移司理》《对移县丞》等条目，中华书局1987年版，第55—59页。参看［日］平田茂树《宋代政治结构研究》，林松涛、朱刚等译，上海古籍出版社2010年版，第344—347页。

(1119)之蔡康国"新差知邵武军邵武县事",原因就是"岁满,差知邵武军邵武县,未行,以宣和元年六月己卯,疾卒于正寝"①。再考虑到县令之外差遣加系"新差"的其他地方官员,例如嘉祐七年(1062)之卢震"新差签署奉国军节度判官厅公事",原因是"签署奉国军节度判官事,未之官,终于河南永泰坊之私第"②;元祐四年(1089)之郭邆"新差西京皇城司巡检",原因是"又三年,授西京皇城司巡检。未行,以疾终"③;元祐二年(1087)之任宽之"新差通判成德军府",原因也是"通判成德军,未赴,元祐二年六月十八日,以疾终于私第之正寝"④。由此可见,宋代县令和地方官员在已经被朝廷任命但尚未到任、就职("未之官"或"未赴"等)期间,其系衔须以"新差"加于差遣之前。

宋代三班使臣等武官长县,差遣皆为知县⑤。文官长县,则要区分为知县和县令。这是宋代一县之长系衔"差遣"(职事官)名号最大的不同。正如宁宗嘉定十三年(1220)九月臣僚所言:"臣闻主一邑者有知县,有县令,邑之大者付之知县,邑之小者付之县令。祖宗之法,自入仕以来已及三考,或得诸司令状,则许之注拟县令;已及六考者或举状及格,则许之改官作县。"⑥ 知县、县令的职权完全相同,只是宋代通常以"京官"暨以上官阶者为知县,"选人"暨以下

---

① (宋)龚端:《宋故奉议郎新差知邵武军邵武县事管勾学事管勾劝农公事蔡公墓志铭》,陈柏泉《江西出土墓志选编》,江西教育出版社1991年版,第112页。

② (宋)李藻:《宋故朝奉郎尚书屯田员外郎新差签署奉国军节度判官厅公事上骑尉赐绯鱼袋卢君墓志铭并序》,郭茂育等《宋代墓志辑释》,中州古籍出版社2016年版,第195页。

③ (宋)贾蕃:《宋故内殿崇班新差西京皇城司巡检上骑都尉郭公墓志铭并序》,杨兴华《西安曲江新出土北宋郭邆墓志》,《文博》1989年第4期。

④ (宋)李百禄:《宋故朝散郎新差通判成德军府兼管内劝农事上护军赐紫金鱼袋任公墓志铭》,乔栋等《洛阳新获墓志续编》,科学出版社2008年版,第539—540页。

⑤ (宋)李焘:《续资治通鉴长编》卷4"乾德元年十月癸卯"条记载:乾德元年亳州蒙城县令朱英,乃"自通事舍人出为县令"(中华书局2004年版,第107页)。通事舍人即阁门通事舍人,为武官之帖职,此可证宋初武官长县其差遣皆为县令。至于"皆为知县",亦当在乾德元年之后。

⑥ (清)徐松辑,刘琳等点校:《宋会要辑稿·职官》48之50,上海古籍出版社2014年版,第4348页。

官阶者为县令。"选人"唯有升迁"京官"官阶,时称"改官"或"改秩"后,方得为知县。

众所周知,宋朝以文臣京朝官带本官阶出任知县之制,始自太祖乾德元年(964)六月"命大理正奚屿知馆陶县,监察御史王祐知魏县,杨应梦知永济县,屯田员外郎于继徽知临清县。常参官知县,自屿等始也"①。至于京朝官、三班使臣等长县之所以要以"知某州某县事"为差遣名号来系衔,研究者已经准确指出:"以其本非此县之正官而任其事,故云知县,即以中央官知地方事,为亲民吏知政府情。"② 其意义就在于明其乃以文、武王人长县,使长县者"事权增重,百里有赖"③。

神宗元丰改制之前,文官如下七阶本官阶为"京官":秘书省校书郎、正字,将作监主簿;太常寺太祝、奉礼郎;大理寺评事;光禄寺丞、卫尉寺丞,将作监丞;秘书省著作佐郎、大理寺丞;太子中允、赞善大夫、中舍、洗马;太常丞、宗正丞、秘书丞、殿中丞、著作郎、秘书郎。"京官"即本官阶秘书省校书郎、正字、将作监主簿暨以上长县者必为知县。元丰改制之后,宋廷以寄禄官承务郎(从九品)、承奉郎(正九品)、承事郎(正九品)、宣义郎(正九品)、宣教郎(从八品,政和前名宣德郎)五阶为"京官",寄禄官"京官"暨以上者长县必为知县。崇宁二年以后又改幕职州县官为寄禄官"选人"七阶:迪功郎(从九品)、修职郎(从八品)、从政郎(从八品)、从事郎(从八品)、文林郎(从八品)、儒林郎(从八品)、承

---

① (宋)李焘:《续资治通鉴长编》卷4,乾德元年六月庚戌,中华书局2004年版,第96页。正如李焘于注中所言:早在建隆二年十一月,宋廷已曾以四位京朝官为县令,乾德元年乃以"京朝官知县"。

② 齐觉生:《北宋县令制度之研究》,台湾《政治大学学报》1968年第18期。此说实来自清顾炎武的《日知录》:"知县者,非县令,而使之知县中之事",其本非"本县之正官而任其事,故云然"。(顾炎武著,栾保群等点校:《日知录集释》卷9《知县》,上海古籍出版社2006年版,第536、538页)邓小南教授亦对笔者曰:"广义上讲,所谓'知'即应是以他官(非县令)掌县事。这种用法与'知制诰'等类似。具体到知县,典型者即为京朝官知县事,其他亦可如是称。"此论至当。

③ (宋)胡榘修,方万里、罗浚纂:《宝庆四明志》卷16《慈溪县志一》,《宋元方志丛刊》,中华书局1990年版,第5205页。

直郎（从八品）。以"选人"七阶长县者，差遣（职事官）通常要为县令。

此诚为两宋之通制，但"破格"的情况事实上一直存在着。从金石材料看：徽宗大观元年（1107）范祕以"从事郎知京兆府蓝田县事管勾学事兼管勾劝农公事"①，宣和元年（1119）吴愻亦以"从事郎知池州石埭县事管勾学事"②。从事郎，为选人七阶之第四阶，范氏、吴氏以"从事郎"长县差遣本当为县令，为知县当属破格。之所以如此，从制度层面上看这是因为"从事郎"是由州（防御、团练、军事）推官、军监判官即原"幕职官"当中的"初等职官"所改，其上的文林郎、儒林郎、承直郎三阶则是由地位更高的"两使职官"所改③。而初等、两使职官等幕职官，此前本来一直即可注授知县。从执行层面看，则应与相当数量的知县阙"无人愿就"有关。苗书梅教授指出："吏部官阙榜示日久，无合格人愿就，便收为'破格阙'，注授较低资序人。"④县令尤其如此，政和三年（1113）臣僚上奏就言及："前日吏部两选知县窠阙久不注授者甚多，以人皆轻之，不愿就故也。"⑤马端临更概述道："自政和以来，太平盛时，人皆重内轻外，士大夫皆轻县令之选，吏部两选不注者甚多，然后议所以增重激劝之法。"⑥既然"无人愿就"，用"破格"等"激劝之法"来吸引人理所当然。

南宋"选人"破格注授知县的情况，更值得注意。宁宗嘉泰元年（1201）成书之《嘉泰会稽志》有言："近制：从政郎以下为令，从

---

① （清）陆耀遹：《金石续编》卷17《宋五·八行八刑条碑二种（大观元年）》，国家图书馆善本金石组编《宋代石刻文献全编》第3册，北京图书馆出版社2003年版，第680页。
② 罗振玉：《芒洛冢墓遗文四编》卷6《宋·族姬赵氏墓志（宣和元年）》，国家图书馆善本金石组编《宋代石刻文献全编》第2册，北京图书馆出版社2003年版，第607页。
③ 龚延明：《宋代官制辞典（增补本）》，中华书局2017年版，第758页。
④ 苗书梅：《宋代官员选任和管理制度》，河南大学出版社1996年版，第223页。
⑤ （清）徐松辑，刘琳等点校：《宋会要辑稿·职官》48之32，上海古籍出版社2014年版，第4330页。
⑥ （元）马端临：《文献通考》卷63《职官考十七·县令》，中华书局2011年版，第1909页。

事郎以上为知县事。"①"知县事,近制:以京官以上注,选人亦破格注授,从政郎以下曰县令"②。据此,"选人"七阶当中的四阶即从事郎、文林郎、儒林郎、承直郎长县者,即可破格注授"知县"已经形成制度,唯以迪功郎、修职郎、从政郎三阶长县者仍必为"县令"。理宗绍定三年(1230),李曾伯即以"儒林郎改差知襄阳府襄阳县"③。就金石材料来看,孝宗乾道九年(1173)向潜以"儒林郎知合州赤水县事"④,理宗宝庆元年(1226)常德府沅江县知县余百简官阶也是"儒林郎"⑤。儒林郎,为"选人"七阶的第六阶。这说明,《嘉泰吴兴志》的记载是可信和准确的。

对是制正式出台的时间,《嘉泰吴兴志》仅曰"近制",然《乾道四明图经》中录有隆兴元年(1163)明州昌国县知县王存之,其官阶正为"左儒林郎"⑥。可见,南宋破格以选人为知县之制,或当始于孝宗隆兴元年,或者当与其时确定四十"繁难大县"有关。当然,同样也有京朝官"无人愿就"知县的因素,譬如四川之夔州、利州数路就是将"京朝官知县无人愿注阙",允许"破格差注令、录实资序以上及经任有举主人。如无人,许逐路帅司选辟"⑦。至理宗朝,甚至连从政郎亦有个别得"特差"即破格为知

---

① (宋)谈钥纂修:《嘉泰吴兴志》卷7《官制·乌程县》,《宋元方志丛刊》,中华书局1990年版,第4719页。

② (宋)谈钥纂修:《嘉泰吴兴志》卷7《官制·武康县》,《宋元方志丛刊》,中华书局1990年版,第4720页。

③ (宋)李曾伯:《可斋续槁》前卷7《京西提举司平籴仓记》,《景印文渊阁四库全书》第1179册,台湾商务印书馆1986年版,第541页。

④ (清)刘喜海:《金石苑》卷4《宋张夫人梦佛记碑(乾道九年)》,国家图书馆善本金石组编《宋代石刻文献全编》第2册,北京图书出版社2003年版,第940页。

⑤ (清)陆增祥:《八琼室金石补正》卷118《宋三十七·重修卧龙寺记(宝庆元年季夏既望)》,文物出版社1985年版,第838页。

⑥ (宋)张津等纂修:《乾道四明图经》卷10《隆教院重修佛殿记》,《宋元方志丛刊》,中华书局1990年版,第4925页。

⑦ (清)徐松辑,刘琳等点校:《宋会要辑稿·职官》职官48之39,上海古籍出版社2014年版,第4337页。

县者,如淳祐四年(1244)夙子与即以从政郎知河源县①,宝祐五年(1257)潜说友亦以从政郎为建德府建德县知县②。对此,以往研究者多未加措意,值得引起高度重视。不过,终赵宋一代,京朝官知县始终都要占据压倒性的优势地位。这是毫无疑问的。

选人升迁京官官阶,时称"改官"或"改秩",至少必须经过三任六考,并要有五员举主,这是宋代文官仕途中最为重要的台阶和最为关键性的一步。孝宗乾道二年(1166)之后,严格规定选人改官之后必须首先担任知县,称为"须入"。《武义南宋徐谓礼文书》中唯赵崇俠的差遣(职事官)为"信州永丰县令",因为只有他的寄禄官"从政郎"属于选人"从政郎以下"的范围,其余五人皆为京官,故差遣(职事官)皆为知县。

元丰改制在定寄禄官的同时,又于元丰四年(1081)诏令:"自今除授职事官,并以寄禄官品高下为法。凡高一品已上者为行,下一品者为守,下二品已下者为试。品同者不用行、守、试。"③ 规定:寄禄官高于职事官一品以上者,职事官加"行"字系衔;寄禄官低于职事官一品者,职事官加"守"字系衔;低于二品者加"试"字系衔。品同者不加"行""守""试"。知县系衔当然不存在加"行""守""试"字的问题,由于其时普通县令的职品定为几近最低的正九品(唯有畿县令职品为从八品),自然也几乎没有加系"守"或"试"字者,只是以从八品的选人官阶为县令,包括修职郎、从政郎、从事郎、文林郎、儒林郎,都要加"行"字。例如:徽宗政和二年(1112),盐官县令欧阳珣的系衔就是"文林郎行县令管勾学事劝农公事兼监盐监"④。南宋时将普通县令的职品提升为从八品,与

---

① (宋)方大琮:《铁庵集》卷四《举知河源县夙子与状》,《景印文渊阁四库全书》,台湾商务印书馆1986年版,第1178册,第183页。
② (宋)钱可则修,郑瑶、方仁荣纂:《景定严州续志》卷五《建德县·知县题名》,《宋元方志丛刊》,中华书局1990年版,第4384页。
③ (清)徐松辑,刘琳等点校:《宋会要辑稿·职官》56之7,上海古籍出版社2014年版,第4530页。参看龚延明《宋代官制辞典(增补本)》,中华书局2017年版,第737页。
④ (宋)陈逸:《杭州盐官县社坛之碑》,嘉兴市地方志办公室编《嘉禾宋文钞》,上海古籍出版社2014年版,第83页。

迪功郎以上的选人同品，随之也就几乎不再有差遣加系"行"字的县令了。

在元丰改制之前，宋初县令差遣是否以"行"或"守"系衔，则要依据任职者的文散官高下。文散官的官品低于县令职品的，要加系"守"字，由于元丰之前县令职品较高，普通县令亦为正、从七品（畿县为正六品上，上县令为从六品上），所以差遣以"守"字系衔的县令似颇多。如仁宗皇祐五年（1053）张曜的系衔即为"宣奉郎守泽州陵川县令"①，嘉祐二年（1057）贾蕃的系衔则为"将仕郎守凤翔府郿县令"②。宣奉郎为从七品下、将仕郎更为从九品下，故二人皆带"守"字系衔。文散官高于职品的则要加"行"字，太宗太平兴国四年（979）常熟县令蒋文怿的系衔就是"朝奉郎试大理司直行常熟县令事兼监察御史"③，朝奉郎为正六品上，所以蒋氏以"行"字系衔。

附带说明的是，除了京师及京府所在的赤县、畿县之外，宋代各县主要依据户数的多寡，区别为：望（四千户以上）、紧（三千户以上）、上（二千户以上）、中（千户以上）、中下（不满千户）、下（五百户以下）六等④，共八等。徽宗政和五年（1115）复位为：县万户以上为"望"，七千户以上为"紧"，五千户以上为"上"，三千户以上为"中"，不满三千户为"中下"，一千五百户以下为"下"⑤。孝宗隆兴年间，又新增四十"大县"，即"繁难大县"（实38县）一等，并居于众县之首，嘉定八年（1215）其下依次为：畿、

---

① （清）胡聘之：《山右石刻丛编》卷13《玉皇行宫碑（皇祐五年）》，国家图书馆善本金石组编《宋代石刻文献全编》第1册，北京图书馆出版社2003年版，第658页。

② （清）陆耀遹：《金石续编》卷15《宋三·封济民侯牒（嘉祐二年）》，国家图书馆善本金石组编《宋代石刻文献全编》第3册，北京图书馆出版社2003年版，第634页。

③ （宋）孙应时纂修，鲍廉增补，卢镇续修：《琴川志》卷3《宋县令题名》，《宋元方志丛刊》，中华书局1990年版，第1181页。

④ （元）马端临：《文献通考》卷63《职官考十七·县令》，中华书局2011年版，第1909页。

⑤ （清）徐松辑，刘琳等点校：《宋会要辑稿·方域》7之28—29，上海古籍出版社2014年版，第9421—9422页。参见李昌宪《中国行政区划通史·宋西夏卷》，复旦大学出版社2017年版，第104页。

望、紧、上、中、中下、下县，取消了赤县，仍共八等①。此外，还有 8 个实际单列的所谓"恶弱水土"之县。

宋代划分县的等第，除了置官之外（如及万户"望县"方注县丞之类），其意义主要是用来界定任职者的官阶要求：京师所在开封府下辖之开封、祥符两赤县以及开封府界之尉氏、陈留、雍丘、封丘、中牟等十五个畿县，仁宗天圣五年（1027）其知县事实上已多"于朝官内选曾历亲民者充"②，庆历七年（1047）再诏令重申：陈留等九县知县"今后差朝臣"③。官阶就须在朝官以上，普通的京官通常被排除在外。河南府之下的畿县亦如此，皇祐二年（1050）路纶即以"礼部员外郎知河南府缑氏县事"④。其余的县，则主要按户口，真宗天禧元年（1017）规定：江南州军五千户以上县，"差京朝官知县"⑤。徽宗朝定制："望县"必以京官知县，还时常选用朝官。"紧县"和"上县"通常也要以"京官知县事"，称之为"京官阙"。但这也并非完全一律。南宋时新列的四十"繁难大县"，要高于普通的"京官阙"，繁难大县部分知县可得"堂除"。"中县"暨以下的县，方以选人为县令。可见，在县令系衔当中，县等第的因素主要是在官阶、差遣两部分有所反映。

---

① （宋）佚名编，刘笃才点校：《吏部条法·差注门二·县令县丞》引《尚书左选申明》，杨一凡、田涛主编《中国珍稀法律典籍续编》第 2 册，黑龙江人民出版社 2002 年版，第 67 页。李昌宪在《中国行政区划通史·宋西夏卷》（复旦大学出版社 2017 年版，第 106 页）中指出："该申明言大县有四十，然所列实仅有三十八。"宋谈钥纂修的《嘉泰吴兴志》卷 7《官制·乌程县》云"乌程为壮县，隆兴中，在四十大县之数"（《宋元方志丛刊》，中华书局 1990 年版，第 4719 页），可证其时习言"四十大县"。

② （宋）李焘：《续资治通鉴长编》卷 105，天圣五年二月辛丑，中华书局 2004 年版，第 2437 页。参看周宝珠《宋代东京研究》，河南大学出版社 1992 年版，第 62 页。

③ （清）徐松辑，刘琳等点校：《宋会要辑稿·职官》48 之 26，上海古籍出版社 2014 年版，第 4323 页。

④ （清）王昶：《金石萃编》卷一三四《宋十二·重修仙鹤观记（皇祐二年）》，国家图书馆善本金石组编《宋代石刻文献全编》第 3 册，北京图书馆出版社 2003 年版，第 237 页。

⑤ （清）徐松辑，刘琳等点校：《宋会要辑稿·职官》48 之 25，上海古籍出版社 2014 年版，第 4322 页。

三 勋级与章服：赐绯鱼袋、借绯

宋代县令系衔的第四部分，为勋级与章服。章服即"赐绯鱼袋"和"借绯"，服指所服官服服色，章指所佩鱼袋材质。岳珂释其时章服制度云："今之赐章服入衔者，服紫者曰'赐紫金鱼袋'，服绯者曰'赐绯鱼袋'。其为连率、职司、节镇、支郡倅贰，服色未至应隔借若序借者，服紫者止曰'借紫'，服绯者止曰'借绯'，所借鱼袋不以入衔，而实得佩鱼如正赐者。"① 知县、县令得赐绯鱼袋、借绯者，亦分别以"赐绯鱼袋"或"借绯"系衔。

"赐绯鱼袋"。即赐绯、银鱼袋之简称，为宋代臣僚所得"六赐"之一。仁宗嘉祐八年（1063）建康府溧阳县知县周景纯②，徽宗崇宁五年（1106）河南府新安县知县华镇③，宁宗庆元三年（1197）绍兴府上虞县知县鲍义叔④，理宗宝庆元年（1226）庆元府昌国县知县赵大忠⑤，景定三年（1262）建康府上元县知县杨应善⑥，度宗咸淳六年（1270）建德府建德县知县余植⑦，等等，皆以"赐绯鱼袋"系衔。

神宗元丰以后的章服制度规定：官员五品、六品者得服绯、佩带银鱼袋（此前为四品、五品），七品、八品、九品者服绿（此前为六

---

① （宋）岳珂撰，朗润点校：《愧郯录》卷4《服章入衔》，中华书局2016年版，第50—51页。
② （宋）马光祖修，周应合纂：《景定建康志》卷27《诸县令·溧阳县题名》，《宋元方志丛刊》，中华书局1990年版，第1793页。
③ （宋）华镇：《云溪居士集》卷28《新安县威显灵霈公受命庙记》，《景印文渊阁四库全书》第1119册，台湾商务印书馆1986年版，第602页。
④ （元）单庆修，徐硕纂：《至元嘉禾志》卷22《碑碣·嘉兴县·真如宝塔记》，《宋元方志丛刊》，中华书局1990年版，第4578页。
⑤ （宋）赵大忠：《南阳集后跋》，（宋）赵湘《南阳集》卷末，《景印文渊阁四库全书》第1086册，台湾商务印书馆1986年版，第349页。
⑥ （宋）马光祖修，周应合纂：《景定建康志》卷21《城阙志二·堂馆》，《宋元方志丛刊》，中华书局1990年版，第1654页。
⑦ （宋）钱可则修，郑瑶、方仁荣纂：《景定严州续志》卷5《建德县·咸淳御制字民铭》，《宋元方志丛刊》，中华书局1990年版，第4389页。

品、七品)。官阶不到但入仕满二十周年者,也可得换赐绯、银鱼袋①,并以"赐绯鱼袋"入衔。知县、县令的官阶,通常不过为七品暨以下,前述知县、县令得以"赐绯鱼袋"系衔者,显当多为入仕满二十周年者。当然,未满二十周年者也可特旨得赐,"特旨者,系临时指挥"②。孝宗淳熙十五年(1188),明州昌国知县王阮即"覃恩转朝奉郎、赐绯鱼袋"③。度宗咸淳二年(1266),建德府建德县知县赵与稽亦"准敕赐绯鱼袋"④,此皆当为特旨。

"赐绯鱼袋"当为两宋县令较为难得的荣耀。笔者据《淳熙严州图经》载建德县《知县题名记》加以统计:自徽宗宣和三年(1121)至理宗宝祐五年(1257),该县知县共57人,得"赐绯鱼袋"者才不过6人:绍兴四年(1134)的黎诏、淳熙元年(1174)的惠养民、淳熙四年(1177)的何俨、淳熙十五年(1188)的苏林、绍熙五年(1194)的王可大、嘉定十七年(1224)的史湜⑤,所占比例不过10%多一点。也正因如此,"赐绯鱼袋"不仅要系衔,在方志的县令《题名记》中得"赐绯鱼袋"者往往也都要郑重其事地加以标明。

"借绯"。官阶未至得服绯的,因所任职事或奉使之需,宋廷特许其服绯、佩鱼(政和以前不佩鱼),任满或还朝依旧服色,称"借绯"⑥。高宗绍兴七年(1137),宋廷诏令:"应堂除知县并借绯章服。"⑦ 堂

---

① (宋)赵升编,王瑞来点校:《朝野类要》卷3《爵禄·赐借绯紫》,中华书局2007年版,第73页。
② (元)脱脱等:《宋史》卷170《职官志十》,中华书局1985年点校本,第4075页。
③ (宋)胡榘修,方万里、罗濬纂:《宝庆四明志》卷20《昌国县志》,《宋元方志丛刊》,中华书局1990年版,第5245页。
④ (宋)钱可则修,郑瑶、方仁荣纂:《景定严州续志》卷5《建德县·知县题名》,《宋元方志丛刊》,中华书局1990年版,第4385页。
⑤ (宋)陈公亮修,刘文富纂:《淳熙严州图经》卷2《建德县·知县题名》,《宋元方志丛刊》,中华书局1990年版,第4319—4321页。案:该志孝宗淳熙之后至理宗宝祐的内容,显为理宗朝或其后人所补。
⑥ 龚延明:《宋代官制辞典(增补本)》,中华书局2017年版,第734页;龚延明:《宋史职官志补正(增订本)》,中华书局2009年版,第472页。
⑦ (清)徐松辑,刘琳等点校:《宋会要辑稿·职官》48之34,上海古籍出版社2014年版,第4332页;(宋)张世南撰,张茂鹏点校:《游宦纪闻》卷2,中华书局1981年版,第19页。

除知县例得"借绯",而"邑大事烦则堂除,仍借绯章服"①。北宋时亦当如此。北宋开封、祥符、咸平、尉氏、陈留、襄邑、雍丘七县,南宋钱塘、仁和与会稽三县,知县一直为堂除,当皆得"借绯"。孝宗隆兴时又确定了四十县(实际38县)为"繁难大县"即"大县",四十"大县"的大部分知县可得堂除,如乌程县在四十"大县"之列,"知县事皆堂除"②,同时当皆得"借绯"并系衔。如:秀州(嘉兴府)华亭县亦列四十"大县"之一,该县光宗绍熙四年(1193)知县杨潜③、宁宗开禧三年(1207)知县汪立中④、淳祐六年(1246)知县施退翁等⑤,皆得"借绯"。当皆为堂除而得借绯无疑。理宗宝庆初年,无为军巢县知县朱鉴亦以"借绯"系衔⑥,巢县并不在四十"大县"之列,考虑到理宗尊崇朱熹,而朱鉴为朱熹之孙,此或为破格优遇。

在徽宗政和三年(1113)罢文官勋级以前,与其他官员一样,知县、县令亦以勋级系衔。例如:真宗大中祥符五年(1012),临海县知县李经以"骑都尉"系衔⑦;仁宗天圣四年(1026)萧山县知县李宋卿以"飞骑尉"系衔⑧;天圣九年(1031)闻喜县知县左惟永以"骑都尉"系衔⑨;皇祐二年(1050)缑氏县知县路纶以"上轻车都

---

① (元)脱脱等:《宋史》卷167《职官志七》,中华书局1985年点校本,第3977页。标点参见龚延明《宋史职官志补正》,中华书局2009年版,第472页。
② (宋)谈钥纂修:《嘉泰吴兴志》卷7《官制·乌程县》,第4719页。
③ (宋)杨潜修,朱端常等纂:《云间志·序》,《宋元方志丛刊》,中华书局1990年版,第5页。
④ (宋)杨潜修,朱端常等纂:《云间志》续入《南四乡记》,《宋元方志丛刊》,中华书局1990年版,第69页。
⑤ (宋)杨潜修,朱端常等纂:《云间志》续入《增修华亭县学记》,《宋元方志丛刊》,中华书局1990年版,第71页。
⑥ (宋)朱鉴:《岁时广记序》,(宋)陈元靓《岁时广记》卷首,《景印文渊阁四库全书》第467册,台湾商务印书馆1986年版,第2页。
⑦ (清)阮元:《两浙金石志》卷5《宋·宋云岩寺新铸铜钟记碑》,清道光四年刻本,第11页b。
⑧ (清)阮元:《两浙金石志》卷5《宋·宋昭庆寺梦笔桥碑》,清道光四年刻本,第24页a。
⑨ (清)胡聘之:《山右石刻丛编》卷12《凝真观碑(天圣九年)》,国家图书馆善本金石组编《宋代石刻文献全编》第1册,北京图书出版社2003年版,第650页。

尉"系衔①，神宗熙宁元年（1068）归安县知县郑惇以"轻车都尉"系衔②；熙宁五年（1072）明州鄞县知县黄颂以"骑都尉"系衔③；哲宗元祐五年（1090）真定府元氏县知县曹景以"上轻车都尉"系衔④；徽宗建中靖国元年（1101）温州平阳县知县张泌以"武骑尉"系衔⑤。

宋代勋官共十二转：上柱国，柱国，上护军，护军，上轻车都尉，轻车都尉，上骑都尉，骑都尉，骁骑尉，飞骑尉，云骑尉，武骑尉⑥。太宗淳化元年（990）规定：京官、幕职州县官初始皆授第一转的武骑尉，至朝官则授予骑都尉，然后主要凭资历年限"历级而进"。神宗元丰六年（1083），将朝官加勋亦降为自武骑尉始⑦。上述八位知县所加勋官：武骑尉为宋十二转勋官最末一级，飞骑尉为第三转，骑都尉则为第五转，轻车都尉为第七转，上轻车都尉为第八转。得系"上轻车都尉""轻车都尉"和"骑都尉"，显为相当资深者。县令系衔，勋级要列于章服之前。宋代勋官"通常止为虚衔，既无职事，又无俸钱"⑧，仅为代表资历的加衔。徽宗政和三年罢文官加勋，此后知县、县令加勋当随之废止。

---

① （清）王昶：《金石萃编》卷134《宋十二·重修仙鹤观记（皇祐二年）》，国家图书馆善本金石组编《宋代石刻文献全编》第3册，北京图书馆出版社2003年版，第237页。
② （清）陆心源：《吴兴金石记》卷6《飞英寺浴院碑（熙宁元年）》，国家图书馆善本金石组编《宋代石刻文献全编》第2册，北京图书馆出版社2003年版，第557页。
③ （宋）周镛：《宋故陈府君（辅）并俞氏夫人墓志铭并序［熙宁五年（1072）三月］》，章国庆编《宁波历代碑碣墓志汇编（唐五代宋元卷）》，上海古籍出版社2012年版，第78页。
④ （清）胡聘之：《山右石刻丛编》卷15《打地和尚塔铭（元祐五年）》，国家图书馆善本金石组编《宋代石刻文献全编》第1册，北京图书馆出版社2003年版，第711页。
⑤ （清）孙诒让撰，虞万里点校：《东瓯金石志》卷5《宋三·张泌凤凰岩题名》孙诒让案语引《平阳志》，许嘉璐主编《孙诒让全集》，中华书局2014年版，第140页。
⑥ （元）脱脱等：《宋史》卷169《职官志九》，中华书局1985年点校本，第4061页。
⑦ （清）徐松辑，刘琳等点校：《宋会要辑稿》职官一〇之一八，上海古籍出版社2014年版，第3289页。
⑧ 龚延明：《宋代官制总论》，龚延明《宋代官制辞典（增补本）》，中华书局2017年版，第40页。

四　余论

综上所述，宋代县令的系衔，主要由官阶、差遣（职事官）、兼衔、勋级和章服四部分内容所构成。勋级于徽宗政和三年（1113）被取消，章服有无则要视任职者的具体情况而定。笔者以元丰改制前后和南宋为次序，列举典型的三个个案如下。

一是仁宗天圣九年（1031）解州闻喜县知县左惟永，左氏系衔为"朝奉郎守太子中舍知解州闻喜县事兼兵马都监骑都尉赐绯鱼袋"①。二是徽宗政和六年（1116）同州合阳县知县李养威，李氏系衔为"从事郎知同州合阳县事专切管勾学事教阅保甲管勾劝农公事"②。三是理宗淳祐六年（1246）嘉兴府华亭县知县施退翁，施氏之系衔为"通直郎特差知嘉兴府华亭县主管劝农公事兼兵马都监兼监盐场主管堰事搜捉铜钱下海出界专一点检围田事兼弓手寨兵军正借绯"③。

此三位知县的系衔，皆当为全衔。其中，左氏：朝奉郎守太子中舍为官阶（文散官加本官阶），"知解州闻喜县事"为差遣，"兼兵马都监"为兼衔，"骑都尉赐绯鱼袋"为勋级和章服。李氏："从事郎"为官阶（寄禄官），"知同州合阳县事"为差遣（职事官），"专切管勾学事教阅保甲管勾劝农公事"为兼衔。施氏："通直郎"为官阶（寄禄官），"特差知嘉兴府华亭县"为差遣（职事官），"主管劝农公事兼兵马都监兼监盐场主管堰事搜捉铜钱下海出界专一点检围田事兼弓手寨兵军正"为兼衔，"借绯"为章服。

阎步克先生曾经指出：唐宋官僚管理体制是以"品位化"和"品位分等"为中心，其官阶制度为官职、文阶、武阶、勋官、封

---

① （清）胡聘之：《山右石刻丛编》卷12《凝真观碑（天圣九年）》，国家图书馆善本金石组编《宋代石刻文献全编》第1册，北京图书馆出版社2003年版，第650页。

② （清）王昶：《金石萃编》卷147《宋二十五·重修光济寺碑（政和六年）》，国家图书馆善本金石组编《宋代石刻文献全编》第3册，北京图书馆出版社2003年版，第452页。

③ （宋）杨潜修，朱端常等纂：《云间志》续入《增修华亭县学记》，《宋元方志丛刊》，中华书局1990年版，第71页。

爵等相结合的"一元化多序列的复式品位结构"①。宋代县令的系衔，应该就是阎先生之说的一个很好的具体例证。在县令的系衔当中，标明任职者个人品位的官阶，自始至终都居于最为醒目的、最为前列的第一部分位置。系以权责的差遣（职事官），反而在官阶之后。

正如包伟民教授所言："宋代的寄禄官阶决定官员的级别地位，至少从形式上讲，它是官员最重要的身份标识。"② 位于系衔第一部分的官阶，不但直接决定了任职者地位、俸禄待遇的高下，而且，第二部分任职者（文官）差遣的名号即究竟为知县还是县令，县令是否带"行""守"字系衔，也主要甚至完全由任职者个人的官阶来决定；第三部分兼衔当中部分兼衔的名号，如究竟是系兵马都监还是系兵马监押，同样完全是由个人官阶的高低来决定，与权责无关。事实上，绝大多数宋代方志中的县令《题名记》就仅标明任职者的寄禄官官阶，由此可见宋人对此的普遍认知。

至于第四部分的勋级与章服，也纯粹都是个人资历和地位的体现。在其他各项大致相同的情况下，勋级和章服就能发挥确定上下次序的作用，同样属于纯粹的"品位化"的范畴。借绯还有增加知县职钱的作用，得借绯的知县供给钱即按府州签判一级的标准来发放，③显然就要高于普通知县。此正孝宗淳熙三年（1176）程大昌之所谓："隔等而授，是择材能也；结衔有差，是参用资格也。"④ 此亦为宋人于系衔一字之别锱铢必较的主要推动力。

---

① 阎步克：《中国古代官阶制度引论》，北京大学出版社 2010 年版，第 18、475 页。
② 包伟民：《武义南宋徐谓礼文书·前言》，中华书局 2012 年版，第 9 页。
③ （清）徐松辑，刘琳等点校：《宋会要辑稿·职官》48 之 34，上海古籍出版社 2014 年版，第 4332 页。
④ （元）脱脱等：《宋史》卷 158《选举志四》，中华书局 1985 年点校本，第 3716 页。

文明起源研究

黄帝与五帝时代

江林昌[*]

摘要：黄帝是最早出现，并贯穿整个五帝时代的著名部族。五帝时代是中华文明的起点，中华民族文化的源头。研究中华文明，不能不研究五帝时代；研究五帝时代，也不能不研究黄帝。五帝时代中华文明多点同时起源、多元并行发展的格局，到了夏商周三族三代便转变为以中原文化为核心的多元一体格局。这种格局转变的动因，即在于黄帝部族在中原地区发展农耕生产、不断融合周边部族、扩大势力范围。"多元一体"格局仍然以中原为核心，正体现了黄帝部族文化的深远影响力与中华文明发展的连续性特点。五帝时代的研究涉及多方面的问题，需要结合文献学、历史地理学、考古学、民族学等多学科做综合考虑。五帝时代与中华文明起源还应该放在当时中国的世界体系由东亚体系转为欧亚体系这个大背景下来把握。早年童恩正先生提出的由东北斜向西南的半月形青铜文化带，是造就五帝时代至夏商周三代在中原地区持续发展的深层次原因，值得深入研究。

关键词：黄帝　五帝时代　三大集团　文明起源　中原核心　欧亚体系

黄帝是中华民族的象征，是中华文化的符号。黄帝首先是一个氏族、部族、部族集团的酋长名，也是族名、地名。因为黄帝部族最早在中原地区发展壮大，产生了重要影响，所以中华民族寻根问祖都要追溯到黄帝，从先秦以来，相关的文献极其丰富。又因为黄帝部族起

---

[*] 江林昌，山东大学历史文化学院教授。

源早、迁徙过程复杂，所以后人追忆黄帝时，往往会对其附加上许多神话色彩，甚至于仙话色彩，为我们考辨其历史真相增加了难度。研究黄帝，可以从不同角度入手。对相关文献的考辨分析是前提。在可信的文献线索基础上，我们再结合考古材料对黄帝族历史文化做尽可能多的印证考实。最后，我们应该在大致可信的历史事实基础上，总结黄帝历史文化在整个中华文明起源发展史上的重要地位，归纳黄帝文化对中华民族精神、民族文化的形成所产生的深远影响，从而为当今中华民族的伟大复兴提供有益借鉴。限于篇幅，本文先就第一层面，即从文献学角度对黄帝部族发生在西部、壮大在中原的历史过程做系统考察。至于考古学印证与相关的理论总结，容另文再议。

一 黄帝与五帝时代有关问题的文献学分析

从公元前 3000 多年到公元前 2000 年，也就是五千多年文明史的最前面一千多年，是我国历史上的五帝时代。从考古学角度观察，这一时期正是陶器刻划文字、青铜冶炼技术等文明因素的发生期，玉器、城市、宗教礼仪中心等文明因素的兴盛期。从社会学角度考察，这是一个由部族、部族集团向早期国家发展的过渡期。著名考古学家苏秉琦先生称这个发展过程为"由古文化，而古城，而古国"三部曲①。我们概称这一阶段为中华文明的起源时期。

在先秦秦汉文献里，常常提到夏商周三代之前有个五帝时代。如《左传》《国语》《战国策》《尚书》《逸周书》《古本竹书纪年》《五帝德》《帝系姓》《世本》等史书，以及《论语》《孟子》《荀子》《墨子》《韩非子》等诸子书中，均有相关记载。这说明五帝时代是确实存在的。而且，在一些出土文献中，也有五帝的一些名号。如关于黄帝，战国时代的铜器陈侯因䛱敦铭文里，有"绍申高祖黄帝"之说。先秦文献多处记载"黄帝伐蚩尤"故事，而现藏辽宁博物馆的

---

① 苏秉琦：《中国文明起源新探》，生活·读书·新知三联书店 2019 年版，第 115—152 页。

春秋战国之交的鱼鼎匕铭文也有"参蚩尤命"的记录，长沙马王堆汉墓出土的帛书《十大经》则有"黄帝于是出其锵钺，……以遇蚩尤，因而擒之"的叙述。长沙子弹库战国楚帛书、湖北江陵包山战国楚简和河南新蔡葛陵战国楚简则有炎帝、共工、祝融、老童、陆终等名号。1993年，在湖北江陵王家台出土的秦简《归藏》里涉及的古族名号则有黄帝、炎帝、蚩尤、共工等。2002年开始陆续出版的《上海博物馆藏战国楚竹书》，有《容成氏》《唐虞之道》《子羔》等篇，其内记述从容成氏到尧舜禹等数十个帝王名号及其史事。这一系列出土文献资料进一步说明，五帝时代作为夏商周之前的一段历史，是可以肯定的。

1. 有关五帝时代文献既稀少又片面的原因分析

先秦时期，天下万国。《左传》哀公七年："禹合诸侯于涂山，执玉帛者万国。"《吕氏春秋·用民》："当禹之时，天下万国。至于汤而三千余国。"《史记·陈杞世家》："周武王时，侯伯尚千余人。"由此推测，夏代以前的五帝时代，更应是部落众多，氏族如林了。有关五帝时代部族历史文化的内容应该是相当丰富多彩的。然而，由于文献资料的缺乏，我们对这一段历史文化还有许多不了解之处。造成司马迁以前记载有关五帝时代部族历史文化的文献相对稀少的原因，可能有客观与主观两个方面。

（1）时间上的客观原因

客观方面的原因主要是五帝时代离我们太遥远了。《荀子·非相》说：

> 五帝之外无传人，非无贤人也，久故也。五帝之中无传政，非无善政也，久故也。禹、汤有传政而不若周之察也，非无善政也，久故也。传者久则论略，近则论详。略则举大，详则举小。

《韩诗外传》卷三第二十八章：

> 夫五帝之前无传人，非无贤人，久故也。五帝之中无传政，

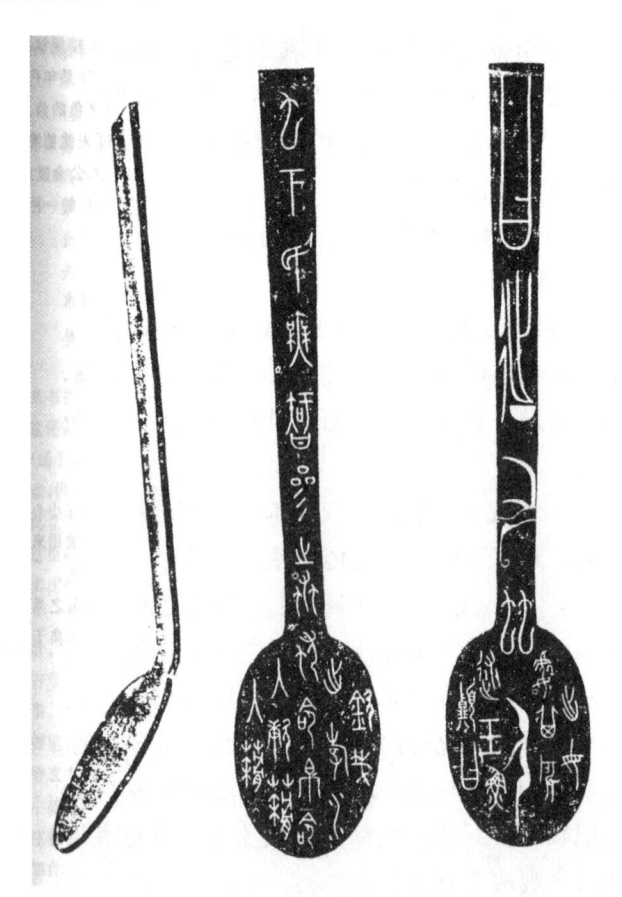

图一　鱼鼎匕（采自《李零自选集》，广西师范大学出版社1998年版，第77页）

非无善政，久故也。虞、夏有传政，不如殷、周之察也，非无善政，久故也。夫传者久则愈略，近则愈详。略则举大，详则举细。

以上材料说明，在五帝之前已有贤人存在，只因时代久远，没能传下来。五帝时代，已有相关的贤人记载了，但是有关这些贤人的具体史事，则没有传下来，也是因为时代久远的缘故。到了虞、夏两代，贤人与史事都有流传了，只不过其具体情况不如殷、周两代详细而已。这也是时代早晚的缘故。所以,其结论说,时代越久远,文献记载就越简略,时代越临近,文献记载就越详细。因为简略,所以只能记些重大人物与事件;因为详细,所以记载更为具体的人物与事件。这样的认识是比较符合历史事实的。司马迁的《史记》,由《五帝本纪》而《夏本纪》《殷本纪》《周本纪》,正是越往前越简略,而越往后越详尽。

五帝时代各自独立的血缘部族在黄河上下、长江南北、燕山内外应该是遍布各地,其有名号的部族酋长数,也当以千万计。然而,现在我们所看到的五帝时代的部族名号只有寥寥一二十个而已。这正是由于时代久远这一客观原因造成的。司马迁作《史记·五帝本纪》已在他的结尾"太史公曰"里感叹说:

> 学者多称五帝,尚矣。然《尚书》独载尧以来,而百家言黄帝,其文不雅驯,荐绅先生难言之。孔子所传《宰予问五帝德》及《帝系姓》,儒者或不传。……予观《春秋》《国语》,其发明《五帝德》《帝系姓》章矣,顾弟弗深考,其所表见皆不虚。书缺有间矣,其轶乃时时见於他说。非好学深思,心知其意,固难为浅见寡闻道也。

(2)空间上的客观原因

造成先秦文献记载五帝名号史事相对稀少的主观原因主要体现在政治方面。

五帝时代的部族帝号留传下来的不仅数量少,而且,从空间角度看,这些仅留的少数部族帝号的活动范围还主要局限在黄河流域以及长江中游,至于其他地区的古帝名号在正统文献里几乎都是空白。这不仅与当时成千上万的远古部族不相称,而且与考古学区系类型说、考古学聚落形态说所揭示的相当于五帝时代的新石器时代晚期中华文明已在祖国大地星罗棋布、多点并起的现象也不一致。因为考古学遗址遗物都是远古部族先民所创造的物质文化。这些数以千万计的遗址中心与相关遗物正是当时数以千万计的古族先民活动在这些地方的有力证据。

既然黄河流域有关五帝时代的古族名号虽时代久远而仍在文献中有所留存,那么,其他区域有关五帝时代的古族帝号也应该在文献上有所反映。然而却没有。造成这种文献记载在空间上不平衡的原因是,商周以来因政治需要,在"华夷之辨"观念支配下,对中原以外部族文化做了有意的淡化甚至删除。这一点在以往的学术研究中被忽略了,所以需要特别揭示。

远古时代,每个氏族部族都有他们自己的族名称号,有他们部族的起源、发展、迁徙、战争、生产以及相应的宗教礼仪、伦理制度等。在部族酋长兼巫师主持的部族全体族民进行祭祀活动中,先民们用载歌载舞的形式、口耳相传的方式,将他们的部族称号、历史文化世代流传下来。这传唱的内容便是口传文本。当文字发明之后,又将这些口传文本记录下来,传之后世,便是书面文本。这些口传文本与书面文本,都是部族史诗。各远古部族都有他们由口传到书面的史诗。这是古今中外都相同的。如,中国的少数民族有纳西族的《东巴经》、瑶族的《密洛驼》、苗族的《亚鲁王》、蒙古族的《江格尔》、藏族的《格萨尔王》;在国外则有古希腊的荷马史诗《伊利亚特》《奥德赛》、古巴比伦的《吉尔伽美什》、古印度的《摩诃婆罗多》《罗摩衍那》等。由此例推,则在中国上古三千多年的五帝时代文明起源与夏商周三代早期文明发展过程中,数以千万计的部族,应该就有数以千万计的史诗的。

当然,原来吟唱的史诗,到了文明时代,可以发展成散文形式流传的。如在中国,到了商周早期文明时期,由于政事繁杂,原来兼任巫师的酋长,已变为方国联盟之共主,封国联盟之君主。共主与君主虽仍为群巫之领袖,而作为巫史的具体内容则已分解给各种具体的职位来管理。

　　《礼记·礼运》:王前巫而后史,卜、筮、瞽、侑,皆在左右。

　　《国语·周语上》:天子听政,使公卿至于列士献诗,瞽献曲，史献书，师箴，瞍赋，矇诵，百工谏，庶人传语，近臣尽规，亲戚补察，瞽史教诲，耆艾修之，而后王斟酌焉，是以事行而不悖。

这些"卜""筮""祝""瞽""史""师""瞍""矇"等职，原来即由酋长兼巫师一人承担，后来则是分工细密，各守其职了。陈梦家先生曾总结这些情况说："由巫而史，而为王者的行政官吏；王者自己虽为政治领袖，同时仍为群巫之长。"[①] 这些行政管理体系随着国家机构的扩大而更加分工细密化、系统化。如《周礼》一书记载相关的官职，在《天官》《地官》《春官》《夏官》《秋官》《冬官》六大类基础上，再细分为三百六十余职，形成了一个十分完备的管理网络。《周礼》因此又称《周官》。

这些宗教历史文化职官，所记当各有侧重，于是到了周代以后，远古部族吟唱史诗基础上进一步出现了散文式的历史文化典籍的繁荣。《国语·楚语上》记载申叔时为楚国王室贵族公子开列的教科书有：

> 教之《春秋》……教之《世》……教之《诗》……教之《礼》……教之《乐》……教之《令》……教之《语》……教之《故志》……教之《训典》。

这里提到的古籍有九种之多。其中，《春秋》《世》《礼》《语》《故志》等，都是散文式的史诗。这是楚部族的情况。其他部族情况亦当如此。如在中原，到了春秋时代，孔子即整理为《诗》《书》《易》《礼》《乐》《春秋》六经。这六经实际上都是相关的部族史诗，所以有"六经皆诗""六经皆史"的说法。

总之，先秦时期有关五帝时代的历史文化典籍本应该是很普遍，

[①] 陈梦家：《商代的神话与巫术》，《陈梦家学术论文集》，中华书局2016年版，第91页。

很丰富的。五帝时代各部族都有它们的口传史诗，这些口传史诗到了周代以后，也应该发展为文本史诗，或演化为它们各自的《语》《志》《书》《春秋》等历史文化典籍。然而，一个令人遗憾的文化现象是，这些丰富的历史文化典籍，因为政治的原因，除中原地区还有一定程度的保留外，其他地区则大多被淡化删除了。

近一百年的现代中国考古发现与研究表明，相当于五帝时代的从距今五千多年开始至距今四千年共一千多年的新石器时代晚期，中华文明在中原地区、海岱地区、燕辽地区、太湖地区、江汉地区等地多源并起，独立发展。各区域之间虽有相互影响，但并没有改变各支文化的主体性。这是一个无中心的多元并行发展的文明起源状态。总体上看，这些多元文明还有两个现象：一是如栾丰实先生等所总结的，中原地区与海岱地区两支文明表现出较多的"世俗"模式，而太湖地区与燕辽地区两支文明则表现为较多的"宗教"模式[1]；二是如俞伟超先生等所总结的，燕辽地区、海岱地区、太湖地区较之其他地区则更具有先进性，如果不是当时自然气候环境等因素发生了意外，实际上应该是这东部的三支区域文化最先进入早期国家阶段[2]。

然而，沧桑巨变，在距今四千年之前，燕辽地区、太湖地区、海岱地区、江汉地区的几支文化都先后衰落，乃至中断。唯独中原地区持续发展，终于在距今四千年开始，在夏启为酋长的努力下，夏部族率先建立以部落联盟共主世袭制为特征的早期文明国家。继夏代之后，中原地区又先后有以商族为方国联盟共主的商代、以周族为封国联盟共主的周代。由于夏商周三代都以中原地区为活动中心，前后持续发展又达一千多年之久，因此，中国文明的发展模式出现了以中原文化为中心的多元一体发展格局，这相对于五帝时代无中心的多元文化并行发展的文明模式来说，是一种根本性的转变。这一转变深刻影响了以后中国文明的发展走向。

---

[1] 栾丰实：《中国古代社会的文明化进程和相关问题》，山东大学东方考古研究中心编《东方考古》第1集，科学出版社2004年版，第302—312页。

[2] 俞伟超：《龙山文化与良渚文化衰变的奥秘》，《文物天地》1992年第3期。

这种以中原为核心的多元一体发展模式，便是以中原部族为核心不断融合周边部族而逐渐华夏化的过程。这个过程到了西周以后，在政治上，因为以分封建侯为手段的姬、姜两姓文化殖民扩大而出现了质的飞跃。在文化上，周公"制礼作乐"，孔子编定《六经》，司马迁撰著《史记》，均强调中原文化的核心地位，倡导"华夷之辨"。其结果便是，在进一步确定并弘扬中原文化的同时，淡化乃至湮没了中原以外广大地区丰富多彩的各部族各邦国文化。这就是五帝时代千万计的部族文化只留下中原地区部族文化部分资料的原因。

总之，由于时间上的久远客观性，造成了有关五帝时代文献记载稀少；由于空间上的政治主观性，造成了有关五帝时代的文献记载只重视中原"华夏"部族历史文化而淡化"四夷"部族历史文化的片面性。这两点，是我们研究五帝时代所需要特别注意的。不仅如此，即使对于现在所仅存的有关五帝时代中原"华夏"部族历史文化的文献记载，也需要注意考辨。此可以"后羿代夏四十年"这一历史事实的文献记载为例。《山海经》与《楚辞》站在海岱东夷部族的角度叙述这一段历史，所以既赞美后羿，又记录详细；《尚书》《史记》因站在中原华夏文化角度考虑，所以就完全删去了这一段历史；《左传》襄公四年、哀公元年虽然采用了楚地传说保留了这一段历史，但其叙述立场却是站在中原，因而把后羿作为历史反面人物看待。傅斯年、童书业、姜亮夫先生都已注意到了这一事实，我们也曾经就此有所讨论[①]，此不赘述。

2. 对文献所见五帝名号的分期与分系

在以上认识的基础上，我们再来看以中原为核心的五帝时代文献资料，一个值得庆幸的事实就是，黄帝作为黄河流域实力最强大的部族，相关文献对他的记录还算是最系统最全面了。有关黄帝部族的文献，因为黄帝对后世影响巨大而有仙话色彩，但其相关的历史内核还

---

① 详见傅斯年《夷夏东西说》（傅斯年：《民族与古代中国史》，河北教育出版社2002年版）、童书业《春秋左传研究》（中华书局2006年版）、姜亮夫《古史学论文集》（上海古籍出版社1996年版）、江林昌《书写中国文明史》（商务印书馆2019年版）等。

是可以得到基本考辨的。

考古资料及相关研究表明，在五帝时代，黄河流域的中原文化与海岱文化由于区域相近，两者一直保持互动联系，苏秉琦称其为兄弟关系。作为兄弟文化，有交流也有相争。具体表现便是，新石器时代晚期的前段，中原文化影响海岱文化多一些，后段则反之。另一现象是，相对于太湖地区与燕辽地区两支文化"宗教"色彩较浓而言，中原文化与海岱文化则表现为较多的"世俗"色彩。这表明中原文化与海岱文化有趋同的一面。正是这种原因，在五帝时代晚期，出现了中国历史上夷夏两大部族集团的大联盟，出现了禅让共政的所谓"夷夏东西说"，后代史学家称为中国历史上的第一个"黄金时代"。也正因为这样的原因，后世文献中对五帝时代的中原部族有较多记录外，对海岱部族也有相应的记录。

在五帝时代早期，江汉地区的部族文化由于与中原关系不密切，因而相关文献记载较少。后来，由于中原地区炎帝部族与黄帝部族先融合后冲突之后，从五帝时代中期开始，炎帝部族偏居秦岭淮河以南，对江汉地区有重大影响。而到了五帝时代晚期的尧舜禹时代，由于中原各族与江汉地区的三苗部族有过长期的拉锯战。因为这样的原因，在后世文献中，因记载中原部族、海岱部族的需要而自然联系到江汉部族，所以对江汉地区的远古部族文化也有相应记载。

总之，在先秦秦汉文献里，对中原、海岱、江汉三区域的五帝时代部族文化都有所反映，但关于五帝的名号仍然集中在五六个以内，而且还有些出入：

《左传》文公十八年：黄帝、颛顼、帝喾、少昊、太昊
《左传》昭公十七年：黄帝、炎帝、共工、太昊、少昊
《国语·鲁语上》：黄帝、颛顼、帝喾、尧、舜、禹
《大戴礼记·五帝德》：黄帝、颛顼、帝喾、尧、舜、禹
《周易·系辞下》：包羲、神农、黄帝、尧、舜
《史记·五帝本纪》：黄帝、颛顼、帝喾、尧、舜

以上六说，只有黄帝、颛顼是共同的认识，其他帝号则各有选择。黄帝属于中原华夏文化，颛顼属于海岱东夷文化，这与上述考古学文化与历史文献记载所反映的情况基本一致。

大约在五帝时代，文献记载较集中的中原地区、海岱地区和江汉地区各部族，一直处于迁徙征战、或胜或否、时强时弱的状态，情况是比较复杂的。其称帝号者既非一族一姓可以长期占有，其势力所涉及的时间长度与空间广度也是动态变化的。这些情况，与其后的夏商周三代前后交替、持续直线发展仍有不同。现综合先秦秦汉文献，将五帝时代有影响的各部族帝号分为时间上的前后四期与空间上的东西南三系。

	西系：中原地区	东系：海岱地区	南系：江汉地区
第一期	黄帝、炎帝	蚩尤、少暤、太暤	
第二期	黄帝、炎帝、共工、相繇	颛顼、重、黎、虞幕	
第三期	黄帝、朱明、颛顼、祝融	烈山氏、夔	炎帝、驩兜、梼杌
第四期	尧、禹、契、后稷、四岳	舜、后羿、皋陶、伯益、涂山	祝融、三苗、炎帝后裔

以上分期，只是大致划分，其实每个帝号都是可以跨期的，这里将其列入某期，是就其繁盛期而言。如黄帝、炎帝、蚩尤、少暤在五帝时代之初，皆已成为影响较大的部族首领，所以列在第一期。而其影响实际上是贯穿了整个五帝时代。如，古文献所谓"黄帝二十五子"，实际是说黄帝部族集团强大，分支众多，空间布局广阔。又说"黄帝八百岁"，那是指黄帝部族集团在中原地区生存发展八百年以上，表明其活跃时间跨度长。所以我们将黄帝列在第一、二、三期的中原系里。又因为部族的势力范围有些变动较大，如炎帝族在五帝时代第一、二期的中心在中原，到第三期便南移了，所以将其划在江汉系。

恩格斯在《家庭、私有制和国家的起源》中讲人类社会到了野蛮时代的高级阶段时，"一切文化民族都在这个时期经历了自己的英雄时代。"从文明史角度看，英雄时代正是人类社会由氏族解体走向国家建立的一个过渡时期。这个过渡时期经历了较长的历史过程，我们称为文明起源阶段。五帝时代，正是中国文明起源的"英雄时代"。而黄帝是这个英雄时代出现最早、影响最大的部族集团。

二 黄帝部族由西部东移至中原以及五帝时代三大部族集团的形成

在一千多年历史长河的五帝英雄时代，数以千万计的氏族部落风起云涌，此起彼落，或西坡举旗，或东山称号，最后逐渐融合为几个较大集团。有关这些部族大集团的情况，便以某某英雄故事的形式流传了下来。如黄帝与炎帝、颛顼与共工之类。起初，这些英雄故事在黄河上下、长江南北、燕山内外都应该是到处流传的。只因为夏商周以后政治文化的中心在黄河流域，所谓"华夏"；而长江、辽河等地则被视为落后文化，边远地区，所谓"四夷"。于是黄河流域有关五帝时代的部族英雄故事，流传下来较多；而长江流域、辽河流域等地有关五帝时代的部族英雄故事，传下来就很少。这是历史的遗憾。

（一）黄帝族与炎帝族的起源及东移

现在我们将黄帝、炎帝两大部族的大致活动范围勾勒一下。据有关文献可知，黄帝、炎帝两族发源于西部黄土高原。《国语·晋语四》：

> 昔少典娶于有蟜氏，生黄帝、炎帝。黄帝以姬水成，炎帝以姜水成。成而异德，故黄帝为姬，炎帝为姜。

远古时代，部落首领的名字就是该部落的名字。说少典氏娶于有蟜氏，说明这两个氏族互为通婚。而少典氏生黄帝、炎帝，则是说黄、炎两族由少典氏族分化而来。至于其具体地望，应由姜水和姬水推知。《水经注》"渭水"条下说："岐水又东，经姜氏城南为姜水。"岐水在岐山的南面。今天的陕西岐山县东面，就有一条西出岐山、东过武功、南入渭水的小河。另，在宝鸡市境内有个姜城堡，又有一条源自秦岭的清姜河，北流入渭水。在姜城堡与清姜河之间，还有一座炎帝神农庙。这些也应该与炎帝"以姜水城"有关。总之，炎帝族的发祥地大概就在陕西省西部的渭水上游，今宝鸡市境内外。

《晋语》说"黄帝以姬水成"。《说文》也称"黄帝居姬水，因水为姓。"姬水的具体地望不可考。但据黄帝族的其他踪迹考察可知，其氏族的起源及早期活动范围大致是在甘肃东部的平凉、庆阳至陕西陕北地区，相当于流经甘、陕的泾水中上游与洛河中上游一带。《史记·五帝本纪》称"黄帝，葬桥山"。今陕北洛水中游洛川县南有黄陵县，境内有黄帝陵。桥山，据张大可《史记今注》："桥山，又名子午山，在今陕西黄陵县北，上有黄帝冢。"《庄子·在宥》说："（黄帝）闻广成子在于空同之上，故往见之。"《史记·五帝本纪》称"（黄帝）西至于空桐，登鸡头"。《汉书·武帝本纪》说武帝于元鼎五年"逾陇，登空同"。这次出游，司马迁随同。"空同""空桐"即"崆峒"。《新唐书·地理志》"原周平高县"条下有"崆峒山"。平高县在今天的甘肃平凉市东北向的镇原县境内，正在泾水上游，离庆阳市不远。

根据以上分析，徐旭生先生在《中国古史的传说时代》中推测"黄帝氏族的发祥地大约在今陕西的北部。它与发祥在陕西西部偏南的炎帝氏族的居住地相距并不很远"[①]。因为黄帝与炎帝同为少典部族的分支，属于兄弟氏族，在其生发阶段应该相近。徐旭生先生的分析是合理的。

就现在考古材料分析可知，在新石器时代晚期，黄河流域的东部因地理气候条件优越，率先得到发展。也许正是这个原因，黄帝部族与炎帝部族的一部分开始向东拓展。这与考古学上所显示的距今五千年左右甘陕地区以彩陶文化为标志的仰韶文化大规模地向东部、东北、东南扩展相一致（见图一、图二）。根据徐旭生先生的分析："黄帝氏族东迁的路线大约偏北，他们大约顺北洛水南下，到了大荔、

---

① 徐旭生：《中国古史的传说时代》，第48—51页。

朝邑一带东渡黄河。"今陕西东部的大荔县，正是泾水与北洛水相汇后注入黄河的地方。黄帝氏族东渡黄河，即到了晋南、豫西地区。而炎帝氏族向东迁移的路途"大约顺渭水东下，再顺黄帝南岸向东。因为路线偏南，所以他们的建国有同苗蛮集团犬牙交错的地方"①。

（二）三场战争与五帝时代三大部族集团板块的形成

黄帝族、炎帝族在向东发展过程中，自然会与中原地区、海岱地区原驻氏族部落有冲突、有融合。其中有三次大的战争最为有名：涿鹿之战、中冀之战、阪泉之战。这三次战争使得五帝时代前期各自独立发展而整体杂乱无序的一大批氏族部族得到重新调整合并，形成了有序统一的几个较大的部族集团。这实际上是中国历史上第一次初具规模的部族融合，所以影响巨大。

1. 炎帝族与蚩尤族的涿鹿之战

炎帝族的东进，曾一度到了山东西北部，与当地的东夷部族先有融合，后有冲突。炎帝与东夷集团发生关系是从蚩尤开始的。当炎帝部族初到东夷之地时，曾与蚩尤族和睦相处了一段时期。《逸周书·尝麦解》曰：

> 昔天之初，□作二后，乃设建典，命赤帝分正二卿，命蚩尤宇于少昊，以临四方。

赤帝即炎帝。"二后"指炎帝与蚩尤，他们同时被称为"后"，可见当时影响之大。蚩尤居于后来的少昊族范围内，而少昊之墟即在鲁国曲阜一带。又，《史记·五帝本纪集解》谓：

> 蚩尤冢在东平郡寿张县阚乡城中，高七丈，民常十月祀之。有赤气出，如匹绛帛，名为"蚩尤旗"。肩髀冢在山阴郡钜野县重聚，大小与阚冢等。

---

① 徐旭生：《中国古史的传说时代》，广西师范大学出版社2003年版，第48—51页。

"寿张"在今山东东平县,"钜野"在东平西南向的济宁与菏泽之间,均在鲁西。由此可见,蚩尤族的活动范围就在鲁西南一带。

后来,蚩尤族与炎帝、黄帝两部族都发生了冲突,即《史记·五帝本纪》所谓"蚩尤最为暴,莫能伐""蚩尤作乱,不用帝命"。在这个过程中,先有了蚩尤族与炎帝族的涿鹿之战。《逸周书·尝麦解》:

> 蚩尤乃逐帝,争于涿鹿之河,九隅无遗。赤帝大慑。

涿鹿的地望说法不一。吕思勉《先秦史》据《帝王世纪》引《世本》云:"涿鹿在彭城南"而推测在徐州境内。联系炎帝的居地"陈"(淮阳)在徐州之西,而蚩尤冢(郓城、巨野)居徐州北。他们的方位连在豫东南、苏西北、鲁西南一线。可见,涿鹿在徐州说较合理。

2. 黄帝族与蚩尤族的中冀之战

涿鹿之战以蚩尤获胜、炎帝挫败而告终。但炎帝族并不甘心,于是又求助于黄帝族。《逸周书·尝麦解》说赤(炎)帝:

> 乃说于黄帝,执蚩尤,杀之于中冀。

"中冀"当"冀中"之倒。有关这场黄帝与蚩尤的战争,又见于《山海经·大荒北经》:

> 蚩尤作兵伐黄帝,黄帝乃令应龙攻之冀州之野。应龙畜水。蚩尤请风伯雨师,纵大风雨。黄帝乃下天女曰"魃"。雨止,遂杀蚩尤。

这里的"冀州之野"即上文的"中冀"。古时冀州东西黄河之间,即在陕西与山西交界处的由北向南流的西黄河,与由河南开封向北流往天津的东黄河之间,包括今天的山西全境、河南中北部、河北西部。则"冀中之战"大概是在今河北的中西部与河南北部一带进行的,大约在今石家庄到安阳之间。这场战争说明,东夷人西进中原的势头遭到了黄帝部族的遏制,蚩尤部族最后只能回晋西一带。

3. 黄帝族与炎帝族的阪泉之战

黄帝族打败了东夷族的蚩尤之后,控制了中原地区。但不久,炎帝族在今安徽西部的淮河上游与河南东南部的汝水、颍水流域恢复整顿之后,又北上与黄帝族争夺中原。于是有黄帝族与炎帝族的阪泉之战。

《列子·黄帝篇》:黄帝与炎帝战于阪泉之野,帅熊、罴、狼、豹、貙、虎为前驱,雕、鹖、鹰、鸢为旗帜。

《大戴礼·五帝德》:黄帝与炎帝战于阪泉之野,三战,然后得行其志。

《史记·五帝本纪》:黄帝教熊、罴、貔貅、貙、虎,以与炎帝战于阪泉之野,三战,然后得其志。

《论衡·率性》:黄帝与炎帝争为天子……以战于阪泉之野,三战,得志,炎帝败绩。

阪泉之战的地点,学术界还没有定论。学者或考证在河北中部保定境内,或在河北南部磁县一带。大致可信。这场战争打得很艰难,黄帝族率领以熊、罴、雕、鹖等为图腾的各联盟部落,与炎帝"三战",最后终于取得了成功。于是黄帝族奠定了中原的统治地位。

涿鹿之战,蚩尤战胜了炎帝。中冀之战,黄帝战胜了蚩尤。阪泉之战,黄帝战胜了炎帝。各部落联合体之间的力量得到了较量与调整,最后出现了黄帝联盟集团居于中原、蚩尤联盟集团居于海岱、炎帝联盟集团退居长江中游的三足鼎立局面,从而奠定了五帝时代英雄部落分布的大致框架。徐旭生先生在《中国古史的传说时代》中所说的华夏集团、东夷集团、苗蛮集团,蒙文通先生在《古史甄微》中所说的河洛民族、海岱民族、江汉民族,即以此为基础。综合徐、蒙两说,便是河洛地区的华夏集团、海岱地区的东夷集团、江汉地区的苗蛮集团(见图三)。这三大集团在黄河中下游与长江中游三足鼎立,三集团的形成过程实际上是众多氏族部族重新调整融合的过程。这是中国历史上的第一次部族大融合,在中华文明史上有重要意义。

三集团形成后,在中原地区的华夏集团,继黄帝族之后,有共工、相繇、帝喾、帝尧、夏禹、周弃等著名部族;海岱地区,东夷集团继蚩尤之后,有少暤、颛顼、帝舜、后羿、皋陶、伯益等著名部族;江汉地区,苗蛮集团继炎帝之后,有三苗、驩兜、梼杌等著名部族。

五帝时代前期经过各部族的迁徙、交流、冲突,最后调整为三大部族集团的大致统一格局。到了五帝时代后期,这三大集团基本稳定发展,形成各具特色的较大范围的区域文化,这在考古学区系类型学的文化历史分析与聚落形态说的社会历史分析中,已经得到了证明,即:中原地区与华夏集团相对应的考古学文化有仰韶文化后期至中原龙山文化,海岱地区与东夷集团相对应的考古学文化有大汶口文化晚期到山东龙山文化,江汉地区与苗蛮集团相对应的考古学文化有屈家岭文化到石家河文化。此外,考古学上,长江下游还有良渚文化,燕辽地区有红山文化,甘青地区有齐家文化等,在当时也都相当发达了。但由于文献上缺乏线索记载,相应的讨论无法展开。

三 黄帝部族发展壮大在中原地区的地名、地缘、血缘关系的分析

(一) 黄帝部族集团的活动范围以中原地区为核心

当黄帝部族集团、东夷部族集团、苗蛮部族集团三足鼎立、稳定发展之后,黄帝部族集团在中原的活动范围大致以河南新郑、新密一带为核心而全面展开。《史记集解》引徐广曰:"黄帝号有熊。"皇甫谧《帝王世纪》曰:"有熊,今河南新郑是也。"《元和郡县志》:"郑州新郑县,本有熊之墟。"前引《庄子·在宥》篇说,黄帝曾经到崆峒山上向广成子问道。崆峒山原在泾水上游,甘肃东部的平凉市

镇原县，那应该是黄帝部族早期活动时的地名。当黄帝部族迁徙到中原之后，"崆峒山"的地名连同"广成子"的名字也都带到了河南新郑地区，形成新的地名。这是古代部族迁徙文化的常例。《嘉庆一统志》"汝州条"："崆峒山，在州西南六十里。"汝州还有"广成泽水"。《水经注·汝州》条："广成泽水出狼皋山北泽中，东南入汝水。"顾炎武《天下郡国利病书》卷五十三："崆峒山在汝、禹二州境，上有广成子庙及崆峒观。下有广成墓及城，即黄帝问道处。"汝州与禹州均在今新郑市西南方向的汝水、颍水上游，是当时黄帝部族的活动地区。

又《庄子·徐无鬼》：

> 黄帝将见大隗乎具茨之山……至于襄城之野……无所问途。

襄城在河南禹州稍南，属于汝水上游。而大隗山、具茨山在禹州城稍北的嵩山山脉东部。《嘉庆一统志》"开封府"：

> 大隗山在禹州北，亦曰具茨山。《国语》史伯谓郑桓公曰：主芣隗而食溱洧。注：芣、隗，山名，即大隗也。……《汉书·地理志》：密县有大隗山。《水经注》：大隗山即具茨山也。黄帝登具茨山，又有大隗镇，在密山东南大隗山下。

大隗山又见于《山海经》之"中山经"：

> 又东三十里，曰大隗之山，其阴多铁、美玉。
> 凡苦山之首，自休与之山，至于大隗之山……苦山，少室，太室，皆冢也。
> 又东五十里，曰大隗之山，其阳多赤金，其阴多砥石。

其上第一、第二两条见于《中次七经》，第三条见于《中次十一经》。就其中提到的少室山、太室山可知，其地望在河南登封、新密、新郑一带的嵩山山脉。徐旭生先生说:"中山七经载十九山,而少室、太室为最著。……最东至敏山、大騩之山,当今密县境而山势尽。"①

从此以后,黄帝部族即以中原为核心而团结融合了更大范围更为众多的氏族部族。司马迁《五帝本纪》叙述黄帝族即以中原为中心而将其势力范围扩大至东西南北四方:"东至于海,登丸山,及岱宗;西至于空桐,登鸡头;南至于江,登熊、湘;北逐荤粥,合符釜山。"这虽然是以汉人的天下观为依据而略有扩大,但当时黄帝集团影响所至大致也不差。经过涿鹿、中冀、阪泉三次战争之后,黄帝部族结束了迁徙不定的游牧生活,在中原地区开始了聚族定居的农耕畜牧生活,并逐步迈向早期国家形态。对此《五帝本纪》有所描述:

> (黄帝)置左右大监,监于万国。万国和,而鬼神山川封禅与为多焉。获宝鼎,迎日推筴。举风后、力牧、常先、大鸿以治民。顺天地之纪,幽明之占,死生之说,存亡之难。时播百谷草木,淳化鸟兽虫蛾,旁罗日月星辰水波土石金玉,劳勤心力耳目,节用水火材物。有土德之瑞,故号黄帝。

这段话主要提供了两个信息。其一是黄帝族的管理机构初步形成,如"置左右大监",又"举风后"等贤人"以治民",这些都是国家公共权力的象征。其二是发展农业、畜牧业,所谓"顺天地之纪""时播百谷""淳化鸟兽""节用材物"等。司马迁的叙述虽有夸张,但大致上还是反映了当时的相关情况。

(二)从姬、姜两姓的分支后裔分布看黄帝部族在中原地区的深远影响

中原地区既有黄河主流,又有许多山陵支流。如,由内蒙古包头流向河南、陕西交界的华阴、潼关黄河两岸,西边的陕西境内有延河、北洛河、渭河、泾河等,东边的山西境内有汾河、涑水河等。河

---

① 徐旭生:《中国古史的传说时代》,第350页。

南境内，在东西走向的黄河西岸，南面有伊河、洛河，北面有沁河、淇水、漳河等。在嵩山山脉以南，则有汝水、颖水、贾鲁河、涡河、惠济河、大沙河、东沙河等，这些河流都东南向注入淮河。鲁西地区则有泗水、济水等。这些支河的上游为茂密的山林，有丰富的动物资源，可供游猎。下游则与黄河主流或淮河主流共同冲积成一片一片肥沃的土地，宜于农业耕作。山林与河流正是发展农业与畜牧业的天然条件。再加上黄河流域地处北纬35度的温带气候区，极适宜于农牧业与人类的生存发展。黄帝族与炎帝族到了中原地区之后，正是利用这样的地理气候有利条件而发展农业与畜牧业，从而壮大了部族。它们的分支后裔也都在中原地区的黄河两岸继续发展壮大，《国语·周语下》有一段有关黄、炎二族后裔的世系传说：

> 昔共工弃此道也，虞于湛乐，淫失其身。欲壅防百川，堕高堙庳，以害天下。皇天弗福，庶民弗助。祸乱并兴，共工用灭。
>
> 其在有虞，有崇伯鲧播其淫心，称遂共工之过。尧用殛之于羽山。其后伯禹念前之非度，釐改制量，象物天地，比类百则，仪之于民，而度之于群生。共之从孙四岳佐之，高高下下，疏川导滞，钟水丰物。……
>
> 皇天嘉之，祚以天下，赐姓曰姒，氏曰有夏：谓其能以嘉祉殷富生物也。祚四岳国，命以侯伯，赐姓曰姜，氏曰有吕：谓其能为禹股肱心膂，以养物丰民人也。……
>
> 有夏虽衰，杞鄫犹在。申吕虽衰，齐许犹在。惟有嘉功，以命姓受祀，迄于天下。……皆黄炎之后也。

《国语》韦昭注："鲧，黄帝之后也。共工，炎帝之后也。"这样，我们可得黄炎两族的后期世系如下：

少典氏+有蟜氏 { 黄帝（姬）—鲧—禹（姒）—杞、鄫
炎帝（姜）—共工—四岳—申、吕、齐、许

这里，黄帝的后裔为夏族鲧、禹，赐姓为姒。鲧、禹的后代则为杞、鄫两族。他们都在中原。其中鲧、禹在河南嵩山南北，考古发现的登封王城岗遗址、禹县瓦店遗址、新密新砦遗址，都在淮河支流、汝水、颍水上游。学者们推测，这些遗址就是鲧、禹时期夏族的活动中心。杞即今天的杞县一带。《史记·周本纪》载武王封"大禹之后于杞"，《史记正义》引《括地志》："汴州雍丘县，古杞国。"鄫在杞县东向的睢县。《春秋经》襄公元年："曹人、邾人、杞人次于鄫。"杜预注："郑地，在陈留襄邑县东南。"总之，杞国与鄫国都在今开封市与商丘市之间，在淮河的支流惠济河、大沙河、东沙河中上游。

而炎帝、共工的后代如四岳、申、吕、许等，则偏向在河南的南面。四岳即太岳，也就是今天的嵩山。"申"在今河南唐河县境内，"吕"在南阳县境内，"许"在许昌县境内，它们都在河南的西南或正南。正因为如此，所以传说河南东南部的淮阳曾经是炎帝族的中心。《史记·五帝本纪》正义引《帝王世纪》："炎帝，初都陈。"陈即今淮阳境内。

如前所述，黄帝族与炎帝族经过阪泉之战后，得胜的黄帝族便在中原地区进一步扩大势力范围，而失败的炎帝族则逐渐退向汝水、淮河以南，直至长江流域。在中原地区，黄帝族的分支后裔除以上所述的夏、杞、鄫之外，其实还有很多。《国语·晋语四》说：

> 黄帝之子二十五人，其同姓者二人而已。唯青阳与夷鼓皆为己姓。青阳，方雷氏之甥也。夷鼓，彤鱼氏之甥也。其同生而异姓者，四母之子别为十二姓。凡黄帝之子，二十五宗，其得姓者十四人，为十二姓：姬、酉、祁、己、滕、葴、任、荀、僖、姞、儇、依是也。唯青阳与苍林氏同于黄帝，故皆为姬姓。

这段话涉及较多的有关氏族社会婚姻制度、继承制度、氏族命名制度等问题。限于篇幅，此不展开。我们只就黄帝之子二十五人成为二十五宗，后来又分为十二姓来考察即可明了，当时黄帝族的发展是分支多线条的。这些多线条的分支发展，又当各有世系。但时代久远，已不可全部考索。从地理分布看，这得姓的十二支大多在中原地区。据董立章《国语译注辨析》考证，"滕"在鲁西滕州，"箴"在河南濮阳，"任"在鲁西济宁，"僖"在河洛地区，"儇"在河南罗山县，"依"在安阳地区。至于"姬"姓，既是黄帝族的本姓，也是周族的始封之姓。《史记·周本纪》：

> 周后稷，名弃。……帝舜曰："弃，黎民始饥，尔后稷播时百谷。"封弃於邰，号曰后稷，别姓姬氏。

据有关文献可知，周弃初始所封的"邰"地，实际上是在晋南汾河流域。而陕西渭河流域的"有邰氏"，是后来才迁徙过去的地名。《左传》昭公元年：

> 昔高辛氏有二子，伯曰阏伯，季曰实沈，居于旷林，不相能也。……迁实沈于大夏，主参。唐人是因，以服事夏、商。其季世曰唐叔虞。当武王邑姜方震大叔，梦帝谓己："余命而子曰虞，将与之唐，属诸参，其蕃育其子孙。"及生，有文在其手曰："虞"，遂以命之。及成王灭唐而封大叔焉，故参为晋星。由是观之，则实沈，参神也。
>
> 昔金天氏有裔子曰昧，为玄冥师，生允格、台骀。台骀能业其官，宣汾、洮，障大泽，以处大原。帝用嘉之，封诸汾川。沈、姒、蓐、黄，实守其祀。今晋主汾而灭之矣。由是观之，则台骀，汾神也。

这里说"台骀氏"被"封诸汾河"，成为"汾神"。原因是台骀氏能"宣（疏通）汾、洮"二水，"处大原"。而周弃被封于"邰"，是因为他"好耕农"，"相地之宜谷稼穑"。也就是说，周弃能考察选择适合农作物的地方而从事稼穑。台骀氏疏导汾、洮之水，以处晋南广大肥沃的大原，也是为了农业生产。可见，这汾神"台骀氏"与周弃所封的"邰"所指的是同一件事。

因为周族与黄帝族同为"姬"姓,说明周族是黄帝族的本支。因此,到了西周初年,周王朝分封时,出于政治、经济、军事、文化等方面的考虑,就先在中原地区广泛建立姬姓据点。先建立洛阳成周,又封唐叔虞于晋,封周康叔于卫,封周公旦于鲁。这样,成周、晋、卫、鲁就沿黄河形成了东西主轴。同时,又封召公于燕,封虞叔于宜,形成南北两翼。周公、召公、康叔是武王兄弟,唐叔是成王兄弟,虞叔是康王兄弟,他们都是姬姓王室成员,是西周王室政权的重要支撑,所以分封地都在关键位置。在此基础上,再封五十余个姬姓国,分布在这东西主轴与南北两翼这一骨架的周围。

《左传》僖公二十四年:昔周公吊二叔之不咸,故封建亲戚以蕃屏周。管、蔡、郕、霍、鲁、卫、毛、聃、郜、雍、曹、滕、毕、原、酆、郇,文之昭也。邘、晋、应、韩,武之穆也。凡、蒋、邢、茅、胙、祭,周公之胤也。

《左传》襄公二十九年:虞、虢、焦、滑、霍、扬、韩、魏,皆姬姓也。

此外,见于《左传》的姬姓国还有芮(桓公三年),荀、贾(桓公九年),狐(庄公二十八年),耿(闵公元年),见于《国语》的还有魏(《郑语》)。这些姬姓国,基本上都在中原地区的黄河两岸,现结合相关文献及有关研究成果,将以上姬姓国的分布情况列表如下:

至于这种分封的原因,相关文献有所分析:

《左传》昭公九年:文武成康之建母弟,以蕃屏周。

《左传》昭公二十六年:昔武王克殷,成王靖四方,康王息民,并建母弟以蕃屏周。

《左传》昭公二十八年:昔武王克商,光有天下,其兄弟之国者十有五人,姬姓之国者四十人,皆举亲也。

《荀子·儒效》:(周公)杀管叔,虚殷国,而天下不称戾焉,兼制天下,立七十一国,姬姓独居五十三人。

《史记·汉兴以来诸侯王年表》：武王、成、康所封数百，而同姓五十五。地，上不过百里，下三十里，以辅卫王室。

黄河北岸	黄河南岸
霍：山西霍县	焦：河南陕县
杨：山西洪洞	北虢：河南陕县
荀：山西新绛	东虢：河南荥阳
晋：山西翼城	毛：河南宜阳
贾：山西襄汾	祭：河南郑州
耿：山西河津	聃：河南开封
魏：山西芮城	儇：河南罗山
韩：山西韩城	应：河南汝山
虞：山西平陆	将：河南上蔡
原：河南济源	息：河南息县
单：河南孟县	偖：河洛地区
邘：河南沁阳	曹：山东定陶
雍：河南焦作	郜：山东成武
凡：河南辉县	茅：山东金乡
共：河南辉县	郕：山东宁阳
胙：河南延津	滕：山东滕县
箴：河南濮阳	任：山东济宁
依：河南安阳	
邢：河北邢台	

由此可见，西周王室将姬姓分支分封在中原地区的黄河两岸，既有政治、经济、军事等目的，也有血缘、地缘等文化的背景。这也是中华文明的一个重要特点，值得注意。

四 几个相关问题的思考

前面三个部分，我们主要是从文献学角度，就黄帝与五帝时代的有关问题做了考辨梳理。本文的讨论，可以就此结束了。然而，由于黄帝与五帝时代影响了整个中华文明五千多年，是中华民族精神、中华优秀传统文化的根系基因，所以，本文的上述讨论实际上还仅仅是开始。以本文为基点，还有一些重要问题，可以展开系列讨论。作为余论，兹列要点如下。

其一，关于远古部族神话名号分合转化的梳理认定问题。

其二，历史学上的部族活动中心与考古学上的都邑聚落中心如何对应问题。

其三，"夷夏东西说"与文字起源问题。

其四，关于中华文明绵延发展、从未间断的中原文化依据问题。

其五，关于中原黄土农耕青铜文化与欧亚草原游牧青铜文化的交流互进问题。

以上五个问题，都需要以单篇论文的形式展开，而每个问题都是中华文明史上的关键，相关的讨论都会具有深远意义。

夏商周断代工程与夏代考古研究

李伯谦[*]

摘要： 先秦古籍大多提到夏禹、夏族与夏代。汉代司马迁《史记》作有《夏本纪》。近一百年来的中国现代考古发掘与研究，进一步证明了夏代的真实可信。1995年国家启动"夏商周断代工程"，其中的夏年代学课题，联合考古学、文献学、历史学、天文学、科技测年等学科，以二里头遗址为主要依据，结合登封王城岗遗址、新密新砦遗址、偃师商城遗址，以及"禹伐三苗""仲康日食"等方面的综合研究，对夏代的起始年代提出了具体的参考数据。这对我们全面认识五千多年中华文明史，具有重要意义。"夏商周断代工程"是一个集体综合项目，虽然至2000年已公布了阶段性成果，但相关的研究工作还将继续下去。

关键词： 夏代　疑古思潮　二里头　王城岗　新密新砦　夏商周断代工程

一

夏是中国上古史上一个重要的历史朝代，众多先秦古籍诸如《国语》《逸周书》《古本竹书纪年》《世本》等对夏多有提及，西汉史学家司马迁所著《史记·夏本纪》更有详细的记述。20世纪20年代在中国学术界兴起的疑古思潮，虽对夏朝的存在没有彻底否定，但也提出了不少疑问，人们对夏的认识，基本仍停留在半信半疑的传说阶

---

[*] 李伯谦，北京大学考古文博学院教授。

段。1924年，针对当时学术界在如何研究古史上的争论，李玄伯在《现代评论》第1卷第3期上发表《古史问题的唯一解决方法》，提出"要想解决古史，唯一的方法就是考古学。我们若想解决这些问题，还要努力向发掘方面走"①，于是，走考古学之路遂成为大家的共识，1916年李济赴山西夏县的调查和西阴村发掘，即是为了寻找夏的遗迹②。西阴村的发掘虽未发掘到夏的遗存，但却发现了以彩陶为特征的仰韶文化。1943年曾出版过《中国古史的传说时代》名著的徐旭生先生1959年以逾70高龄进行的豫西夏墟调查和偃师二里头遗址试掘③，可以看作是李济工作的继续，徐先生虽将二里头遗址推定为西亳，但由此却掀起了从考古学上探索夏文化的热潮，中国科学院考古研究所、北京大学历史系考古专业和河南、山西省的文物考古部门纷纷派出考古队和人员在传为夏墟的范围内开展工作，发现了不少线索。1977年河南省文物考古研究所在河南登封告成镇召开王城岗遗址发掘现场会④，王城岗、二里头、东下冯等考古队领队或代表围绕夏文化考古做了汇报，邹衡先生做了长篇发言，对夏文化展开了激烈讨论，对何种遗存是夏文化形成四种不同认识：1. 二里头文化一、二期是夏文化，三、四期是商文化；2. 二里头文化一至四期和河南龙山文化是夏文化；3. 二里头文化一至四期是夏文化，河南龙山文化晚期不是夏文化；4. 二里头文化一至三期是夏文化，四期是商文化。时任中国科学院考古研究所所长夏鼐先生与会并做了总结讲话⑤，关于夏文化问题，他说"首先应假定我们探讨过的夏王朝是历史上存在过的，不像有些疑古派认为可能没有夏王朝。其次这个夏文化有它一定的特点，夏文化应该是指夏王朝时期夏民族的文化。有人

---

① 李玄伯：《古史问题的唯一解决方法》，《现代评论》第1卷第3期，1924年；又见顾颉刚编《古史辨》第1册，上海古籍出版社1981年版，第268页。
② 李济：《西阴村史前的遗存》，清华学校研究院丛书第三种，1927年。
③ 徐旭生：《1959年夏豫西调查"夏墟"的初步报告》，《考古》1959年第11期。
④ 余波：《国家文物局在登封召开告成遗址发掘现场会》，《河南文博通讯》1978年第1期。
⑤ 夏鼐：《谈谈探讨夏文化的几个问题：在〈登封告成遗址发掘现场会〉闭幕式上的讲话》，《中原文物》1978年第1期。

以为仰韶文化也是夏民族的文化,纵使能证明仰韶文化是夏王朝祖先的文化,那只能算是'先夏文化',不能算是夏文化。夏王朝时代其他民族的文化也不能称为夏文化,不仅内蒙古、新疆等边区夏王朝时代少数民族的文化不能称为夏文化,如果商民族、周民族在夏王朝时代与夏民族不是一个民族,那只能称'先商文化''先周文化',而不能称为夏文化。"上述观点他认为"都有说不通的地方",至于邹衡提出的"郑州商城亳都说"①,他说"可以继续研究",亦未表态。这次会议,是继1959年徐旭生豫西夏墟调查之后夏代考古的一次十分重要的会议,有人誉为国内第一次夏文化讨论会,一点都不过分。由此以后近二十年间,与夏代考古有关的遗址虽有一些发现,也提出过一些新的观点,但此次会上提出的围绕何种考古学文化遗存是夏文化的四种意见并存的局面迄未改变。1996年国家"九五"科技攻关重大项目"夏商周断代工程"的启动②,为夏文化的深入研究提供了契机,也提出了挑战。

二

"夏商周断代工程"是由历史学、古文字学、考古学、天文学和测年技术等学科专家联合实施的系统工程,其总目标是制定有科学依据的夏商周时期年代学年表。由于条件的不同,对西周、商代后期、商代前期提出的目标较为详细、具体,对夏代只是要求"提出基本的年代框架"。相比于西周和商代,对夏代提出的要求不算很高,但这对于承担此任务的研究者来说则是极其严峻的挑战,因为要想达到这个目标,其基本前提是必须从考古学上确定何种考古学遗存是夏文化,而且是要含有可测年标本的遗存。是挑战,也是机遇。为此,"工程"专门设置了"夏代年代学的研究"课题,由著名考古学家邹

---

① 邹衡:《郑州商城即汤都郑亳说》,《文物》1978年第2期。
② 夏商周断代工程专家组:《夏商周断代工程1996—2000年阶段成果报告(简本)》"出版说明",世界图书出版公司2000年版,第1—2页。

衡任组长,下设早期夏文化研究、二里头文化分期与夏商文化分界、《尚书》仲康日食再研究、《夏小正》星象和年代四个专题,后在实施过程中又滚动新增加了商州东龙山文化分期和年代测定、禹伐三苗综合研究、新砦遗址的分期和研究专题,在其他课题、专题中也有涉及夏代年代研究的内容。关于测年则专门设置了 ^{14}C 测年技术的改造与研究课题,下辖常规法技术改造与测试研究、骨质样品的制备研究、AMS法技术改造与测试研究三个专题。中国文物保护法规定,考古遗址发掘必须历行报批手续,根据研究需要,上报的登封王城岗、禹县瓦店、新密新砦、巩义稍柴、偃师二里头、商州东龙山等遗址的发掘申请,均顺利得到国家文物局批准和支持。除稍柴外,其他遗址均按计划进行了发掘,并按要求采集了系列含炭样品,做了测定。2000 年"工程"结束时,由世界图书出版公司出版了《夏商周断代工程 1996—2000 年阶段成果报告》(简本),其"夏代年代学研究"部分发布了文献对夏和夏年记载的梳理、对作为从考古学上研究夏文化的河南龙山文化和二里头文化的分期与测年的结果。

文献梳理,依据《太平御览》卷八二引《竹书纪年》"自禹至桀十七世,有王与无王,用岁四百七十一年",另一说为四百三十一年。"471 年包括羿、浞代夏的'无王'阶段,431 年不包括'无王'阶段"。文献所见夏的都城有多个:《史记·周本纪·集解》引徐广《史记音义》"夏(指禹)居河南,初在阳城,后居阳翟";《今本竹书纪年》"帝启,癸亥即位于夏邑,大飨诸侯于钧台"(在阳翟);《史记·夏本纪》正义引《汲冢古文》"太康居斟寻,羿亦居之,桀又居之";宋王应麟《通鉴地理通释》卷四"夏都"条引《世本》"相徙帝丘,于周为卫";《今本竹书纪年》卷上"少康自纶归于夏邑(阳翟)","十八年,迁于原";《太平御览》引《纪年》帝宁(杼)"自(原)迁于老邱";《太平御览》卷八二引《纪年》"帝廑,一名胤甲即位,居西河";古本《竹书纪年》称"太康居斟寻,羿亦居之,桀亦居之"。夏都虽多,但多为文献记载,有考古线索或考古上基本得到证明的仅登封告成之阳城和洛水近旁的斟寻二地。1959 年徐旭生调查发现并发掘至今的偃师二里头遗址,位于洛水附近,"面积达9平方公里，发现有宫殿、大墓、铸铜作坊遗址与精美的玉器、青铜器和陶器，……有学者认为二里头遗址就是夏都斟寻"。

二里头文化分为四期。一期两个测年数据，拟合后为公元前1880—前1640年；二期9个数据，拟合后为公元前1740—前1590年；三期3个数据，拟合后为公元前1610—前1555年；四期4个数据，拟合后为公元前1561—前1521年。二里头文化基本落在公元前1880—前1521年359年范围之内，不足根据有关文献记载推定的自禹至桀包括"羿、浞'代夏'的'无王'阶段"471年之数。二里头文化一期^{14}C测年数据的中值为1760年，上距文献推定的夏之始年公元前2071年尚有较大的差距，则二里头文化明显不包括最早期夏文化。

河南龙山文化晚期王城岗遗址，安金槐原分为五期，负责"早期夏文化研究"专题的方燕明将之合并为三段，一段即原分的一期，有两个测年数据，拟合后为公元前2190—前2105年。二段含原分的二、三期，二期有两个数据，拟合后为公元前2132—前2064年；三期有两个数据，均为公元前2090—前2030年。三段含原分的四、五期，四期有三个数据，拟合后为公元前2050—前1985年；五期有两个数据，均为公元前2030—前1965年。

"工程"对"夏代基本年代框架的估定"说："关于夏文化年代的上限，学术界主要有二里头文化一期、河南龙山文化晚期两种意见。新砦二期遗存的确认，已将二里头文化一期与河南龙山文化晚期紧密衔接起来。以公元前1600年为商代始年上推471年，则夏代始年为公元前2071年，基本落在河南龙山文化晚期第二段（公元前2132—前2030年）范围之内。"①

综观《工程》阶段成果报告（简本），的确较启动之前有较大进展，就夏文化考古而言，我认为以下几项都可以看作是重要进展：

一是确认了二里头文化是夏代中晚期的文化，夏代早期文化应在

---

① 夏商周断代工程专家组：《夏商周断代工程1996—2000年阶段成果报告（简本）》，第81—82页。

河南龙山文化晚期遗存中寻找；

二是确认了新砦期遗存的存在，以新密市新砦遗址某些单位为代表的遗存，早于二里头文化一期，晚于河南龙山文化晚期。"1999年开始对新砦遗址的再次发掘，证实新砦二期上接河南龙山文化晚期（新砦一期），下连二里头一期，正填补了其间的空白"（图一）。

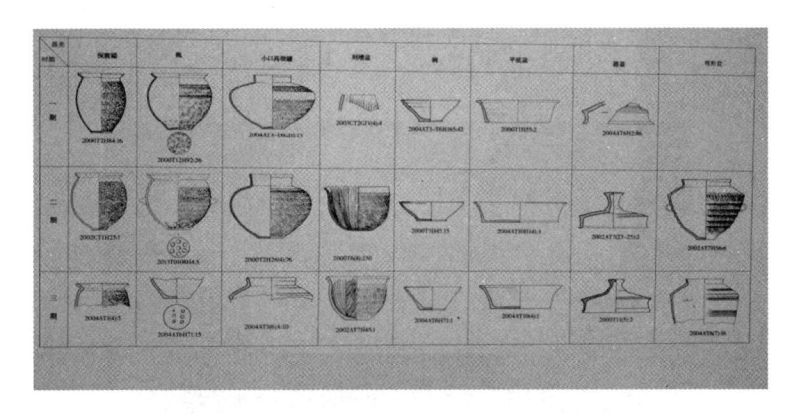

图一　王湾三期文化、新砦文化与二里头文化典型陶器对比图
（《新密新砦》图三四八）

三是明确了"二里头遗址面积达9平方公里，发现有宫殿、大墓、铸铜作坊遗址与精美的玉器、青铜器和陶器，因此有学者认为二里头遗址就是夏都斟鄩"，"河南登封王城岗古城、禹州瓦店都是规模较大的河南龙山文化晚期遗址，发现有大型房基、奠基坑及精美的玉器和陶器。它们的发现为探讨早期夏文化提供了线索"[①]。

三

"夏商周断代工程"作为国家"九五"计划的一个项目，2000年基本结束并取得可喜成果，但实际上有些工作特别是一些考古课题还

---

① 夏商周断代工程专家组：《夏商周断代工程1996—2000年阶段成果报告（简本）》，第80页。

◈◈ 文明起源研究 ◈◈

在延续。就夏代年代学而言，在原有基础上又有不少进展，可列出的有：

第一，登封王城岗遗址大城的发现。该城址位于1976—1977年发掘的小城之外，其东北部北城墙打破了小城北墙和壕沟，其西墙南段被颍河冲毁，东墙可能因五渡河冲刷而全遭破坏，城内北部经钻探发现有多块面积较大的夯土基址。大城始建年代落在安金槐原王城岗遗址五期分法的第三期，测年结果如前述①（图二）。

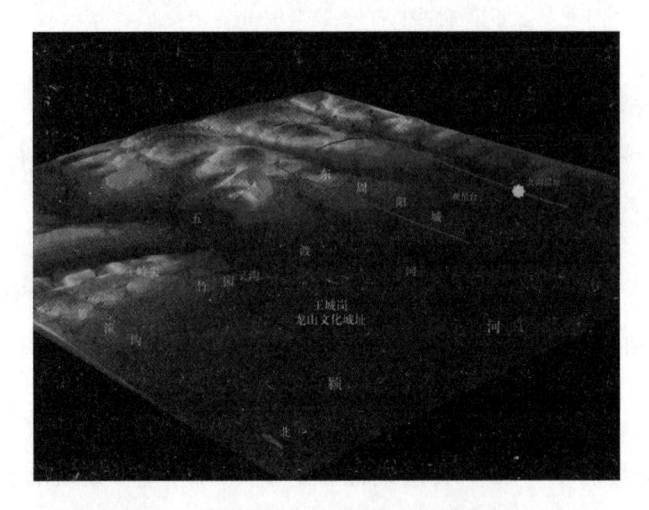

图二　王城岗龙山文化城址与战国阳城
（《登封王城岗考古发现与研究》彩版六：1）

第二，新密新砦遗址发现河南龙山文化晚期和新砦期两期城址。城墙外均有壕沟。经测年，河南龙山文化晚期城略晚于河南龙山文化晚期王城岗大城或基本同时。新砦期城内发现有建筑遗迹和零星小型墓葬②。

第三，二里头遗址发现宫城、带围垣的手工业作坊遗址和更多的

---

① 北京大学考古文博学院、河南省文物考古研究院：《登封王城岗考古发现与研究》，大象出版社2007年版，第783页。
② 北京大学震旦古代文明研究中心、郑州市文物考古研究院：《新密新砦——1999—2000年田野考古发掘报告》，文物出版社2008年版，第513—521页。

宫殿建筑基址及中高级贵族墓葬，出土的青铜胎绿松石镶嵌牌饰引人注目①。

第四，发现二里头四期时仍有建筑大型宫室活动，至四期末始发生夏商更迭重大变化。②

第五，中国社会科学院考古研究所山东队和安徽省蚌埠市博物馆合作发掘的龙山文化禹会村遗址，发现一组包括祭祀台基、祭祀坑、祭祀沟、圆圈遗迹和"工棚"式建筑在内的遗存，研究认为可能即是文献记载的"禹会诸侯于涂山"留下的遗迹（图三）③。

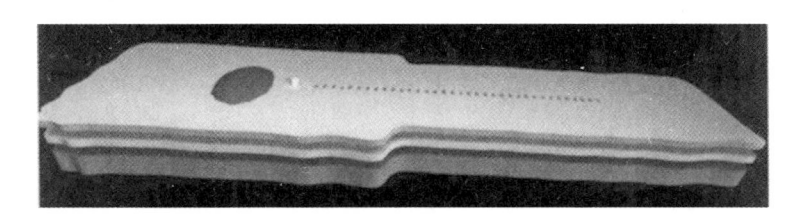

图三　禹会遗址祭祀台基 3D 复原图
（《蚌埠禹会村》彩版四：1）

第六，考古发现后石家河文化含有相当数量的河南龙山文化晚期因素，研究认为此或即文献记载的"禹伐三苗"形成的文化现象（图四）④。

第七，^{14}C 测试技术有新的改进更新，所测数量大大增加，所测结果又有调整：河南龙山文化晚期（安金槐所分五期的第三期）为公元前 2090—前 2030 年；新砦期一段为公元前 1870—前 1785 年，二

---

① 中国社会科学院考古研究所：《二里头 1999—2006》，文物出版社 2014 年版，第 610—700 页。

② 赵海涛：《二里头遗址二里头文化四期晚段遗存探析》，《南方文物》2016 年第 4 期。

③ 中国社会科学院考古研究所、安徽省蚌埠市博物馆：《蚌埠禹会村》，科学出版社 2013 年版，第 45—83、420 页。

④ 杨新改、韩建业：《禹征三苗探索》，《中原文物》1995 年第 2 期；方勤：《"三苗"与"南土"：长江中游文明化进程的考古学观察》，湖北省文物考古研究所编《三苗与南土：湖北省文物考古研究所"十二五"期间重要考古收获》，江汉考古编辑部 2016 年版。

段为公元前 1790—前 1720 年；二里头文化一期上限为公元前 1735 年，二里头四期为公元前 1565—前 1530 年，二里头二至四期年代为公元前 1680—前 1530 年。

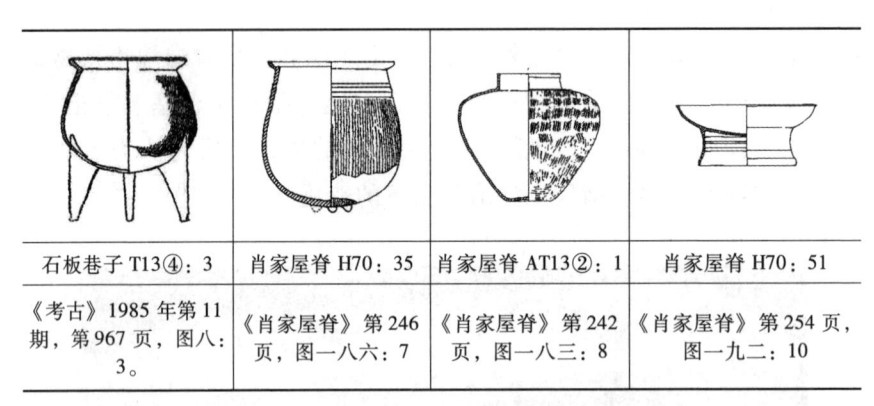

石板巷子 T13④：3	肖家屋脊 H70：35	肖家屋脊 AT13②：1	肖家屋脊 H70：51
《考古》1985 年第 11 期，第 967 页，图八：3。	《肖家屋脊》第 246 页，图一八六：7	《肖家屋脊》第 242 页，图一八三：8	《肖家屋脊》第 254 页，图一九二：10

图四 "后石家河文化"中的中原文化因素

以上进展大大促进了对夏文化许多重要问题的认识，其中有的写进已出版或即将出版的《夏商周断代工程报告（1996—2000 年）》《新密新砦——1999—2000 年田野考古发掘报告》《二里头 1999—2006》等著作中。我在为《新密新砦——1999—2000 年田野考古发掘报告》写的前言中说："大体说来，以王城岗大城为代表的河南龙山文化晚期遗存——'新砦期'遗存（或曰新砦文化）——二里头文化是夏文化经历的三个大的阶段，约从公元前 21 世纪至公元前 16 世纪，贯穿了其起始至消亡的始终。"

除对何种考古学遗存是夏文化以及其分期与年代有了明确的认识，对登封王城岗遗址乃"禹都阳城"之阳城、偃师二里头遗址乃"太康居之、羿亦居之、桀又居之"的都城斟寻，有了更充分的论证。

至此，可以做出这样的论断，由文献史学、考古学、测年技术科学等学科合作研究的结果证实：中国历史上的夏朝是客观存在的，夏史是基本可信的，前不久新出版的北京大学教授孙庆伟的著作《鼏宅禹迹：夏代信史的考古学重建》亦持相同观点①。

四

作为"夏商周断代工程"项目的亲历者，自始至终参加了这项工作。在实施过程中，尽管困难很大，矛盾很多，但大家都坚信设定的目标是合理的，遵循的"以人文社会科学和自然科学相结合，集中相关学科的优势，联合攻关"的方针是正确的，"对传世文献和甲骨文、金文等古文字材料进行搜集、整理、鉴定和研究，对有关的天文历法记录通过现代天文计算推定其年代；对有典型意义的遗址、墓葬资料进行整理和分期研究，并作必要的发掘，取得系列样品，进行常规和 AMS（加速器质谱计）的 ^{14}C 年代测定。最后对各课题通过以上两条以及其他途径得出的结论进行综合，使研究进一步深化，得出尽可能合理的年代学年表"的途径和方法是科学的、切实可行的。

不必讳言，由于参加该项目的单位多、人员多，学科背景不同，看问题的角度有异，在实施过程中，出现不同意见和争论是正常现象。遇到这类问题，从来都是通过讨论解决，从 1996 年 4 月至 2000 年 4 月的四年时间内，正式的讨论会召开了 52 次，小型的交换意见会更不计其数，2000 年结题之后的续研究阶段，亦是如此。讨论会上多数议题可以求得一致，但也有难以统一认识的时候，遇到这种情况，从来是保留不同观点，避免强求一律，不存在"领导说了算"或"少数服从多数"的现象。

"夏商周断代工程"是一项有关夏商周年代的学术研究课题。学术研究自有学术研究的规律，它可以确定目标、制定计划，但不能够定框框、划界限，实事求是是最高原则。在实施过程中，领导是这样要求的，大家也是这样做的，合作愉快是大家共同的感觉。但回忆整个过程，我自己觉得在某些方面例如我自己曾参与负责的"夏代年代

---

① 孙庆伟：《鼏宅禹迹：夏代信史的考古学重建》，生活·读书·新知三联书店 2018 年版。

学研究"部分也有考虑不够周密之处,在制定《夏商周断代工程可行性论证报告》时,在"夏代年代学研究"课题下所设专题中虽有"早期夏文化研究",但提出重新发掘的遗址时,登封王城岗虽名列其中,但只是把过去发掘过的小城内的一些灰坑重新挖开寻找可测年的标本,并未把扩大调查发掘范围寻找更重要的遗迹放在首位,河南龙山文化大城的发现是直到工程结束之后的事;虽然在叙述二里头文化时,提到了有人的主张是"后夷代夏"时的遗存,但并未注意对与其有关遗址的发掘,直到"工程"后期才列上了"新密新砦遗址研究"的补充专题,而真正重要的发现也都到"工程"结束之后了。又如 ^{14}C 测年的课题,设备更新改造、技术提升颇费周折,只是到工程后期基本稳定批量测试标本时,工程也到收尾阶段了,大量工作只好留在后续时间。好在有关负责同志了解实际情况,理解具体承担课题任务人员的心情,支持后来接续的工作。事实证明,正是"工程"结束之后,这些同志不畏劳累、不计报酬持续不断的努力,才使得这些课题最后达到了较为满意的结果。

夏商周断代工程作为列入"九五"科技攻关的一个研究项目,已于 2000 年通过验收。正如前面已经提到的由于课题研究深化的需要,在验收结束以后又持续研究多年,其最终研究文本去年刚交付科学出版社,有望今年公开出版与公众见面。以最终文本的出版为标志,夏商周断代工程作为一个研究项目算已彻底结束,但包括夏代在内仍有不少问题的深入探究尚待继续,我们期待新的研究成果不断涌现,使我国古代历史的面貌更加清晰地展现。

师毁鼎铭文与西周德教

冯 时[*]

摘要： 师毁鼎是西周中期恭王世的标准器。师毁属于虢国贵族。"师"是这一公族世袭的官职，主要任务是辅助君王修道德而行德治。鼎铭记载毁及其家族长辈公上父、伯太师、虢季等，先后以"德"辅助穆王、恭王的光辉经历。铭文提出"孔德""安德""胡德""烈德""懿德""节德"等概念，均可与《周礼》《礼记》《左传》《诗经》等先秦文献对读，是西周时期丰富而系统的"德教""德治"思想的集中反映。这为春秋战国时期以孔孟为代表的儒家学派建构道德学说奠定了深厚的历史基础。研究儒学，须追溯西周"德教""德治"思想。

关键词： 师毁鼎 西周 恭王 德教 德治

出土于陕西扶风强家村的师毁鼎属西周恭王世之标准器，其铭文记虢氏辅匡穆王，德养恭王，真实地反映了郁郁周文的崇德历史。鼎铭详载五德，内涵具体，对西周政治史与哲学史的研究都是重要的资料。兹在前贤研究的基础上，对鼎铭重做考释，以见西周崇尚德教的真实历史。

先将鼎铭释写如下，再做考释。

> 唯王八祀正月辰才（在）丁卯，王曰："师毁，女（汝）克尽（尽）乃身，臣朕皇考穆王，用乃孔德，琢（逊）屯（纯）

---

[*] 冯时，中国社会科学院考古研究所研究员。

乃用心，引正乃辟安德，叀（惠）余小子肇盄（淑）先王德。易（锡）女（汝）玄衮（衣）𧜣（黼）屯（纯）、赤巿朱横（衡）、䜌（鑾）旂、大师金雁（膺）、攸（鋚）勒、用井（型）乃聖且（祖）考瓡（辥）明黎（紟）辟前王，事余一人。"𧽙拜頴（稽）首，休伯大师尸（夷）𠟭（任）𧽙臣皇辟，天子亦弗詿（忘）公上父𢼸德，𧽙覴（蔑）历，伯大师不自乍（作）。小子夙夕專（溥）由（修）先且（祖）剌（烈）德，用臣皇辟；伯亦克𢼸（篡）由（修）先且（祖）𣊠（盡），孙子一𠟭（任）皇辟懿德，用保王身。𧽙敢嶅（䎽）王，卑（俾）天子䙷（万）年，朿（范）𧷽（围）伯大师武，臣保天子，用㔾（厥）刺（烈）且（祖）𠂤（节）德。𧽙敢对王休，用妥（委）乍（作）公上父䵼于朕考寽（虢）季易（惕）父敊（挞）宗。

唯王八祀。

恭王八年。

汝克盡乃身，臣朕皇考穆王。

"盡"，字本作"䁓"，从"貝""盡"声，或省作"賮"，鼎铭当读为"盡"。《说文·皿部》："盡，器中空也。"《礼记·哀公问》："固民是盡。"孔颖达《正义》："盡，谓竭盡。"《易·序卦》："致饰然后亨则盡矣。"焦循《章句》："盡者，穷也。"《吕氏春秋·明理》："五帝三王之于乐盡之矣。"高诱《注》："盡，极也。"《战国策·魏策三》："盡故宋。"鲍彪《注》："盡，无遗也。"《广韵·轸韵》："盡，竭也。"《荀子·荣辱》："则农以力盡田。"杨倞《注》："盡，谓精于事。"故"克盡乃身"即言能竭尽其职守。"盡"言竭尽，引申则为忠信。郭店竹书《忠信之道》："不讹不葆，忠之至也。""不讹"言不变化，"不葆"言不保留，此谓盡也。《礼记·祭统》："诚信之谓盡。"《论语·学而》："为人谋而不忠乎？"朱熹《集注》："盡己之谓忠。"皆以心无私隐，尽心竭力为忠。文言师𧽙竭尽其力臣事穆王。

用乃孔德，璱屯乃用心，引正乃辟安德，雩余小子肇盄先王德。

"孔德"，盛德也。《老子》第二十一章："孔德之容，唯道是从。"朱谦之《校释》："孔，甚也。《书》'六府孔修'，《史记》作'甚修'。甚为盛意，孔德犹言盛德。此言盛德之容，惟道体之是从也。"《老子》经义，河上公《章句》云："孔，大也。有大德之人，无所不容，能受垢浊处谦卑也。唯，独也。大德之人，不随世俗所行，独从于道也。"王弼《注》："惟以空为德，然后乃能动作从道。"高亨《老子注译》："容当借为'搈'，动也。《说文》曰：'搈，动搈也。'《孟子·尽心》曰：'动容周旋中礼者，盛德之至也。'《礼记·月令》曰：'有不戒其容止者。'郑玄《注》：'容止，谓动静也。'《庄子·天下》曰：'语心之容，命之曰心之行；心之容，谓心之动也。'老子言'大德者之动惟从乎道'。"知河上公与王弼各得其半。

学者或训"孔"为好①，然古人可称"美德""嘉德"②，乃谓高尚之品德，却无称"好德"者。德既为美，故唯有大小之分，不可能有好坏之别。如云好德，岂又有坏德乎？其说不可从。

"璱屯"，读为"逊纯"。《说文·辵部》："逊，遁也。"《尚书·尧典序》："将逊于位。"伪孔《传》："逊，遁也。"伪《古文尚书·说命下》："惟学逊志。"蔡沈《集传》："逊，谦抑也。"《大戴礼记·曾子立事》："逊而不谄。"王聘珍《解诂》："逊，谓谦逊。"《易·乾·文言》："纯粹精也。"李鼎祚《集解》引崔觐曰："不杂曰纯。"《诗·周颂·维天之命》："文王之德之纯。"《淮南子·原道》："纯德独存。"高诱《注》："纯，不杂糅也。"《国语·周语上》："帅旧德而守终纯固。"韦昭《注》："纯，专也。"《国语·晋语九》："德不纯。"韦昭《注》："纯，壹也。"是"逊纯"即谓谦逊专一。

"引"，引导。《左传·文公六年》："古之王者，知命之不长，是

---

① 于豪亮：《陕西省扶风县强家村出土虢季家族铜器铭文考释》，《于豪亮学术文存》，中华书局1985年版，第8页。
② 《荀子·尧问》："盍志而子美德乎！"《史记·礼书》："洋洋美德乎！"《左传·桓公六年》："谓其上下皆有嘉德而无违心也。"

以并建圣哲，树之风声，分之采物，著之话言，为之律度，陈之艺极，引之表仪，予之法制。"杜预《集解》："引，道也。"孔颖达《正义》："引为在前。"《诗·大雅·行苇》："以引以翼。"朱熹《集传》："引，导也。""乃辟"，你的君，指穆王。《淮南子·氾论》高诱《注》："安，乐也。"故此句意为以你之盛德，谦逊纯一之心，引导匡正君主穆王，使其乐于德。

"惠"，仁慈。毛公鼎铭："虔夙夕惠余一人。"《说文·恵部》："惠，仁也。"《诗·周颂·烈文》："惠我无疆。"郑玄《笺》："惠，爱也。""余小子"，恭王自谓年轻之时。"盅"，读为"淑"。《说文·水部》："淑，清湛也。"《尔雅·释诂上》："淑，善也。"邢昺《疏》："淑者，有德之善也。"《仪礼·士冠礼》："淑慎尔德。"胡培翚《正义》引敖氏曰："淑，善也。"此句意言师毇使恭王在其即位前的年轻时代即已崇尚先王之德。

《尚书·洪范》言五福有"攸好德"，伪孔《传》："所好者德福之道。"孔颖达《正义》："好德者，天使之然，故为福也。郑云：'民皆好有德也。'王肃云：'言人君所好者道德为福。'《洪范》以人君为主，上之所好为，下必从之。人君好德，故民亦好德，事相通也。"此穆王之安德、恭王之淑德皆即《洪范》之"攸好德"，君王好德，则周之福也。

器主毇之职官为师，即有诏王向德为事。《周礼·地官·师氏》云：

> 师氏掌以媺诏王，以三德教国子，一曰至德以为道本，二曰敏德以为行本，三曰孝德以知逆恶。教三行，一曰孝行以亲父母，二曰友行以尊贤良，三曰顺行以事师长。

郑玄《注》："告王以善道也。《文王世子》曰：'师也者，教之以事而谕诸德者也。'德行，内外之称，在心为德，施之为行。至德，中和之德。孔子曰：'中庸之为德，其至矣乎！'敏德，仁义顺时者也。孝德，尊祖爱亲守其所以生者也。"贾公彦《疏》："媺，美也。

师氏掌以前世美善之道以诏告于王，庶王行其美道也。诏王亦晓之以德也。"此师氏之职与鼎铭所载师朢引正周王向德之事正相符合。

师氏之长为大师，位及三公。古之德教以礼乐为先，不徒空言。《礼记·文王世子》云：

> 凡三王教世子，必以礼乐。乐所以修内也，礼所以修外也。礼乐交错于中，发形于外，是故其成也怿，恭敬而温文。立大傅少傅以养之，欲其知父子君臣之道也。大傅审父子君臣之道以示之，少傅奉世子以观大傅之德行而审喻之。大傅在前，少傅在后，入则有保，出则有师，是以教喻而德成也。师也者，教之以事而喻诸德者也。保也者，慎其身以辅翼之而归诸道者也。《记》曰："虞、夏、商、周有师保，有疑丞。设四辅及三公，不必备，唯其人。"语使能也。君子曰德，德成而教尊，教尊而官正，官正而国治。君之谓也。

据《尚书大传》所载，古之天子必有四邻，前有疑，后有丞，左曰辅，右曰弼。天子有问无以对，责之疑；可志而不志，责之丞；可正而不正，责之辅；可扬而不扬，责之弼。师保为三公，疑丞为四辅，乃王之左右。而据师望鼎铭文可知，朢之职官正为大师。

古有乐官大司乐，乃乐官之长，也称大师。《周礼·春官·大司乐》云：

> 大司乐掌成均之法，以治建国之学政，而合国之子弟焉。凡有道者，有德者使教焉，死则以为乐，祖祭于瞽宗。以乐德教国子中和祗庸孝友，以乐语教国子兴道讽诵言语，以乐舞教国子舞云门、大卷、大咸、大磬、大夏、大濩、大武。以六律六同五声八音六舞大合乐，以致鬼神示，以和邦国，以谐万民，以安宾客，以说远人，以作动物。

而据即簋铭文可知，师氏之后正掌乐舞①，此亦师氏之职，说详后考。

穆王之征游，文献多有记载，而匡王归正之臣亦不止一人。《左传·昭公十二年》："昔穆王欲肆其心，周行天下，将皆必有车辙马迹焉。祭公谋父作《祈招》之诗以止王心，王是以获没于祗宫。……其诗曰：'祈招之愔愔，式昭德音。思我王度，式如玉，式如金。形民之力，而无醉饱之心。'"顾炎武《补正》："犹言如金如锡，如圭如璧，谓令德也。"即言祭公以诗谏穆王归正于德。今据鼎文可知，师甗也在诤臣之列，其引正其君乐于道德，义犹《祈招》。史墙盘铭载穆王"型帅宇海，申宁天子"，也见穆王于其晚年悔悟②，且叮咛储君恭王向德，彼此所记正可呼应。

用井乃聖且考𢦏明黎辟前王，事余一人。

戜方鼎铭："唯厥使乃子戜万年辟事天子。"尹姞鬲铭："休天君弗望（忘）穆公圣𢦏明比事先王。"遣词相同。"井"，读为"型"。"𢦏"，本作"𢦏""舜"，皆读为"𢦏"。《诗·唐风·扬之水》："白石𢦏𢦏。"毛《传》："𢦏𢦏，清澈也。"陆德明《释文》："𢦏，本又作磷，同。""𢦏"训清，其义同"察"。《尔雅·释言》："察，清也。"郝懿行《义疏》："察者，审之清也。""察"谓聪察、聪明。《说文·耳部》："聪，察也。"《韩非子·难四》："知微之谓明。"《管子·宙合》："见察谓之明。……视不察不明，不察不明则过。"《玉篇·明部》："明，察也，清也，审也。"师望鼎铭："克盟（明）厥心。"即谓其心明，心明则眼亮，无所不察。故"𢦏明"义即明察聪澈，聪察明辨，如此则辅王无尤。《尚书·尧典序》："聪明文思。"孔颖达《正义》："无不备知。"《史记·五帝本纪》："成而聪明。"张守节《正义》："聪明，闻见明辨也。"此皆"𢦏明"之谓。

---

① 冯时：《"燕翻"考》，北京大学出土文献研究所编《青铜器与金文》第2辑，上海古籍出版社2018年版，第69—74页。

② 冯时：《史墙盘铭文与西周政治史》，李宗焜主编《第四届国际汉学会议论文集：出土材料与新视野》，台北"中研院"2013年版，第213—244页。

晋姜鼎铭云："余唯嗣朕先姑君晋邦，余不暇荒宁，经拥明德，宣卹我猷，用绍匹台辟，敏扬厥光烈。"两铭对读，知"䌛辟前王"意犹"绍匹台辟"。"䌛"，异文作"䊳"。《说文·糸部》："绍，继也。""䌛"也应与"绍"义近。秦公簋铭："秦公其畯䌛在位。"《尚书·文侯之命》："俊在厥服。"《书古文训》、内野本"俊"并作"畯"。《诗·周颂·清庙》："骏奔走在庙。"毛《传》："骏，长也。"又《文侯之命》："予一人永绥在位。"伪孔《传》："则我一人长安在王位。"故"畯䌛在位"意同"永绥在位"。《尔雅·释诂上》："緌，继也。"郝懿行《义疏》："緌，又通作绥。"《礼记·檀弓上》："丧冠不緌。"陆德明《释文》："緌，本又作绥。"是其证。《尚书·顾命》："绥尔先公之臣服于先王。"王引之《经义述闻》："绥，亦继也。""绥"为车中靶也，引申为凡安之称①。

"辟"，读为"裨"。戜方鼎铭之"辟事"义同尹姞鬲铭之"比事"，"辟""比"亦读为"裨"。《礼记·玉藻》："而素带终辟。"郑玄《注》："辟读如裨冕之裨。"《仪礼·士冠礼》贾公彦《疏》引"辟"作"裨"。《诗·小雅·节南山》："天子是毗。"陆德明《释文》："毗，王作埤。"《隋书·律历志》引"毗"作"裨"。中山王䰐壶铭："克顺克卑。"《诗·大雅·皇矣》作"克顺克比"，齐诗、鲁诗"比"作"俾"。毛《传》："择善而从曰比。"郑玄《毛诗笺》："毗，辅也。"《说文·衣部》："裨，接益也。"《国语·晋语四》："裨辅先君而成霸者也。"韦昭《注》："裨，补也。"又《晋语八》："而裨诸侯之阙。"韦昭《注》："裨，补也。"《文选·诸葛亮出师表》："必能裨补阙漏。"吕延济《注》："裨，益也。"故铭文"䌛裨前王"即言师䢔效法其祖考辅佐补益前王之失，使其永安在位。"事余一人"即事奉恭王。

休伯大师夷任䢔臣皇辟，天子亦弗忘公上父鈇德，䢔蔑历，伯大师不自作。

"伯大师"，䢔之兄，公上父之子，故此"伯"为大宗之长。"公

---

① 参见（清）段玉裁《说文解字注》，中华书局2013年影印本，第668页下。

上父",龢之伯父,伯大师之父,亦即班簋铭文之虢成公。"公"谓三公、上公之公,"上父"即伯父。《尚书·顾命》:"太保、太史、太宗皆麻冕彤裳。太保承介圭,上宗奉同瑁,由阼阶□。太史秉书,由宾阶□。"郑玄《注》:"上宗,犹太宗。"知"上""大"同义。《诗·小雅·节南山》:"赫赫师尹,民具尔瞻。……尹氏大师,维周之氏,秉国之均,四方是维,天子是毗,俾民不迷。"毛《传》:"师,大师,周之三公也。"

龢之伯兄为太师,后荐龢继为太师。当伯大师其时致仕,故赏赐之物有大师金膺。"夷任"本作"𡰥𦘒",读为"夷任"①,遇甗铭:"师𨺗父𡰥使遇事于𣄰侯。"梁其钟铭:"天子𡰥使梁其身邦君大政。""𡰥"从"尸"声,皆读为"夷",语首助词。《周礼·秋官·行夫》:"居于其国,则掌行人之劳辱事焉。使则介之。"郑玄《注》:"故书曰夷使。……玄谓夷发声。""𦘒"从"甚"声,"甚""任"皆侵部字,叠韵可通。《管子·任法》:"世无请谒任举之人。"尹知章《注》:"任,保也。"《汉书·汲黯传》:"信任宏。"师古《注》引苏林曰:"任,保举。""皇辟",指穆王和恭王。

"天子",在位之恭王。"忘"本作"䛃",从"亡"声,读为"忘"。"㝬",读为"胡"。《仪礼·士冠礼》:"永受胡福。"郑玄《注》:"胡,犹遐也,远也。"《诗·周颂·载芟》:"胡考之宁。"毛《传》:"胡,寿也。"《逸周书·谥法》:"保民耆艾曰胡,弥年寿考曰胡。"故"胡德"意即长久积厚之德。"自作",自以为功。此句意云龢得其伯兄大师举荐,臣事穆王和恭王,而恭王不忘龢之先人公上父之厚德,夸伐师龢,然伯大师并不以此为己功。

小子夙夕尃由先祖剌德,用臣皇辟。

"小子",师龢谦称。"尃由",读为"溥修"。《说文·水部》:"溥,大也。"《诗·大雅·公刘》:"瞻彼溥原。"郑玄《笺》:"溥,

---

① 于豪亮:《陕西省扶风县强家村出土虢季家族铜器铭文考释》,《于豪亮学术文存》,第13页。

广也。"《诗·大雅·召旻》:"溥斯害矣。"郑玄《笺》:"溥,犹徧也。"《诗·小雅·北山》:"溥天之下。"三家诗"溥"作"普"。"修"从"攸"声。《易·家人》:"无攸遂。"《大戴礼记·本命》卢辩《注》引"攸"作"由"。《老子》第十七章:"悠兮其贵言。"陆德明《释文》:"悠,孙登、张憑、杜弼皆作由。"《尚书·多方》:"不克终日,劝于帝之迪。"陆德明《释文》:"迪,马本作攸。"是"由""修"通用之证。《吕氏春秋·音初》:"反道以修德。"高诱《注》:"修,治也。"是"溥修"意即广修。"刺",读为"烈"。《诗·周颂·烈文》:"烈文辟公。"毛《传》:"烈,光也。"《国语·晋语九》:"君有烈名。"韦昭《注》:"烈,明也。"《左传·哀公二年》:"烈祖康叔。"杜预《集解》:"烈,显也。"是"烈德"意即光明之德。訇广修先祖之明德,知"溥修"不当为一祖,也不可为一德。

伯亦克纂修先祖盅,孙子一任皇辟懿德,用保王身。

"伯"即伯大师,訇之族兄。"纂修"本作"猷由",读为"纂修"。甲骨文有"叙"字,罗振玉释为"叡"①。《说文·又部》:"叡,楚人谓卜问吉凶曰叡。从又持祟,祟亦声。读若赘。"《庄子·大宗师》:"会赘指天。"《人间世》作:"会撮指天。"《汉书·叔孙通传》:"为绵蕞野外。"师古《注》:"蕞与蕝同。"《史记·叔孙通列传》裴骃《集解》:"蕞谓以茅葫树地为纂位。《春秋传》曰'置茅蕝'也。"司马贞《索隐》:"如淳云:'翦茅树地,为纂位尊卑之次。'苏林音纂。韦昭云:'引绳为绵,立表为蕞。'按:贾逵云:'束茅以表位为蕝。'又《纂文》云:'蕝,今之"纂"字。包恺音即悦反。又音纂。'"是"叡""纂"相通之证。"猷"或从"犬"声,与"纂"并属元部字,或作"撰""譔",与"纂"双声叠韵。"盅"本作"蛊"。《易·序卦》:"蛊者,事也。"《国语·周语上》:"纂修其绪。"韦昭《注》:"纂,继也。

---

① 罗振玉:《增订殷虚书契考释》卷中,东方学会,1927年石印本,第18页。

绪，事也。"《史记·周本纪》："遵修其绪。"裴骃《集解》引徐广曰："遵，一作選。"此"遵修"亦即"纂修"。

"孙子"，虢成公之后代。"一"，皆也。《荀子·劝学》："一可以为法则。"杨倞《注》："一，皆也。"《大戴礼记·卫将军文子》："文子曰：吾闻之也，国有道，则贤人兴焉，中人用焉，百姓归焉。若吾子之语审茂，则一诸侯之相也，亦未逢明君也。"卢辩《注》："一，皆也。""任"本作"朌"，亦读为"任"。《诗·大雅·生民》："是任是负。"郑玄《笺》："任，犹抱也。""懿德"，专久之美德。《说文·壹部》："懿，专久而美也。"纪仲壶铭："勹三寿懿德万年。"是用其义。《逸周书·祭公》："公其告予懿德。"孔晁《注》："懿，大也。"所训不确。"保王身"，意别于屏王位，而重在以德养王，此太师之职。此句意云伯大师亦能继承先祖之事业，虢氏子孙则世代抱持皇王专久不变之美德，辅保周王修身。

虢敢釐王，卑天子万年，范围伯大师武，臣保天子，用厥烈祖卪德。

《说文·里部》："釐，家福也。""卑"，读为"俾"，使也。"万年"，万寿。周人以为德厚者则寿考而有福，虢以德养王身，故谦曰岂敢为天子增福，使其万年永寿。

"范围"，本作"茾韋"，学者读为"范围"，"武"，迹也①。继承伯大师之事业，足见此时之大师已由虢所充任，其兄伯大师已致仕告老。"卪德"即节德，忠信之德。《说文·卪部》："卪，瑞信也。"《左传·文公十二年》："以为瑞节。"杜预《集解》："节，信也。"

用妥作公上父障于朕考亭季易父龢宗。

"妥"，读为"委"。《诗·大雅·韩奕》："淑旂绥章。"陆德明《释文》："绥本亦作緌。"《礼记·明堂位》："夏后氏之绥。"郑玄《注》："绥当为緌。"是"妥""委"通用之证。《左传·成公二年》：

---

① 裘锡圭：《说"茾韋白大师武"》，《考古》1978年第5期。

"王使委于三吏。"杜预《集解》："委,属也。"《玉篇·女部》:"委,委属也。"故"委作"即言龢受委托而作,非其自作。公上父为师龢之伯父虢成公,伯大师为其长子,依西周宗法,公上父之祭器当由其长子伯大师铸作,师龢作为公上父之侄,身为小宗,是没有资格为公上父作器的。铭记龢作公上父祭器乃因受伯大师委属,非为其自专,则与制度不悖。

"章季"即虢季,学者已为详考①。师丞钟铭作"虢季"。"易父"为虢季之字,"敤"为其名②。"敤"即"挞"字。《集韵·曷部》:"挞,古作敤。"《说文·手部》:"挞,乡饮酒,罚不敬,挞其背。"故知"易"读为"惕"。《说文·心部》:"惕,敬也。"义正与"挞"相应。此句意为师龢受伯大师之委托作其伯父公上父之祭器,置于师龢之父虢季惕父挞的宗庙。

夏商尚文,西周崇德,二者皆以信与孝之观念为核心,构成了传承数千载的文德思想。这种以修德作为区别人与禽兽唯一标准的做法,体现了中国古代先贤对于"文明"这一概念的深刻思考③。

《易·小畜·象》:"君子以懿文德。"《说文》训"懿"为"专久而美","专"言其德纯厚,"久"则言其德永固。君子修德不能仅行于一时一事,而必须时时事事都体现出道德,这就是"专久而美"之懿德所要表达的思想。故《象》辞之所云,当言君子修养专久而美之文德,是谓畜德④,这当然确定了其时道德的极高准则。西周金文有言:

  上帝降懿德大屏。   史墙盘
  余小子肇帅型朕皇祖考懿德。 单伯㝬生钟
  匄三寿、懿德、万年。   㝬仲壶

---

① 李学勤:《西周中期青铜器的重要标尺》,《中国历史博物馆馆刊》1979年第1期。
② 于豪亮:《陕西省扶风县强家村出土虢季家族铜器铭文考释》,第17页。
③ 冯时:《文明以止:上古的天文、思想与制度》,中国社会科学出版社2018年版,第1—12页;冯时:《辛鼎铭文与西周蜡祭》,《中国文化》总第51期,2020年。
④ 陆德明《释文》:"畜本又作蓄,积也。"《易·大畜·象》:"天在山中,大畜。君子以多识前言往行,以畜其德。"是"小畜"、"大畜"之卦名当皆取畜德为义。

这里所说的懿德都是王朝重臣及先祖文人所具之德养。而师𩰬鼎铭文显示，周人修德润身，念兹在兹。天子之德为懿德，臣之德有孔德，祖先之德又有胡德、烈德、节德，各具内涵，其中之懿德贵为天子之德，显然为时人所共同追求的高尚德操。

即使同为天子之德，也并非没有高下之分，穆、恭二王之德在西周诸王中其实并不突出，而至纯之德者则非文王莫属。《诗·周颂·维天之命》："文王之德之纯。"金文则称文王之德为"正德"。大盂鼎铭云：

> 今我唯即型禀于文王正德，若文王命二三正（政）。

"正德"意即中正洽宜之德，孙诒让以为即中正之德①，孔子论《诗》称之为"平德"②，其实就是后世儒家哲学的至高道德——中庸之德，为世人所追慕③。

金文有关周人崇德的内容非常丰富，其时之君臣父子、士农工商皆安其德，共同构建了行德教、明礼仪的西周社会。这些思想逐渐完善，底蕴也日益深厚。《国语·周语下》："夫敬，文之恭也；忠，文之实也；信，文之孚也；仁，文之爱也；义，文之制也；智，文之舆；勇，文之帅也；教，文之施也；孝，文之本也；惠，文之慈也；让，文之材也。象天能敬，帅意能忠，思身能信，爱人能仁，利制能义，事建能智，帅义能勇，施辩能教，昭神能孝，慈和能惠，推敌能让。"早期的孝、信观念至此已推及细化为无所不涉之中道。显然，这些思想不仅是对早期德行观的发展，而且成为后世儒家道德体系之渊薮。《论语·八佾》引孔子曰："周监于二代，郁郁乎文哉，吾从周。"信矣。

2017 年 2 月 12 日据旧札写讫于尚朴堂

---

① （清）孙诒让：《古籀余论》卷三，中华书局 1989 年版，第 43 页。
② 冯时：《战国楚竹书〈子羔·孔子诗论〉研究》，《考古学报》2004 年第 4 期。
③ 战国令狐君嗣子壶铭有"承受纯德"之辞。著录于中国社会科学院考古研究所编《殷周金文集成》9719，中华书局 2007 年修订增补本，第 5108 页。

师訇鼎铭文拓本

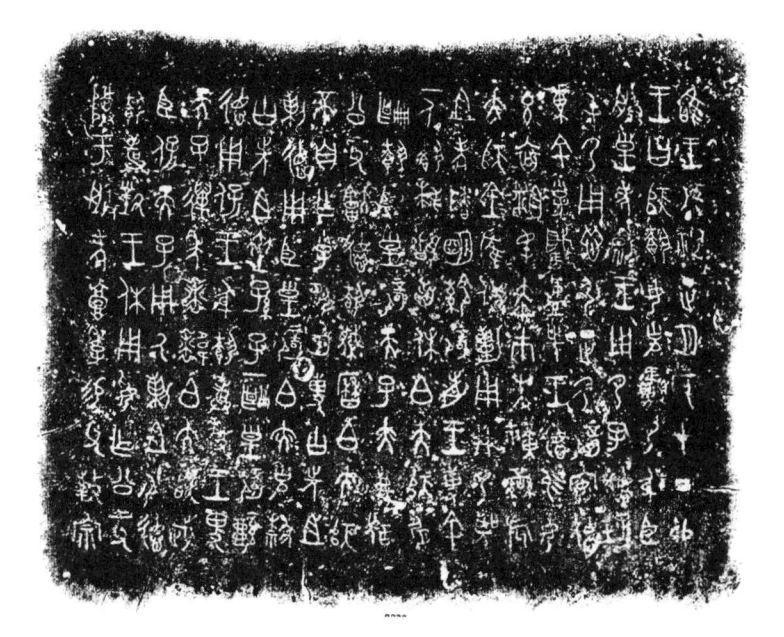

壬辰战争研究

文禄·庆长之役诸大名的目的
——对参战动机的讨论

[日] 津野伦明*

摘要： 本文意在探讨文禄·庆长之役（壬辰战争）里各诸侯（"大名"）的动机，以及就他们的参战目的提出己见。笔者认为，大名们被迫参战的动机（"鞭"）是为了继续维持"大名"的身份地位，另外，大名们积极参战的动机（"甜头"）是为了扩大领地。一直以来，研究的焦点都集中在前者，然而，这场战争是以征服明朝为其终极目标，因此，为了要弄清楚战争的本质，笔者认为应该提高对后者的重视程度。

关键词： 文禄·庆长之役　壬辰战争　大名的战意动机　积极的动机

引　言

16世纪末，丰臣秀吉两次出兵侵略朝鲜。对于这次出兵，存在各种各样的称呼，本文使用日本的一般性称呼，即"文禄·庆长之役"（对两次出兵进行区别时，使用"文禄之役""庆长之役"）或者是"朝鲜出兵"。①

---

* 津野伦明，日本高知大学教育研究部人文社会科学系人文社会科学部门教授。
① 津野倫明：《朝鮮出兵の原因・目的・影響に関する覚書》，载高橋典幸編《戦争と平和》，东京竹林舎2014年版；米谷均：《文禄・慶長の役/壬辰戦争の原因　実像編》，载堀新·井上泰至編《秀吉の虚像と実像》，东京笠間書院2016年版。

围绕文禄·庆长之役的目的而展开的讨论众说纷纭，不过笔者认为变迁论更有说服力。① 中野等一方面明确指出"原本就是以打倒东亚盟主明帝国为目的"，"大陆出兵的目的从当初开始就是征明"，另一方面论述庆长之役征明的意图大大缩减，正是如此，把"朝鲜侵略"置于主要战争的位置，出兵"使其动机理由逐渐发生了变化"②。支持这样的中野论点特别是关于庆长之役的主张是基于对诸大名的动向取得的研究成果、③ 该战争是以"朝鲜侵略"为主的战争来判断的。实际上，1597 年（庆长二年）2 月 21 日在秀吉朱印状上下达的军令（以下称为"二月令"）上有"明朝想置于自己的统治之下"这一豪言。据此所示，秀吉最终的目的是征服大明，命令首先征服全罗道，尽可能地进攻忠清道可及的范围。④ 另外，庆尚道似乎被认为已经是掌握之中了。⑤ 根据克劳塞维茨的说法，战争有两种，"第一种是以完全打倒敌人为目的的战争""第二种是在敌国的边境附近试图掠夺敌国一些领土的战争"⑥。如果按照这样的说法，可以说文禄之役是"第一种战争"，庆长之役是"第二种战争"。⑦ 出兵的目的发生了变化。另外，秀吉在 1598 年 5 月仍坚持着翌年大规模的派兵计划，

---

① 津野：《朝鮮出兵の原因・目的・影響に関する覚書》；津野倫明：《丁酉再乱時の日本の目的と日本側の軍事行動》，《韓日関係史研究》2017 年第 57 辑。

② 中野等：《秀吉の軍令と大陸侵攻》，东京：吉川弘文館 2006 年版。

③ 津野倫明：《慶長の役における黒田長政の動向》，《海南史学》2004 年第 42 号；《慶長の役における鍋島氏の動向》，《織豊期研究》2006 年第 8 号；《黒田長政宛鼻請取状について》，高知大学人文学部人間文化学科《人文科学研究》2011 年第 17 号；《慶長の役における長宗我部元親の動向》，《長宗我部氏の研究》，东京：吉川弘文館 2012 年版；《軍目付垣見一直と長宗我部元親》，高知大学人文学部人間文化学科《人文科学研究》2010 年第 16 号；《丁酉再乱時の日本の目的と日本側の軍事行動》。

④ 《大日本古文書　島津家文書》402 号など。

⑤ 中野等：《戦争の日本史 16　文禄・慶長の役》，东京：吉川弘文館 2008 年版，第 190—191 頁。

⑥ ［德］克劳塞维茨著，［日］篠原英雄译《战争论（上）》，东京：岩波书店 1968 年版。此外，本论文引用该书时，一概省略傍点（强调值得留意的文言使的点号）和假名音标。

⑦ 关于这部分的看法，笔者与跡部信先生的争论，请参详前出的津野《丁酉再乱時の日本の目的と日本側の軍事行動》。

文禄・庆长之役诸大名的目的

秀吉还可能引发一场应该称得上"乙亥再乱"的战争。①

出兵的最终目的是征服明朝，但这始终是秀吉或丰臣政权阶层的目的。首先，代表出兵的日本方面的战争目的是作为实战指挥官各大名的战争目的，考察那些大名的目的尤为重要。因此，本文讨论大名阶层的战争目的动机、即"为何而战呢"②，就各大名的目的提出笔者的见解。

一 各层面的动机

在本节中，笔者一方面依据先行研究，另一方面按丰臣政权、大名、大名家臣、杂兵的层面梳理文禄・庆长之役的战争动机。村井章介在分析1598年（庆长三年）9月泗川之战岛津的军事行动的论文中设定了"为何而战"的问题，有如下主张。③首先，关于丰臣政权层面条理清晰地论述了"伺机获取领土的侵略战争""不仅是单纯地掠夺入侵使其荒废为目的，而是意图根除统治政权后实现对民众的统治。"如果从秀吉的最终目的是征服明朝的角度来考虑的话，应该承认将丰臣政权阶层的动机视为获得领土这一见解。其次，关于各大名，他指出"如果战争取得胜利，有可以获得恩赐、扩大领属的想法，就此而言与政权阶层是一致的"。因为大名的领国扩大即领土的获得，可以说大名层次的动机是与丰臣政权层次的动机是一致的。另外，与这一见解相关，对于岛津的状况有如下阐述："实施检地，从直属领地筹措战费出征朝鲜，如果不取得显著的战功，等待的是被贬或被逐出领地"；"丰后的大友，当主义统因为在朝鲜的懦弱表现，遭遇了领地被没收、被贬的惩罚"。也就是说，不能取得战功的大名会遭受秀吉的谴责，也有被贬的情况。本文考察与这些谴责相关的战

---

① 津野倫明：《丁酉再亂時の日本の目的と日本側の軍事行動》，《韓日關係史研究》2017年第57輯。

② 这个《なぜ戦うか》是采用了村井章介《島津史料からみた泗川の戰い》（载《世界史のなかの戦国日本》，东京：筑摩書房2012年版）里的小标题而来的。

③ 村井：《島津史料からみた泗川の戰い》，第260—262、264页。

争动机。最后，关于大名家臣有如下主张：

> 兵士们参战有哪些动机呢？对中世武士来说，与获得恩赐地相关的战功主要是通过获取敌人的首级来计算。……我们知道实际的岛津部队，……是由领属内的武士们自身组成的。在这样的世界里，获得敌人的首级越多，越能期待获得更多的恩赐。
>
> 家臣的恩赐地的获得通常是因为大名领国的扩大而变得可能，可以说家臣层面获得恩赐地的动机不仅与大名阶层相同，而且与丰臣政权阶层也是一致的。

以上，根据村井的研究梳理了丰臣政权阶层、大名阶层、大名家臣阶层，这里也提及以下杂兵阶层。把战国时期的战争评价为"为了生存的战争"的藤木久志特别关注对人的掠夺，提出了如下主张：

> 所谓秀吉的和平实现是指通过给充满着国内战场的巨大掠夺资源提供新的出路，与此进行交换，最终能够结束国内战争。……通过把战争转向国外（朝鲜），逐渐保障了日本的和平与权力的统一，这一方面与现实更接近。①

藤木把"巨大的掠夺资源"的供给源的杂兵做了如下分类。①是"武士奉公，被称为悴者（かせもの）、若党（わかとう）或步卒，与主人一同作战的'武士'"。②在①的下层，"被称为中间、小者、荒子的阶层，在战场辅助主人牵马、持枪的'下人'"。③"被称为夫、夫丸，是从各个村强制抓获而来搬运物资的'村民'"。①是允许参战的战斗人员，②③"原则上是排除在参战之外的"，但是"像这样的区分在激战的战场"并不通用。根据藤木的观点，杂兵是处于"即使拼命地战斗，也没有恩赏"的存在。在这些之中，①②在当时

---

① 藤木久志：《新版 雑兵たちの戦場》，东京：朝日新闻社 2005 年版，第 206、5—6、30、39—40 页。

的史料中作为"奉公人"的身份被记录,藤井让治指出"'奉公人'具有一定的军事职能,但是他与平民、町人同样,是被统治阶级"①。换言之,被一统纳入杂兵的阶层与大名家臣不同,是被统治阶层的身份。

根据三鬼清一郎的研究,② 从军役人数为7200人的蜂须贺的情况来看,在庆长之役时的部队构成中,被127人的家臣统领的1328人"仅是士卒的数字,不包含被强征来的一般农民、人夫"。士卒中也包含①②,所以蜂须贺的事例是显示杂兵比例程度的很好例证。藤木在三鬼研究的基础上,对在庆长之役岛津的部队构成有如下的主张。在军队人数的12433人中,"严格上能称为武士的人"不足14%,即使是把①②视为符合条件的阶层加入的话,也不满53%。③ 所以,秀吉让各大名承担的参战人数在文禄之役是158700人,庆长之役是141500人④,杂兵至少占一半的程度。

如果按照这一比例,应该关注杂兵的动机。正如藤木所指出的那样,只能认为得不到恩赏的杂兵的动机是掠夺。关于掠夺的状况,这里例举因为藤木的研究而一举成名的《朝鲜日日记》的记述。⑤ 该书是在庆长之役跟随军目付⑥太田一吉的真言僧庆念的日记。目睹了在蟾津江附近掠夺的庆念有如下感受:"看被掠夺的东西我也想要,内心觉得卑鄙,如果是这样的话还能往生吗?""羞愧,见所有的东西

---

① 藤井讓治:《身分としての奉公人》,載織豊期研究会編《織豊期研究の現在》,東京:岩田書院2017年版,第42頁。
② 三鬼清一郎:《朝鮮出兵における軍役体系について》,載《豊臣政権の法と朝鮮出兵》,東京:青史出版2012年版,第226—227頁。
③ 藤木久志:《天下統一と朝鮮侵略》,東京:講談社学術文庫2005年版。《朝鮮日日記》的底本参考同《織田・豊臣政権》,小学館1975年版,第384—387頁。
④ 《大日本古文書 小早川家文書》501号;《大日本古文書 島津家文書》403号等。
⑤ 前揭藤木:《天下統一と朝鮮侵略》;《朝鮮日々記》,朝鮮日々記研究会編《朝鮮日々記を読む》,京都:法藏館2000年版。
⑥ 军目付是指在军中履行的监察、督查职能的人员,根据对战争的贡献度的大小,向主将报告参战人员战功的参战状况,主将以此为依据进行论功行赏。——译者注

都想要，心有杂念，妄念之身"①。掠夺行为所具有的吸引力，连僧人的庆念也心生妄念，所以这是杂兵的动机。大名的家臣也加入掠夺之中，这也成为大名家臣阶层、更近一步来说大名阶层的动机吧。

杂兵的动机可以认为是掠夺，但是"奉公人"们貌似并非都是战斗欲高涨。根据于1593年1月发布的丰臣秀次的官方公文，命令因为休养回乡的"奉公人"回名护屋参战，制定了有隐藏情况的处罚。②另外，"奉公人"逃亡不断，1598年5月3日，秀吉宣布对逃亡者给予严厉惩罚。③在"奉公人"之间蔓延着厌战气氛。所以，可以认为是秀吉有意图地"把国内战场转向国外（朝鲜）"。像村井指出的那样，在丰臣政权层面与其说是"单纯地掠夺土地使其荒废为目的"，不如说是有"实现统治民众的意图"。不过，至少占参战人数一半左右的杂兵的动机是掠夺，而且从它也成为大名家臣阶层、大名阶层的动机来看，不能忽视"巨大的掠夺资源"。

在本节中，笔者逐一梳理了丰臣政权、大名、大名家臣、杂兵各阶层的战争动机。本文所探讨的大名阶层的战争动机是扩大领国即获得领土，可以说这是积极的动机。另外，如大友的事例所示，渡海朝鲜后，如果不取得战绩会受到秀吉的谴责，为了避免秀吉的谴责也存在被动的动机。④以下，笔者将带着这样不同动机的意识，探讨大名的战争动机。

二 被动的动机

在本节中，笔者主要探讨大名阶层参战的被动动机。具体而言，着眼于秀吉的出战动员过程，即谴责和与谴责相关联的惩罚。

---

① 《朝鮮日々記》，1597（慶長2）年8月7日条。
② 《大日本古文書　毛利家文書》1002号。
③ 津野倫明：《"在高麗奉公人"に関する豊臣秀吉朱印状の年代比定》，高知大学人文学部人間文化学科《人文科学研究》2015年第21号。
④ "积极的"的反义词是"消极的"，但比起"消极的"，笔者认为"被动的"是更适合说明大名们企图回避谴责时的用词。

◈ 文禄·庆长之役诸大名的目的 ◈

从国内统一的过程开始，丰臣政权下的诸大名便强制实行"无限制军役"，让军人履行义务加强领国的统治。① 履行军役是大名存在的大前提。关于这一点，中野以加藤清正为例进行了详细阐述。关于诸大名，中野指出："荣光和没落可以说只是一纸之隔，一方面获得加官晋爵，但另一方面因为违背秀吉的期待、在军事或政治上失败而下台的家臣很多"，注意到了清正对领属家臣进行详细补给指示的细心，论述了"在朝鲜的清正不只是仅与眼前的敌人对峙"，"作为大名谋求领国的安定，同时是肩负责任。清正是没有任何瑕疵完美的将帅，同时清正考虑在秀吉之下作为被委以统治领属的大名是保全自身是唯一的方法"。② 就如"荣光和没落可以说是一纸之隔"的含意，所以诸大名一面强化领国的统治，并以此为背景而战斗，战斗是诸大名的宿命。但是，如下所述，秀吉自身也认识到有逃避参战大名的存在，所以在进攻没有进展的情况下也会实施包括贬职在内的谴责。

1593 年（文禄二年），秀吉以"怯懦"为由，罢黜了大友义统、岛津忠辰、波多亲。首先，我们看一下论及这次罢黜的北岛万次的研究。③ 北岛以同年 5 月 1 日给高丽在阵人员的秀吉朱印状抄本为论据，指出了秀吉断定从凤山逃跑的义统行为前所未有，为了"儆戒"即"警众"而进行罢黜。④ 并且，北岛介绍了关于 5 月 18 日最上义光书信的义统三人⑤，对"罢黜处分给大名带来很大的冲击"，以加藤清正、岛津义弘为事例进行了说明。关于清正，北岛考察了 5 月 29 日的清正书信中的发言："兵粮不论是五千石还是一万石，即使是租船

---

① 山口啓二:《豊臣政権の構造》,《幕藩制成立史の研究》, 东京: 校倉書房 1974 年版; 山口啓二:《豊臣政権の成立と領主経済の構造》, 东京: 校倉書房 1965 年版。
② 中野等:《唐入り（文禄の役）における加藤清正の動向》,《九州文化史研究所紀要》2013 年第 56 号, 第 40、102 页。
③ 北島万次:《第一次朝鮮侵略の挫折と兵力の再編》, 载《豊臣政権の対外認識と朝鮮侵略》, 东京: 校倉書房 1990 年版, 第 339—341 页。
④ 《大日本古文書 島津家文書》954 号。另外, 根据土田忠生·森田武·長南实编译《邦訳日葡辞書》, 东京: 岩波書店 1980 年版,《ミゴリ（見懲り）》跟《ミゴラシ（見懲らし）》是同义的, 意思是《杀鸡儆猴》。
⑤ 《大日本古文書 伊達家文書》647 号。

也应该尽可能送来。即使是加藤清正不要□□□、置于幕府的□□□"①，看透了"清正对丰臣政权奉侍"的态度。关于义弘，他首先指出根据6月22日义弘的书信，在战场上得知义统被罢黜的义弘"指示岛津义久尽快渡海至朝鲜"；其次，10月6日安宅秀安给义弘的书信中说："大友家中的人轻视大友义统，得力的家臣没有出征到朝鲜，大友义统的军力较弱"，"大友义统是大势即将结束的武士，丢了日本的脸面，家也遭灭门，不揣冒昧，请跟他好好道别"，"阐述了大友氏的家臣们协同合作能力弱导致了被罢黜"，根据这些事例，北岛概括为：用义统们被罢黜来儆戒他人是"让诸大名更为丰臣政权履行军役，即成为强制履行作为迫使侵略朝鲜'国家任务'的军役的驱动力"。②

在旧文中，一方面根据义统们被罢黜，另一方面关于涉及蔚山之战被谴责事由进行考察。以下，根据旧文，来看一下被谴责的经过。1597（庆长2）年12月22日，明与朝鲜联军攻打蔚山的倭城，翌年1月4日包围了倭城。以这次战争为契机，秀吉与诸大名之间对战争形势认识的差异在扩大。③秀吉观察到，经历了凄惨的守城战的大名之间出现了厌战情绪，而且还出现了缩小战线的论调。秀吉对在敌后没有出击的黑田长政、蜂须贺家政以"怯懦"和倡导战争缩小论为由对他们进行了叱责，显示了自己的强硬的态度。④

在战斗的开始，毛利部队的布阵遭受了被烧亡的惨败。⑤义统们被罢黜，蔚山之战后，长政、家政两人遭到叱责。1592年攻打晋州城失败的木村重兹、细川忠兴就如最上义光所述那样，"战败"即遭

---

① 東京大学史料編纂所架蔵影写本《稲田海素氏所蔵文書》。
② 此外，《国家之役儀》是出现在2月7日安宅秀安写给岛津義弘的书状（《大日本古文書 島津家文書》1768号）的一句话。
③ 北島万次：《朝鮮侵略と大名領国の論理》，载《豊臣政権の対外認識と朝鮮侵略》；《朝鮮日々記・高麗日記》，そしえて1982年版；《豊臣秀吉の朝鮮侵略》，东京：吉川弘文館1995年版；笠谷和比古：《蔚山籠城戦と関ヶ原合戦》，载《関ヶ原合戦と近世の国制》，京都：思文閣2000年版。
④ 《大日本古文書 島津家文書》978号。
⑤ 《大日本古文書 浅野家文書》255号。

到战败的诸将也会被叱责,随后被冷遇。① 诸大名认识到战败也会遭到叱责,如义光担忧的那样"可能明天就会轮到自己",都心惊胆战。毛利家的上层统治者预想到了会被叱责,所以做了隐蔽工作。本来值得赞颂的家臣的牺牲却因为直接与战败相联结,都被葬送在丰臣政权论功行赏的理论中。不过,毛利是清华成大名②,当主辉元也认为"东边托付给了家康,西边托付给了我们"。③ 如果政权关键的大名被处罚,将影响将来的政权统治,作为解决眼前的问题并不是一个好的方法。蔚山的守城战使诸大名心存恐惧,缩小战线论即出现了反对秀吉战略的声音。在这个阶段,秀吉不能承认在蔚山的失败。如果秀吉以败战为由处分毛利的话,不仅是战线,政权自身也会处于不安定的状况。因此,秀吉对战败视若无睹,只把注意力转向毛利家臣的战功,并颁发了朱印战功奖状。

那么,下面看一下与战线缩小论相关联的叱责。④ 蔚山战之后,诸大名联名进言缩小战线⑤,这却触怒了秀吉。⑥ 秀吉叱责了认为是提倡者的黑田长政、蜂须贺家政两人和同意这一意见的军事督查官之一的早川长政3人,并且痛斥了黑田长政、蜂须贺家政,禁止和自己会面。⑦ 但是,在赞同者中,宇喜多秀家却没有遭到秀吉的谴责,藤堂高虎、肋坂安治等如后所述却得到了加封。前述五人成了替罪羊,这也可以被视为"儆戒"的叱责吧。

如此来看,对大名的叱责存在各种各样的理由和意图。实际上,中野等学者提出了非常有趣的见解。⑧ 中野认为,记录岛津忠辰、波

---

① 《大日本古文書 伊達家文書》647号。
② 矢部健太郎:《豊臣〈武家清華家〉の創出》,载《豊臣政権の支配秩序と朝廷》,东京:吉川弘文館2011年版。
③ 《大日本古文書 毛利家文書》777号。关于《御掟》《御掟追加》,请参详三鬼清一郎《御掟·御掟追加をめぐって》,前揭三鬼《豊臣政権の法と朝鮮出兵》。
④ 津野:《軍目付垣見一直と長宗我部元親》。
⑤ 《大日本古文書 島津家文書》1206号。
⑥ 关于缩小战线策略和秀吉的反应,请参详前出的笠谷《蔚山籠城戰と関ヶ原合戰》。
⑦ 《大日本古文書 島津家文書》978号;伊藤真昭等编:《相国寺蔵西笑和尚文案自慶長二年至慶長十二年》,京都:思文閣出版2007年71号。
⑧ 中野等:《戰局の転換》,载中野《秀吉の軍令と大陸侵攻》,第195—198页。

多亲处分理由的"条项"是把罢黜的始末向"其他诸将进行说明的内容"①，阐述了两人被视作"怯懦"的理由是因为他们作为援助的力量没有与应该追随岛津义弘、锅岛直茂共同行动，而且"企图单独返回日本"，指出了"意在公表他们所犯下的罪状"。并且，他提出了如下见解：义统的情况是"战败"即侧重"没有完成'征明'任务的责任追究的侧面"，对此，岛津忠辰、波多亲的情况是作为"儆戒"的处分，"是着重维持自己一方的军纪"。

实际上，"儆戒"在出兵当初就能看到。② 从1952年9月14日秀吉给德川秀忠的公文书信中③，可知多贺谷重经一事。重经以生病为借口闭门索居，派年轻男子代他出征。秀吉为向诸人"儆戒"，做了如下决定："虽然是应该惩罚多贺谷，就不做让他年轻儿子出征的善恶判罚了，多贺谷自身没有出征作为怠慢的理由废掉多贺谷城，交纳金一千枚，保其性命。"这件事以提出"金千枚"而了结，④"儆戒"即"警众"在出兵当初是既存的事实，而且也表明了秀吉认识到存在有大名逃避出征的事实。

根据《驹井日记》1594年2月17日条目，石田成三等人作为使者被派遣到山内一丰处，传达了"太阁向高丽派遣要员惩罚当事人"的书信。叱责的理由是迟交了领地的账目，但当日就获得了赦免。另外，根据（年代不详）4月12日秀吉给加藤贞泰的公文书信的记载⑤，懈怠材木输送者"将被派遣到朝鲜担任倭城防卫的替代人员"。

从上述两个事例可知，秀吉有以惩罚的方式发动向朝鲜出征的想法。不过，难以找到具体的实施个例。关于这方面的原因，可根据堀越祐一对秀吉撤回一丰叱责的见解进行说明。堀越推测，秀吉担心大

---

① 《条々》出自5月1日收信人不详的秀吉朱印状抄写本里。本论文采纳桑田忠亲《太閤書信》，东京：東洋書院1991年版，102号的解读。
② 福田千鹤：《德川秀忠》，东京：新人物往来社2011年版，第57—58页。
③ 東京大学史料編纂所架蔵謄写本《下総文書》。此外、笔者引用本史料时，省略了估计是在誊写时添加的"返り点"（表示阅读顺序的符号）。
④ 竹内理三編集：《続史料大成家忠日記　二》，京都：臨川書店1967年版，10月7日条。
⑤ 《大洲加藤文書》15，载《岐阜県史史料編　古代·中世四》，岐阜県1973年版。

名们会认为出征是"惩罚",换言之,"秀吉考虑的是,让诸将抱有英勇奋战的结局是'惩罚'",如果被大名们认为太阁是这样想法的话,势必影响出征。① 很可能是秀吉担忧大名的士气低落搁置了这样的动员方式。不过,可以肯定的是秀吉认识到了存在逃避出征的大名。不能忽视这些大名的存在也是让秀吉做出"儆戒"决断的理由。

如秀安所述"家也遭灭门,不揣冒昧,请跟他好好道别",秀吉的叱责能左右大名的存亡。所以,诸大名为了能够回避作为"儆戒"的罢黜、不被看作是"怯懦",就不得不为了不败而战。叱责对大名来说无非是"鞭策",是大名阶层参战的被动动机。

三 积极的动机

在本节中,试讨论与"鞭策"对应的、给予"甜头"的积极的动机。具体而言,着眼于大名获得领土的意欲和秀吉的封赏。

9月3日写给一柳直末(末安)的秀吉官印文书,以往被认为能够确认是秀吉攻打明朝构想的根据。② 根据此文书,美浓大垣城主的加藤光泰得到知行20000贯的赏赐,还被任命为丰臣政权直属领地的藏入地代官。藏入地的7000石用于东国出兵。但是,因为光泰向秀吉呈报了希望从藏入地里提供俸禄给一些"知行"(俸禄)不符的家臣,秀吉怒斥光泰"胡说八道"。在公文上有"我秀吉不仅是日本,连明朝也想置于我的统治之下",以这些所见为根据的岩泽愿彦指出:"日本很愚蠢,有连中国也想得到的野心",阐述了秀吉"明确宣布了向大陆出兵的意愿"。③

岩泽的主张成为一种定论,但是,鸭川达夫提出了新的学说。④

---

① 前揭堀越:《太閤秀吉と関白秀次》,第256页。
② 《伊予小松一柳文書》3,载《岐阜県史史料編 古代·中世四》。
③ 岩沢愿彦:《秀吉の唐入りに関する文書》,载三鬼清一郎编《豊臣政権の研究》,东京:吉川弘文館1984年版,第148页。
④ 鴨川達夫:《秀吉は〈唐入り〉を言明したか》,载東京大学史料編纂所编《日本史の森をゆく》,东京:中央公論新社2014年版。

鸭川如下解释上述官印文书。对大垣城主的光泰所言："还想获得附近的秀吉的直属领地"，秀吉直言："如果你希望，即使是唐国（明朝）秀吉也会给你，换言之，你自己主张的事情什么都会允许，难道加藤不是怀着这样的想法吗？"鸭川根据这一解释，认为"这是恣意的狂妄，是为了强调这样态度的技巧，拿出了'唐国'的这段话"，"不能说这是秀吉决定证明的有力证据"。

鸭川的这一说法是划时代的，这里关注构成其主张的前提"想获取秀吉的直属领地"这一解释。的确，给光泰家臣的藏入地的分配等于是把藏入地作为封赏给了光泰。换言之，光泰对获得领地甚至贪婪到被秀吉指责的程度。关于光泰的贪婪，我们听一下肋田修的见解。[①]肋田关于"统一军役的设定意义"，以"满足权力统一所要求的军役服务，并且消除下级力量过大而造成的反叛势头"为论述根据例举了光泰一事，指出对于秀吉来说"担忧通过领地而由此拥有更多的人，采取扩大领地的政策"。如果把这一主张也基于"统一军役的设定意义"来进一步说明的话，可以说在丰臣政权下的大名之间存在着"领地膨胀"的欲求甚至让秀吉感到十分"担忧"。光泰的事例表明在丰臣政权下的大名之间充满了获取领地的欲望。

作为通过朝鲜出兵表明获取领地意欲的大名，直接能让我们想到的是锅岛直茂。[②]根据1592年6月24日加藤清正给长束正家、增田长盛的公文书信的记录[③]，清正对于直茂的要求让正家、长盛报告给秀吉。这封书信表明直茂想获取明的领地的欲望，"让秀吉在明朝给锅岛直茂安排领地"。获取这些领地是以上交肥前的锅岛领地为前提，所以伴随着大幅度加封，这意味着是转封的一种形式。下文中，把伴

[①] 脇田修：《近世権力の構造》，载《近世封建制成立史論 織豊政権の分析Ⅱ》，东京：東京大学出版会1977年版，第238—239页。

[②] 高野信治：《"御家"観念の成立》，载《近世大名家臣団と領主制》，东京：吉川弘文館1997年版，如里面所说，当时的锅岛氏正在利用拥戴龙造寺氏为主君的体制，走上"静悄悄的以下犯上"的道路。但是，就如笔者在《慶長の役における鍋島氏の動向》中曾指出过，锅岛氏在朝鲜作战时一直行使军事指挥权，因此笔者认为可以视之为实战中担任指挥官角色的大名。

[③] 《楓軒文書纂下》，国立公文書館内閣文庫1985年版，《韓陣文書一》。

随着加封的转封所得到恩赏称之为"转封型恩赏"。辻善之助以清正书信的内容为基础,进行了如下评价:"当秀吉在心里思索分配四百余州的时候,直茂主动提出了转封明地的壮举。当时诸将的士气如此的高涨。"① 这一评价反映的是20世纪30年代的社会风潮,是直接颂扬直茂的话语,另外对直茂的要求中还有包含追随秀吉的意味,所以有必要体会直茂对转封型恩赏的欲望。所谓"秀吉在心里思索分配四百余州"是指分割三国计划的方案。虽然这是众所周知的计划,但是为了加深体会,试想将三国分割计划对照"秀吉的大误解""秀吉的错觉"来确认一下。②

在1590年11月,与来祝贺日本统一的朝鲜使臣会面的秀吉误认为朝鲜臣服于日本,要求朝鲜国王为征明向导。德富猪一郎指出:"总而言之,秀吉从头至尾都是误解了朝鲜。他仓促地认为朝鲜已经臣服了日本。"将这一误解命名为"秀吉的大误解"。③ 此后,也没有解除这一"秀吉的大误解"。1592年5月上旬,接到攻克汉城消息,秀吉筹划的分割三国计划在同年5月18日给丰臣秀次的公文书信中有明确内容,要点如下:④ 很快也要攻打明朝了,在明年将让丰臣秀次作为"明朝之关白"。秀吉自己移居北京,随后,为了征服"天竺"移居宁波。第三年让后阳成天皇移居北京为中国皇帝。这个计划虽然是"欠缺大局判断空想的计划",但是应该遵从三鬼清一郎的观点,认为秀吉是"认真思考过的"。⑤ 汉城的捷报不仅是"秀吉的大误解",而且的确使秀吉产生还可以征服朝鲜和明朝这一"错觉"。毛利集团中的瑶甫惠琼在6月8日的书信中有如下内容:"朝鲜两日

---

① 辻善之助:《增訂海外交通史話》,东京:内外書籍株式会社1930年版,第420页。
② 津野倫明:《日本文献の壬辰倭乱(文禄・慶長の役)の記録とその限界》,《東国史学》2017年第62辑。
③ 德富猪一郎:《近世日本国民史 豊臣氏時代丁篇朝鮮役 上卷》,东京:民友社1925年版,第306页。
④ 東京大学史料編纂所架蔵写真帳《尊経閣古文書纂》。关于里面的重点,请参详中野等《侵攻の緒戦》,前揭中野《秀吉の軍令と大陸侵攻》等。
⑤ 三鬼清一郎:《関白外交体制の特質をめぐって》,载《豊臣政権の法と朝鮮出兵》。

之内就归于秀吉统治。这不值得一提。""今年将进军大唐",这一内容在秀吉的公文书信中所示的计划与瑶甫惠琼向本领传达的那样,有与"秀吉的大误解""秀吉的错觉"共同的认识。同样,在朝鲜收到秀吉的公文书信的大名们也应该有同样的这些认识,直茂也是其中一位。

根据清正的书信,直茂要求的前提是参与日明间的秘密贸易,有在明安家落户"肥前国沿岸部落的人们"的愿望,另外,清正还特意确认了对直茂手下的"年寄共"转封的协定。可以说这些协定是显示大名家臣阶层获取领地意欲的事例。通过直茂与"秀吉的大误解"、"秀吉的错觉"的共同认识、"肥前国沿岸部落的人们"的愿望、"年寄共"获得领地的意欲,可以看出直茂是真的需求转封型恩赏,可以看清他想获得领地的欲望。

在与获取领地的意欲的关系上,应该注意的是1597年5月1日秀吉给宗义智的公文书信,如"把朝鲜国内的唐岛作为领地赏赐给你"所述那样,秀吉赏赐给义智"唐岛",即巨济岛。[①] 没有提及对马,所以这相当于加封。可能是在已经掌握了庆尚道情况下的分封,当然未能实现领地的分封。然而,秀吉的终极目的是征明,"秀吉的大误解""秀吉的错觉"仍然存在。所以,这样的赏赐具有现实意义,可以认为领地的增加是义智参战动机的重要因素。如果这样来看,可以判断至蔚山之战为止和直茂同样有获取领地欲望的大名较多。

不过,也有对转封型恩赏存在抵触感的事实。山中长俊向秀吉的侍女上书分割三国计划的构想文书中,如毛利辉元、长宗我部元亲、岛津义弘、大友义统等人所主张"改变本领属会给带来一定的影响"的那样[②],旧族的大名们逃避转封。根据文书,即使是封赏高达10倍、20倍,仍然逃避从领地的转封。另外,即使是有转封经历的织丰政权提拔的大名,从加藤光泰期望得到加封住城附近的藏入地这一

---

① 韓国国史編纂委員会所蔵《宗家文書》。
② 《組屋文書》6,载《小浜市史諸家文書編一》,小浜市史编纂委員会1979年版。

文禄・庆长之役诸大名的目的

事实来看，对诸大名来说不伴随转封的封赏才是最为理想。从这个角度来看，在1598年的阶段，相当于日本全国检地的12.2%、以分割约2220000石藏入地的形式用于封赏。① 本文中将这样挪用藏入地封赏称为"流用型恩赏"。

前述赞成战线缩小论的大名们已经不能与秀吉的"秀吉的大误解""秀吉的错觉"有共同的认识了吧？根据1598年1月22日秀吉的公文书信，曾经表明获取领地欲望的直茂被认为有厌战情绪。在蔚山之战中，直茂本应该与黑田长政共同出击，然而因担心"居城"而退缩，秀吉对其消极性表现出了不悦。② 为了消除这种状况，秀吉向诸大名约定实施流用性恩赏。③

根据1598年5月3日秀吉给加藤嘉明的公文书信④，"本领地六万二千石"的嘉明以没有赞成战线缩小论、在数次的海战中取得的战功为理由作为挪用型恩赏被加封到"三万七千石"。并且，在这封公文书信中，"怯懦"的国持大名被罢黜，封嘉名为国持大名，让他以生命来担保忠心。黑田长政、蜂须贺家以"怯懦"为由遭到叱责的原因是同5月3日福原长尧等军务督查向秀吉的报告。"怯懦"是暗指长政、家政的发言，如果借用中野的说法的话，可以说正是大名们的"荣光与没落可以说是一纸之隔"。虽然不明确长尧是否为挪用型恩赏，但也加封了"四万石"⑤，其理由被视为是因为反对战线缩小论而受赏，还有在下文的巨济岛海战的战功也得到很高的评价。作为秀吉，为了能够消除厌战情绪，需要通过叱责这一"鞭策"同时使用加封这一"甜头"来鼓舞士气。但是，因为没有实现获得领土，不得不依靠流用型恩赏。根据同年6月22日秀吉给藤堂高虎和肋坂安治的公文书信，高虎、安治两人都获"流用型恩赏"，各分别加封

---

① 前揭山口：《豊臣政権の成立と領主経済の構造》，第49页。
② 前揭笠谷：《蔚山籠城戦と関ヶ原合戦》；前揭津野：《慶長の役における鍋島氏の動向》。
③ 前揭津野：《軍目付垣見一直と長宗我部元親》。
④ 東京大学史料編纂所架蔵影写本《近江水口加藤文書》。
⑤ 前揭《相国寺蔵西笑和尚文案自慶長二年至慶長十二年》71号。此外，本文书里，嘉明的增封也是明记着《四万石》。

了"一万石"和"三千石"。①

值得指出的是，嘉明、高虎、安治的流用型恩赏皆因海战的战功。这是因为1597年7月的巨济岛海战（唐岛之战、漆川梁海战）是秀吉的心头之事。这一战争像评价的那样，是"最大规模"并且是"日本水军唯一战胜朝鲜水军"的海战，对日本来说是划时代的胜利。根据"番船取申帐"，获取敌船34艘、焚毁敌船约130艘，加藤军队捕获敌船3艘、藤堂军队捕获敌船6艘、坂肋军队捕获敌船5艘。此外，军务督查（军目付）的长尧也参加了这场战争，不仅向秀吉紧急汇报了自己的战功，还把缴获的战利品用捕获的敌船进献给了秀吉。根据西笑承兑的文书②，秀吉"特别感动"非常高兴，巨济岛的胜利使"秀吉的大误解""秀吉的错觉"得以延续。1597年9月13日给嘉明、高虎的公文书信也表明秀吉对这次战功的重视。③ 秀吉在表彰8月中旬的南原之的战功中，再次表彰了巨济岛海战的战功。从给岛津义弘、同忠恒、岛津忠丰、来岛通总、伊东祐兵、毛利友重等人几乎内容相同的战功表彰状中也可窥一斑。④ 可以认为秀吉以巨济岛海战的战功为重决定了对嘉明们的封赏，像这样的流用型恩赏也使嘉明们想起在巨济岛胜利的记忆了吧。

秀吉为了消除厌战情绪鼓舞士气，使用了封赏这一让大名获得"甜头"的方法。流用型恩赏是诸大名理想的受赏方式，而且让在庆长之役开始作为"规模最大"而且"日本海军唯一战胜朝鲜水军"的巨济岛海战胜利的记忆得以苏生，同时具有提高诸大名战斗士气的效果。不过，关于嘉明等人的流用型恩赏，"暂授予表彰状，封赏等

---

① 東京大学史料編纂所架蔵影写本《藤堂文書》《脇坂文書》。
② 前揭《相国寺蔵西笑和尚文案自慶長二年至慶長十二年》15号。
③ 東京大学史料編纂所架蔵影写本《近江水口加藤文書》《藤堂文書》。
④ 《大日本古文書 島津家文書》438号；《鹿児島県史料旧記雑録 後編三》（鹿児島県、1983年）303号；《久留島家文書》，载《今治郷土史資料編 古代·中世（第二卷）》，今治郷土史編さん委員会1989年版，第546页；東京大学史料編纂所架蔵謄写本《伊東系譜》；《毛利高棟文書》5号，载《大分県史料（26）第四部 諸家文書補遺(2)》，大分県中世文書研究会1974年版。

文禄・庆长之役诸大名的目的

在日后实施"①，所以归根结底是一种约定，秀吉给嘉明等人的公文书信等于是空头支票。但是，如果重视这些约定作为各大名家的公文书信保留下来的事实，以及秀吉死后存在有实现流用型恩赏岛津事例的事实的话，嘉明也期待必定能得以兑现。

关于泗川之战的论功行赏，村井章介指出，根据1599年1月9日五大老联名给岛津忠恒的书信②，五大老称赞了义弘、忠恒父子的战功，给予忠恒"在萨摩国中藏入地与秀吉给人（石田三成、细川藤孝）的部分全部存在"。③ 根据同日五奉行的联名信，追加封地达"50000石"，这些追加封地通过分割被罢黜的岛津忠辰的旧领地萨摩出水郡内的19728石和宗义智"当知行分"10000石、萨摩·大隅的藏入地10000石、被设定在萨摩石田三成"给人分"6300石、细川藤孝"给人分"3000石而筹措而来。既然没有达成获得新的领土，当然就需要筹措这些，如果没有罢黜，追加嘉明、高虎、安治及长尧领地的情况也只有采取流用型恩赏的手段。堀越祐一分析了秀吉死后五大老给各个领地主的公文书信指出：追加封地只有从藏入地中筹措，藏入地的减少有使政权弱化的可能，"极力避免追加封地"。④ 尽管是秀吉生前庆长之役的最后阶段亦是如此，所以宣布再度出兵，没有放弃扩大领土的秀吉实施流用型恩赏是意料之中。

不过，由于认为大名获得的流用型恩赏是理想的方式，所以不能忽略这个约定。鉴于恩赏与大名家臣的关系，可以视为是大名最希望获取的恩赏。大名的家臣阶层的动机是获得恩赏地，所以大名被家臣们要求追加封地。但是，出现了如下的情况：长宗我部一门的津野亲忠于1594年9月24日给家臣的书信中有提及"约定在朝鲜赐给领地不足数的部分一旦出现就将给予补足"。⑤ 另外，根据中野等的研究，

---

① 参謀本部編：《日本戦史朝鮮役》，东京：村田书店1978年版，第422页。
② 《大日本古文書 島津家文書》440号。
③ 前揭村井：《島津史料からみた泗川の戦い》，第242页。
④ 堀越祐一：《知行充行状にみる豊臣"五大老"の性格》，载《豊臣政権の権力構造》，东京：吉川弘文館2016年版，第169页。
⑤ 《土佐国蠹簡集》597号，载《高知県史古代中世史料編》，高知県1977年版。

岛津领国在 1595 年时作为恩赏地保留"浮地"125000 石，由于对家臣实施了大规模的加封恩赏，到 1598 年减少到 19675 石，到 1599 年减少到 17350 石。① 这样的问题其他的大名也应该存在。可以看一下解决此问题对应的措施。根据 1599 年 1 月 25 日五大老联名给宗义智的公文书信，② 上述减少"当知行分"10000 石的义智在肥前养父郡、基肆郡得到了替换地。这些替换地也是义智考虑的结果，同年 6 月 1 日五大老给义智的连信中有如下内容："在朝鲜承担数年间的攻防战，给宗智的家臣们带来了很多麻烦，所以赐给米 10000 石""收取这些米，让他们宗智的家臣勉强度日"③，因为义智申诉了在朝鲜经历数年战争的家臣的穷困，所以分给家臣 10000 石的米，采取了通过这些米来补偿家臣的措施。使用这样的苦肉计是在朝鲜获取领土的失败。对不能解决家臣阶层获取恩赏地动机的大名来说，流用型恩赏应该是渴望得到的恩赏。因此，我们不能过低评价对嘉明等人的那些约定。

虽然无法确认对嘉明封赏的实施，但岛津得到了加封，有实现流用型恩赏的可能性。从秀吉屡次出兵的计划来看，不应该陷入因为知道向朝鲜出兵而失败的史实的结论性判断。流用型恩赏作为"甜头"的意义，即应该重视作为大名阶层的参战动机吧。

结　语

本文讨论了文禄・庆长之役代表日方战争动机的大名阶层的参战动机，即"为何而战的"的问题。最后，总结归纳一下对上述各节的考察，提出关于文禄・庆长之役大名阶层的参战目的的见解。

第一部分我们整理了丰臣政权、大臣、大名家臣及杂兵各阶层的参战动机。处于统治地位的前三者的动机归根结底是领土的获得，毋庸置疑这是他们参战的动机。其次，属于被统治阶层的杂兵的参战动

---

① 中野等：《豊臣政権と島津領国》，载《豊臣政権の対外侵略と太閤検地》，东京校倉書房 1996 年版。
② 韓国国史編纂委員会所蔵《宗家文書》。
③ 韓国国史編纂委員会所蔵《宗家文書》。

机是掠夺。根据这样的整理，提出了如下的主张：可以说获得领土是大名阶层参战的积极动机，另外，也存在为了规避秀吉叱责的被动动机。

第二部分我们讨论大名阶层参战的被动动机。具体而言，探讨了秀吉的叱责及与此相关的惩罚的动员状态。从国内统一过程开始，被强制实行"无期限军役"的丰臣政权下的诸大名履行军役是他们存亡的大前提，文禄·庆长之役之时也仍然是这样。诸大名的"荣光和没落如一纸之隔"，因此，在朝鲜的战争对诸大名来说是宿命。但是，秀吉自身也清楚朝鲜出兵当初存在躲避出兵的大名，在攻打朝鲜没有进展的情况下，为了"儆戒"，实施了包括罢黜在内的叱责。秀吉的叱责对大名来说是"鞭策"，成为大名阶层参战的被动动机。

我们在第三部分讨论了与被动动机相对应的给予"甜头"的积极动机。具体而言，笔者主要考察了大名获得领土的意欲和秀吉的加封赐地。如加藤光泰的例子所表明的那样，在大名之间获取领土的意欲高涨，如果也立足于锅岛直茂对转封型恩赏的期待的话，直到蔚山之战为止想获取领土欲望的大名似乎并不少。然而，由于没有实现新领土的获得，所以秀吉承诺向加藤嘉明、藤堂高虎、胁坂安治等人分封对大名来说理想的藏入地、流用型恩赏。对于嘉明等人的恩赏，通过海战的战功为理由想起巨济岛海战的胜利，也有鼓舞大名士气的效果，并且也能满足作为获得领土动机大名家臣的欲求。虽然无法确认对嘉明封赏的实行，但从岛津的事例来看的话，存在挪用型恩赏的现实性。如果从秀吉在1598年5月的阶段再度出兵纳入视野的事实来看，不应该陷入因为知道向朝鲜出兵而失败的史实的结论性判断。流用型恩赏作为"甜头"的意义，即应该重视作为大名阶层的参战动机。

本文之所以要讨论文禄·庆长之役大名阶层的战争动机，就是要研究诸大名"为何而战"。如前文所述，秀吉对大名的叱责是大名阶层参战的被动动机，流用型恩赏是应该重视的积极动机。如果结合课题归纳一下笔者的主张的话，从前者的"鞭策"导向的是作为大名谋求存亡的目的，从后者的"甜头"导向的是扩大领土的目的。这样的见解用"鞭策""甜头"这一比喻可能陈腐。但是,这是因为蔚山战争后的厌战气氛、战线缩小论以及上述结果论的判断吧,主要"鞭策"的方面总是受到关注。如果着眼最高指挥官秀吉在1599年坚持反复派兵计划的事实,为了看清作为征服明朝的终极目的的文禄·庆长之役这一东亚世界的大事件的本质,应该更加提高对实战指挥官大名参战的积极动机,即作为"甜头"的流用型恩赏意义的考察。

(本文系JSPS科学研究费资助的阶段性成果,项目编号:JP16K03016)

译者赵彦民,大连外国语大学日本语学院教授

16世纪朝鲜战争所反映的
明朝政治生态
——以柳思瑗《文兴君控于录》为中心

卜永坚*

摘要：16世纪朝鲜战争第二阶段前夕，1596年冬，朝鲜派遣郑期远为奏闻使、柳思瑗为书状官，率使团赴北京，请求明朝再度出兵抗日。《文兴君控于录》为此行之记录。本文利用此书，探讨明朝的外交理念与运作、科道官的议政空间、各行动者操弄资讯的办法，从而把握16世纪明朝的政治生态。

关键词：《文兴君控于录》 郑期远 柳思瑗 明朝高层政治 朝鲜战争

序　论

明万历二十年（壬辰，1592），丰臣秀吉在日本勉强建立起脆弱的一统之局不久，① 忽然大举侵略朝鲜，号称要借道朝鲜、吞并明朝。朝鲜全力抵抗、明朝亦出兵援朝抗日。至1598年丰臣秀吉病死，日军撤退，战争才告结束。这场战争，规模浩大，战斗惨烈，且和战相间，交战三国在一些关键问题上决策及互动之不合情理、曲折离奇，恐怕永远无法得到彻底解决。日本历史文献一般称之为"文禄·庆长

---

* 卜永坚，香港中文大学历史系副教授。

① 日本此时期的"一统之局"，论其中央集权的程度，自然无法与同期中国相比，更类似于中国战国时期或唐末藩镇格局。丰臣秀吉把已婚胞妹旭姬改嫁德川家康，又把生母交给德川家康作为人质，换取德川家康的臣服。仅此一例，可知丰臣秀吉大一统格局之脆弱。

· 157 ·

之役""征韩";朝鲜历史文献一般称之为"壬辰倭乱""丁酉再乱";明朝历史文献一般称之为"万历三大征"之一,或"东征""征倭"等;美国学者肯尼斯·斯沃普(Kenneth Swope)近年著书,且称之为"第一次大东亚战争"。① 本文为方便叙述,称之为"16世纪朝鲜战争"。

16世纪朝鲜战争期间(1592—1598),正好也是明万历时期党争的滥觞时期。明朝中央的和战决策过程,正好反映出明朝中央的政治运作。考察明朝君臣对于这场战争的题本、廷议、会议、圣旨,很能够把握明朝这一时期的中央政治生态,即纸面典章制度与实际程序过程的交织、互动、演化。踏入21世纪,学者开始从明朝中央政治的角度来把握这场战争,② 笔者深受启发,最近就战争与明朝中央政治做一综合考察,③ 今试图以"小题大做"方式深入研究,探讨封贡方案破产、兵部尚书石星被削职、战争第二阶段开始的过程。本文所主要采用的史料,是朝鲜使臣柳思瑗的《文兴君控于录》,该史料有关兵部尚书石星被弹劾削职的记载,不仅抄录明朝言官的意见,而且可能是由于外国人的关系,还记录了宫廷的建筑空间格局,为我们了解明代中央政治生态,提供了很好的参照。

一 柳思瑗及其《文兴君控于录》

万历二十四年(丙申,1596),第二阶段朝鲜战争爆发,朝鲜派遣郑期远为奏闻使、柳思瑗为书状官,率领使节团于是年冬赴北京求救,《文兴君控于录》即为柳思瑗此行之日记。夫马进先生曾就日本

---

① 这是作者为该书立的副题,参见 [美] Kenneth M. Swope, *A Dragon's Head and a Serpent's Tail: Ming China and the First Great East Asian War, 1592–1598* (Norman: University of Oklahoma Press, 2009),又参见该书序言,第 xi 页。
② 参见万明《万历援朝之战与明后期政治态势》,《中国史研究》2001年第2期;解扬《万历封贡之败与君臣关系的恶化——以吕坤(1536—1618)万历二十五年被迫致仕为线索》,《中国史研究》2009年第2期。
③ 卜永坚:《16世纪朝鲜战争与明朝中央政治》,台北《明代研究》第28期,2017年。笔者非常感谢《明代研究》编辑委员会及匿名评审人的大力指正与支持。

现存朝鲜《燕行录》发表一长逾百页的论文，等于是对日本现存各种朝鲜《燕行录》的目录提要，造福学界，可谓功德无量。夫马进先生指出，柳思瑗目睹石星被弹劾削职的过程，且收录之言官奏疏或者刊登于类似邸抄的《通报》上的言论，往往为《明实录》《万历疏抄》《万历邸抄》所不见者，弥足珍贵。因此，《文兴君控于录》是研究16世纪朝鲜战争之"第一级史料"①。本文以下利用《文兴君控于录》的抄本，叙述石星下台的过程。②

二 跨过鸭绿江、抵达玉河馆

朝鲜使节团成员以刑曹参判郑期远为奏闻使，以柳思瑗为书状官，以李海龙为译官，以黄胤恭为上通事，随从人数不详。该使节团于万历二十四年十二月六日跨过鸭绿江，进入明朝疆域。③他们在十四日抵达怀远馆，滞留三天，馆方人员要求"人参八斤"等，使团则以"盘缠银子"等应对，一轮讨价还价，至十八日才获馆方人员拨给马匹，离开怀远馆。④从十二月十九日到万历二十五年（1597）正月初四日进入山海关期间，数以百计的"朝贡鞑子"或捷足先登、占用驿站马匹，或公然抢掠使团的行李，此外，沿途驿站马匹人夫的供应也因农历新年而有所延误。⑤

万历二十五年正月十四日，使团行程的第38天，郑期远一行抵

---

① [日]夫马进：《日本现存朝鲜燕行录解题》，《京都大学文学部研究纪要》第42期，2003年3月。该长篇论文有关《文兴君控于录》的介绍，见第143—148页。
② [韩]柳思瑗：《文兴君控于录》，《见山先生实纪》卷3，[韩]林基中编《燕行录续集》，首尔：尚书院2008年版，第102册（本书以下版本均同，不再详注），第389—532页。按：第102册合共收入《文兴君控于录》三个版本，此为第一个版本；第二个版本为抄本，题为《写本文兴君控于录》；第三个版本为刻本，题为《印本文兴君控于录》。本文依据抄本，不是不知道抄本可能出现的错误，而是因为另外两个刻本常有页面损毁的情形，抄本则相对完整清晰。本文以下征引该书，除非另外注明，皆为《写本文兴君控于录》及其在《燕行录续集》第102册之页数。
③ [韩]柳思瑗：《写本文兴君控于录》，《燕行录续集》，第102册，第291、281、278、276页。
④ 同上书，第278—279页。
⑤ 同上书，第280—285页。

达京师专门招待朝鲜使臣的玉河馆，由于翌日为元宵节，各有关衙门人员放假三天，使团未能立即呈上奏本及报单。翌日，他们碰到礼部主客司郎中刘广业，汇报了日本再度侵略朝鲜的情况。① 正月十六日，玉河馆提督主事李杜通知鸿胪寺，使团得以进呈奏本，"及见朝报单于鸿胪寺"，似乎算是为使团来朝一事正式挂号。② 李杜此人，后来为使团完成使命发挥了重大作用，详见下文。翌日，使团"见朝于午门外"，似乎是旁观朝觐仪式，并经由"纠仪科道官"的介绍而会晤"科道官"，讲述朝鲜危机的最新情况。③ 正月十八日，各部衙门元宵节假期结束，礼部正式办公，使团正式呈上咨文，并以国难方殷，请求礼部免去"上下马宴"。④ 观乎朝鲜使团入京以来五天的活动，可知他们对明朝政治生态甚为熟悉，外交手腕甚为老练，在进呈在奏本、咨文这些正式手续之外，还透过各种非正式渠道，把朝鲜危机的信息灌注明廷。

万历二十五年正月十九日，使团行程第43天，使团碰了个软钉子。此日，使团到兵部衙门，欲呈文予兵部尚书石星这位负责朝鲜战事的明朝高官。石星收取了郑期远的呈文，但拒绝与郑期远见面，只派人传话，说自己会向朝廷反映意见，请朝鲜使臣放心，他自己不与朝鲜使臣见面，是害怕科道官造谣说自己收受朝鲜贿赂。⑤ 石星此刻仍在努力弥缝裱糊，维持封贡方案实现、丰臣秀吉获封日本国王感恩戴德上奏谢表、日军撤退、东亚和平降临的梦想，当然最不想让郑期远来北京戳破这一梦想，因此，收取郑期远呈文又不与郑期远会晤，大有封锁信息，拖延时间之意。顺便一提，16世纪朝鲜战争谜团之一，是丰臣秀吉否决封贡方案、决定再度用兵之后的明朝反应。以常

---

① ［韩］柳思瑗：《写本文兴君控于录》，《燕行录续集》，第102册，第287—288页。有关玉河馆，参见刘晶《明代玉河馆门禁及相关问题考述》，《安徽史学》2012年第5期，第21—28页。

② ［韩］柳思瑗：《写本文兴君控于录》，《燕行录续集》，第102册，第289页。按此处只曰"提督主事"而不名，至第290页，始曰"提督主事李杜"。

③ 同上书，第289页。

④ 同上书，第291页。

⑤ 同上书，第291—292页。

理度之，既然丰臣秀吉如此"悖逆"，抗拒天朝的好意，则明朝册封使团沈惟敬、杨方亨，乃至其上司兵部尚书石星，把封贡方案破产的缘由如实报告明廷，应该是最稳妥的办法，毕竟丰臣秀吉的"悖逆"是"不可控因素"，石星等人要为此承担的政治责任有限得很。但是，沈惟敬却宣称丰臣秀吉已经接受封贡方案，当石星反复催促谢表时，沈惟敬就以催促谢表为由离开北京，奔赴朝鲜。沈惟敬为何不惜承担如此巨大的政治风险？石星究竟是被沈惟敬瞒骗还是与沈惟敬一同瞒骗明廷？是否明朝石星、赵志皋，与日本小西行长、德川家康之间有某种"16世纪大东亚和平密约"，力图在丰臣秀吉正式否决封贡方案之后、战争再度爆发之前，做最后的斡旋转圜？还是明日鲜三国都被沈惟敬这位奇特的国际冒险家所操弄、而最后沈惟敬亦无力回天、身败名裂？真相恐怕永远难以确立矣。①

郑期远当然不会不知道石星的算盘，实际上，朝鲜从头到尾都反对明朝与日本和谈。朝鲜君臣尤其难以释怀的，是万历二十二年（1594）时，宋应昌、顾养谦等人恐吓朝鲜，向朝鲜大臣出示明臣建议"分其国为二三"以抗衡日本的奏疏，逼朝鲜国王宣祖向明朝上表，"请许贡保国"，明朝于是正式传召日本使者小西飞入京。② 在朝鲜看来，明朝是牺牲朝鲜来与日本议和。因此，朝鲜制定了独特的外交策略，全力阻止明日议和，把明朝引向朝鲜战场，为朝鲜打一场代

---

① 笔者较早前也提出此疑问，见卜永坚《十六世纪朝鲜战争与明朝中央政治》，台北《明代研究》第28期，2017年，第50页。郑洁西最近指出，明日谈判期间，立场与条件因各种主观客观因素而时时改变，但各自有无法妥协的底线，和谈因此终告失败，颇有释疑解惑之功，参见郑洁西《万历朝鲜战争期间和平条件的交涉及其变迁》，《学术研究》2017年第9期。

② ［日］川口长孺：《征韩伟略》，天保二年（1831）刊本，吴丰培编《壬辰之役史料汇辑》下册，全国图书馆文献微缩复制中心1990年版，第649—650、663页。按：此书书名显然美化日本侵略朝鲜的罪行，但除此之外，书中引用史料必注明来源，且不乏中立严谨之考证，值得充分利用。例如，明册封使李宗城生性贪淫，在对马岛觊觎小西行长女儿、对马藩主仪智（宗义智）妻子的美色，被日军驱逐。此事为《明纪编年》《明史纪事本末》《明史·朝鲜传》三部中国史书所采纳，但川口长孺并不轻易采纳这些最适合丑化中国的史料，而认为此事不可信，理由是李宗城当时尚未到达对马岛（第679页）。

理人战争。① 何况丰臣秀吉如今已经否决封贡方案，朝鲜政府假设战争再度爆发、朝鲜再度面临亡国危机，也是很合理的判断。因此，郑期远使团的重任，就是要在紫禁城拉响警报，惊破大东亚和平的美梦。

郑期远见石星不遂，在玉河馆一连等了七天，万历二十五年正月二十六日，使团行程第50天，终于看到了兵部尚书石星就朝鲜请求援兵的呈文的覆本，大吃一惊，因为石星对于朝鲜很不客气，骈散兼备，词锋锐利，斥责朝鲜没有尽力防御，一味依赖天朝，而且圣旨也同意石星的建议：

> 今彼此讲封已越五载，罢兵省费又复三年，曾不闻该国君臣痛加振励，积饷练兵，以为预备之计。乃一经虚喝，便自张皇，驰报乞哀，趾错于道……今如该国所请，不知练兵，长以中国之兵为兵；不自积饷，长以中国之饷为饷。己享其逸，而令人居其劳；己享其安，而令人蹈其危邦。小国不能得之于大国，况属藩可得之于天朝乎……仍乞天语严敕国王，仰遵近旨，一面遣使和好，一面自为堤备，不得恃天朝之援，贻噬脐之悔……圣旨：是。便与朝鲜国王，着他修备修睦，以保邦土，毋得偷安启衅。②

套用今语，这些字句"严重伤害朝鲜人民的感情"。郑期远"不胜悯迫"，因为石星的覆本"顿无调发赴救之意"，而且圣旨也居然同意了。郑期远立刻加入明朝常见的"题本战斗"，草拟呈文，为朝

---

① 这个观点，是任教于加拿大英属哥伦比亚大学的韩裔学者许南麟（Hur Nam-lin）提出的，参见［加］许南麟《丁酉再乱时期丰臣秀吉的撤退尝试与战争的终结》，宋宇航译，《新亚学报》第34卷，第309页。

② ［韩］柳思瑗：《写本文兴君控于录》，《燕行录续集》，第102册，第295—300页。本文所引述之文字在第298、299—300页。对于石星这篇约一千一百字的覆本，《明实录》未有收录，只收录明神宗的批答圣旨。见《明神宗实录》卷306，万历二十五年正月丙辰，台北"中央研究院"历史语言研究所1962年影印本，第5728—5729页，可知石星该覆本是在正月二十五日得到圣旨批答并发出的。

鲜辩护，说明"本国初无启衅之咎，又非自处安逸而致劳中国之意也"①。这期间，朝鲜使团居留玉河馆，不得随意出门，因此郑期远的辩护呈文，于正月二十七日交由"库子"转交玉河馆提督，得到了"票贴"，似乎是获准呈交的意思，再于二十八日由"牌子"持去，应该是递交兵部尚书石星，但二十九日仍未见"牌子"回来。②似乎郑期远的呈文去如黄鹤、石沉大海了。

三 两路上访，突破石星的封锁

万历二十五年正月三十日，玉河馆提督带来好消息。他把朝报交给郑期远看，上有刑科左给事署兵科事徐成楚、吏科给事中刘道亨批评石星的题本，反对明日议和，要求明朝全力救援朝鲜，彻底击退日军，这应该会让郑期远稍感宽慰。同时，玉河馆提督还帮郑期远出了个"两路上访"的好主意，大意是石星执迷不悟，朝鲜使臣即使再上呈文，必然为石星封锁，但是，"通政司凡干冤抑之事，皆得申理，陪臣若具呈奏闻，则通政司可以直达矣。科道官亦主公论，可以呈文"。郑期远认为这两个办法都无先例可循，但事关国家兴亡，"宁受冒滥之罪，不可默默而退。故即具奏本及呈文"。③ 按，虽然说藩属国或外国使臣来朝，统由礼部负责，但明朝的天朝秩序下，外交与内政，国际和国内，本无严格划分。"百姓受冤抑可向朝廷申诉"这个政治逻辑，既然适用于内地的编户齐民，稍为推演，自然也可以适用于外国的使臣。玉河馆提督的建议，可以说反映了明朝的天朝秩序的特色。郑期远也就不再犹豫，当天撰写"奏闻一本、呈文六通"，所谓"奏闻"，可能是"奏文"之误，应该是递交通政司的，而呈文六通，自然是分送六科的。翌日（二月初一日），郑期远将这七篇文章交给玉河馆提督看，申请"出门票贴"。玉河馆提督不愧是"朝鲜

---

① ［韩］柳思瑗：《写本文兴君控于录》，《燕行录续集》，第102册，第295页。
② ［韩］柳思瑗：《写本文兴君控于录》，《燕行录续集》，第102册，第300页。原文为："臣等呈文写本，库子以持示提督出门票贴出来事进去。"
③ ［韩］柳思瑗：《写本文兴君控于录》，《燕行录续集》，第102册，第300—301页。

人民的老朋友",大开方便之门,说:"尔等之事,诚为悯迫,不忍不许出入。"不仅立即开出票贴,还叮嘱玉河馆人员不得阻拦出入,一律放行。① 从《文兴君控于录》下文看来,可以理解为朝鲜使团的呈文就因此送达六科,朝鲜使团成员也可自由出入玉河馆。

万历二十五二月初三日,郑期远一行走访六科衙门,套用今语,对紫禁城内16世纪明朝特色的"大鸣大放""大字报"的情况,留下了生动的记录:

> 臣等进往六科衙门。衙门皆在阙内,六科给事各坐本衙,吏科门外书揭刘道亨参论石尚书文,兵科门外书揭徐成楚参论石尚书文,若榜示者。然人多聚读,亦有誊书者。臣等呈文于六科,则皆答曰:已为领悉。②

治明史者大抵知道明代言官的厉害,知道言路是明朝中央政治生态的重要因素,但从建筑空间的角度来描绘言路动态及言官活动如《文兴君控于录》者,似绝无仅有。朝鲜使臣向六科递进呈文,而六科官员皆称已经收到,这应该意味着该呈文于两天之前、即二月初一日,已经在玉河馆提督的安排下递交六科衙门了。郑期远不敢怠慢,二月初四日,又走访通政司衙门,但通政使田蕙拒绝接收奏文,说"外国之事,乃鸿胪所管……尔宜往呈鸿胪寺"。郑期远立即前往鸿胪寺,鸿胪寺卿张栋亦拒绝接收,理由是呈文没有朝鲜国王的印信。③

万历二十五年二月初五日,郑期远一行又上访通政司。当天坐堂办公的右通政使耿定力,仍然拒绝接收呈文,但传达了"好"消息:"宽甸副总兵马栋驰报'(加藤)清正于正月十四日领兵骑船二百余只到机张'云,朝廷必发兵救援尔邦矣。"④ 事后孔明地说,马栋有关日军攻势的情报,成为郑期远使团的"神助攻",但郑期远不可能

---

① [韩]柳思瑗:《写本文兴君控于录》,《燕行录续集》,第102册,第308页。
② 同上。
③ 同上书,第311—312页。
④ 同上。

预知未来的胜利,马栋的情报让他"益为悯迫",他立刻撰写呈文,造访石星私邸,同时通告玉河馆提督。玉河馆提督同意,且安慰郑期远说日本既已再度侵略朝鲜,明廷主战的意见将成为共识,石星也无法坚执和议了。郑期远抵达石星私邸,石星以自己患病,不能穿官服,而郑期远"冠带而来",不宜直接见面,命家丁摆两张椅子,奉茶款待,请"通事传话",郑期远遂命译官李海龙入见石星,呈文石星。石星在正月二十六日的兵部覆本中狠狠谴责朝鲜,如今则改变口风,为自己辩解说:"尔等不知天朝文体。我当初题覆之意,亦非全弃尔国而不救,文体自不得不如是也",又说"前主封是我,今主战是孙老爷(孙矿)。我之主封者,是保全尔国,羁縻日本",为朝鲜赢来三年的休养准备时间。石星大抵自圆其说而已,但他接着的话更加重要:"且彼清正之来,不为厮杀,尔国通使官卑,礼物又薄,故来讲礼节,今宜随便修好。"还安慰李海龙说日本如果真不退兵,明朝"发兵剿灭,有何难乎?"并允诺将"回咨尔国"。① 石星凭什么判断加藤清正此举不是再动干戈而是要求再度谈判?本文较早前提出的疑惑,如今又一次出现:如果清正此举被理解为日本再动干戈,则封贡方案失败的政治责任大可不必石星来承担,石星何必冒险为加藤清正此举辩护?答案可能只有石星自己才知道,无论如何,石星似乎还是假设和谈能够继续下去。

万历二十五年二月初七日,石星召唤朝鲜使团到兵部衙门,郑期远派遣李海龙来见。石星果然拟好咨文,说翌日"当令差人与俱",请郑期远"急急回报本国(朝鲜)"。但是,郑期远发现此咨文不过是石星把正月二十五日的覆本连同圣旨批答重抄一次,完全不提军事部署,因而"不胜怪恨"。翌日,兵部差人来玉河馆,说要把咨文驰送朝鲜。郑期远拒绝,理由是"咨文不为紧关,不要先送"②。显然,石星感到和谈局面日益紧绌,希望把郑期远一行调离京师,还希望动用明朝的驿传邮递系统,把自己的覆本作为明朝的国策(毕竟有圣旨

---

① [韩]柳思瑗:《写本文兴君控于录》,《燕行录续集》,第102册,第312—315页。
② 同上书,第327页。

的批准）先行知会朝鲜，争取主动。郑期远也非省油的灯，很明白石星的盘算，因此扣下咨文，不让石星向朝鲜事先声张。

四　东阙会议、任情呈诉

万历二十五年二月初八日，礼部通知，谓翌日将有"钦赐赏物"，这等于礼貌的送客通知了。郑期远对石星"前后题本，殊非急救之策"，表达强烈不满，说自己"宁枯死馆下"，宣示立场之外，还做好一重大部署："又闻明日为朝廷会议于东阙，请往呈文陈诉。遂拜牒求票文于提督主事（李杜），主事给票，许令任情呈诉。"① 东阙会议也就是廷议，是明廷中央奉旨召开的扩大会议，商讨有重大争议的军国大事，明天的东阙会议就是要讨论朝鲜危机，对于郑期远来说极为重要，他必须有所作为，他的办法就是进呈文、跪地、叩头、哭诉。

万历二十五年二月初九日，使团行程第63天，郑期远一行早早来到午门之外，等都察院长官进入朝房后，即来到门外，命人递送呈文。对方草草阅毕，发还，曰："呈于诸会处"。不久，科道官抵达，郑期远即"进前跪伏泣诉"，且通过李海龙翻译，"毕陈情理"，科道官安慰郑期远，谓"今日会议，政为此事云"。之后，就出现戏剧性一幕：

> 科道等官过向兵部朝房而去。有顷，石尚书自其朝房变服出向阙外去。问其故，则人皆曰："科道诸官对面切责，且曰：'今日所议，尚书事也。尚书何敢得与云。'故去也。"

科道官竟然闯进石星所在的兵部朝房，"批斗"（对面切责）石星一番，石星被迫换上其他衣服，离开兵部朝房，走出"阙外"。科

---

① ［韩］柳思瑗：《写本文兴君控于录》，《燕行录续集》，第102册，第332页。

道官的理由是：今日东阙会议的议题是石星本人，石星应该回避。①如果郑期远记录无误的话，则增加吾人对于明朝廷议制度的认识。张治安、城地孝均指出，除15世纪英宗时期，内阁学士一般不参与廷议。②但这一次东阙会议，石星作为应付朝鲜危机的主要官员，又不是内阁大学士，竟被科道官以理应回避为由驱逐，这真是"皇明祖制"？无论如何，郑期远目睹石星灰头土脸的这一幕，也许不无快慰。但郑期远的上访哭诉工作尚未完成，东阙会议地点为五凤楼，九卿以下已排好左右两行，预备进入会场。郑期远又"进前，手持呈文，叩头号泣，令李海龙毕陈悯迫之状"。这个举动，颇能耸动与会官员的视听，"九卿以下互相论议"，派人接收了郑期远的呈文。③

石星当场被逐，郑期远满路号哭，五凤楼会议的结果大抵不问可知，明廷决定再度援朝抗日。两天后，万历二十五年二月十一日，郑期远在玉河馆看见明神宗批答兵部题本的圣旨，该圣旨已经不再提封贡，且下令明朝和朝鲜加强防备，算是作战动员令了。翌日，礼部郎中洪启睿于家中招待郑期远，说"天朝业已兴兵"；十三日，郑期远得知麻贵将成为朝鲜战争新任指挥官；十四日，郑期远使节团辞别明廷；十五日，使团正式离开北京，踏上回国之路途。④

总　结

柳思瑗《文兴君控于录》中记录的郑期远出使行程，让我们窥见神秘而复杂的明朝中央政治生态，真是难能可贵。就抽象的政治理念而言，明朝的天朝秩序，只有模糊的化内化外界限，没有当今民族国家的清晰严密的元素如国歌、国界、护照等。何况顾名思义，"化"

---

①　[韩]柳思瑗：《写本文兴君控于录》，《燕行录续集》，第102册，第334—335页。
②　张治安：《明代政治制度研究》，台北联经出版事业公司1992年版，第8—16页；[日]城地孝：《长城と北京の朝政：明代内阁政治の展开と变容》，京都大学学术出版会2012年版，第330页。
③　[韩]柳思瑗：《写本文兴君控于录》，《燕行录续集》，第102册，第335页。
④　同上书，第348—349、367—368页。

本身就是不固定的，可伸展可退缩的。因此，玉河馆提督主事李杜建议郑期远到通政司和六科进呈文，大有电影《秋菊打官司》里旅店老板帮助秋菊的味道。而郑期远在东阙会议前夕满路哭诉叩头，则把国际冲突的处理，变成百姓冤抑的申诉，大有明清戏曲话本小说内百姓到衙门击鼓鸣冤的味道。尽管这里也还未尝没有中国早期国际秩序的影子，即所谓申包胥哭秦庭的历史典故。

就具体的政治制度而言，《文兴君控于录》让我们看到了明朝16世纪的中央政治动态，六科衙门外张贴言官题本，官员聚观抄录，议论纷纷，有时候聚众起哄，轰走高官。谓之明朝16世纪的君主立宪制度可也，谓之明朝16世纪的大鸣大放大字报可也，但标题党行径不宜泛滥，我们不妨说这是一种议政空间，开放、活泼、允许集体讨论以建立共识，这应该是清朝所没有的。

但是，从宏观的国际局势而言，明朝的中央政治生态及其天朝秩序又都是脆弱不堪的，因为它是建立在对现实的惊人的无知之上，石星和言官们的奏疏题本，文字功夫极佳，骈四俪六，杂以散句，花团锦簇，铿锵有力。但明朝政府对于日本的认知贫乏得可怕，连起码的翻译人才似乎都不多见。当然，以情报力著称的日本，也不无小西行长等意图让僧侣翻译明神宗圣旨时歪曲原意以欺骗丰臣秀吉的荒唐一幕。同样荒唐的，是丰臣秀吉侵略朝鲜前夕，朝鲜派出三人使节团访日，丰臣秀吉明确宣布其侵略计划，但使节团回国之后，朝鲜政府得出的结论竟然是日本不会动武。毕竟，前工业革命的信息流播极慢，文化鸿沟难以逾越，于是才有以上种种奇特现象发生，才有明军将领与日军将领私自议和之事，也才有空间让沈惟敬这种奇特的国际冒险家尽情施展其满腹经纶，虽然他最终为此赔上性命。

相对而言，最理解明朝、把"事大交邻"的艺术发挥得出神入化的，应该是朝鲜。朝鲜一直对明朝采取极为恭顺的藩属小邦态度，从而对明朝予取予携，战争爆发之后，明朝出师援朝抗日，但朝鲜一直无法保证粮草供应，明朝文武官员的不满，未必都出于天朝的傲慢，朝鲜亦不无责任。① 而且，朝鲜水师战斗力极强，理应可以在调度粮饷方面发挥作用，但似乎未见成绩。正因为如此，明朝官员即使意识到朝鲜半岛的战略价值，也萌生出不应为异国守边、不应为朝鲜打代理人战争的想法，也有其两害取其轻的现实根据。

不过，说到最后，历史总是更容易开人类的玩笑。16 世纪朝鲜战争的各个行动者，都一厢情愿地、根据不完整的或简直就是错误的资讯做出自己认为最佳的决定，进行多回合博弈，结果往往出人意料之外。不过，只要史料的流失尚未至于过分严重，应该还是能够透过分析和想象，来把握这一复杂历史过程的。

[本文为中华人民共和国香港特别行政区大学教育资助委员会研究资助局优配研究金（GRF）项目"北京：朝鲜战争另一战场（Beijing: the other theatre of the Korean War, 1592–1598)"之研究成果之一，项目编号：14409014]

---

① 陈尚胜：《壬辰御倭战争初期粮草问题初探》，《社会科学辑刊》2012 年第 4 期。《文兴君控于录》也常有明朝官员质疑朝鲜粮饷供应不力、朝鲜官员以战乱为由拒绝保证供应粮饷予明军的记载，参见其第 288—289、312—315、367 页。

万历东征副总兵佟养正及明军后勤供应网络探析

杨海英[*]

摘要：万历东征初期（1592—1593）的副总兵佟养正，其父为辽东总兵佟登，出自历史悠久的海西女真家族。佟养正本人管理东征初期后勤供应，为明军海路运输的践行者，也是中江贸易的创建者。他能提供丰富繁杂的战略物资，背后明军的后勤供应网络值得关注。管下都司张三畏与努尔哈赤兄弟密切关系、叔父佟养材居建州为贸易商等细节，不仅显示隐没幕后的建州女真与这场战争千丝万缕的联系，也提示我们明军后勤供应系统的构成与运转、物资来源与运输道路、分配管理等环节，与万历时代的社会经济发展及管理者个人人际网络等因素都有不可分割的关系。

关键词：万历东征　佟养正　后勤供应网络　中江贸易　海运

壬辰战争中，明朝东征副总兵佟养正是个有底蕴的人，但他在明清之际的历史上却面目模糊。首先他出身的辽东佟氏本身就很复杂；[①]

---

[*] 杨海英，中国社会科学院古代史研究所研究员。

[①] 辽东佟氏出自洪武、永乐年间南迁归附明朝的古老女真家族，家族首领或曾为明朝卫所的军籍武官，或是坐住三万卫、安乐州的"达官"，他们家族的渊源与明清历史的关系极为复杂，正如其姓氏佟氏的来源，有谓汉族夏太史终古发展而来的佟氏、元代万户府的童（仝）氏及辽东佟佳江（即婆猪江、浑江）的佟氏等说法，称谓也不一致：佟氏、佟启氏、纳喇氏、完颜氏等。民族则满、蒙、汉、回各族者皆有（参见佟明宽、李德进编《满族佟氏史略》，抚顺市新闻出版局1999年版），政治立场自然随行就市。由明人清的佟氏编入正蓝旗或镶红旗，最著名的一支先从正蓝旗汉军被抬到镶黄旗汉军，又在编审册内改称满洲，却仍留于汉军旗下，成为一笔糊涂账。参见杨珍《史实在清代传记中的变异：佟国纲、华善奏请改隶满洲考辨》，中国社会科学院历史研究所清史研究室编《清史论丛》2013年号，中国广播电视出版社2013年版，第73—99页。

其次，他在东征过程中管理后勤供应，最突出的表现是似乎拥有神奇的八宝袋，能够在战地变出丰富的物质——令人好奇他身后的后勤供养系统是如何构成并运转的？这将涉及一系列复杂的问题，如物资来源、运输系统、分配和管理方式等。而朝鲜人都说他清廉无瑕，这样的形象也容易与他的身份、地位之间形成紧张关系，更伴随事实上的人品考验。此外，他还负责管理日军来使小西飞弹手藤原如忠一行的日常生活，这当然与其身为宽甸副总兵身份的职责相关，但牵涉的问题也不简单：其人际关系网络和东征归国后的结局等。最后，他与后来清朝"佟半朝"家族的"忠烈"祖佟养正同名，虽已被证实不是同一个人，①但他们之间的关系仍然扑朔迷离，需要佐证。②

一　佟养正的先世与家族

（一）祖父佟恩及上下世系

佟养正的祖父佟恩，为辽东指挥，死于建州女真之手。嘉靖二十一年（1542）十一月，辽东巡按御史胡汝辅疏奏"建州达贼从凤凰城入寇，杀守备李汉、指挥佟恩等，所过卤掠无算"③。佟大年墓志铭亦记载："曾祖恩，守洒马吉。东虏跳梁，殁于王事。"④ 钱谦益说是"恩战马吉堡，追奔二百里，陷阵肢解，世宗皇帝命首祀群烈

---

① 参见王成科《以碑志为中心，谈明代辽阳佟氏家族》，辽宁省博物馆编《辽宁省博物馆馆刊（2013）》，辽海出版社2014年版，第289—299页。王文称清朝"佟养正原名佟养真，后因避雍正皇帝名讳而改称，是佟登的叔父佟惠第四子佟遽的长子，即佟登的叔伯侄儿，与辽阳佟蒙泉（养正）同辈"（第295页），后在镇江被明将毛文龙所杀，实名"养真"而变为"养正"，前后出现两个佟养正，造成辨识困难。而辽阳城里出土的七块墓志铭和辽东的《佟氏族谱》也清楚显示这两个"佟养正"并不是同一人。

② 东征副总兵佟养正与清"佟半朝"所出的佟养真是否确实同祖？因资料缺失，现仍不清楚。但明末清初之际最早投入后金、被称为"抚顺额附"的佟养性确实为巨富，拥有24万亩土地，有4万人为他耕种，其中奴仆就有6000；他嫁女儿一次即以60人为腾仆而被责罚，参见《八旗通志》卷148《人物志二十八·马福塔》、卷156《人物志三十六·英俄尔岱》。

③ 《明世宗实录》卷268，嘉靖二十一年十一月辛亥，台北"中央研究院"历史语言研究所1966年校勘本（以下明代各朝实录版本均同，不再详注），第5293页。

④ 《明故庠生仲毅佟君墓志铭（1607）》，邹宝库辑录《辽阳碑志选编》，辽宁民族出版社2011年版，第107页。

祀"①。马吉堡也就是洒马吉堡，离中朝贡道不远，位于连山关和瑷阳堡之间，草河堡以北。

佟恩上溯世系尚无法清晰确认。辽东七块佟氏墓志铭描述的佟达礼—佟敬—佟昱—佟瑛—佟棠—佟恩中间存在有托名、混编、断裂的环节，但出身海西女真当无疑问。佟恩所生三子：长佟登，仲佟进，季佟遛，下行世系经历明清鼎革的巨变而混乱不堪，结果造成清代文献，包括档案中的佟氏祖先，尤其是易代前后的祖先，基本上都存在问题，至顺康之后才逐渐清晰起来。②

（二）父亲辽东、山陕、甘肃总兵佟登

佟养正之父佟登，号慎齐，明定辽中卫人。嘉靖三十二年，中癸丑科武进士，两年后任广宁前屯卫备御，升任山海关参将。后因朵颜三卫入犯赴援不速降职游击、又复职石门参将、燕河营副总兵。③ 四十一年五月，佟登以石门寨参将总兵，管辖冷口、青山、桃林、界岭口四提调，负责山海关地区与蒙古朵颜部的大小战事。④

嘉靖四十二年正月，佟登升任镇守山西总兵官，⑤ 被兵部尚书杨博视为与九边大将延绥赵岢、山西董一奎同等的"一时之选"⑥，或

---

① 参（清）钱谦益《佟卜年妻陈氏墓志》，《有学集》卷33，上海古籍出版社1996年版，第1182—1184页。

② 可参见杨海英《明清之际辽东佟氏先世考辨》，《民族研究》2019年第6期。按：有关易代之际的辽东佟氏另撰文《辽东佟氏由明入清考》，待刊。

③ 《明世宗实录》卷446，嘉靖三十六年四月己丑，第7600页；《明世宗实录》卷454，嘉靖三十六年十二月辛卯，第7690—7691页；《明世宗实录》卷477，嘉靖三十八年十月戊午，第7986页；《明世宗实录》卷482，嘉靖三十九年三月戊子，第8056页；《明世宗实录》卷509，嘉靖四十一年五月己亥，第8386页。

④ 佟登为燕河参将见刘效祖《四镇三关志》卷8《职官考·蓟镇职官·武阶·燕河路参将》，《四库禁毁书丛刊》，北京出版社2000年版，史部，第10册，第462页。

⑤ 参见《明世宗实录》卷517，嘉靖四十二年正月庚辰，第8483页；《明世宗实录》卷525，嘉靖四十二年九月乙未，第8566页。

⑥ 有言大将见任之中，如宣府马芳、蓟镇胡镇、大同姜应熊、延绥赵岢、辽东佟登等"俱称一时之选"。（明）杨博：《遵谕会官集计边务疏》，《杨襄毅公本兵疏议》卷12，《四库全书存目丛书》，齐鲁书社1996年版（本书版本以下俱同，不再详注），史部，第61册，第518页。

万历东征副总兵佟养正及明军后勤供应网络探析

得赏银或被罚俸。① 四十三年六月，蓟辽总督刘焘会巡按李叔和疏报辽东西平堡、硔场、甜水站等处诸臣御虏功罪，失事山西总兵佟登褫职回卫。② 西平堡在广宁东南，已属辽东防区。可见佟登任事山西仅年余，即因前任辽东总兵之罪惩离职。

隆庆元年（1567）三月，原任辽东总兵佟登充副总兵管宣府西路参将事。次年二月十七日，因蒙古俺答部入犯柴沟堡（今张家口市怀安县南）、新庄儿等处，守备韩尚忠迎战死之，佟登力战仅免，夺俸两月。八月，原任副总兵管宣府柴沟堡参将事都指挥同知佟登充神机营练勇参将；③ 四年三月，升神枢营副将、都指挥同知佟登署都督佥事。五年十二月，神枢营左副将署都督佥事佟登充镇守甘肃等处总兵官。④ 隆庆年间，职任山西、甘肃等地的佟登升职顺畅。

万历元年（1573）八月，陕西文武各官考核，佟登等升赏有差。三年，佟登复任镇守甘肃挂印总兵官。四年三月，佟登以原任甘肃总兵佥书中军都督府。⑤ 不久，佟登以中军都督府署都督佥事上疏称爵，被指"武官非勋臣，不得称爵"⑥，因冒出头而站错位置，多少有些灰头土脸。此后，佟登的历史开始模糊。在任中军都督府都督佥事八年后，因病请求调养，大约在万历十二、十三年间回到辽东后即称"同知"而无别职，⑦ 这或与张居正辞世引起的政局动荡有关。佟登

---

① "佟登、张懋勋能计处，抚恤军士各赏银二十两"，（明）杨博：《请命蓟镇边臣哨报虏情疏》，《杨襄毅公本兵疏议》卷13，第541页；《分布援兵预备蓟镇调遣疏》，第543页。

② 《明世宗实录》卷543，嘉靖四十四年二月壬辰，第8778—8779页；《明世宗实录》卷559，嘉靖四十五年六月辛未，第8566页。

③ 《明穆宗实录》卷6，隆庆元年三月丙辰朔，第159页；《明穆宗实录》卷17，隆庆二年二月丁酉，第483页；《明穆宗实录》卷23，隆庆二年八月壬午，第612页。

④ 《明穆宗实录》卷43，隆庆四年三月辛卯，第1095页；《明穆宗实录》卷64，隆庆五年十二月戊戌，第1536页。

⑤ 《明神宗实录》卷16，万历元年八月癸酉，第490页；《明神宗实录》卷48，万历四年三月乙未，第1089页。

⑥ 《明神宗实录》卷51，万历四年六月癸酉，第1185页。有趣的是，李如祯与杨镐"争相见礼"的记载也见于（明）程开祜《筹辽硕画》卷24，显示这些军功家族欲争取更高政治地位的努力。

⑦ 按：辽阳县下达河乡金刚山龙峰寺内有万历十三年《重修古刹朝阳白云洞龙峰寺碑记》末尾题名有"同知佟登、宁远伯李成梁"等，李大伟辑录：《辽阳碑志续编》，辽宁民族出版社2013年版，第269—270页。

当时正年富力强，却也和二弟佟进、三弟佟遑先后退职。佟进墓志铭记载："公深念温情，传职胤子，归养焉。大夫亦数恳方允。骠骑亦得谢事，视广爱而三，之斑衣彩焕，与诸侄子孙时侍萱堂。"骠骑指三弟佟遑，曾"出守江口以备倭虏"，佟进也一直在军"多从"荣禄公即父佟登于"九边要塞，越三十载"，① 因此佟氏三兄弟均归家侍母，虽属偶然也当事出有因。

万历十八年，佟登自题为"赐会武荣禄大夫中军都督府都督金事前同知镇守总兵官"，为石门游击管左参将事杨四德书写墓志铭碑。三十二年，佟登自题为"赐会武第荣禄大夫中军都督府管府事都督同知前奉敕佩征虏平羌将军印提督三关军务镇守山西辽东甘肃总兵官"，又为戚继光的继任者蓟镇总兵杨四畏书写墓志铭，② 而这通墓志铭的撰文者朱赓，是万历三十七年的首辅大学士；篆字是李成梁，辽东著名的边将。通过这两通碑刻，可以推测融入明朝已二百多年的女真佟氏家族，与祖先出身淮河流域、随朱元璋起兵后移镇辽东的杨四畏家族及明初自朝鲜内附的铁岭势家李成梁家族可以比肩——都是一品大员，杨四畏之子杨元长子杨玉祥，娶了佟登长子佟养正之女；③ 佟登次子佟进子佟卜年的女儿，则嫁给了李成梁的"曾孙"李延祖④，李成梁属李氏老长房。佟登的两个孙女分别嫁给了李成梁曾孙、杨四畏之

---

① 《昭勇将军佟公合葬淑人苏氏墓志铭》，邹宝库辑录《辽阳碑志选编》，辽宁民族出版社2011年版，第105页；《皇明诰封昭勇将军佟公墓志铭》，邹宝库辑录《辽阳碑志选编》，辽宁民族出版社2011年版，第103页，两者文字略有不同。"大夫亦数恳万允"以"方"为"万"，《辽阳佟进合葬夫人苏氏墓志铭》，王晶辰主编《辽宁碑志》，辽宁人民出版社2002年版，第426页。

② 《昭勇将军前分守石门路游击管左参将事署都指挥金事干庵杨公墓志铭》，邹宝库辑录《辽阳碑志选编》，辽宁民族出版社2011年版，第91页；《皇明诰封特进荣禄大夫中军都督府管府事右都督前三承敕命镇守昌平蓟镇保定总兵官知庵杨公墓志铭》，邹宝库辑录《辽阳碑志选编》，辽宁民族出版社2011年版，第94页。

③ 《明诰封一品夫人杨母邹氏墓志铭》，邹宝库辑录《辽阳碑志选编》，辽宁民族出版社2011年版，第99页。

④ "女适李宁远曾孙延祖"，见清钱谦益撰《佟卜年妻陈氏墓志铭》，李大伟辑录《辽阳碑志续编》，辽宁民族出版社2013年版，第57页。（清）钱谦益：《佟公封孺人赠淑人陈氏墓志铭》，《有学集》卷33（上海古籍出版社1996年版，第1184页）亦同。但李树德修撰《李氏宗谱》载李如柏子怀忠次子李懋祖"娶佟氏，山东登莱监军道金事佟公卜年之女"，铁岭市博物馆，1991年，第27页。

孙，佟、杨、李三家互为姻亲家族。

作为出自明代军卫的女真世家，佟登的姻亲家族也大都出自军卫系统，无论是明初出自淮滁集团的杨氏，还是自朝鲜移居辽东的李氏等，经过二百多年的发展，均已跻身为辽东土著中不可忽视的大族。他们彼此交结关联，盘根错节，荣损与共。佟登至少活到了70多岁，至万历末期，更多信息则有待其墓志铭出土。

二 东征副总兵佟养正

（一）佟养正的履历

佟登长子佟养正，墓志铭、家谱均可确征。可惜的是，1968年佟养正的墓志铭在出土时即已毁坏、散失，① 而佟登的墓志铭尚未出土，这对父子生平有些问题就无法厘清：比如最后辞世时间、子孙后代嫁娶情况等。但佟养正字子忠，号蒙泉，辽东卫人，万历八年庚辰武进士，史料可征，确无异议。他与清朝"佟半朝"家族的"忠烈"公佟养正实非一人。②

万历十三年，辽东巡抚顾养谦在考核镇武堡游击佟养正的评语是："语地则处处冲边，抡才则人人骁将，士马各当乎一面，功名俱着于三韩"，因其"练兵着有劳绩，所当叙荐"③。镇武堡在广宁东南。次年，佟养正即升为复州参将。④ 十五年十月至次年三月，随李

---

① "1968年，墓志出土于辽阳市三道壕，志石长、宽各58厘米，盖篆'明诰封龙虎将军都督佥事蒙泉佟公配夫人王氏合葬墓志铭'，志石散失，志文为抄录"，邹宝库辑录《辽阳碑志选编》，辽宁民族出版社2011年版，第106页。

② 参见王成科《以碑志为中心，谈明代辽阳佟氏家族》，辽宁省博物馆编《辽宁省博物馆馆刊（2013）》，辽海出版社2014年版，第289—299页。在镇江被毛文龙部将擒获、后被明廷处死的佟养真，在清朝因避雍正帝之讳，被称为"佟养正"，故造成辨识困难。辽阳出土的七块佟氏墓志铭和辽东多种《佟氏族谱》都证明这两个"佟养正"并非一人。

③ （明）顾养谦：《甄别练兵官员疏》，《冲庵顾先生抚辽奏议》卷3，《四库全书存目丛书》，齐鲁书社1996年版（本书版本以下俱同，不再详注），史部，第62册，第426页；（明）瞿九思：《土墨台猪列传》《万历武功录》卷10，《四库禁毁书丛刊》，北京出版社2000年版，史部，第36册，第173页。

④ 《明神宗实录》卷180，万历十四年十一月庚子，第3356页。

成梁进征叶赫女真北关那林孛罗、卜寨等,"佟养正等为车营掌复州参将营新练火器并传调参将事"①,半年之内尽心尽力,与"原任总兵王尚文、原任游击吴大绩,并属南人,精于火器,攻击之际为力实多",最后强攻时"凡再发炮,内有八斤铅弹,挥所经城,坏板穿楼,大木断、壁颓,而中多洞胸死者"②。吴大绩为浙江义乌籍精于火器的南兵,佟养正掌管车营,也熟知火器,南北兵将配合默契,共襄"捣巢"③作战。佟养正多次考核都"荐扬录用"④。万历二十年,"调分守辽东复州参将佟养正分守宽奠地方"⑤,宽甸靠近中朝边境,历史就在这时给佟养正提供了新机会。

(二) 东征初期的佟养正

万历二十年,日本入侵朝鲜,壬辰战争爆发。明朝从接到朝鲜紧急请兵迫求,到决定发兵,在往来交涉过程中,佟养正一直是消息传递的中介。

六月,佟养正最早通报朝鲜国王逃亡的消息,认为"拒之则栖依无所,外服失仰赖之心;纳之则事体非轻,臣子无专擅之义"。⑥ 八月,接到指示:

> 着宽奠堡先具房屋、率役十员名,即于渡江之日,迎接留下,悉心保存。一日蔬菜银四钱,猪羊各一口。面饭等物,务使丰足,毋使缺乏愁恼。从官及人役共通百名,妇人二十名,只许

---

① (明) 顾养谦:《剿处逆酋录有功死事人员疏》,《冲庵顾先生抚辽奏议》卷14,第600、601、607页。
② 同上书,第603、608页。
③ (明) 瞿九思:《东三边·卜寨那林孛罗列传》《万历武功录》卷11载万历十六年春的征战北关卜寨,参将佟养正等随大将军李成梁出边"捣巢,皆当优叙"(《四库禁毁书丛刊》,北京出版社2000年版,史部,第36册,第196页)。
④ (明) 顾养谦:《甄别练兵官员疏》,《冲庵顾先生抚辽奏议》卷15,第610页;(明) 顾养谦:《甄别练兵官员疏》,《冲庵顾先生抚辽奏议》卷17,第642页。
⑤ 《明神宗实录》卷245,万历二十年二月甲辰,第4566页。
⑥ 《朝鲜宣祖实录》卷26,宣祖二十五年六月一日己丑,日本东京学习院东洋文化研究所1962年版(以下《朝鲜实录》版本均同,不再详注)。

万历东征副总兵佟养正及明军后勤供应网络探析

从渡,勿令混援致误。①

明廷决定庇护朝鲜国王,令尹根寿传达明朝迎接国王渡江预案,佟养正负责承办物资供应。但在大臣柳成龙等人劝阻下,朝鲜国王未过江,停留在朝鲜义州一侧,明廷则派祖承训增援朝鲜。② 六月十一日,佟养正到朝鲜义顺馆,落实布设通讯系统及打前站,百里一拨,从义州到平壤共设五站"拨儿",③ 收集情报"专为飞报倭贼进退有无消息",知会朝鲜国王"多设兵马于紧要去处,互相盘诘"④;总兵杨绍勋已发兵往义州,"天兵明日日夕到江上,明明当渡,祖副总承训亦于今日当到江沿堡"⑤。佟养正负责战前军需各项事务,包括情报、交通及物资供应等。

七月初,援朝东征战争拉开序幕。祖承训率兵入朝,佟养正负责布置通讯路线并随部队推进:"宽奠副总兵佟养正设拨儿于顺安,与我军同进退,连日斩贼,积至千余级。"但因明军人数过少,祖承训军败归:"大军溃乱奔走,还者仅三千人"⑥,实战人数"六千"⑦ 的明军损失过半,祖承训轻敌、迷信难辞其咎。宣祖寄希望明朝再派大军,"杨总兵以张奇功为将,使统广宁军马,佟参将率五百军马驻夹

---

① [韩] 朴东亮:《寄斋史草》下《壬辰史草·壬辰日录三》(起万历二十年七月尽八月但不记日下同凡三朔)。
② [韩] 申钦:《志·本国被诬始末志》《象村稿》卷38,《韩国文集丛刊》,首尔:民族文化推进会1991年版,第72册,第254页。
③ 《朝鲜宣祖实录》卷27,宣祖二十五年六月十一日己亥。
④ [韩] 李好闵:《通远堡迎候李提督如松呈文(壬辰)》,《五峯先生集》卷14《呈文》,《韩国文集丛刊》,首尔:民族文化推进会1991年版,第59册,第530页。
⑤ 《朝鲜宣祖实录》卷27,宣祖二十五年六月十四日壬寅。
⑥ 朴东亮记载祖承训失败的两个原因:一是不听朝鲜大臣柳成龙、金命元等以为天雨路滑,不宜急击的建议,但却轻信朝鲜斥堠将顺安郡守黄瑗日军居留者少的情报,"乘此机攻城可得成功",且认为日军与蒙古人类似,"我常以三万骑兵歼尽十万猃子,观倭贼如蚁蚊耳!"二是相信占卜,"我军中亦有善占者,言十七日城可破",毫无防备地进入平壤城,中埋后日驰三百里逃回,游击史儒等三千人覆没。[韩] 朴东亮:《寄斋史草》下《壬辰史草·壬辰日录三》(起万历二十年七月尽八月但不记日下同凡三朔)七月。
⑦ 《朝鲜宣祖实录》卷28,宣祖二十五年七月三十日丁亥。

江"①，欲待秋高、道路干爽后入朝。

八月至十月，佟养正在九连城附近的夹江地区穿梭于甜水站、夹江营与朝鲜之间，准备军需、督察备战等各项事务。"点军士铠仗，一边决罚，甚为扰乱"，"备经艰苦，欲速成事还阵"②。时因佟大刚之死，佟养正心急如焚，欲报仇雪恨。大刚或是养正亲丁，两个月前曾与夜不收金子贵等先后前往朝鲜哨探情报③，或随祖承训出征，战死平壤。于此透露明军上下都想速战速决，尚无人估计到这场战争的长期性和艰巨性。

十月十一日，朝鲜持平具宬到夹江递交呈文，佟"参将辞疲不见"④。三天后，明廷即行经略督抚责令吴惟忠统领南兵、火器手各三千，限五日内到辽东，会同辽兵万人，共赴义州，协同朝鲜兵将堵剿日军。十四日，朝鲜获得日本活俘，国王原欲留之传习铳筒制造、放炮、剑术等事，因"佟参将欲见生倭"⑤ 转送辽东都司。十二月十二日，朝鲜吏曹判书李山甫在甜水站"行过佟参将"⑥，得知提督李如松初八日到辽阳，十三日将发行的消息。可见，战前准备工作千头万绪，佟养正以宽典副总兵住沿江义州，所统辽东骑步两营、大宁营兵，包括参将张奇功等马兵一千在内。

佟养正在朝鲜拥有良好口碑，"佟公以本府主镇总兵军前机务、兵马刍粮等事，无不管辖。克殚心力，靡有缺乏"。郑琢尤其感激佟养正，"自军兴以来，有称唐兵者众寡无定，出入闾阎，夺人牛马，则别发夜不收五六人，一切呵禁"。佟养正特设监察员，监察

---

① 《朝鲜宣祖实录》卷28，宣祖二十五年七月三十日丁亥。
② 《朝鲜宣祖实录》卷29，宣祖二十五年八月七日甲午。
③ （明）侯继高：《全浙兵制》卷2《许仪后赠朱均旺别诗》后附辽东总兵杨（邵勋）为紧急倭报事准巡抚都御史郝会稿言万历二十年六月十五日"据管宽奠参将事副总兵佟养正火牌报称：本月十三日亥时据本职原差爪探倭情夜不收金子贵回来禀称……后据家丁佟大刚，相继亦到平壤，仍哨倭贼何往情形，方来另报等因，呈报到职"（《四库全书存目丛书》，齐鲁书社1995年版，子部，第31册，第187—188页）。
④ 《朝鲜宣祖实录》卷31，宣祖二十五年十月十一日丁酉。
⑤ 《朝鲜宣祖实录》卷31，宣祖二十五年十月十五日辛丑。
⑥ 《朝鲜宣祖实录》卷33，宣祖二十五年十二月十七日癸卯。

朝鲜驻兵的防卫兼军纪。如平壤之战时调发五百骑兵，戍守高原、阳德边界，防截北路清正之军；又在铁山、丘家山等地设置烽火烟台，各留兵四五名瞭望，而烟台北至义州镇之间，每五十里分三段，各有两名骑兵驰报；至"唐兵寄寓人家，横加凌暴，或打破器皿，或掠夺财产，人甚苦之"，佟养正随见穷治。故郑琢自承"本府之人得保今日，亦无非总兵之力"，"本府之终始得免重谴者，皆其德也"①。

万历二十一年八月，佟养正归国。宣祖国王曾论及"佟参将尽心我国事，其德至矣"②，特送其环刀一把、妆弓一丁、帷箭二十介。次年二月，佟养正从辽东副总兵调神枢营副参将，③ 以"行贿营迁"遭到"法司究勘"④。这牵涉到明廷内部不同利益集团的斗争，也是东征过程中南北兵矛盾和争斗等表现的继续。吏科给事中戴士衡与署兵科给事中徐成楚的控辩过程就是典型的体现。⑤

东征战争后期，佟养正仍以"赎罪"官员的身份效力朝鲜。⑥ 万历二十五年十二月，他携银五百两至朝纳米一千石，为荐举南原败将杨元赎罪。⑦ 因杨元之子杨玉祥娶佟养正之女为妻，明廷是令佟养正为姻亲助饷自赎。

万历二十七年，朝鲜国王会见佟养正，曾将他与南兵将吴惟忠、骆尚志等媲美："吴惟忠稍可称者，予非以力于我国事而称誉之也。

---

① 未标出处者均见［韩］郑琢：《龙湾闻见录》《药圃先生文集》卷6，《韩国文集丛刊》，首尔：民族文化推进会1991年版，第39册，第524页。
② 《朝鲜宣祖实录》卷41，宣祖二十六年八月七日戊子。
③ 《明神宗实录》卷270，万历二十二年二月乙亥，第5021页。
④ 《明神宗实录》卷300，万历二十四年八月丙申，第5613页。另《明史》卷242《程绍传》（中华书局1974年版，第6282页）亦记此事。
⑤ 《明神宗实录》卷306，万历二十五年正月丁酉，第5723页。
⑥ ［韩］申钦：《志·天朝诏使将臣先后去来姓名》《象村稿》卷39，记自壬辰至庚子《诏使衙门》载其"丁酉，纳米赎罪出来。我国服其清德，为备百五十斛助之。养正悉以银货计直而还之"（《韩国文集丛刊》，首尔：民族文化推进会1991年版，第72册，第269页）。
⑦ 《朝鲜宣祖实录》卷107，宣祖三十一年十二月二日癸丑。

骆尚志、佟养正亦其次也。"① 佟养正建议朝鲜以南兵技法训练军队，防备海上日本和山中建州："贵邦亟选精兵一万，教以南兵之长技，分守海岸，或有益也。"其见解可谓超越时代，比李如松等高明不少，尤言及"老胡声息"即建州女真近况时，"其众不过一万"且"比岁效顺，贡献不绝"，又与开原鞑子结婚，欲进犯辽阳，故宣祖认为是"始闻实状"②。从墓志铭情况推测，佟养正大约辞世于万历三十七年。

（三）佟养正的东征职事

援朝东征开始后，佟养正就负责军需后勤供应，如军火、装备、器械、弹药及米、豆、粮、草、菜、肉、盐、酒等战备物资的筹集和运输。筹集地分布辽东、畿辅、山东等地，运输则主要通过海、陆两路转运到朝鲜。

如万历二十一年正月，辽东海盖道、辽海道被分派制造三样铅子各1500个、打造铁鞭、铁镶连楷木棍各1500根；发银700两，买牛解发军前应用；委官雇募海船，海运山东粮草至义州、爱州交割；委官沈思贤等发运轻车300辆转运各项军火器械；都司修造各道解到明火、毒火药箭；委官李大谏等制造大将军灭虏砲、火药；委官吴梦豹转运一应军火器械及副总兵佟养正置造麻牌1000面、住宽奠原任游击戴朝弁置造大小三样铅子，尽原发800两银子置造足用。③ 东征经略宋应昌还请求将散堆囤积在山东福山、黄县、王徐寨、海沧巡检司、海庙、乐安、寿光、唐头寨等各处米豆，集中到"登州府近海地方"，再由辽东抚院差人由海搬运；④ 令海盖道雇募海船五十只，依

---

① 《朝鲜宣祖实录》卷37，宣祖二十六年四月四日戊子。
② 《朝鲜宣祖实录》卷108，宣祖三十一年正月初四日乙酉。
③ （明）宋应昌：《咨赵抚院》，《经略复国要编》卷5，万历二十一年正月初五日，台北：华文书局1968年据万历刊本影印本（本书版本以下俱同，不再详注），第356—357页。
④ （明）宋应昌：《咨山东抚院》，《经略复国要编》卷5，万历二十一年正月二十六日，第449—450页。

万历东征副总兵佟养正及明军后勤供应网络探析

照平时商民载运脚价,前往山东登莱等处搬运粮料。① 五月,"佟养正于双山用船运送食盐"17万斤,② 差人解牛69只③到李如松军前等细节,说明东征军的军火、器械、牛、盐等物质,大都在辽东就近制造、采买;而粮草米豆等物资则主要从山东采买,初由辽船到登州搬运,再从旅顺直接运到朝鲜义州、平壤等地。

在此涉及一个学界有疑问的问题,即东征前期明军的海路运输有无开通?④ 除万历二十一年三月,宋应昌原议山东临清、德州仓粮,由天津召雇民间海船以及清江厂新船,先运至辽东马头山交卸,再转运平壤的计划,因马头山无贮粮房屋,遂檄海盖道给船户加发脚价,将临江官船与天津民船"径送平壤",并由佟养正差拨官军沿海哨探,海盖道派人雇觅惯海水手,或雇朝鲜人船作为向导,"舍马头山径至平壤"⑤ 这一条材料外,五月,前述佟养正于双山用船运送食盐17万斛之事,以及东征后期经略邢玠言及"上年各援兵皆聚平壤"时,山东辽东押运官张延德、金正色等"运粮万余石,亦俱由旅顺直至平壤江口下卸,不由义州镇者"⑥,都证明东征无论前期还是后期,

---

① (明)宋应昌:《檄海盖道》,《经略复国要编》卷3,万历二十一年正月十六日,第226页。按:东征结束后,畿辅供应辽东粮草仍经陆路运输,参见黄中允万历四十八年三月住宿辽东牛家庄梅姓人家,见到"牛家城内……军兵数千留镇,道上车辆载军粮者,或三十两为一起,或四五十两为一队,陆续不绝。问何处军粮,则言自北直八府运转来,大车四千辆,小者无数,皆官给其价云。北直八府乃顺天、永平、顺德、大名、广平、真定、河间保定等府,其刍草之车亦如之"。[韩]黄中允:《东溟先生文集》卷6《杂著·西征日录》,《燕行录全集》,首尔:东国大学出版社2001年版,第16册,第39—40页。

② (明)宋应昌:《檄李提督》,《经略复国要编》卷8,万历二十一年五月初七日,第685—686页。

③ (明)宋应昌:《示谕》,《经略复国要编》卷10,万历二十一年八月二十六日,第874—875页。只是宋应昌给李如松的檄文中只记了佟养正解送的9头牛,加上郑同知差人解牛120只,分守道差官解牛80只,共269只,俱解至提督李如松军前。

④ 洪性鸠:《丁酉再乱时期明朝的粮饷海运》,《新亚学报》第34卷,2017年,第259—284页。该文认为战争前期没有开通海运,只确认"在丁酉再乱期间,再次启动遮洋总的海运机制,这是事实"。

⑤ (明)宋应昌:《檄海盖道》,《经略复国要编》卷7,万历二十一年三月初十日,第606—607页。

⑥ (明)邢玠:《酌定海运疏》,《经略议倭奏议》卷2,《御倭史料汇编》,全国图书馆文献缩微复制中心2004年版,第2册,第65页。

明军海路运输都毫无疑问地开通了：佟养正及张延德、金正色等都是前期海运的具体人证。十月二日，朝鲜赵翊《辰巳日记》亦载："闻唐船载军粮到泊扶安界。本国人等或劫杀，或驱逐。一船之米，全数偷出，唐人十名逃入小岛。遇海采船，哀乞得出。即告官。自官密关，捉作贼人，方伯以明日入完山推问云。本国人所为，极为痛骇，天将之发怒，固其宜也。"①抚安在庆尚北道，接近全州，万历二十一年初冬，明朝运粮船到庆尚北道抚安，被朝鲜人截杀、驱逐，船米也被偷光之事，则更是铁证。而万历二十五年重新勘通海路的镇江游击佟起凤，正是佟养正的弟弟②。具体的海运路线，则分登州—旅顺的内海航线和从旅顺到朝鲜的外海北路、南路两个方向。③佟养正的墓志铭也记载他"率部卒建墩台，凿壕堑"，又"造战车、铅铁子、麻牌之类以供军用"及"运米万余、草百万余至朝鲜，以佐军需"④的史实。

后勤工作还包括选调东征后备军。万历二十一年二月，辽东总兵杨绍祖、宽甸付将佟养正接令，从佟养正管下宽甸各城堡选调马、步军兵或五千，或三千，"听候接应征倭兵马"。当时东征大军已深入朝鲜王京、汉城等处，前有大敌，后无救援，征集后备兵刻不容缓，命令限文到二日内"宽奠副将佟养正先调马军五百督发过江"⑤，共从虏患少缓的各城堡原设马、步军兵中挑选三千名，分拨过江接应，发至朝鲜益水、剑山等处，防止咸镜道日军袭攻平壤。

---

① ［韩］赵翊：《杂著·辰巳日记·七月癸酉》《可畦先生文集》卷8，《韩国文集丛刊续编》，首尔：景仁文化社1996年版，第9册，第469页。

② （明）邢玠：《酌定海运疏》，《经略议倭奏议》卷2，《御倭史料汇编》，全国图书馆文献缩微复制中心2004年版，第2册，第64页。"佟养正膺督府，佐大将军，侍天子，统禁兵而帅焉。其次佟养直、起凤、鸣凤辈，悉充将选"，见《佟进与夫人苏氏合葬墓志》，邹宝库辑录《辽阳碑志选编》，辽宁民族出版社2011年版，第104页；另见王晶辰主编《辽宁碑志》，辽宁人民出版社2002年版，第419页。

③ 具体参见杨海英《万历援朝东征时期的海运和海道》，《历史档案》2020年第1期。

④ 邹宝库辑录：《辽阳碑志选编》，辽宁民族出版社2011年版，第106页。

⑤ （明）宋应昌：《檄辽镇杨总兵》《檄副将佟养正》，《经略复国要编》卷6，二月初二日，第474—475页。

维护交通线和善后工作。万历二十一年四月起,中日开始和谈,战场停战。稽察东征将领家丁及借故逃回军兵等事务,都由"佟养正委遣的当员役,于鸭绿江渡口把截"①,只放行前往朝鲜贸易的商贩。把江各员役若有需索商贩财帛及生事者,捆打100棍,以军法究罪,与佟养正同时负责边海稽察的还有李荣春。②至年底,也是佟养正负责查收储辽东都司张三畏、刘应祺运回的一应军火器械,包括海盖道及戴朝弁、宁国胤解到铅铁子,王宪、蒋表解到鞭棍,除平壤傅廷立收管、刘綎营内之外,其余均运发佟养正处收贮。③

尝试在朝鲜开发银矿、发放军饷。这项工作也是东征军高层的理想,经略宋应昌曾建议:"访得本邦(指朝鲜)银矿甚多,似可开做……所得之利,散给新军作为粮饷……况借此厚其价值,招致辽阳诸处客商,往彼生理,乘便进剿,亦一策也。"④故明军将领无论南北都在意在朝开矿、流通白银。提督李如松曾密语朝鲜大臣李德馨"尔国勿为采银",前提是"来此诸将皆贪污,须待宋爷入去之后,采之无妨"⑤。可见他并不是反对开矿,只是建议不要南人主持此事。因此,佟养正也积极响应宋应昌"吹炼银铜以为粮赏之资"的指示,曾带银匠到朝鲜"令义州之人传习其术,使之吹炼于本道及黄海道各官产银之处,以继国用"⑥。在义州及平安南、北道、黄海道等地,佟养正都推广银矿勘探、冶炼技术。但朝鲜在高丽末曾受中国需索,李朝初年得免上贡,遂闭采银矿,已二百年。至壬辰战争爆发,中国赐银朝鲜,军粮、军赏皆用银子,银货因此大行:"通贸上国之禁,

---

① (明)宋应昌:《檄佟养正》,《经略复国要编》卷8,万历二十一年四月十五日,第651—652页。

② (明)宋应昌:《檄佟养正李荣春》,《经略复国要编》卷11,万历二十一年九月初一日,第899—900页。

③ (明)宋应昌:《檄都司张三畏》,《经略复国要编》卷12,万历二十一年闰十一月十一日,第1005—1006页。

④ 《报三相公并石司马书》,(明)宋应昌《经略复国要编》卷7,万历二十一年三月初五日,第593页。

⑤ 《朝鲜宣祖实录》卷50,宣祖二十七年四月十七日乙丑。

⑥ 《朝鲜宣祖实录》卷36,宣祖二十六年三月初八日癸亥。

废而不举，市井买卖之徒，不畜他货，惟用银为高下"①，导致银价翔贵。尽管朝鲜君臣开始颇有抵触情绪，但朝鲜最终也无法置身潮流之外，这是东征战事影响深远的一个表征。万历二十三年七月，胡大受所带的一份朝鲜矿脉名单包括平安道江界、昌城、良策，黄海道瑞兴、开城府，江原道春川、伊川、原州、酒泉，忠清道公州、报恩、延丰、清风，咸镜道安边、文川、端川等邑，涉及朝鲜八道中的五道，②可见东征军上下都关注朝鲜开矿之事，因其关系到粮饷发放。因此，郑琢说佟养正"令唐匠教习采银于本国界上，概皆为本国通变济之周急良图也"③。但南兵游击胡大受积极探矿却得到相反评价，可见朝鲜人对此也各有不同的态度。④所以申钦《象村杂录》总结说，朝鲜本多银矿，东征军将用银、贵银之风带到以货易货的朝鲜后，中江开市实际上也就水到渠成了。

三　明军后勤供应网探析

　　万历二十七年九月，朝鲜使臣赵翊朝天赴京，在鸭绿江上小夹江，见到"唐商簇至，船亦无闲"，中江之外的威化岛"岛边设铺，差官监税行商"⑤，一片繁忙景象。再前行十里许就到九连城，移设前堡改名镇江城，主事者佟姓游击佟起凤正是佟养正的弟弟，而建议并主持中江开市的则是佟养正本人。

---

① ［韩］申钦：《漫稿第四·山中独言》《象村稿》卷53，《韩国文集丛刊》，首尔：民族文化推进会1991年版，第72册，第355页。
② 参见《朝鲜宣祖实录》卷67，宣祖二十八年九月壬午。
③ ［韩］郑琢：《龙湾闻见录》，《药圃先生文集》卷6，《韩国文集丛刊》，首尔：民族文化推进会1991年版，第39册，第524页。
④ 具体参见杨海英《南兵游击胡大受敕谕建州女真考》，刘小萌主编《清代满汉关系研究》，社会科学文献出版社2011年版，第3—19页。
⑤ ［韩］赵翊：《皇华日记·己亥九月》，《可畦先生文集》卷9，《韩国文集丛刊续编》，首尔：景仁文化社1996年版，第9册，第474页。

万历东征副总兵佟养正及明军后勤供应网络探析

万历二十一年十月，中江开市。① 柳成龙记载：

> 时饥荒日甚，饿殍满野，公私蓄积荡然，赈救无策。余请移咨辽东，开市中江，以通贸易。中原亦知我国饥甚，奏闻许之。于是，辽左米谷多流出于我国。平安道之民先受其利，京城之民亦以船路相通。数年之间，赖此全活者，不计其数。②

十一月，朝鲜户曹因平安道遭受霜雹灾害，各处饥民赈救无策，而辽东米豆甚贱，请求在"中江去处姑开场务，通行卖买"，上咨辽东都司，请求开市。

二十二年三月，佟养正建议在中江贡道上建筑土圈开市：

> 宽奠副总兵佟养正手本回称：查议得中江系长奠堡该管地方，离义州约四里许。近因倭奴侵犯朝鲜，于西岸奉明筑建墩台，仍隔鸭绿一带。今彼国近遭兵荒，时值匮乏，似当相时制宜以赡其用。合无于中江贡道处所，筑一土圈，或准一月一市，或准半月一市，稍待彼国兵息年丰，即行停止。

但辽东都司不愿在明方"我地"展开交易："朝鲜今被倭残，不能依时耕种，或糊口不继，暂求我地商贾交易，此图一时之便，非长久计也。揆佟副将要于此处筑圈，又定日期，民不便也。上年曾许我民过江，在义州镇交易，合无准令我民赴彼发卖，不必筑圈建署，不必委官抽税，候倭尽归，即行停止。"为避免增加管理成本，允许明朝商民赴朝鲜义州交易。最后几经反复，同意"彼国人民，准来中

---

① "宣祖癸巳十月，本国请于鸭绿中江开市交易，仍设场市"，[韩]李肯翊《燃藜室记述》卷18，王崇实等选编《朝鲜文献中的中国东北史料》，吉林文史出版社1991年版，第309—310页。

② [韩]柳成龙：《中江开市》，《西厓先生文集》卷16，《韩国文集丛刊》，首尔：民族文化推进会1991年版，第72册，第125页。

江，逾往交易"①。可见，佟养正推动中江开市甚力，但辽东都司则因管理问题，一度反对。

中江开市的具体地点，正如万历二十七年朝鲜使臣赵翊所见是在威化岛，过鸭绿江，小夹江处已见"唐商簇至，船亦无闲"，中江之外的威化岛，则"岛边设铺，差官监税行商"②。而中江开市后"买卖人往来不绝"③，与战争相关的商业网络也延伸到朝鲜京城，"买卖唐人亦皆遍满于京外"④，汉城明商充斥，朝鲜地方官还对明人抱怨：

> 市上买卖的人，昏夜潜赍银两，换贸货物……且尔国之人多持银子、人参、皮物，常川买卖于江上。故上国地方官三个月收了一千两税银……银子非我国所产，市上绝不行用。乱离以后，只靠天朝钦赐数万余两，因买军粮等项，花销折算已久。今虽竭尽公私之力，收拾之数想不满四五百两。⑤

朝鲜收益不大，辽东甚至包括到中国从事贸易的朝鲜人，却进项不少。

万历二十五年十二月，朝鲜使臣黄汝一记载在关门外车姓人家，偶逢朝鲜善山居民车应千，"随刘綎军入来于此，为马秀才家雇役人"。当时朝鲜人在关内外者就超过30人，"其中一人行商贸货，活计大饶"⑥，故车应千表示思归本土，此行商贸货之人必不肯从。因

---

① 以上未指明出处者均见《光海君实录》卷114，光海君九年（万历四十五年）四月七日辛丑。
② ［韩］赵翊：《皇华日记·己亥九月》，《可畦先生文集》卷9，《韩国文集丛刊续编》，首尔：景仁文化社1996年版，第9册，第474页。
③ ［韩］尹斗寿：《论进战运粮箚字》，《梧阴先生遗稿》卷3，《韩国文集丛刊》，首尔：民族文化推进会1991年版，第41册，第559页。
④ 《朝鲜宣祖实录》卷124，宣祖三十三年四月二十三日甲辰。
⑤ 《朝鲜宣祖实录》卷69，宣祖二十八年十一月二十八日丙申。
⑥ ［韩］黄汝一：《银槎日录上》《海月先生文集》卷10，《韩国文集丛刊续编》，首尔：景仁文化社1996年版，第10册，第152页。

万历东征副总兵佟养正及明军后勤供应网络探析

各方利数所系，原定战争结束即停止的中江开市，一直延续20多年。① 万历后期，经管中江贸易的辽东地方官，靠抽税作弊及收受朝鲜馈送，动辄可得银子数万两。② 直到万历四十一年，中江停市③。仍有商民张彦顺等要求复市，而朝鲜坚持以疆场大患为由，未允复市。

因此，东征初期管理后勤供应的佟养正，能赢得"廉清介节，前后罕闻"的名声，实属不易。他曾在鸭绿江、中江等地设置监察员，杜绝非法行为："特置千总委官于鸭绿、中江等处，使之十分检察。自越边江岸以至汤站，逐日搜检所抢牛马，前后刷还者无虑四十余头"，即特设军官监督管理交通孔道。

佟养正所掌握的资源，通过郑琢提供的史实和部分东征军将士的行事可窥一斑。第一个例子，佟养正曾因"宋侍郎、李提督、艾主事诸公不喜土馔，则至备唐产鸡、猪、鹅、鸭、生菜以供之，以慰其心"，为东征军高层提供"唐产"畜品及新鲜蔬菜。若为活物，经辽东及中江市贸的可能性大，供应链短，若是腌卤肉类和畜禽，供应链即可拉长，畿辅、山东乃至其他地区采买均有可能。而全国各地商人丛集辽东，被组织到东征后勤供应网内则是必然之势。郑琢还记载佟

---

① 案：《明神宗实录》卷385，万历三十一年六月丙戌载辽东镇守太监高淮进贡子粒银1800余两，矿税银23600两，金60两及马匹、貂鼠等物，金银财物相加应当超过3万两，其中来自中江的税银和各种贡献不少。熊廷弼也曾揭露万历三十七年中江抽税时，"商民数百人"送银500两，共得赃银数千两（李红权点校：《熊廷弼集》，学苑出版社2011年版，第179—181页）。清代中江税额档案所见，康熙年间由凤凰城守卫征收的中江贸易税4000两，雍正五年，凤凰城中江税务改由盛京五部司官管理，征得税银4177两，火耗银835两，后历任监督俱由盛京户部，依照正额加耗题核五千余两，该定制一直维持到清末。

② 参见《劾自在州疏》，李红权点校《熊廷弼集·巡按奏疏》卷4，学苑出版社2011年版，第179—181页。万历三十七年，熊廷弼揭露管自在州事、山东济南府同知万爱民以心腹敲诈勒索朝鲜财物，数额轻易可突破上万两。

③ 万历四十年朝鲜国王致礼部请罢中江关市的咨文，现存中国国家博物馆，参见中国国家博物馆编《中国国家博物馆藏文物研究丛书·明清档案卷》，上海古籍出版社2006年版，第82—85页；高艳林《明代万历时期中朝"中江关市"设罢之始末》，《中国历史文物》2006年第2期。

养正在辽东"优备赍价,贸易土产"① 以满足往来上司需求之事,可见佟养正身后的交通和贸易网络不可小觑。

比如江南棉纺织业就与辽东市场紧密相关。江南洞庭商人、监生翁正学之父,"先君辛勤四十年,经营布帛,辽阳一失,商贾萧条,江南机杼之家,束手而坐,忧公及私,再三咏叹"②。洞庭翁家在辽东经营纺织品布帛生意,早在万历初年已开始布局,至辽阳被后金占领的1621年,已持续四十年。辽东生意好坏,直接影响到江南"机杼之家"的生计,可见辽东市场与江南棉纺织业之间的紧密联系。

万历二十三年,朝鲜国王与大臣李德馨的对话,也从侧面证明从明朝输入"花绒"等棉纺织品的数量巨大。因为朝鲜不给月粮,总管朝鲜练兵游击胡大受携带棉花、布匹等"花绒"入朝,分送"各道教师处",尤其咸镜道多产银子,木花稀贵,故送得最多,此外还以"小帽子、蓝布分给而责纳人参、银子等物"③,使"原不行使银两,止米、布、绵、䌷互市"④ 的朝鲜人甚为发愁,最后胡大受派心腹相公出使建州,帮助朝鲜解决边境纠纷之后,才得到特许发卖。

第二个例子,郑琢曾言及"山东布政司韩公、巡按御史周公之行出于意外……本府无以供亿"时,佟养正"特借以本镇所储唐磁器、汤甫儿"三十坐,茶锺十,瓶一,大红匹段、手案甲巾各二袭,鸦青草绿匹段褥二面,大红草绿寝帐并二袭,鸦青绡门帐一幅,朱红高足床四坐,交椅两把,红毡五面,白金笔山两坐,红黑匣砚两面,栏杆、平床等物次第进排,还"赠以白地青花磁器贴匙三十坐,大油烛五十对"⑤。可见,佟养正的后勤仓库中物资储备丰富,不仅包括各色瓷器、丝绸、缎匹、布料等纺织品,被褥、帐篷、床凳、椅子也一

---

① 以上未见出处者均见〔韩〕郑琢:《龙湾闻见录》,《药圃先生文集》卷6,《韩国文集丛刊》,首尔:民族文化推进会1991年版,第39册,第524页。

② (明)翁正学:《辽东倡房歌》跋语,缪钺等主编《中国野史集成》,巴蜀书社1993年版,第25册,第320页。

③ 《朝鲜宣祖实录》卷70,宣祖二十八年十二月五日癸卯。

④ 《朝鲜宣祖实录》卷70,宣祖二十八年十二月二十四日壬戌。

⑤ 〔韩〕郑琢:《龙湾闻见录》,《药圃先生文集》卷6,《韩国文集丛刊》,首尔:民族文化推进会1991年版,第39册,第524页。

应俱全，还包括栏杆、蜡烛等建材、照明器具乃至文房四宝等。郑琢提供的名单中，不少物品就来自京城或南方各地。

比如京城瓷器，万历年间长途贩运至蒙古、女真地区的办法，是"初买时，每一器内纳少土及豆麦少许，叠数十个，辄牢缚成一片，置之湿地，频洒以水，久之则豆麦生芽，缠绕胶固，试投之荦确之地不损破者，始以登车。临装驾时又从车上掷下数番，其坚韧如故者，始载以往，其价比常加十倍"①。京师北馆馆夫装车高至三丈余，"皆鞑靼、女真诸部及天方诸房贡夷归装所载"，即瓷器一项即多至数十车。因此，朝鲜战地出现成套、规格齐全的大量瓷器也就不奇怪，明军后勤供应链四通八达、佟养正掌握可调配的资源丰富可见一斑。

第三个例子，南兵参将骆尚志携往朝鲜的书籍曾有"数千卷"之多。剔除文人虚夸的成分，可以肯定骆尚志携带了不少书籍进入朝鲜："骆将勇冠三军，号称骆千斤……赞画使李时发与之周旋行阵，服其壮勇，气义相契，结为兄弟。骆将载唐书数千卷以赠之，李氏之家遂以多藏书称。"② 一个武将居然携带大批书籍入朝，实在是出人意料的事实，是自阅还是别有用途？战争期间究竟有多少明朝物品进入朝鲜，这不能不令人好奇。更不要说东征战争期间，粮饷、战马、火药这些损耗型的军需物资用量之大。

比如战马一项，东征战马损耗率极高，动辄倒死万匹。万历二十一年，宋应昌疏言"马倒者以万计"③；二十五年，邢玠疏"杨元一营，不数月而报倒死者二百余匹"④，原调正驮马羸（马）共27639匹，半年后已倒死6961匹，从十一月至次年二月，冬季走伤倒死加

---

① （明）沈德符：《外国·夷人市瓷器》《万历野获编》卷30，中华书局2007年版，第780页。
② 《朝鲜正祖实录》卷35，正祖十六年八月六日壬申。
③ （明）宋应昌：《报石司马书》，《经略复国要编》卷6，万历二十一年二月二十三日，第520页。
④ （明）邢玠：《增调宣大蓟辽调议闽海商船疏》，《经略议倭奏议》卷2，《御倭史料汇编》，全国图书馆文献缩微复制中心2004年版，第2册，第81页。

瘟疫倒死共计4896匹，已损耗过半。① 补充战马若不通过中江、辽东、抚顺马市连接建州女真和蒙古的马匹，从抚顺、宽甸、镇江、中江、义州等站输送，几乎是不可想象的。

而调补战马曾是佟养正手下都司张三畏的特长。万历十六年，"辽阳营旗鼓本卫署都指挥使"张三畏因"壮年伟貌，雄略长才，缮云梯落海西之胆，调战马空冀北之群"② 得任叆阳守备，他熟悉战马资源的调配。同年，沈阳中卫抚顺千户所备御康元吉患病辞世，即由张三畏接替："抚顺所，乃建州诸卫贡市孔道，控制东夷之要关也"，定辽后卫署都指挥使张三畏以"熟谙夷情，晓鬯戎务"③，补任"抚顺备御"，④ 很快就与努尔哈赤打得火热，正是他建议努尔哈赤"忠顺可嘉，似应题请加升都督，管束建州诸夷"⑤，时间在万历十七年。

中江开市，无疑促进了抚顺马市的繁荣，使之迅速取代开原，不仅成为东征战争的后勤供应地之一，也为建州女真崛起创造了绝佳的外部环境。⑥ 辽东巡抚顾养谦曾有"抚顺备御张三畏，雅度长才，壮年清守，抚东胡效顺而边警息，诘群小置法而奸蠹消"⑦ 的评语，所言"东胡"正是指建州女真，张三畏与建州左卫朝贡夷人马三非等关系密切，这都与东征战争的后勤供应系统有直接或间接的关系——联系佟养正、张三畏、努尔哈赤等因素综合考虑，东征军马匹供应链的轮廓就隐约出现了。

还有一位居住建州的贸易商"佟羊才"也很值得关注。万历二十三年冬，朝鲜主簿申忠一和南兵游击胡大受心腹相公余希元等出使建

---

① （明）邢玠：《买补东征马匹疏》，《经略议倭奏议》卷4，《御倭史料汇编》，全国图书馆文献缩微复制中心2004年版，第2册，第314页。
② （明）顾养谦：《甄别练兵官员疏》，《冲庵顾先生抚辽奏议》卷15，第614页。
③ （明）顾养谦：《沈阳缺备御疏》，《冲庵顾先生抚辽奏议》卷10，第543页。
④ （明）顾养谦：《甄别练兵官员疏》，《冲庵顾先生抚辽奏议》卷17，第642页。
⑤ （明）顾养谦：《属夷擒斩逆酋献送被虏人口乞赐职衔疏》，《冲庵顾先生抚辽奏议》卷19，第679—680页。
⑥ 参见宋巧玲《从明代援朝抗倭战争看女真的崛起》，硕士学位论文，吉林大学，2007年；龙武《从开原到抚顺——明末辽东马市贸易战和女真诸部兴衰》，硕士学位论文，中国社会科学院，2013年。两文都探讨了这个趋势。
⑦ （明）顾养谦：《举劾武职官员疏》，《冲庵顾先生抚辽奏议》卷20，第703页。

州，以解决边境纠纷。申忠一了解到"马臣、佟羊才，满浦所受赏物，尽为奴酋兄弟所夺，渠辈亦有不平之色"①。马臣即马三非，"佟羊才"就是佟养材，居建州为商，曾至"满浦"从事对朝贸易，但受努尔哈赤兄弟剥削，双方存在矛盾。而《八旗满洲氏族通谱》记佟养材"为佟养正亲伯佟选之子。国初自抚顺来归，其子佟恒年由闲散从征辽东，授为领催，遣守镇江城，兵变被害"②。另外佟国器《先世被难述略》言："兄讳国祚，号庆源，故明万历庚戌科武进士，宦至陕西游击。因抚顺事弃职，同叔祖讳养才，隐于凤阳府怀远县，易姓杨，更名浣，郁郁而终，葬于怀远之荆山。"③ 结合中、外官、私史料，可知佟养材自万历中叶，已生活在抚顺附近建州势力范围内，与奴尔哈赤兄弟同居并从事中朝贸易，为其"亲近族党"但受压迫，双方存在利益纠葛。而佟养材最后因亲子恒年、族内子侄兄弟多人以佟养性归附后金被明朝所杀，隐姓埋名逃往内地终老凤阳，这就强烈挑战了明末佟鹤年父子"降奴"之说：万历四十六年，陕西游击"佟国祚闻伊父原任总兵鹤年降奴，遂萌叛志"④。若佟鹤年已归降后金，佟国祚何不逃往建州却去凤阳？且佟氏家族内部认为佟养材为佟国祚"叔祖"，即佟养正之弟，或许佟养材与佟养正的关系很近。

佟氏最著名的贸易商则是抚顺的佟养性，曾长期被明用为"间谍"⑤，奔走于明与后金之间，至迟在万历四十六年底，开原陷落时

---

① 《朝鲜宣祖实录》卷71，宣祖二十九年正月丁酉，南部主簿申忠一书启。
② 《八旗满洲氏族通谱》卷20《佟佳地方佟佳氏·佟养材》，《影印文渊阁四库全书》，台湾商务印书馆1986年版，第455册，第326页。
③ （清）佟国器：《先世被难述略》，国家图书馆藏佟国勣编《佟氏家谱》，第1册，第35页；佟明宽：《满族佟氏家谱总汇》（辽宁民族出版社2010年版，第57页）也收录该文，但错讹字很多。案：抚顺之事是指明末佟养性归附后金事件，在明朝引起轩然大波，辽东佟氏遂被视为"叛党"，不少人遭受牵连入狱处死，佟卜年案就是一个典型的例子，佟养正之子佟鹤年也被疑为"降奴"投降后金。
④ 《明神宗实录》卷578，万历四十七年正月十九日癸卯，第10947页。
⑤ 《明神宗实录》卷528，万历四十三年正月乙亥，第9937页。兵部覆辽东巡抚郭光复疏称："今日筹辽，必以救北关为主，惟是奴酋反覆靡常，顷抚臣提兵出塞，遣鞨酋佟养性为间谍，遣备御萧伯芝为宣谕，谕之退地则退地，谕之罢兵则罢兵，而察其情形，实怀叵测。"这是回忆前两年的事情。

归附后金,被称为"施吾礼(西屋里)额附""西固里额附佟养性"①。万历四十七年三月,萨尔浒战役之后,朝鲜元帅姜弘立降清曾居"佟姓兄弟"家中,据说是"上年自辽投胡者"②,很可能就是佟养性家,因其富有财力,房舍也应较好。

另外,万历三十五年,通过东征战争崛起的镇江游击吴宗道,联合族侄山东副总兵吴有孚,利用掌握登州水军的便利,从事包括军火、奢侈品、杂货等贸易,其生意规模,两年内"陆续到镇江、旅顺、金、复及海外各岛者,约三四十只不等"。其贸易网络从中朝边境覆盖渤海、黄海海域,"明以其半,撒放中江及朝鲜商人取值,而暗以其半同吴宗道所收丽人家丁,变丽服,乘辽船,潜往铁山、别东、大张各岛,换贸貂参等物"。当年被朝鲜查获"自外洋来"的一只异样大船,船上十九名军兵皆原籍浙江,装载"铳、炮、刀、鸟枪、火药诸器,与青蓝布匹、杂色货物",动用海军从事远洋军火、奢侈品的走私贸易,规模之大,令人惊叹。③ 这个事例,离东征援朝战争结束不到十年,吴氏家族利用登州水师的海船从事走私贸易,无论是贸易路线还是货品源头的组织,如果不是具备战争时期奠定的基础,这样的走私规模和具体形式也是很难想象的。④

日本学者中岛乐章揭示过壬辰战争时期,日军将领加藤清正拥有九州—东南亚—吕宋岛的贸易网络,战争前期日军准备了六个月的粮饷,之后在朝军队的后勤供应需各自承担,尤其是制造弹丸必需的铅和硝石,完全或大部分倚靠进口,加藤清正的后勤供应链就延伸到了

---

① 王政尧:《佟养性》,王思治主编《清代人物传稿》上编第3卷,中华书局1986年版,第134页;《八旗世承谱档》30号,转引自杨珍《史实在清代传记中的变异:佟国纲、华善奏请改隶满洲考辨》,中国社会科学院历史研究所清史研究室编《清史论丛》2013年号,中国广播电视出版社2013年版,第85页。
② [韩]李民寏:《杂著·栅中日录》《紫岩集》卷5,《韩国文集丛刊》82册,首尔:民族文化促进会1992年版,第121页。
③ 《重海防疏》,李红权点校《熊廷弼集·巡按奏疏》卷1,学苑出版社2011年版,第23—25页。
④ 具体参见杨海英《东征故将与山阴世家——关于吴宗道的研究》,《纪念王锺翰先生百年诞辰学术文集》,中央民族大学出版社2013年版,第160—173页。

东南亚,但因中国海禁及他本人被召回日本后遭幽禁,至1597年加藤清正"指示将属于他的唐船以合适的价格变卖"①。可见,像东征这样规模的国际战争,无论是参战的哪一方,背后牵涉的贸易网络必定令人惊叹,遍及东亚乃至全球都当在意料之中。

到明末启、祯年间,中国商人向朝鲜半岛输出硝黄、布帛、生丝和绸缎,朝鲜商人输出貂皮、人参、粮食等都成常态。如驻守东江椵岛的毛文龙"在岛中日市高丽、暹罗、日本诸货物,以充军资"②。整个亚洲,包括从暹罗(今泰国)、日本、朝鲜运来的商货,都源源不绝运往东江,甚至达到"日市"的程度。天启四年《满文老档》也载:"至于毛文龙,自去年八月驻于铁山,船皆在岛上……内地前来之商人极多,财积如山。"③ 都证明16世纪以降,全球贸易繁盛,无论是中国内地、中朝边境还是朝鲜、日本、泰国、菲律宾等,都是全球贸易网络中的有机组成部分,其内在联系往往有超出意外者。仅通过东征时期佟养正所维系的东征明军后勤供应系统和背后的经济贸易网络,也能看出不少端倪。

结　语

东征副总兵佟养正,出身于历史悠久的海西女真辽东军卫的佟氏家族,其父为辽东总兵佟登,可与李成梁、杨三畏等辽东军卫世家比肩。作为宽甸副总兵参与东征,佟养正主管的后勤工作,包括情报搜集、军需供应、运输粮饷、驿站管理、尝试采银等,尤其在创建中江开市问题上起了更大作用。

通过佟养正探讨其背后的明军后勤供应网络,可涉及物资来源、

---

① [日]中岛乐章:《十六世纪末朝鲜战争与九州—东南亚贸易:以加藤清正的吕宋贸易为中心》,郭阳译,台北《明代研究》第28期,2017年,第110、89—120页。
② (清)毛奇龄:《毛总戎墓志铭》,吴骞辑《东江遗事》卷下,浙江古籍出版社1986年版,第219页。
③ 中国第一历史档案馆、中国社会科学院历史研究所译注:《满文老档》上册,中华书局1990年版,第621页。

道路运输、管理分配等环节，隐约显示出万历时代的贸易市场和商品、商人的连接网络，遍及东亚乃至全球；也导致万历援朝东征战争的影响，不局限于辽东地区乃至中国所发生的政治、经济格局变化——中江开市和抚顺马市繁荣，既为东征战争提供后勤供应基地，也为建州女真迅速崛起创造了绝佳的外部环境，其后出现明清易代、与朝鲜、日本关系的变化，都为超出单一国家、民族等视角，探讨战争的全球化影响，拓展了更大的学术空间。

壬辰战争期间朝鲜军和日本军的秘密交涉

[韩] 金囡泰*

引 言

1593年1月初,① 李如松率领明军在平壤击败日军,日军撤退并在汉城屯聚。碧蹄馆之役后,明军认为,相比于交火而言,以和谈结束这场战争更为有利,因此便开始了对日讲和交涉的进程。

朝鲜尽管反对明军与日军进行讲和交涉的意思,然而,我们却很难看到朝鲜在整个讲和期间都对此进行反对,或是一贯地坚持无条件反对。如果说朝鲜反对讲和交涉,那么,与其行为对比而言,这种逻辑恰好是相反的。而随着战争局面的变化,朝鲜的反对程度也随之改变。再者,朝鲜的正式名分与实际上为了国家利益所做出的行动之间可能存在差异。

这次战争的战场是朝鲜,朝鲜不能不思考现实的一面:在两个强大的国家之间谋生存。在自身战力不足的情况下,朝鲜无法抛弃讲和交涉的选择,况且,即使并非真正讲和,朝鲜也需通过交涉来获得情报,以便于解决当前纷争。我们可以清楚地知道,朝鲜派出了僧侣四

---

* 金囡泰,高丽大学校大学人文力量强化事业团研究教授。
① 译者按:文中月份当为农历,但原文使用阿拉伯数字表示月份,为保留原貌,不做更动。

溟堂惟政，赴加藤清正营中展开会谈。①

当时，冲在和谈最前线的是沈惟敬与小西行长。他们没有告诉朝方交涉的具体内容，而朝鲜也反对其和谈交涉，无法参与谈判。但是，正当明日两军走上交涉谈和轨道之时，展开了为开辟独立参与交涉的路径而进行的一系列动作。早在上言语所提到的派遣惟政之前，朝方便已把握谈判的实际情况，并怂恿加藤清正干涉沈惟敬与小西行长之谈判。这是明朝驻军指挥官刘綎默许下所进行的行为。②

此外，不同性质的谈判也已经展开，由战线上的诸将帅，即金应瑞、白士霖、李薲等人所主导。金应瑞的相关交涉事实虽已为《宣祖实录》《乱中杂录》等朝鲜史料所提及，但我们在以朝鲜官方为主的对应记录中，却难把握到双方实际的谈判进展状况。本文中将利用日方的一位谈判主角锅岛直茂的系列文书中之《泰长院文书》进行分析。《泰长院文书》是锅岛直茂麾下的随军僧人是琢所整理编辑的文书资料集，其中包含了大量涉及战争期间朝日两军接触的文书。③ 笔者将通过对这一文书资料集与朝鲜史料的互证考察，尝试还原当时朝日双方谈判的事实，以期能够丰富对壬辰倭乱的历史真相的研究。

一 交涉之伊始

首先，我们来谈谈交涉双方的主角——金应瑞与锅岛直茂。金应瑞

---

① 惟政与加藤清正的交涉自1594年4月至当年12月进行了三次，此后丁酉年（1597）日军再度侵略朝鲜，之前的1597年3月又举行一次，至此总共举行了四次。第三次会谈时加藤清正拒绝接见惟政，惟政一方的李谦受、蒋希春、金彦福等人与清正一方的代表清正的僧侣在田、天祐交换了意见。关于四溟堂惟政的活动，可参见四溟堂纪念事业会编：《四溟堂惟政》，首尔：知识产业社2000年版。
② ［韩］金圀泰：《壬辰倭乱期讲和交涉研究》，博士学位论文，高丽大学校，2014年。
③ 《泰长院文书》是用以审视壬辰倭乱中（除战争以外的）讲和交涉一面的重要资料，近年来常用于壬辰倭乱的相关研究，从而拓宽了东亚关系史的研究局面。相关问题可参考以下文献：［日］佐岛显子：《文禄役講和の裏側》，载《偽りの秀吉像を打ち壊す》，东京：柏书房2013年版；［韩］金圀泰：《壬辰倭乱期讲和交涉研究》，博士学位论文，高丽大学校，2014年；［韩］闵德基：《丁酉倭亂期黃石山城戰鬪와金海府使白士霖》，《韩日关系史研究》2017年第57期。

壬辰战争期间朝鲜军和日本军的秘密交涉

（1564—1624）是朝鲜武将，武科及第后，于1588年除授监察职。壬辰倭乱前，恰值其罢职在家，乱发后，被起用，以助防将身份活跃于西北战场，不久被任命为平安道防御使。和谈开始后，他以庆尚道防御使身份展开活动并兼任庆尚右道兵马节度使。丁酉倭乱时，金应瑞亦活跃于与日军的战斗及谈判中，尤以处理降倭事务而著称；倭乱后，他受命北边要地之防务，其后改名景瑞。光海君时，朝鲜应明朝要求出兵协助攻打后金，金景瑞在平安道兵马节度使任上，被任命为援军副元帅，与都元帅姜弘立一同率军参战。但其后明军大败，朝鲜将士亦多战死，金景瑞佯降之。成为俘虏的金景瑞因秘密侦测后金情报，被发觉，后被处死。①

锅岛直茂（1538—1618）为九州肥前国佐贺的大名，世代侍奉九州龙造寺家族，在其家臣团中擅权独专，占据着独特地位。经过壬辰倭乱、关原之战，其势力大为增强，最终取代了龙造寺家族，成为肥前国地区的新霸主。壬辰时，直茂与加藤清正一同编入第二阵，并随清正入侵咸镜道；丁酉时，率领日军第四阵参与对朝侵略。② 在壬辰倭乱的讲和交涉期间，直茂筑城于金海竹岛之上，并屯兵于此。

自1593年4月，开始明军便与日军开始和谈，朝鲜被疏远于这场谈判之外，实质上的交涉由明军一方的沈惟敬与日军一方的小西行长所负责。朝鲜无从得知明日双方的和谈内容，因此必须通过自身所能确保的路径，收集有关情报。

当时，朝鲜不仅仅通过派遣四溟堂惟政，也依靠前线的诸将帅去试图接触日方。③ 庆尚左道兵马节度使高彦伯通过自己的部下，

---

① ［韩］李章熙执笔词条：《金景瑞》，《韩国民族文化大百科事典》，首尔：韩国精神文化研究院1996年版。
② 关于壬辰倭乱期间锅岛直茂的活动情况可参考以下论文：［日］津野伦明：《朝鮮出兵における鍋島直茂の一時歸國について》，高知大学人文学部人间文化学科《人文科学研究》2006年第13卷；［日］津野伦明：《慶長の役における鍋島氏の動向》，《织丰期研究》2006年第8卷。
③ 以下简述对咸安会谈进行先行研究的专家与著作：［韩］李炯锡：《壬辰戰亂史》，首尔：壬辰战乱史刊行委员会1967年版，第892—899页；［韩］金文子：《文禄・慶長期に於ける日明講和交涉と朝鮮》，博士学位论文，お茶の水女子大学，1995年。本研究中将利用日方史料来弥补这段交涉的相互性一面，并试图推断出朝鲜和日本双方主体所怀有的谈判意图。

在加藤清正、刘綎和惟政之间充当中介。防御使金应瑞在庆尚右道一带尝试与小西行长接触,而他原本是以防御使身份与高彦伯一同被派往庆尚左道的。应瑞不仅具有将帅之才,亦凭借善于招安利用降倭而闻名。权慄一方面豪言要接受宗义智和柳川调信的投降,另一方面又要求允许金景端移驻庆尚右道,① 此后便给他加授了庆尚右道兵马节度使的职衔。

金应瑞和高彦伯彼此竞争,双方不和已是朝内皆知的事实。② 高彦伯想要通过与加藤清正的接触及斡旋来获得功劳,并牵制金应瑞插手此事。当然,金应瑞也在试图找寻一条与高彦伯不同的交涉途径。朝鲜官方对此颇为忧虑,便要求把谈判的重点放在离间敌人和侦测情报上来。而朝军诸将在相争不睦和过度自信之中使谈判越过了离间敌人与侦测情报的程度,让事态朝着朝鲜官方意图之外的方向发展。

金海府使白士霖、庆尚道巡边使李薲、都元帅权慄和在金海竹岛驻军的锅岛直茂之间开始展开交涉;金应瑞加入和谈后,气氛变得更加活泼。最初的议程是商讨朝军与日军的驻扎边界并禁止剽掠,而关乎本次谈判之发端的最重要文书则是李薲给柳川调信所下的谕帖。

1594 年 9 月 25 日,李薲下给柳川调信之《谕嘉善大夫平调信贴》③:

> 尔日本动无名之兵,攻无衅之国,二百年和好归虚,千万人肝脑涂地。烧焚我庙社,发掘我陵墓,凭陵充斥,直至平壤。大

---

① 《宣祖实录》卷 65,宣祖二十八年七月乙酉。
② 可参考以下文献:《宣祖实录》卷 52,宣祖二十七年六月辛亥;《宣祖实录》卷 54,宣祖二十七年八月乙卯、八月丙寅;《宣祖实录》卷 57,宣祖二十七年十一月丙戌;柳成龙《芹曝集》所载 1594 年 5 月(推断)启辞《责励金应瑞高彦伯使协心成事启》等。他们关系之不和程度堪比加藤清正与小西行长。关于小西和加藤之不和,可见《宣祖实录》卷 60,宣祖二十八年二月乙卯、同卷二月癸酉。
③ 《宣祖实录》卷 52,宣祖二十七年十月己酉。此条虽然记载的是十月五日之事,但仔细审视其内容,我们推断日军方面说的是李薲在九月二十五日下给柳川调信的《谕嘉善大夫平调信贴》。

壬辰战争期间朝鲜军和日本军的秘密交涉

明天皇帝赫然斯怒,闻东藩之受侮,痛凶锋之肆毒,爰命宋侍郎、李提督,(保)〔俾〕专薄伐之任。十万貔貅,渡江而东,天威震叠,势同破竹,鏖战箕城,如泰山之压鸟卵,先锋行长等仅以身免,徒步东赴,遁入汉阳。当是时,天兵若长驱直捣,则日本之兵尽歼无遗矣。天朝大将以仁爱为心,不忍于荡灭无余,始听请和之计,而沈游击因此往来不绝。日本之兵尽下岭南,屯据左右海边之邑,而刘督府亦承天朝抚谕之意,不以杀伐为主。故小西飞持请贡之表,与沈将军同往天朝。其还迟速,虽不可知,而日本若终始以至诚祈请,则岂有拒而不从之理哉?既以和好为心,则所当申戒诸阵之兵,使勿侵耗边邑可也,而自去秋至于今,或焚荡闾家,或杀掠人民,相继不绝。顷见行长答刘督府之书,则曰"请和之后,万无出兵侵暴之理。其间出没作贼者,非我所知。乃对马岛贼人所为,复有如是者,一一捕斩可也"云。行长此言,其已忘之乎?近来咸安、固城等处,作贼之倭,或五六十结党,或二三百为群,连续出来,烧火山幕,窃刈禾谷,人物被杀者几二百名,被虏者多至三百余名,海边人民咸曰:"日本请和,皆虚事也。若果诚心请和,则何可纵兵杀掳,如是不已哉?"此则小(臣)〔民〕之言也,而行长不能御下之意,从可见矣。咸安、固城之人,自初登山,细细看望,则贼人每自巨济乘船出来,又反棹归巨济。以此观之,则行长所谓对马贼,驰来接于巨济,恣意横暴,而行长等莫得以知之也。欲乘其贼人更来,追至巨济,荡覆其巢窟,计已定矣。如是则不徒我国之人少泄愤怨,其于行长之意,亦必释然无所嫌矣。若西生浦清正,则一自闻和议之后,捡勑军卒,使不得恣行,若有僭出作贼者,则或枭首以示,或放还被掳男女,至于二百余名,岂意行长处事,反出于清正下哉?行长真有诚心相好之意,而退兵对马,从容议和,则必无彼此相疑之心,而天朝亦岂有永绝固拒之理哉?久屯他境,亦不能警勑下卒,侵害无穷,此和议之所以不速成,而且有今日致讨之举也。须将此意细谕于行长处,幸甚幸甚。顷者尔与平义智,上书于观察使前,辞意懃恳,深用嘉焉。

即已启达于朝廷，近将回报矣。①

1594年9月下旬，白士霖向日本方面传达了如下的书状：② 首先，白士霖对日方送还三十余名朝鲜男妇，表示感谢；其次，传达了确认近来肆行掠夺的日本盗贼是否为收信人麾下兵卒的问题；再者，早先听说庆尚左道的日将加藤清正将盗掠的日本人枭首示众、遣返朝鲜被掳人的事情，（白士霖表示）若将军也能效仿清正那样做，则两国和好的问题便能够解决。只是巨济的倭贼每日乘船出岛作乱，导致固城、泗川一带不得安宁，是以沿海居民多遭掠杀，故该地难以居住。小西行长说过："此皆对马岛之盗贼，毫不留情全部杀之即可。因此近日水军将员欲率兵士将其全部驱逐。既已互相和好，则不能不知道这一点。此番李赟大将致平调信之谕帖③让我（白士霖）来传送给阁下，故请早赐回音，以使我方尽快收到回信。"这封书状的收信人可能令家臣成富茂安④对此做了答复。

1594年9月27日，成富茂安给白士霖复信内容如下：⑤

首先，日前送还朝鲜男妇三十余名的事，早在大明与日本和谈进行到一半的时候便已遣返回去了，可以清楚明了地看出日本军方并无别意。但是巨济的贼党出来侵犯咸安、固城等地导致泗川等沿海居民多受掠杀这件事，我方已经派出兵船攻打他们而彼等也已经躲藏起来。白士霖的书函已传到金海竹岛的上官（推断是锅岛直茂）那边，（对方）做出了"朝鲜的判断如此，理所当然。但军士们的活动如此混杂，小西行长如何知道是（日军在）烧杀抢掠？向巨济岛派遣兵船征讨之事由我向小西行长呈报得允

---

① 译者按：原论文中部分书状使用汉文文言原文，译者做了保留，并改为楷体；作者翻译为现代韩语的书状，为保留原貌，译者仍译为现代汉语，字体为与正文相同的宋体。
② 《泰长院文书》第87号。
③ 看起来指的是1594年9月25日李赟下给柳川调信之《谕嘉善大夫平调信贴》。
④ 成富茂安（1559—1634），锅岛直茂的家臣。
⑤ 《泰长院文书》第70号。

壬辰战争期间朝鲜军和日本军的秘密交涉

后再实行比较好。若朝鲜水军将领暂且先停止向巨济岛派遣兵船，（我）向小西行长谏言，那么巨济的剽掠盗杀之行将得以停止，咸安、固城及泗川等地的百姓也将获得平安"的答复。（成富茂安）给"李将军"（李蕢）传达了这样的内容，应诺与否烦请在书状中告知一二。

这样的书状首先并非用日语书写，而是用汉文形式来记录，这说明日军营中有能熟练书写汉文文书之人。这是为了让朝方便于阅读才选择使用汉文，而并非日军自己的固有文书格式。我推测这些汉文文书是锅岛直茂营中的随军僧侣是琢所作。

白士霖和金海的日将（推测是成富茂安）看来之前一直保持接触，他们之间结成了比较要好的关系，双方都设立了驻军边界，有着维持治安、送还被掳人等来往行动。相比之下，南部的巨济并非锅岛直茂驻军之处，因此锅岛直茂一方也无法直接控制。此地是小西行长与宗义智驻军所在之地，他们才是能主导这场讲和交涉的将领。

李蕢给柳川调信所下谕帖虽然拟成，但却不能确保是否有传达的渠道。因此他通过白士霖将此传送给了金海的日军将领，由是再传达给巨济的柳川调信之后，希望小西行长最终能够确认此事。

接下来，我们将按照时间顺序将有关史料进行排列。通行的《泰长院文书》收录于《佐贺县史料集成》之中，并且在转录原文的过程中看起来并没有什么谬误。在缺乏文书原件内容文字与刊行本进行比较的条件下，翻译所有文书是非常困难的。本文除去那种即便省略掉也没有大问题、不影响全文理解的部分，仅翻译我们所认定的重要内容，同时也尽量略去书状内的人物尊称。

1594 年 10 月 3 日，白士霖寄丰茂守①之书状（《泰》61）

---

① 佐岛显子认为作为锅岛直茂部下出场的"丰茂守"，很可能指的是"中野神右卫门清明"的别名"中野甚右卫门茂守"。参见［日］佐岛显子《文禄役講和の裏側》，载《僞りの秀吉像を打ち壊す》。但是当我们仔细阅读《泰长院文书》收录的相关书状的时候，会发现这个"丰茂守"可能指 9 月 27 日给白士霖作答信的成富茂安。

呈丰茂守幕下之答书

感谢贵方在信中以实相告，然对马之贼屯聚于巨济岛，每每出没杀戮掠夺，故只能兴兵问其罪。大将军（李薲）已命水军前往攻打，若能斩杀彼贼且送于军前，何必定要兴师以损伤两国之和平？因此如能将此意告知小西行长并获得准确答复，我军便罢兵休战。不清楚的地方烦请您告知小西行长，望亟复回音。

1594 年 10 月 5 日，李薲寄柳川调信之书状

嘉善大夫平调信（柳川调信）再接谕帖。上次所下谕帖已寄到，小西行长方面可亦收到知会此意乎？① 日前巨济三艘贼船直趋镇海欲行侵略，我方水军将官率兵急追，贼人弃船逃走。然仅仅缴获空船而未能斩首敌级，以惩罚对马之横行盗贼，实在痛忿。此意烦请即刻告知小西行长处，请捕盗贼一名于水军军前枭首示众，以解除两国军队彼此之疑心，以早日实现和好。

白士霖和李薲通过丰茂守与日军进行着接触，丰茂守从朝方获得信件后，经由其领主锅岛直茂再传达给柳川调信，收到柳川调信的回信后朝方再进行传达。白士霖和李薲表示出朝方可能要对巨济日营出来的、到朝方区域烧杀掳掠的兵船进行攻打的意思，但实际上他们并没有那么做，日军方面则要求将这些盗贼抓捕起来。最后，李薲再次确认上次的谕帖是否已经传达到位。

1594 年 10 月 7 日，丰茂守的书状

已向嘉善大夫调信（柳川调信）传送了书信并对其呈上了答状，又将阁下之意报告给了小西行长。小西行长的心思已在柳川调信的信中表达了，所以并未单独写信。依鄙见，小西仅仅是在奉我们太阁殿下（丰臣秀吉）之命等待与天朝会谈罢了，将来当

---

① 可能指的是 1594 年 9 月 25 日李薲下给柳川调信之《谕嘉善大夫平调信贴》。

与小西行长商量诸般事务。阁下与将军同心议和，实乃保国救民之良策。

1594年10月7日，柳川调信之书状（《实》宣祖二十七年十一月壬午条记事摘要）

日本国秘书少监兼贵国嘉善大夫丰臣调信答李将军（李薲）幕下

去月念又五日所封之书，今月初六日来具悉。仆以缕缕之事达行长，行长谓曰：以小事大，乃天地通理也。细流归海，众星拱辰者是也。故吾大阁殿下先是差释（仙巢）〔仙苏〕及调信求登庸，贵国不应焉。其翌年欲借路直许天朝，贵国遮路。因兹瞬息之间挫釜山，相追陷东莱、尚州及忠州，战必胜、攻必取，遂虽到平壤，无一人当锋者。方乎此时，天将沈游击来要讲和，因兹不能过鸭绿江。翌年正月，号贵国反间变和好，行长一臂，争支天朝百万貔貅，虽然斗战三日攘灾，欲强攘之，路违粮尽，且退王京，与吾诸将共待天兵欲攘灾，天兵过坡州到王京，吾拨军之辈遮路交锋，貔貅百万，或堕马徒走，或舍甲脱去，或又斗没矣，幕下所知也。于越吾诸将犹以事大之意，不复其怨，再寄书沈游击求讲和。提督老爷李，号天使差谢用梓、徐一贯于日本，行长导二天使，赴大阁殿下名护屋之营，直闻大阁殿下口中之语归矣。俾行长在西生浦，待天朝回命，且陷晋州。二天使如何告提督乎？回命迟延矣。行长熟闻之。贵国取何人之言乎？与刘摠兵同口阻和好，行长重说大阁，诚心于是，有何罪乎？提督及经略入关，军门老爷顾出关主持大事，差胡委官入行长之营，求撤兵归国，行长应之，太半撤兵。且量留兵将待天使，以贵国及刘摠兵强阻和好，回命愈迟延矣。天朝若不许大阁讨事，飞弹空手归，则贵国岂平安乎？幕下今浮兵船以徘徊者，盖如残花待风，似鼎鱼假息乎！亦复清正是贤智之士也，何较行长愚昧之身？不审行长，亦决非不宅法，或也至于狗偷鼠窃之辈，刈禾谷、捕人民，则不曾知之。狗偷鼠窃之不及制止者，是贵国亦然。军门老爷差使于行长之营，路（径）〔经〕陵阳之夜，贼徒夺其书及惠来等物件件，只使独入营，请以之察之。大阁虽有贤智清正，命愚昧行长待回命，因兹军门老爷书契，往来于行长之营，未闻往来于清正之营，是亦不审。不审上来，尽是行长之言也。仆在日本秘书小监言之，则何异行长之言乎？又在贵国嘉善大夫言之，则甚异行长之言也。幕下请抛骂詈之言，以运治安之策则可也。去月之尾，左道防御使差使于对马太守之营，仆引其使赴行长之营，直闻行长及义智口中之言回矣。请与防御使相议，为贵国而可则出兵船百万只，不亦妨焉；若又不可，则速回兵船则如何？束在贵意而已。咸安、固城等事，先是何不报行长乎？若报之，则行长谨严制之，因不报之，有此祸乎？自今幕下每有所思，请直报行长好矣。此外无更可言之事，恐惧不宣。十月七日。丰臣调信。①

1594年10月8日，锅岛直茂致李薲之书状：

9月25日，（李薲）给嘉善大夫（柳川调信）的书信立刻送到了柳川营中。书中内容说的都正确，如此关头日军兵马驻扎岭南，回国便是个难题。如何能比较日本与大明孰疲孰乏呢？太阁殿下（丰臣秀吉）已派小西行长等候天朝对议和的意见回答，尽快达成议和才是治国安民的良策。

这封书信包含了两国关系所谓"治安之策"的失误等不同内容。小西行长对李薲在9月25日的书信表示不悦，并加以威胁。李薲信中9月25日的"谕帖"，指的是和"檄书"形态类似的文书，② 柳川调信将此呈报给小西行长。小西行长再次抛出祸因缘起朝鲜的论点，

---

① 《宣祖实录》卷57，宣祖二十七年十一月壬午。
② 《宣祖实录》卷57，宣祖二十七年十一月壬午。

将战争之罪转嫁给朝鲜，对谕帖中的内容一一进行了"反驳"。其反应与锅岛直茂完全不同。不过，这封信件的核心内容是"小西行长功劳卓著，故和谈交涉之事由小西总负其责"及"朝鲜方面请直接与小西接触"的部分。若日方真想接触，也不会如此假意威胁、试图暗示，直接要求清楚地说明其目的与收信处便可。对此之回信，已于10月13日拟成。另外，金应瑞亦自行派人至宗义智营中去探听确认虚实。

1594年10月13日，白士霖致丰茂守之书状：

> 送日将茂守幕下之答书
> 多番致书，感激不尽。如今贵方所提出的两国间治安之策自使臣开始皆仔细听取。地域有东西之分，语言有不同之别，相互之畛域疆界需要被遵守。（我方）更加感叹将军的诚意，（日后）事无大小，彼此相通，以杜绝差错误会。

李薲致锅岛直茂之书状：

> 使臣所传之书状与平大夫（柳川调信）之答信已阅矣。前日派人解释将遣军士之缘由，是否收到？信中所提及之内容都极为正确。余无多言，因此复信。

李薲致柳川调信之书状：

> 嘉善大夫平少监幕启
> 屡擎远问，厚意可想，益叹大夫不忘旧恩也。书中有曰："以小事大，天地通理。细流归海，众星拱辰者是也。"益知和好之说信矣。但堂堂大明，统御八荒，交攻动止，非所自擅。贵国托求登庸借路，动无名之兵祸我邦。我国焚烧凌辱，无有纪极。父子兄弟，当切齿思报，岂忘尝胆之志乎？第以天朝大将，心存慈爱，不忍荡灭，遂听讲和之请，禁息战争，故本国大小人民，

不敢违越，至于今日。近者零贼，出没横行，厮杀昌原、漆原①、镇海、固城之境，阒无人迹，至于金海倭将②之使，中路见杀，累度致书，俾通曲折。到今益甚，不得已令水上诸将，进兵驱逐之由，即通直茂。此岂有他意？孟冬朔日，自金海倭将，书于金海府使，白日横行之贼，非将领所知，即报行长，枭示昌原等境，急回兵船云。故今已回师江岸，又差人报，不审览否？即报行长之示，此诚约矣③。但自金海至左道，禁止杀掠，人可通行，如熊川之路，巨济之贼，弃船来泊，恣行杀掠，殆无宁日，一二使价，其可通行于贵阵欤？若不禁恣行，而使之通书通信，则此所谓请人而闭之门者也。惟冀照亮。不宣。④

看来朝鲜水军兵船是因日本军方（小西行长、锅岛直茂等）的合作态度才停止对巨济之攻打而返回的。朝方通过10月13日的书状通告日方。接着日军方面表示了两国界线分明、绝不进行侵略的意思，这一事项以口头形式进行了传达。李贇在给柳川调信的书状中对柳川10月7日的书信做了答复，信中提到小西行长虽然勃然大怒却也再次强调承认日军的战争责任，在交涉期间，为了避免冲突，将亲自进行接触，并告知调信朝鲜方面的本意。

双方在讲和交涉期间推进了一系列协议，以防止对峙局面下的掠夺行为与局部战争。基于相同的现实性需要，双方均同意维持一个交涉的窗口。而在维持着原有往来的同时，从锅岛直茂营中开始进行对日军的管制以及小西行长正垄断着讲和交涉权的事实，也已经传达给了朝方。

1594年10月18日，锅岛直茂致李贇之书状（《泰》97）：⑤

---

① 《泰长院文书》中作"恭原"，《宣祖实录》作"漆原"。
② 指丰茂守。
③ 《泰长院文书》中作"此诚的矣"，《宣祖实录》作"此诚约矣"。
④ 译按：翻译时此书状原文参见《宣祖实录》卷57，宣祖二十七年十一月壬午，《泰长院文书》中亦收录了此信，文字稍有出入。
⑤ 《宣祖实录》卷57，宣祖二十七年十一月壬辰条记事载有同一书状。

壬辰战争期间朝鲜军和日本军的秘密交涉

日本丰臣直茂再答

朝鲜国李将军幕下

被寄平调信手简，即传之嘉善大夫。且又呈报章，定有一览乎？故（东）〔束〕高阁焉。行长及调信告予曰："欲相议贵国治安，道知理明一人差金海，则释（仙巢）〔仙苏〕及调信等相对，以定两涯往还奇策，说天朝、日本和好良媒"云耳。幕下应此意，崔亿归家之日，待差使来驾者也。余付崔亿舌端。

丰茂守致白士霖之书状：

日本丰茂守再答

金海府守大人白士霖幕下

前日所寄书状，小西行长与柳川调信已读之。同鄙人商议日军归国的治安之策固然可以，但是还是挑选明理善辩之人送往金海府与僧人仙巢及柳川调信互相商议，以定两地往来的奇策比较好，并且这也是成就天朝与日本和好的良媒。急遣使臣崔亿送于幕下，速速告知李将军（李薲），将军若同意此想法，待二使臣归来之日再派遣使者前来，剩下的事务让崔亿口头传达便可。①

柳川调信致李薲之书状：②

日本丰臣调信再答朝鲜李将军幕下

具报贵意于行长，行长曰："草贼为祸者，未曾有，如之何不速示之乎？幕下，若欲与行长议讲和之事，差道存理正之从一人，则与渠相议，坚制贼徒剽掠之祸，而后两涯（住）〔往〕

---

① 译者按：与《泰长院文书》97号中锅岛直茂致李薲之书状内容相似，待有条件回查此《泰长院文书》后再作改译，今暂按原文中所译现代韩语，翻译为现代汉语。

② 《宣祖实录》卷57，宣祖二十七年十一月壬辰条记事载有同一书状，即李薲十月二十四日成帖里的内容。

还,有谁防之乎?行长及义智,应先锋之(撰)〔选〕者也。是无他,先是屡次差释仙巢及调信等,(庸)〔曩〕之日,呈短书于宣慰使吴亿龄,以告有此祸。且又于后宣慰使沈喜寿亦云,尔如何达圣聪乎?拒日本之请。是以(副)〔释〕(仙巢)〔仙苏〕、调信等,行长、义智,以命讲和,到釜山浦之日,虽欲说此理,釜山令公,不受其书,比(干)〔于〕首戈,故贵国丧亡矣。不是行长、义智素意也。此意详在呈左道防御使书中,定渎一览乎?因兹不遑屡陈,盖是行长之言也。仆以为贵国平安奇策,是在大明、日本和好之事者也。所以者何?朝鲜为国也,介乎大明、日本之间,大明乃国大,而日本乃兵强,百战千斗,难决雌雄。然则贵国诚战(关)〔斗〕之场,国虚民饥者乎?先是奉使之日,亦专说此事,廷议不信之。以至忠为不忠,剩成嫌疑,行长、义智,是亦天运所然乎?此是皆昨非也,(东)〔束〕高阁焉。自今以往,改先非,与行长、义智相议,保国救民,可也。义智,岂忘东藩之好乎?行长,亦与义智甚好。请思游速差一人于金海,则仆诱(仙巢)〔仙苏〕,相对具闻贵意,又说心中。余期嗣音,且在崔亿之口。不宣。顿首。"十月十八日。直茂书曰:"日本丰臣直茂,再答朝鲜李将军幕下。被寄平调信手简,即传之嘉善大夫。且又呈报章,定有一览乎?故(东)〔束〕高阁焉。行长及调信告予曰:'欲相议贵国治安,道知理明一人,差金海,则释(仙巢)〔仙苏〕及调信等相对,以定两涯往还奇策,说天朝、日本和好良媒'云耳。幕下应此意,崔亿归家之日,待差使来驾者也。余付崔亿舌端。"

崔亿是作为所谓"附倭人"在日军中效力的,锅岛直茂派他担当使臣,携带书状到朝鲜阵营。崔亿于十月二十一日到达白士霖营中。[①]他所携仅两封书状,包含有柳川调信对李蓍十月十三日书状之答信,以及柳川秉持传达小西行长意向所作书信中出现的、超过之前两信中

---

① 《宣祖实录》卷57,宣祖二十七年十一月十八日壬辰条。

所云"治安策"之"奇策"的有关讲和交涉本身的要素。曾在战争开始前便已负责过和谈交涉的小西行长、宗义智、柳川调信等人，则已经在计划对朝方展开进一步交涉。

二　交涉之进行

围绕对日军掠夺行为进行管制的讨论，金应瑞与小西行长这条联络线全面开始启动，他们之间的商议也早已超过了朝鲜政府界限。这是一场事先没有得到朝鲜政府的许可便直接与小西行长讨论讲和的谈判。

在交涉之前，他们对彼此意图并不明确。根据相关记载推测，虽然金应瑞给上司举出试图让宗义智等人投降的名目，但是无法确切知道金氏长期的或是终极的计划。另外，小西行长一方通过朝鲜敦促明廷做出封贡决定与派出册封使，想把朝鲜请明廷的证据交给丰臣秀吉。① 当然，双方都了解越是尖锐对峙的战场越是需要紧密接触的事实。仔细阅读下面的书状，可以从中看出这种行为。

1594年10月23日，白士霖之书状：

> 彼此书信往来，诚意相交，金海百姓性命得以保全，方知足下与我缘分之妙也。大将军（李薲）致平少监（柳川调信）之答信及金防御使之谕帖一并奉上。

对此可以评价为双方将帅通过会谈商量出的"防止纷争之对策"起到了一定效果。李薲的答信与金应瑞的谕帖附于此书状之后。

金应瑞之书状：

---

① 《宣祖实录》卷57，宣祖二十七年十一月乙亥条纪事中柳川调信、宗义智等人对李弘发所说之内容，十一月辛巳备边司论议，十一月壬辰条权栗驰启（"金海屯倭副将罗江戒底母此称号者，持行长等书，以相见日期定夺事出来"之驰启），《宣祖实录》卷58，宣祖二十七年十二月庚戌条权栗驰启，《宣祖实录》卷65，宣祖二十八年七月乙酉条权栗驰启。

军官李弘发已将消息传送咸知,并即刻送往都元帅处,都元帅急驰启于王京。因宋忠仁已病,故使金达亡带上我的书信赶往阁下营中。李弘发为我麾下之人,他所见怎能同我亲眼所见一样?我将亲至宜宁和大人相见,大人请单骑快马前往咸安等地,然后遣送民众如何?

答信中金应瑞虽然也认可了通过书信往来所获得的成果,但认为其局限也是非常明显的,所以提出双方直接见面的建议。在朝鲜方面,派人速往金海这类的议论又勃兴起来,将领们甚至提出在中间地带直接举行少数人参的会见的唐突提议。另外,当初提议的场所是宜宁,单骑赴会这种建议也是这时候第一次被提出。

另外,李弘发来汉城传达了有关情报,李弘发传递了日军的如下要求:

南蛮、琉球皆是外夷,而奉贡称臣于大明;日本独为弃国,未参其列。前以此意请朝鲜,欲达于大明,而朝鲜牢不肯许,不得已举兵出来。及至天兵之出,闻沈惟敬讲和之言,退在于此,而迄无黑白。两国相持,退去无期,贵国其何堪耶?贵国若以此意传达于天朝,特遣天使许赐封爵,则志愿毕矣,即当撤归,贵国人无遗刷还,军粮谷种亦当优送。不然,则明年正月关白亲领兵出来直入大明定计矣。仄闻清正传语于贵国曰:"结婚天朝,割地贵国,然后退去云。"此则本非关白之意,而私自作言,沮此和议。①

金应瑞除了"治安之策"外,在讲和交涉上,也私下收集情报传到汉城,这种行为应该是从1594年9月开始的,并且,看样子是小西行长直接给金应瑞致信要求派有经验的人来商讨机宜("平行长通书于金应瑞,欲见更事之人,与之议事。")的时候,行长似乎也判

---

① 《宣祖实录》卷57,宣祖二十七年十一月壬辰条、乙亥条。

断出了日军与金应瑞还是展开谈判比较好。

李薲之书状（推测收信人为丰茂守）：

> 平少监（柳川调信）之提议诚为妙策，金防御使（金应瑞）将同二位将军相见，以讲定彼此间万世之计。金令公（金应瑞）之谕帖与余之书状一同呈送到此，信中所云万望速速传达给平少监。

此时，朝方的文书传达途径是，通过白士霖在第一线与锅岛直茂方面进行接触，把李薲、金应瑞的书状给日方。李薲给日方的书信通过都元帅权慄传达到汉城，柳川调信的提议应该指的是十月十八日书状中的内容。李薲、金应瑞同时提出了更进一步的交涉方案，即将领们直接一同见面会谈，"二位将军"指的是小西行长与锅岛直茂或是丰茂守。

1594年10月26日，致白士霖之书状（推测是丰茂守所寄）：

> 顷接再答，厚仪可想。若李将军（李薲）与防御使（金应瑞）来昌原府同小西行长、柳川调信彼此讲定讲和会谈之日，烦请告知，余将与小西行长、柳川调信即刻单骑赴会参谈。如事能成，将以金海之男女庶民回报于幕下，于余亦为幸事。请定双方欢愉相见之日。

1594年10月26日，丰茂守答李薲书状：

> 答李将军
> 谨承日本丰臣茂守奉答朝鲜国李将军幕下
> 得承厚仪，喜不自胜。其再受鹰隼一只，实感谢无已。对左道防御使（金应瑞）来昌原府与小西行长商讨彼此间求和之事，行长甚为同意。幕下向金防御使确认好相见时日，余当随熊川守将（小西行长）之后与君畅谈。

1594年10月26日，丰茂守答金应瑞书状（《泰》101）：

> 寄防御使
> 日本丰臣茂守谨奉呈书
> 朝鲜国庆尚兼左右道大人防御使老爷幕下
> 顷日三接宝翰，皆辄送于军中。不知回信收到也否？近来李将军（李薲）与丰行长（小西行长）已互通和好书信，丰直茂（锅岛直茂）诚为我国与朝鲜和好之良媒也。幕下亦与小西行长互通书信，若以直茂为介，不亦乐事乎？又幕下与李将军（李薲）共小西行长、柳川调信相会，论议讲定两国治安奇策之事，若明示贵方指定相见之良日，余当率诸将单骑赴会，相约清话可也。令使臣还营告知。①

以上三封书状应该分别是丰茂守给白士霖、李薲、金应瑞所寄的。白士霖、李薲所收之书状因为缺少日期，所以根据二人所收信中与金应瑞所收信中内容的一致，推断此二人所收书状日期也应该是十月二十六日。丰茂守传达了小西行长意向，若金应瑞定下会谈日期，他将陪小西行长赴会参与商谈。白士霖和李薲所收信中虽提到了"求讲和"、"求和"的字眼，但可以断定这并非意味着朝鲜与日本真正讲和，金应瑞所收书状中的"两国治安奇策"才是最主要的议题。需要补充的是，小西行长所寄书信为《宣祖实录》中所载。另外，锅岛直茂麾下的丰茂守希望锅岛直茂在一定程度上在这场和谈内也起到作用，因为可以借此立功。金应瑞提出不仅要和小西行长直接接触、也要与锅岛直茂进行直接接触的建议。

1594年10月26日，小西行长之书信（《实》1594年11月8日第四条纪事）：

---

① 译按：原文为夹杂原件文书词句的韩语译文，本文中大部书状为此风格，尽量译为贴合文言的白话。

> 书来恳意，万万所喜悦也。先日差良使之次，吐露胸襟达贵听，幸甚。示谕相见于昌原府，是亦良策也，可尚矣。重拾相见之日以示，则仆伴义智及调信、直茂等，单骑而到府者必矣。万绪付相见佳话，故不能陈。不宣。顿首。十月二十有六日。日本先臣丰臣行长。

朝方提议双方在昌原府会见，小西行长接受了朝方的提议。接到小西行长这封信的丰茂守写下了如上的10月26日的三通书状。朝方虽然提议了在昌原府相见但却并没定下具体日期。在信中小西行长自称"日本先臣丰臣行长"，下面又自称"日本先锋丰臣行长"。丰茂守信中说双方会见，意在讨论"讲和"乃至"两国治安奇策"，而小西行长则有言外之意，举例来说，也许在暗示他与朝鲜直接讲和交涉的可能性。

另外，都元帅权慄派出金应瑞赶往此次许可接触的地方与日本将领相见，并给金应瑞下达了探听这些有意投降的日军，将领的具体程度。宣祖对都元帅权慄的这一行为表示忧虑，并指示在备边司中进行讨论。①

1594年11月1日，李赟之书状：

> 一月三遣使相问，甚为可感。将军速作回信，余得遽知消息，亦甚感谢。本欲随金防御（金应瑞）与诸将军相会，讲定两国和好之大计。惜罹寒疾，难以成行，可约他日以相见也。

白士霖之书状：

> 屡赐答书，不胜钦感。两国和好乃万世之计，此百姓之所安，大人真可谓以德为先之士也。吾引金老爷（金应瑞）前来与

---

① 《宣祖实录》卷57，宣祖二十七年十一月壬午条。

诸将军开诚而谈，惜大将军（李薲）因病不能来。另，已将金必同遣回。

李薲之书状：

本欲随金防御（金应瑞）同至一处，与诸将军开怀畅谈，惜病甚剧，难以实现耳。

金应瑞之书状：

赐书已到，甚感。所示之事真妙计也。余与小西行长、宗义智已彼此相见交心，今欲径与足下会面，到时必十分荣幸。①

原来李薲、白士霖、金应瑞本打算一同与日军将领会面，但李薲身体抱恙，所以似乎只有金应瑞自己赴约了。白士霖本该作为金应瑞的前导，但也无法成行。丰茂守所集日方之书信于10月7日、10月18日、10月26日三次寄出，李薲书信中所云三通当是指此。

1594年11月9日，白士霖之书状：

与金令公（金应瑞）相见之日，余已不能为前导矣。余岂有他意？无法如愿者，盖大将军老爷（李薲）病甚笃，寒疾甚剧，余须侍大将军之侧也。

李薲之书状：

君以我疑心于金防御（金应瑞）与贵方将员相见之事，何出此言？恰应陆幼节所云那句"何来送人毒酒的羊叔子"？② 只是

---

① 译按：原文为夹杂汉文的韩语译文，尽量译为贴合文言的白话，以下不再另注。
② "岂有鸩人羊叔子哉？"典出《晋书·羊祜传》。

恨于寒疾甚烈，不敢贸然前往剧风之地罢了。

日军在11月1日与九日之间寄出了一封书状，似乎对朝方人员的变动产生了怀疑，而包含这一内容的书状仍还没有得到确认。朝鲜方面试图解除日本方面的怀疑并进行了交涉，之后不仅是参与人员，连见面的场所也有所变更。

1594年11月？日，小西行长致金应瑞之书状：

日本先锋丰臣行长谨答
庆尚右道兵曹金大人阁下
已接到本月十二日在昌原与咸安交界之岚岩会面之提议。但是我停驻于昌原，幕下停驻于咸安，待次日一早于岩石下相会之事实在不可。我若驻留一日，军内诸将定甚为诧异，必追至昌原乃可。如此归国之人亦必怪异于此，则昌原相会之事亦不能为矣。十二日清晨，我将与宗义智、锅岛直茂、柳川调信、丰茂守等一同单骑赴会昌原，余言后叙。

柳川调信致金应瑞之书状：

丰臣调臣谨答
庆尚右道兵曹金大人阁下
本月十二日见面之处，小西行长书中已提及，我不作赘言。前日宗义智未作答信，非为他故，乃当日我在小西营中已作答书，是以未曾传信于义智也。且此番我未答复于李将军（李薲），十二日相见后我将当面向贵方解释，万望将此意转达。
东莱礼房宋忠仁与金达亡所携阁下前月二日之书翰已到，如今正将作好之回信交由其带回。

金应瑞提议了与日方会见的场所，在昌原与咸安交界的岚岩。但是小西行长担忧，为了在中间地带碰面，彼此离开原来的驻地等待一天再相见的话，本国同僚将领会起疑心，因此要在原定地点昌原进行会面。① 原定1594年11月12日的会见，两度延期到11月22日在昌原、咸安交界处才实现。日方一行在昌原马山浦逗留一天后，次日到达会见地点咸安地谷岘，柳川调信、玄苏、竹溪先至，小西行长、宗义智随后而来。据说小西行长之弟与另外两名日将在一起，推测可能是锅岛直茂和丰茂守。日方通事由要时罗担任，日军人员达三千余名，相比之金应瑞所率军卒不过一百余人而已。② 日方似乎并未遵守"单骑"赴会的约定，会谈内容也不再局限于以上所云的"治安之策"。日方为了推进讲和交涉，强烈要求朝方的协助，但这还是和以前一样的、以对明求贡之志为理由粉饰侵略目的的言辞。不过，在1596年9月丰臣秀吉接受明朝册封，旋即翻脸，和谈破裂以后，小西行长再也没有，使用过以上关于向明求贡的说辞和论调。

金应瑞主张日本一方不顾信用，进行了侵略战争，以此反驳小西行长。小西行长对战争中毁坏陵寝等破坏行为表示遗憾，并承诺如果朝鲜在明廷那边斡旋使得日本得到封贡的话，日本将非常感激朝鲜。金应瑞虽然回答无法代请封贡，但是如果日本写降书，他可以将降书呈报朝鲜朝廷与明廷，迟早会找出解决办法。③

1594年12月21日，金应瑞之书状（推测收信人为锅岛直茂）：

> 军旅如寒海，寝息如何？巡视沿海之后方回营中，我军兵士皆闻大人谨厚之诚。贵营军士中，有十余人结党出入我方边界喧腾，因是斩首，此事当真？若是当真，望以此数人首级送至鄙营，以示大人之真心。前闻军官李弘发自汉城传来佳音，今明间可到。不仅于我，于大人亦为乐事。余付使臣舌端。

---

① 会见地点由金应瑞与罗江戒底母此口头协商确认，其后通过协议最终定下见面地点，即昌原、咸安的交界地带。金应瑞与罗江戒底母此是在十一月八日以前会面的。参见《宣祖实录》卷57，宣祖二十七年十一月壬辰条，权慄十一月三日之成帖的内容。

② 《宣祖实录》卷58，宣祖二十七年十二月庚戌条所载权慄之驰启；赵庆男《乱中杂录》第三，甲午年（1594）十一月二十一日。

③ 赵庆男：《乱中杂录》第三，甲午年（1594）十一月二十一日。

壬辰战争期间朝鲜军和日本军的秘密交涉

庆尚左右道防御使兼兵使金

1594年12月25日，锅岛直茂致金应瑞之书状：

日本大将丰臣直茂谨奉答
朝鲜国兼左右道大人金应瑞幕下
已阅丰茂守营中所受之函，即我军兵士越境贵方杀掠之事。前日罪人十三名已授首伏诛，皆所目见。此十三人为我方所明令枭首，贵方欲确认则确认便可，只是我军纪令严明，不会出错。

此后仍然发生着日军兵士脱队入侵朝方地域掠夺的行为，但有幸于警戒区域的设置与对治安方面的协议，双方对彼此的措施产生了信赖。

1595年2月1日，金应瑞之书状：

阁下营中士卒，有越入我境盗掠者，严禁弛罚其行者非一二次，岂非坦诚相对乎？无乃失礼未安之处，呈送鹰隼一只，且慰襟怀。

1595年3月，丰茂守致金应瑞之书状：

日本大将丰臣直茂谨奉答
庆尚左右道防御使兼兵曹节度使金大人幕下
本月二月十六日接书状，得悉详细情形，甚为宽慰。与大明讲和之事已实现，游击将军沈惟敬三月已到日本，实乃两国之福。呈送长铗之诺，以近来故园声息已断，再难得遂，在在冤痛！暂以佩剑一柄、白银一两呈上。通事之弟，已为敝部将之奴婢，然其云欲以身代弟，其意亦不好违之，俟余寻一小童代之，其后当送还通事弟。自今以后，归国与贸易诸事，若有欺骗者必缉捕之。倭将中多有骏马者，贵方可以良鹰换之。我方将遣倭人

· 217 ·

一名送于贵国边界,请勿禁止。

交涉取得了这样一系列的成果。下一章我们将讨论在双方如此接触时,在汉城的朝鲜朝廷所做出的反应与措施。

三 交涉之结局:朝鲜政府的判断

朝军与日军在实施会面前就对朝鲜朝廷做了报告,但是报告到朝鲜朝廷那里的是11月7日的情况,对此做出的答复很难在之前所预定的日期即12日之前传达到当地,事实上,在执行过程中,就只能接近于"先斩后奏"。朝鲜政府对这样的活动表示忧虑,迅速下达了以"明廷未完成封贡是因为日军营中出现了悖慢之言,因此正进行调查,日本不要想通过朝鲜来寻求其他办法"或"封贡决定非私下会谈所能缔结之事"这种话,回复日方的命令。① 但在会谈的当地而言,朝廷许可与否,不影响对会见内容的详细讨论。② 朝廷知晓这一消息时,已经晚,但仍旧在认识到这一事实后,下达了中止再次会见的命令。过去的事情已无法挽回,以后不能再重复此类错误。③

正如朝鲜在接触加藤清正时所表现出来的那样,朝方在同日军交涉时,是保持一定距离的。朝鲜并非真心想与日军进行和谈,而是打算通过这种接触实行离间和侦测。朝方预想的更好一点的走向,则是对日军好言相劝,使其推迟进攻的时机。金应瑞等人脱离了朝鲜政府原本的意图。而且,鲜朝廷也忧心于明廷的议论。朝鲜害怕明廷误以为朝鲜果真一直在私下与日方和谈,因此,主动将这次接触的情况报

---

① 《宣祖实录》卷57,宣祖二十七年十一月辛巳条备边司论议:"盖以日本诸阵中,有依旧悖慢之语,传播远近,流入天朝。故天朝欲观日本所为,详审处之而已。""我国与日本,所当专意待候,不可私自相会。"十一月八日壬午条之备边司论议:"且令李弘发急速下去金应瑞阵中,或令应瑞还为入送,或传谕于往来之人,以为:'天朝闻清正悖慢之语,亦不许封贡,今因本国之奏,知行长、义智等亦不剿掠,以其诚心归顺,已许所请。沈游击之来,亦将不远,游击犹子沈承恩,已将先声来到王京。弘发见知而来,必无可疑'云云,以缓其意。'"
② 《宣祖实录》卷57,宣祖二十七年十一月丁亥、十一月壬辰权栗之驰启。
③ 《宣祖实录》卷57,宣祖二十七年十一月壬辰、十一月癸巳。

壬辰战争期间朝鲜军和日本军的秘密交涉

告给了明廷。①

朝鲜朝廷中止交涉的命令何时传达到会谈地点,当地对朝鲜朝廷的命令作何接受,都是无法确定的。11月22日会谈办成的结果在12月7日传回朝鲜朝廷,对此朝鲜政府一面下令给小西行长回信,声称明廷已经许可对日封贡,所以,勿要通过朝鲜来催促册封使,所有事宜由明朝担负,丝毫没有给日本留下可抓的话柄。

朝鲜朝廷还表示,日本军方为了弹劾加藤清正,不给朝鲜提供其所要求的文书,朝鲜唯有继续探听事情原委。将事实移咨辽东,以防来日给明廷落下把柄。具体事宜交由权慄和金应瑞临机应变,而二人的相机权变也要基于与上述相同的标准。② 即,以后仅仅是与小西行长一方维持交涉窗口便可,与讲和有关的接触全部由明廷负责其责,并拒绝有关的讨论,在离间之计上也尽量保持中立。

1595年1月,陈云鸿来到朝鲜,他很清楚选拔册封使之事。朝鲜朝廷只得无奈承认了这一难以挽回的事实。对于这样的结果,需要一个替罪羊来掩盖和应付出现在朝鲜臣僚当中的愤怒。金应瑞等前线将领因与日军交涉而受到非难,朝廷内对讲和的批评声音越来越大。③ 金应瑞显然是没有体悟到这样的朝廷氛围,反而向日营附近的金海地区遣送流民耕种,并且延续了他原来那种独断性的交涉。④

我们无法确定朝廷许可下的权变之策与金应瑞的所思所想,是否存在差异;即便没有差异,也无法确定金应瑞针对时局变化的理解所执行的权变之策的标准。但是,金应瑞不管朝鲜政府的顾虑,⑤ 以侦

---

① 《宣祖实录》卷57,宣祖二十七年十一月癸巳。卷59,宣祖二十八年一月乙未:"上曰:'予恐中朝以讲和推之于我国也。若以为"尔国亦主和,尔国自可为之"云,则奈何?'"
② 《宣祖实录》卷57,宣祖二十七年十二月庚戌。
③ 《宣祖实录》卷59,宣祖二十八年一月己卯,郑经世启;一月辛巳,宣祖、申湿、郑经世之论议;一月乙酉;一月乙未;一月癸卯。《宣祖实录》卷60,宣祖二十八年二月乙巳。
④ 《宣祖实录》卷60,宣祖二十八年二月癸酉。
⑤ 《宣祖实录》卷61,宣祖二十八年三月甲戌;三月辛卯。

测为名义，再次派人到小西行长营中，试图进行对话。① 然后，朝廷中兴起了处罚金应瑞的议论，群臣提及罢职、押送并推考等处分。② 此后，除通过文字书信的方式外，朝鲜禁止与日本军一切形式的往来。然后，对金应瑞等人的处罚似乎便已告一段落了。③ 议论渐息，最终金应瑞、高彦伯、权应铢只是受了军杖责罚。④

此次接触朝鲜官方较少介入，属于少数自发性质的谈判。将领层次的交涉不可能做到左右战争全局，但可以将小西行长一方的要求传达给朝廷。但是朝廷不需要让交涉发展到这样的阶段，且担忧明廷会以此为借口要求分担交涉的责任。自从明朝决定对日册封后，朝鲜朝廷便只允许在当地侦探情报，金应瑞等人一旦越过这一界限，自然受到遏制。⑤

尽管如此，金应瑞不久又被重新起用。朝鲜政府向他们做出了警告，但这只是展示出原则性的部分，是表面上做给明朝看的，就名义而言，朝方表示这场交涉是在现场的诸将私自决断的，朝鲜的正式立场是不赞成和谈的，也不允许诸将与日军直接接触。⑥ 朝鲜获得了与加藤清正小西行长接触的路径，且无论何时都可以重启谈话。这样一来，即便没有明朝的帮助，朝鲜依然能够获得与和谈相关的情报。

自1596年9月丰臣秀吉宣布和谈破裂、再次侵略开始，到1597年7月为止，朝鲜再次派出惟政前往加藤清正营中，并允许金应瑞与小西行长进行接触。⑦ 不仅是小西行长，连丰茂守也在丁酉倭乱爆发前与金应瑞、白士霖等人进行了密切的接触。朝鲜对双方交涉的有效性有着清楚的认知，这是朝鲜绝对不会忘记的事实。

---

① 《宣祖实录》卷62，宣祖二十八年四月丁卯。
② 《宣祖实录》卷63，宣祖二十八年五月癸酉；五月乙亥；五月丙子。
③ 《宣祖实录》卷63，宣祖二十八年五月乙亥；五月壬午。
④ 《宣祖实录》卷65，宣祖二十八年七月乙酉；七月戊戌。
⑤ 以上三章内容参考［韩］金冈泰：《壬辰倭乱期讲和交涉研究》，第160—165页。
⑥ 朝鲜方面对与日本接触这件事似乎表示出了"且唐人方在其处，而我国主将与贼相会，亦恐致疑于释怨讲和，事理非便"的忧虑。参见《宣祖实录》卷57，宣祖二十七年十一月辛巳。
⑦ ［韩］金冈泰：《丁酉倭亂 直前 朝鮮의 情報收集과 再侵對應策》，《韩日关系史研究》2018年第59号。

结 论

朝鲜与明军、明朝朝廷之间既往存在的矛盾,使明廷内部的政治斗争更加扩大化。明军指挥部人事接连更换,也推迟了明廷的决定。当地讲和交涉尽管事态如此,但仍然在进行。朝鲜实质上也很难在名分上强烈反对明朝的讲和路线,因此朝鲜积极寻找着突破口,一是向明朝直接报告,另一个是试图开辟同日军直接交涉的渠道。这是朝鲜为在明朝与日本之间寻找自己声音而摸索新方案的过程。在最前线同日军对峙的朝鲜将领们与日军接触起来是非常积极的。

但是,朝鲜朝廷在实施妨碍沈惟敬与小西行长和谈的手段上犹豫不决,并且在明朝决定派遣册封使后,中止了交涉。朝方判断,即使派遣册封使也很难翻转交涉的动向,而且也能防止明朝借以指责自己。

然而朝鲜也并没有放弃这条已经确定下来的和谈途径,朝方清楚地认识到直接与敌人交涉的有效性。自1596年9月丰臣秀吉宣布和谈破裂到实际至1597年7月再次侵略之前,朝鲜政府是下达过与加藤清正、小西行长再次接触的指示的。朝方担当交涉之责的是惟政与金应瑞,金应瑞在壬辰倭乱后被调往北部边境担任一方阃帅,与女真(后金)开展过相当活跃的接触。

在尖锐对峙的战场上,互相间的交涉是十分必要的存在。在壬辰倭乱中,介入战争的各方都了解交涉的必要性,但是在单方面被侵略的朝鲜,能够担负交涉这一重任的人并不多。金应瑞、白士霖、李薲确保了交涉的途径与由此得来的成果、情报日后仍然有效,挺身而出与日军交涉的他们所扮演的角色绝非小可。对和谈的默许和对和谈再次开启的尝试,也能窥探出朝鲜政府柔性外交的一面。

(译者徐成,山东大学历史文化学院2017级研究生)

第二次"晋州之战"前后明朝东征援军在朝鲜的布防与动向

石少颖[*]

摘要：碧蹄馆之战后，朝鲜战场进入和谈阶段。但日军并未尽撤，朝鲜南部敌情依然严峻。明军的南下布防和朝鲜岭南军队的局部反击，使得屯聚于朝鲜南端的日军西向溃逃，从而使晋州周边抗倭压力陡增。伺机复仇的日军于是在本应止战的和谈期骤然发动了第二次"晋州之战"。尽管明军在南原的筑城防御有效遏制了日军西进全罗的势头；但明军在南部驻军偏少以及拘于鸟岭沿线的布防意识，确实无法满足明军协防岭南、背守全罗的现实需要。日军反扑晋州，使得处于和谈期的明军更加认清了御倭战争的持久性和为朝鲜留兵防守的紧迫性。

关键词：东征明军　明日和谈　王京　鸟岭　第二次"晋州之战"

万历二十年（1592，农历壬辰年）四月，日本关白丰臣秀吉发动了对朝鲜王朝的侵略战争，学界一般称之为"壬辰战争"。[①] 二十一年（1593）初，明军提督李如松取得"平壤之战"胜利，却因兵败碧蹄馆而放缓进剿速度。朝鲜战局进入明日和谈阶段。学界一般将万

---

[*] 石少颖，山东大学历史文化学院副教授。

[①] 中国史书称之为"万历援朝之役"或"万历东征"。韩国学界将1592年爆发的第一阶段战争称为"壬辰倭乱"，又将1597年第二阶段战争称为"丁酉再乱"；日本学界则据日本年号将两个阶段的战争合称为"文禄·庆长之役"。目前，中国学界一般将"壬辰""丁酉"二役统称为"壬辰战争"。

◈◈ 第二次"晋州之战"前后明朝东征援军在朝鲜的布防与动向 ◈◈

历二十四年（1596）"封事"失败作为整个议和问题失败的标志。①但日军于万历二十一年发动第二次"晋州之战"②，已经显露出日军毫无诚意，和谈失败正初见端倪。从明军兵败碧蹄馆到第二次"晋州之战"，乃是朝鲜战场形势调整变化的特殊时期。学界针对该时期的研究主要集中于明军撤兵与留兵、明日议和进程、晋州城朝鲜守军行动以及地方义兵活动等问题上，③而关注明军南下布防进程的成果并不多。据此，本文拟对第二次"晋州之战"前后东征明军在朝鲜的布防问题和应援第二次"晋州之战"的情况作一考察，并结合朝鲜方面的反应，重新审视该阶段东征明军在朝鲜战局中的具体作用。

一 兵败碧蹄馆后明军进兵放缓

万历二十一年（1593）正月初八日，明军提督李如松取得"平壤之战"的胜利，却在二十七日于碧蹄馆附近遭遇日军伏击。兵败碧蹄馆之后，明军锐志全消，④经略宋应昌和提督李如松都表现出放缓

---

① 相关成果如王裕群《1592—1598年日本丰臣秀吉的侵朝战争及其结局——兼对陆成侯先生"丰臣秀吉之死与壬辰倭乱的结局"一文作初步商讨》，《新史学通讯》1956年第12期；李光涛《万历二十三年封日本国王丰臣秀吉考》，台北"中央研究院"历史语言研究所专刊之五十三，1967年；孙卫国《兵部尚书石星与明代抗倭援朝战争》，中国朝鲜史研究会《朝鲜·韩国历史研究》第14辑，延边大学出版社2013年版；等等。

② 壬辰战争中的"晋州之战"有两次。其中，1592年第一次"晋州之战"因朝鲜取胜，又被称为"晋州大捷"。

③ 主要论文有陈尚胜《字小与国家利益：对于明朝就朝鲜壬辰倭乱所做反应的透视》，《社会科学辑刊》2008年第1期；朱法武《壬辰战争中朝鲜对中日议和立场探析》，《社会科学辑刊》2010年第2期；文廷海《明代碧蹄馆之役及中日和谈考实》，《四川师范大学学报》（哲学社会科学版）2001年第2期；李钟九《壬辰倭乱时期全罗道社会状况与义兵运动研究》，博士学位论文，延边大学，2010年；李靖《壬辰之役期间明日和谈活动再研究》，硕士学位论文，中央民族大学，2014年；张志坤《壬辰战争期间明朝内部和战之争》，[韩]《军史》第60号，2006年；[韩] 孙殷珠《壬辰倭亂期의 講和交涉에 關한 考察——小西行長과 講和交涉을 中心으로》，日本学科硕士论文，庆尚大学，2003年；[韩] 김경태《임진전쟁기 강화교섭의 결렬 원인에 대한 연구》，[韩]《대동문화연구》87권，2014年；[日]北岛万次《壬辰倭亂과 晉州城戰鬥》，[韩]《南冥学研究》第7辑，1998年；等等。

④ 李光涛：《朝鲜"壬辰倭祸"研究》，台北"中研院"历史语言研究所专刊之六十一，1972年，第88页。

进剿的意愿,尤其是李如松,貌似在一路"撤兵":自碧蹄馆退坡州,自坡州退东坡,又自东坡退开城,后来更有兵马退回平壤。那么,李如松为何要撤至平壤?除了碧蹄馆兵败受挫影响外,大致还有三个原因。

首先,战马折伤,草料不足。副总兵杨元曾讲:"顷者,连日下雨,道路泥泞,其深没膝,马不得驰突。今若直进,则必多折伤马军,当分喂于平壤等有粮草各处,步兵则防守开城、坡州等地,待粮草积峙,道路亦干,又待后头兵马,方可进剿。"① 李如松部下多为骑兵,正是因"平壤之战"而损耗极大,"时天兵远来疲弊,又有马疾,战马死者至一万二千余匹。及碧蹄之败,死伤甚众"②。开城有粮,但是无草,李如松需要回平壤补给草料。这一说法在朝鲜《宣祖实录》里也可以得到印证。③

其次,北方倭情形势依然严峻,明军需随时防备咸镜道(位于朝鲜东北部,入侵日军将领为加藤清正)和王京日军的夹攻,宋应昌在写给赞画刘黄裳和袁黄的信里讲,"王京倭奴袭我之背,咸镜倭奴袭我之腋,两面夹攻,而我居其中,非策矣"④。可见,李如松退至平壤,亦是防备背腹受敌,是出于明军自身安全的全局考虑。

再次根据当时的消息,王京日军"不过八九千,而其余万余,皆是尔国(指朝鲜)之投倭者"⑤。这在李如松看来,明军并不急于南下,当务之急乃是休养军马,且希望能等到援军的到来。⑥ 李如松虽进兵迟滞,但没有真正放弃进剿。

那么,在前线明军出现北撤行迹的情况下,经略宋应昌的态度究

---

① 《朝鲜宣祖实录》卷35,宣祖二十六年二月辛丑,韩国国史编纂委员会网站公布之点校本,http://sillok.history.go.kr/main/main.do。
② 《朝鲜宣祖实录》卷35,宣祖二十六年二月庚寅。
③ 参见《朝鲜宣祖实录》卷35,宣祖二十六年二月庚子:"经略曰:'李提督兵马,速来驻平壤喂养,步军一万与朝鲜兵马防守开城。即将此意,说与提督下人以送。'"
④ (明)宋应昌:《经略复国要编》卷6《与刘袁二赞画书(十六日)》,吴丰培编《壬辰之役史料汇辑》上册,全国图书馆文献缩微复制中心1990年版,第507页。
⑤ 《朝鲜宣祖实录》卷35,宣祖二十六年二月辛丑。
⑥ 同上。

第二次"晋州之战"前后明朝东征援军在朝鲜的布防与动向

竟如何呢？如前已述，宋应昌显然是支持李如松撤避平壤的，但"撤避"不等于"撤兵"。从宋应昌《议乞增兵益饷进取王京疏（十六日）》里，我们还可以看到，宋应昌仍在考虑为前线增兵益饷，表示明确，"大敌在前，应援不至，朝鲜新复，困惫难支，贼焰再张，前功尽弃，是未可以轻易退也"①。更进一步讲，宋应昌的奏疏和李如松的"撤避"轨迹恰恰说明了明军当时想要保全实力和守住北方战果的艰巨性。

然而，朝鲜君臣对于明军一撤再撤的做法并不认可。其理由在于，明军纵然以粮草不继而撤避平壤，但在补给之后，仍应尽快前进；否则，师久则费巨，"若持久不进，则俵给留屯之兵，接济我国之军，渐至消耗，不可不速进"②。虽然李如松给出了粮草不足的解释，并答应继续进兵，但朝鲜仍认为其"实无意追贼，但以谩辞给应而已"③，甚至对李如松作战能力表示质疑："提督素不能用兵矣。贼据北道，而尚欲长驱，到开城府，其后始分兵，来守平壤。拔城之功，非以智勇，乃天威震叠而然也。"④

而更让朝鲜明朝不满的，乃是明日和谈的开始。"平壤之战"后，北线各路日军逐步向王京方向收缩，以图保全力量。如此一来，明廷主观转向议和与日军伺机喘息的意愿叠加在一起，最后促成明日和谈期的到来。"于是惟敬款议复行。"⑤很显然，游击沈惟敬并非首次去谈判，明廷早有议和之预案。⑥学者李光涛认为，李如松一鼓而下平壤，亦受益于宋应昌"兼约请和，陈兵益备"的两手准备；"先以封

---

① （明）宋应昌：《经略复国要编》卷6《议乞增兵益饷进取王京疏（十六日）》，吴丰培编：《壬辰之役史料汇辑》上册，全国图书馆文献缩微复制中心1990年版，第501—502页。
② 《朝鲜宣祖实录》卷36，宣祖二十六年三月壬戌。
③ ［韩］柳成龙：《惩毖录》，首尔：乙酉文化社2014年版，第235页。
④ 《朝鲜宣祖实录》卷38，宣祖二十六年五月庚辰。
⑤ 《明史》卷238《李如松传》，中华书局1974年版，第6195页。
⑥ 相关成果如孙卫国《万历援朝战争初期明经略宋应昌之东征及其对东征历史的书写》，《史学月刊》2016年第2期；张子平《万历援朝战争初期明日和谈活动的再探讨——以万历二十一年的"龙山谈判"为中心》，硕士学位论文，复旦大学，2011年；等等。

贡之说与倭构"的沈惟敬对此"贡献实多",不应似《明史》所称为"无赖"。① 不过,宋应昌显然并不愿过多提及议和的预案,而志在速胜的李如松一开始对于沈惟敬的随行也表露出不满。但在兵败碧蹄馆之后,李如松却不再拒斥议和;② 而李如松又受宋应昌节制,朝鲜方面故对宋应昌颇有微词:"(经略)虽自以为深谋远虑,算无遗策,而无非悖义畏虏之说"。③ 朝鲜认定是和谈误事,"不利于我国之事,皆由于沈惟敬矣"④。

那么,和谈阶段的到来究竟对明军行军进程有何影响呢?我们认为,首先,议和对于战争双方来讲,皆是缓兵喘息的机会。据前人研究,三月三日,日军前线将领形成撤军决议,随后向明军送书求和;而宋应昌已经于二月底派出沈惟敬。这说明,明军讲和意愿非因日军求和而出,⑤ 双方皆有意和谈。宋应昌的条件有三条:一是归还朝鲜国土,二是交还王子、陪臣,三是关白上表谢罪。尽管是围绕日本撤军的和谈,但日军似乎更占上风,因为其挟朝鲜王子为筹码。这一点对于朝鲜来说很关键;而明朝又视和谈结果来规划行军计划。相比之下,明军对于和谈结果的依赖性要比日军更大,也会相对被动。而日军没有如期释归朝鲜王子,且未尽数撤归的事实,就已证明了这一点。

其次,刚刚开启的和谈对于谈判双方还是具有一定制衡性的,原则上,明日双方在和谈期互不攻伐,但这却在明军和朝鲜之间造成了巨大分歧。宋应昌还是希望促成和谈的,因此,他对明军和朝鲜下达了"禁约";任何衅端都可能成为破坏和谈的口实。对于这一点,就连刚到朝鲜的刘綎也曾不解:"不料经略勿令前进。经略既主兵在此,

---

① 李光涛:《朝鲜"壬辰倭祸"研究》,台北"中研院"历史语言研究所专刊之六十一,1972年,第74页。
② 沈惟敬谈判的任务之一是要索回碧蹄馆之战中的被擒明兵。李如松自然不会再强硬反对沈惟敬和谈。
③ 《朝鲜宣祖实录》卷37,宣祖二十六年四月己丑。
④ 《朝鲜宣祖实录》卷38,宣祖二十六年五月庚辰。
⑤ 张子平:《万历援朝战争初期明日和谈活动的再探讨——以万历二十一年的"龙山谈判"为中心》,硕士学位论文,复旦大学,2011年。

◈◈ 第二次"晋州之战"前后明朝东征援军在朝鲜的布防与动向 ◈◈

又有提督,虽欲有为,不得自由。"① 宋应昌还"戒我国(指朝鲜)边将,毋得剿杀倭贼"②,但朝鲜将领权慄却屡有讨斩零贼之报。宋应昌怒行牌文禁之,但朝鲜国王宣祖却暗中拦下。此后,明将戚金、钱世祯、查大受等亦来劝朝鲜"相时度势,姑为容忍,待后国势稍强,军兵稍炼,自有复仇之日"③。但遭到朝鲜都体察使(总督军事和粮饷运输)④柳成龙、都元帅(最高军事统帅)金命元反复争辩:"和战大计,天朝制之,小邦不敢干预,难以口舌争",况且,"各处官义之兵,皆欲报复父母兄弟之仇,岂能禁之?"⑤ 但柳成龙最后还是接受了明将的要求,移文各处兵马,不要随处截杀。

值得注意的是,朝鲜催剿,固然有复仇之需,但和谈对朝鲜而言,并非全然不可接受之事;毕竟,二位王子仍命悬日军手中。只不过,相比于彻底剿敌,明军以和谈来促停战,并非朝鲜乐于接受的最优方案。此外,朝鲜人还担心,如果明朝坚持议和,朝鲜却始终反对,一旦和谈破裂,反而给明朝和日本都留下了朝鲜人阻碍停战的口实。如此一来,朝鲜不仅在外交上陷于孤立和被动,而且还会遭到日军报复性进攻:"天朝讲和,而我国断不讲和,则贼以为天朝已和,而尔国何独不和,侵暴必甚。"⑥ 种种顾虑之下,朝鲜觉得,唯有让明军快速进剿,才能为朝鲜在外交、军事乃至舆论上彻除后患。

可以说,明日和谈的开启确实影响到了明军下一步的行动速度,但是,明军南下步伐并没有完全被和谈所羁绊。毕竟,平壤以南的朝鲜王京还未收复,而王京乃是朝鲜复国之关键,也是明军当时更为关切的目标。很快,就在三月二十日,宋应昌遣赞画刘黄裳、袁黄移咨

---

① 《朝鲜宣祖实录》卷37,宣祖二十六年四月丙申。
② 《朝鲜宣祖实录》卷36,宣祖二十六年三月癸未。
③ 《朝鲜宣祖实录》卷37,宣祖二十六年四月戊申。
④ 备边司启曰:"丰原府院君柳成龙驻在安州,既令兼察军事,而时无名号,事多妨碍。都体察使称号,使之总督诸军事。"参见《朝鲜宣祖实录》卷33,宣祖二十五年十二月庚寅。
⑤ 《朝鲜宣祖实录》卷37,宣祖二十六年四月戊申。
⑥ 《朝鲜宣祖实录》卷36,宣祖二十六年三月己卯。

朝鲜，① 告知明军即将南下王京，希望朝鲜军队从汉江南面给予呼应。而就在宋应昌移咨朝鲜的前一天，明朝兵部已下令："务使饷足资兵，兵不糜饷，早平大寇，庶宽朕东顾之怀。其或彼此互相推诿，以致缓急误事，责有所归。"② 四月六日，日军撤兵事基本确定；十九日，日军撤离王京。③ 二十日，李如松率大军入城，并责令部下继续驱逐日军。"倭子十九日，撤兵急行，四五日以后慢行，每日行三四十里。天兵则十八日，人持五日粮，追倭南下云。"④

二　王京收复后明军在朝鲜的南向布防

随着王京的收复，朝鲜战场暂时形成了以汉江为界，明日两军分据南北的格局。明军握有王京，但从未涉足汉江以南；日军虽撤出王京，但其在釜山的大本营几乎未受影响，况且，自和谈开始以来，南方日军还在增多，这一方面是由于北方各路日军南撤，另一方面，日军自三月始又在南部沿海添续新兵。对于汉江以南敌情，朝鲜远比明军清楚得多，但朝鲜却没有对明朝官员据实上报，不言"贼势张皇"，反称"贼势残疲"；就连明将刘綎到达肃川、问及南方敌情时，朝鲜人也只提"汉江以南及芦原等处，抢掠比前尤甚"⑤，却不讲日军新添援兵。朝鲜的目的就是希望天兵能打消"畏倭"顾虑，尽快进剿。

尽管没有及时掌握南部敌情，但对于收复王京之后东征明军在朝鲜本土的防守问题，宋应昌已有考虑：

> 且倭奴虽退釜山，王京、开城、平壤，亦当量留将兵以防守

---

① 《朝鲜宣祖实录》卷36，宣祖二十六年三月乙亥。
② 《朝鲜宣祖实录》卷36，宣祖二十六年三月甲戌。
③ 《明神宗实录》卷260，万历二十一年五月丙子，台北"中研院"历史语言研究所1962年影印本，第4830页。
④ 《朝鲜宣祖实录》卷38，宣祖二十六年五月戊午。
⑤ 《朝鲜宣祖实录》卷37，宣祖二十六年四月丙申。

❖ 第二次"晋州之战"前后明朝东征援军在朝鲜的布防与动向 ❖

之,待你国自振,然后撤回。①

防守是战斗胜利之后、兵家必然要考虑的问题。宋应昌首先考虑的就是要守住朝鲜北方战果,但他同时希望朝鲜军队能够担当起守护本国的责任,而朝鲜的优势军力乃是分布于东南的水军。② 可见,想要靠朝鲜自己来守住北方,是非常不现实的。明军只能依靠当时在朝鲜的剩余兵力展开布防,形成针对东南日军的有效防御力量,以巩固朝鲜北方既有战果。鉴于此,宋应昌提出要采取前堵后追的办法,与朝鲜"犄角讨贼"③,将日军阻截于未渡海之前,尽灭之:

> 令李提督先遣船将李如柏、张世爵等,率统大军前进,又令赞画刘员外,督发刘綎川兵继进。请王速发兵,号令全、庆等道,整顿水、陆军兵,其陆军,前赴提督标下,其水军,速出梁山、釜山停泊水次。仍令水兵将领,侦探倭众,将到海口,烧彼船只。④

> 如倭奴回敌,则游骑先抵其锋,而大兵继进,如倭两分横来,则我左右先抵之,大兵继迎。如彼据而驻,则我兵亦据险待之,彼来挑战,我不必与之战,彼粮自尽,势必走。而我军亦照前分布,联络而进。盖防其用调虎离山计也。至如各邑,有傍路倭,可以袭取者,速调便僻各邑军兵,前来紧要处所,深沟高垒,专一把截,不可与倭战。倭粮尽,必不能久攻,势必乱窜。然后大兵相机剿杀,务使其无一生还。其间千变万化,难以遥度,中制者,是在领兵各官,筹划举动,务保万全。⑤

宋应昌在上述两篇咨文里详细阐述了自己的南进布防与进剿设

---

① 《朝鲜宣祖实录》卷37,宣祖二十六年四月丁亥。
② 参见罗丽馨《万历朝鲜战争:日本之战术》,台北《明代研究》第28期,2017年。
③ 《朝鲜宣祖实录》卷38,宣祖二十六年五月丁巳。
④ 《朝鲜宣祖实录》卷37,宣祖二十六年四月庚戌。
⑤ 《朝鲜宣祖实录》卷38,宣祖二十六年五月甲寅。

想，明确了明军挺进岭南（朝鲜庆尚左道）的新目标，并对日军的回军反扑，做好了应对方案。不过，宋应昌毕竟对朝鲜军队了解太少，不知"自汉南至于庆尚，全无大军"①的实情。朝鲜水军将领元均曾讲，朝鲜陆军无力歼讨，只能苦待天兵之至；水军方面，明军设想虽好，但朝鲜水军已屯海上数月，"万无诱出之势"，②仍需靠水陆合攻，但明军尚未来到。可见，两国配合并不容易，互有依赖，但又各有难处。

因此，在"务保万全"的前提下，宋应昌对于明军南进，非常谨慎。至第二次"晋州之战"前，明军南下的机动兵力大致形成了以鸟岭为基点、辐射东南的布防目标。鸟岭处于今韩国庆尚北道、忠清道、江原道的交界地带。自鸟岭开始、沿朝鲜半岛中南部的脊梁山脉——小白山脉向南所形成的闻庆、咸昌、尚州、善山、黄涧一线，客观上构成了防备岭南日军北向反扑的天然屏障。而宋应昌之所以重视鸟岭，还有主观认识上的一些原因。

首先，尽管已经开始南下，但明军始终紧盯以平壤、王京为核心的北方地带，因为这是和谈期明军掌控朝鲜战局的根本保证。而且，朝鲜历来重西北、轻东南，"昔王太祖以平壤为根本，终合三韩。今国家赖西民之力，得有今日，今当固守西都，以观东南之变"③。朝鲜自身的防御经验亦可印证北方对于整个朝鲜安全的重要性。当然，这种重在北方的认识，也成为了明军军心趋于守成的原因之一：宋应昌觉得，拿下开城，已经超出预期；王京收复后，李如松也认为，"中国之事已定，当守汉江，观势撤回"④。

其次，宋应昌对朝鲜南部疆界曾有疑虑。李如松报帖里也有朝鲜"割弃釜山与贼，且立界牌"之语。⑤宋应昌专门质问朝鲜人，日军

---

① 《朝鲜宣祖实录》卷38，宣祖二十六年五月丁巳。
② 《朝鲜宣祖实录》卷39，宣祖二十六年六月丙戌。
③ 《朝鲜宣祖实录》卷39，宣祖二十六年六月丙申。
④ 《朝鲜宣祖实录》卷38，宣祖二十六年五月癸亥。
⑤ 《朝鲜宣祖实录》卷39，宣祖二十六年六月戊子。

❖ 第二次"晋州之战"前后明朝东征援军在朝鲜的布防与动向 ❖

所谓"密阳以南,则万历十六年,朝鲜割以与我(指日本)"①的说法是否可信?朝鲜人当然否定,并竭力澄清;待刘黄裳亲见《舆地胜览》后,才终于确定釜山为朝鲜南部要镇。"釜山割与说"虽非事实,但意义非同小可。"此贼每作如此说话,以惑人听"②,否则,将影响到明军布防计划的调整。

最后,朝鲜王京虽已收复,但残败已极,国王宣祖又尚未还都。明军受此牵绊,只能先把防守南界,由王京扩至鸟岭一线,而不可能直逼岭南沿海。

鉴于对朝鲜地形的有限认识和守住王京的根本目标,宋应昌向朝鲜提出"设关鸟岭"、筑城为守的建议。"庆尚一道,鸟岭最险,不可不设关防戍,以备日后之患。"③奉命转达此意的刘黄裳对朝鲜讲:

> 贵国欲守王京,则不可不先守鸟岭。贼中如有杰出者,知其为要害,而先据是岭,防遏天兵,则制之极难。须速遣干能宰臣,相彼险要,设关以防。④

宋应昌视鸟岭为守卫王京之关键,而王京安全又牵涉到朝鲜北方的安危。防"东南之变",才可无"西北之忧"。⑤可见,鸟岭的重要性是其作为王京门户、防敌北越而被宋应昌强调的;对明军来说,"布防"的预期远重于"进剿"的意义。尽管朝鲜认为釜山与鸟岭相距无几,明军可尽快进剿;但从地图上看,鸟岭距釜山稍远,但距王京更近,这再次印证了宋应昌"务求万全"的谨慎立场。宋应昌还提出,"若止借留兵,恐不足与敌且为守也","今议留兵协守,亦不过酌量权衡,暂为修备。盖多留则思归将士孰肯乐从;少留则众寡强弱势难与敌,是今日借箸而筹朝鲜者,无过于因地设险,因险设防,

---

① 《朝鲜宣祖实录》卷38,宣祖二十六年五月庚辰。
② 《朝鲜宣祖实录》卷39,宣祖二十六年六月戊子。
③ 同上。
④ 同上。
⑤ 《朝鲜宣祖实录》卷39,宣祖二十六年六月甲辰。

为第一策"①。"设关鸟岭"既是为解眼下之急,亦是为朝鲜而考虑的长久之策;在和谈未果的情况下,宋应昌不得不做着继续南进和日后撤兵的两手准备。

六月十三日,宋应昌再次移咨朝鲜,将设关地点扩为鸟岭、火岘、竹岭三处;其中,以鸟岭为核心,兼顾全罗、江原两道安全:

> 以立王国者,使中扼鸟岭,则王京安;西扼火岘,则全罗安;东扼竹岭,则江原安……关外皆挑壕堑品坑,凡有木植,尽行刊去;关内置盖营房或窝铺,务足万人栖止。关门仍要高厚坚固,如中国月城之形。重门旋转而入;女墙、垛口,移与人齐;安排水沟、铳眼;布置滚木、礌石,务使一人当关,万夫莫能仰视。②

朝鲜却不愿接受设关一事:一方面,朝鲜辩称,明人不知朝鲜形势,鸟岭之外,如云峰、八良岾等处,皆可逾越。仅在鸟岭设关,解决不了整体防御的问题。另一方面,宋应昌提出可由明兵协助建造:"则或以中国人夫役之;或有遣人相地,指挥监董之理。"③朝鲜对此很抵触,"朝鲜目今残破,非但难以办役,如不得人以委任,则虽十分费力,终归于虚地。中国之人,则于此等之事,极尽周详。若经略役中国人夫,令其将官,指挥设筑,如平壤、开城事,则岂偶然哉?依上教婉辞移咨无妨"④。可见,朝鲜不愿设关鸟岭,除了歧路较多、役夫不足之外,还在于对明军的防备之心。事实上,宋应昌之前还有更远设想:"沿途沿海,或五里、或十里,应否修设烽堠,如中国之制,有警相传,得以坚壁清野,使倭四无所掠。"⑤但《宣祖实录》转引的宋应昌呈兵部揭帖里,并没有记录这个沿海布防计划。

---

① (明)宋应昌:《经略复国要编》卷8《檄刘赞画(十九日)》,吴丰培编《壬辰之役史料汇辑》上册,全国图书馆文献缩微复制中心1990年版,第713页。
② 《朝鲜宣祖实录》卷39,宣祖二十六年六月丙申。
③ 《朝鲜宣祖实录》卷39,宣祖二十六年六月甲辰。
④ 《朝鲜宣祖实录》卷39,宣祖二十六年六月丁酉。
⑤ (明)宋应昌:《经略复国要编》卷8《檄刘赞画(十九日)》,吴丰培编《壬辰之役史料汇辑》上册,全国图书馆文献缩微复制中心1990年版,第715页。

◈◈ 第二次"晋州之战"前后明朝东征援军在朝鲜的布防与动向 ◈◈

不过，朝鲜虽婉拒"设关鸟岭"，但仍希望明军尽快追剿，而宋应昌也有守住鸟岭门户、守护王京战果的根本考虑。于是，尽管两国出发点不同，但宋应昌仍然及早派骆尚志、宋大斌等将领，自鸟岭、尚州沿小白山脉，向南至南原，布防了少量兵力，又以刘綎驻大丘，作为东南向据点，随时防备日本反扑。只是让明军没料到的，本为守护王京而布防的大丘—尚州—南原防御线，却很快在协助朝鲜守护朝鲜南端全罗道门户——晋州的战斗中，率先应援。

三 晋州城失陷与明军的应援

万历二十一年（1593）六月二十二日，日军入犯朝鲜全罗道门户晋州，"二十四日围晋三匝，或作竹桥，或作竹栫，或以高木作假楼，上可立百余人。放炮之声，彻于四境，南江越边，不知其数作阵"①。朝鲜军队失守晋州，军民遭屠戮者达六万之多。这就是发生于明日和谈阶段的一次特殊战役——第二次"晋州之战"，它通常被认为是日军因上年兵败晋州而发动的复仇战。

诚然，第二次"晋州之战"虽然有无法避免的日方原因，但是，在明日和谈的特殊时期，本应撤还的日军何以在短期内形成对晋州如此之大的攻击力呢？而且，学界一般认为明军在这场战役中几无作为，特别是李如松坐视不救②；朝鲜记录也认为，晋州失陷与明军将领畏敌、不及时进剿有关。那么，明军真的是对晋州形势坐视不管吗？此外，学者卜永坚也提到，朝鲜战局风云诡谲，明朝和日本展开了奇特的封贡和谈，日军在晋州犯下如此暴行，居然没有动摇明朝追求和平的"决心"。③那么，正在进行中的明日和谈对这次战役到底有何影响？我们认为：

---

① 《朝鲜宣祖实录》卷40，宣祖二十六年七月甲子。
② 李光涛：《朝鲜"壬辰倭祸"研究》，台北："中研院"历史语言研究所专刊之六十一，1972年，第91页。
③ 卜永坚：《十六世纪朝鲜战争与明朝中央政治》，台北《明代研究》（台北）第28期，2017年。

首先，明军自五月中旬开始南越鸟岭，宋应昌已将明军南下目标瞄向大丘，为深入岭南做准备，① 并同时要求朝鲜给予配合，"各于天兵经过地方，盖草打棚，以为驻歇之所。所谓打棚，即假家也。又于岭南以下，多备粮饷，毋致急缺"②。据朝鲜史料记载，"大丘府留贼，五月十五日，无遗下去；即日，天兵先锋李总兵（指李宁）率军入府。清道（位于大丘以南，近密阳）之贼，五月十六日，亦为退遁。"③ 李如松本人亦随后跟进，二十二日，"天兵先锋已到闻庆、幽谷等处，李提督大军已到忠州矣"④。但明军曾在尚州附近遭遇小股日军的进攻，"此贼独留尚州，略无退意，又多引援兵者，必是已闻天兵追蹑之声，敢生抗拒之计也"⑤。可见，日军虽依约后撤，但实不甘心；他们随时可能集结，对朝鲜和明军加以报复。但尽管如此，明军南下布防还是对日军具有一定震慑力的，使其短期内无法北越反扑，当然，也在客观上把日军逼向了朝鲜南端。

其次，明军在军事上高度重视岭南安全；前文中提到的设关及留兵协守问题，都是为防备岭南日军日后反扑而考虑的。朝鲜接伴使韩应寅状启中也提到，"提督以留兵事，眷眷为言，殊为感幸。以五千之兵，分把两南沿海要口，诚为不足，但以粮饷为难，只请五千军矣。题请军粮与留置吴、骆两将，及宣府大同火器等事，其为我国虑，纤悉周尽"⑥。六月初，明军已经闻悉日军将犯全罗道，宋应昌遂遣刘黄裳提醒朝鲜要及早防守："天朝之于尔国，不遗余力矣。今闻倭贼将犯全罗道，声势甚急。尔可转报国王，极择贤将，防守本道可也。"⑦

最后，明军在外交上曾尝试阻拦日军进攻晋州。自沈惟敬获悉日军即将围攻晋州的消息之后，明朝方面就曾责问日方，以期阻止日军

---

① （明）宋应昌：《经略复国要编》卷8《与李提督书（二十七日）》，吴丰培编《壬辰之役史料汇辑》上册，全国图书馆文献缩微复制中心1990年版，第720—721页。
② 《朝鲜宣祖实录》卷38，宣祖二十六年五月丙子。
③ 《朝鲜宣祖实录》卷39，宣祖二十六年六月己丑。
④ 《朝鲜宣祖实录》卷38，宣祖二十六年五月乙亥。
⑤ 同上。
⑥ 《朝鲜宣祖实录》卷38，宣祖二十六年五月戊寅。
⑦ 《朝鲜宣祖实录》卷39，宣祖二十六年六月甲申。

第二次"晋州之战"前后明朝东征援军在朝鲜的布防与动向

行动。但进攻晋州的日军并非小西行长（日方的和谈主导者）部下，而是加藤清正（反对和谈）的军队。与清正本就不和的行长阻止不了这次的行动，只是告知沈惟敬，不要让明军去晋州做无谓对抗。这层意思，明军在战争发生前也向朝鲜表达过。但朝鲜义兵将金千镒等人不辨情势的行动，① 还是把防守薄弱的晋州拖向了无法挽救的结局。不过，小西行长也向沈惟敬保证，日军只攻晋州，并不会西犯全罗。这种表态在一定程度上反映出和谈还是具有约束力的。加之，日军正值军粮短缺，② 也不希望和局被打破。但日军战后却拿和谈做掩饰，反称围攻晋州乃因朝鲜不守明军禁约、屡杀"刈草之倭"。③ 然而，日军的辩解是非常牵强的。明将刘綎在得知晋州被围后，马上移书加藤清正，劝其止兵：明朝大军在辽东、平壤、开城等地按兵不动，以防失信，但日本却趁和谈期骤然反扑晋州。④ 刘綎责日军速撤东返；但日军仍报复性地烧杀抢掠，其凶残行径令人发指。

可以说，正在进行中的明日和谈并没有使明军放松对日军的警惕。当时，刘綎、吴惟忠在大丘，骆尚志、宋大斌在南原，王必迪在尚州，⑤

---

① 柳成龙认为金千镒"所率之兵皆市井招募之徒；千镒又不知兵事，而用太甚，且素恶徐礼元（时为晋州牧使）。主客相猜，号令乘违，是以甚败"。参见［韩］柳成龙《惩毖录》，首尔：乙酉文化社2014年版，第242页。

② 有关加藤清正筹粮计划的研究，参见［日］中岛乐章《十六世纪末朝鲜战争与九州岛——东南亚贸易：以加藤清正的吕宋贸易为中心》，郭阳译，《明代研究》（台北）第28期，2017年。

③ 《朝鲜宣祖实录》卷40，宣祖二十六年七月壬戌。

④ 《朝鲜宣祖实录》卷40，宣祖二十六年七月戊辰。刘綎在书中故意夸大了明军兵力，为的是恫吓日军，止其进兵。

⑤ 《朝鲜宣祖实录》卷40，宣祖二十六年七月戊辰。柳成龙《惩毖录》将五月时骆尚志、王必迪驻地记录为庆州，应为误记。《朝鲜宣祖修正实录》卷27，宣祖二十六年五月甲寅的记录沿用了柳成龙的说法。另外，杨海英在《域外长城——万历援朝抗倭义务兵考实》（上海人民出版社2014年版，第44页）一书中提到吴惟忠五月之后率军南下驻守庆州一事。我们从中韩史料来看，八月之前，明军主要是沿着大丘、善山、鸟岭（自南向北）一线，继续做着守卫王京的安排。（明）宋应昌《经略复国要编》里首次提到分兵进驻庆州，是在八月初（《经略复国要编》卷10《檄李提督（初七日）》，吴丰培编：《壬辰之役史料汇辑》上册，全国图书馆文献缩微复制中心1990年版，第816页），其背景是日军欲犯庆州（庆州于东边郡邑为巨，颇有储峙）。由此来看，吴惟忠、骆尚志进驻庆州具体时间也是在第二次"晋州之战"之后。

基本形成了自鸟岭向南、背靠忠清和全罗的机动兵力,其中,以骆尚志南原守军离晋州最近。当然,明军能够分拨南下的这些机动兵力远不能满足直接对抗的需求,其意义更主要在于震慑和对峙。不过,当得知日军围攻晋州消息之后,明军上下马上做出反应。"天将沈同知思贤、徐指挥一贯、胡参军、赵知县汝梅、郑同知文彬,皆已向安州,仍探知东边事情以来。"① 另据朝鲜史料记载,曾有明兵二十余名,"以贼势体探,同在城中,而见贼势炽张,即即出去"②。朝鲜人于是认定明军畏敌,不肯进前。然而,日军对晋州必有一战,朝鲜其实很清楚,只是没有料想其发生之快、来势之汹:"今贼实有吞噬湖南之意,则诸道之贼,皆聚岭南,今乃合兵转向,水陆并进,其贼势,必大异于锦山之贼也。卿其宜料此形势,不可与上年之寇,比而同之。"③ 如此力量对比之下,明军不会盲目出动,也在情理之中。

至于日军何以在和谈期骤然进攻晋州,除了屯聚不归又添新兵④、无视和谈、誓要复仇等因素外,还与朝鲜岭南军队局部发力有关。从六月以来的几次前哨战役来看,先是朴晋在密阳破日军二百余人,随后,梁山、机张等邑相继被朝鲜军收复,"击走梁山之贼,以通我国水兵之路,扼其海曲,则贼失其巢穴,后顾不敢深入"⑤。此时,明军已经进入大丘,逼近密阳。这样一来,朝鲜军队在他处剿敌的成功,进一步迫使咸安、釜山等地的日军纷纷向西转移,大量集结于庆尚、全罗之间,也就是晋州周边。从这个意义上说,第二次"晋州之战"的发生也有其偶然因素。而朝鲜守城力量薄弱,也与任命消息迟误、前线将领误判有关:全罗监司权慄不知道自己已被任命为都元帅,结果,他仍把守卫全罗作为重心,并提前让军队逾入南原。南原距晋州不远,但有山岭间隔,与晋州"声问难通"。而且,由于没有料到晋州形势之严重性,朝鲜之前还在考虑如何往东调兵。因此,当

---

① 《朝鲜宣祖实录》卷39,宣祖二十六年六月己酉。
② 《朝鲜宣祖实录》卷40,宣祖二十六年七月戊辰。
③ 《朝鲜宣祖实录》卷40,宣祖二十六年七月丁巳。
④ 《朝鲜宣祖实录》卷38,宣祖二十六年五月癸未。
⑤ 《朝鲜宣祖实录》卷40,宣祖二十六年七月癸亥。

第二次"晋州之战"前后明朝东征援军在朝鲜的布防与动向

日军猛烈攻城之时,晋州内外声息不通,朝鲜援军束手无策,"屯聚于咸安等处,气息奄奄。虽无所为之事,其情极为矜悯"①。

明军方面,尽管鸟岭以南机动兵力有限,但早在战争前一天,刘綎就已禀报,日军已陷咸安。李如松随即令李平胡、高升选精兵各五百,发向晋州;② 次日,又"出牌于李宁、祖承训等,使之协同吴、刘,相势追剿,继送骆将。又调左右协精兵一万,督令进讨"③。李如松甚至还做了取"全罗道南原、云峰之路,直向晋州"的亲征准备。柳成龙《惩毖录》记载:

> 刘总兵綎闻晋陷,自八莒至陕川。吴惟忠自凤溪至草溪,以护右道。贼亦既破晋州,还釜山,声言待天朝许和,乃渡海云。④

日军在取胜后表示守约渡海,对朝鲜和明军乃是极大羞辱。但我们注意到,晋州城陷,但日军并未西向占领全罗道,而是散入晋州周边,还向金海。这说明日军进攻战略是受制于一些因素的,其中不乏有明日和谈的制衡以及明军扼守南原、与朝鲜协同反击的因素:

> 时,骆参将在南原修治城池,以为死守之计,派送炮手三百名,阵于鹫城岭上,多张旗帜,举火为应。洪季男领兵下岭,遇贼前锋,要击于路,转斗数十里,至于求礼、光阳,大战良久,贼因以退去。一起向泗川、固城焚掠;一起向三嘉、宜宁,焚烧公私闾家,还屯咸安、昌原等地;一起装载被掳男女、卜物,还向金海。⑤

---

① 《朝鲜宣祖实录》卷39,宣祖二十六年六月壬子。
② 同上。
③ 《朝鲜宣祖实录》卷39,宣祖二十六年六月乙巳。
④ [韩]柳成龙:《惩毖录》,首尔:乙酉文化社2014年版,第244页。
⑤ 《朝鲜宣祖实录》卷40,宣祖二十六年七月戊辰。

骆尚志在南原修治筑城，有力地遏制了日军西向全罗的势头，也说明了宋应昌"设关防守"战术的有效性。追击日军期间，曾有明将吕永明在登上头流山（即智异山，近南原）之后作诗云："战罢归来倦倚楼，洗兵饮马大溪头。八山草木千年胜，四野烽烟一望收。破竹已乘今日势，采莲犹忆昔时游，明朝迫逐严诸部，万历勋名政此求。"① 这首诗印证了明军的胜利，亦表达了前线将士愿乘破竹之势、乘胜追击的信心。可以说，如果不是明军在鸟岭以南提前布防，震慑日本，仅凭朝鲜一国之力，很难遏制日军这次的重兵反扑，其结果也不仅仅是日军在晋州周边四散抢掠、退据金海，而有可能会西占全罗、北越鸟岭。当然，晋州一战确实加剧了岭南敌情，"梁山、蔚山之贼，移镇于釜山、东莱、西生浦、茅浦等处，弥漫屯聚"②。

第二次"晋州之战"的发生，使明军指挥层对战场形势和日军诈和的实质，有了更深刻的认识。李如松曾在揭票中提到，明军离王京渐远，追进千有余里，需策应后方，守内地，以保万全。宋应昌也感到，日军可能是用了诱敌深入的战术："如倭以缓兵之计诱我，以奔命之计疲我，以卑辞请约之计愚我，瞰我罢兵，深入内地，突然再犯，朝鲜不能支撑，我兵卒难再返，则王京、开城、平壤、咸镜、黄海诸路，倭必不劳余力，尽为彼有。朝鲜复失，前功尽弃。"③ 而早在六月二十二日，宋应昌也接到兵部命令，日军不尽撤，明军亦不会遽撤。不过，明军南下机动兵力偏少以及拘于鸟岭沿线的布防意识，确实无法满足明军协防岭南、背守全罗的实际需要。正是第二次"晋州之战"的发生，使得明军指挥层深感到和谈背景下朝鲜战局的隐患、明军南北兼顾的艰巨性以及为朝鲜未来留兵协防的紧迫性。

---

① ［韩］千锡奎：《思庵实纪》上篇《诗》，首尔大学奎章阁韩国学研究院馆藏，奎4566。
② 《朝鲜宣祖实录》卷40，宣祖二十六年七月戊辰。
③ 《朝鲜宣祖实录》卷39，宣祖二十六年六月壬子。

第二次"晋州之战"前后明朝东征援军在朝鲜的布防与动向

四 结论

兵败碧蹄馆之后,明军南下速度放缓,朝鲜战场不久即进入明日和谈期。日军自行后撤,明军得以收复朝鲜王京。从主观认识上讲,明军的防御重心首先在于以平壤、王京为核心的朝鲜北方,防"东南之变",在根本上也是为解"西北之忧"。当然,王京收复之后,疲敝乏粮的明军确实在心理上趋于守成。但日军并没有尽撤,明军仍需南下布防。宋应昌一方面建议朝鲜"设关鸟岭",守卫王京门户;另一方面,责令明军先锋深入岭南。至第二次"晋州之战"前,明军已经南越鸟岭,锋抵大丘、南原,对屯聚于朝鲜南部的日军,起到了一定的震慑作用。

明军先锋部队的纵深南下以及朝鲜岭南军队局部反击的胜利,迫使原本盘踞于密阳、梁山一带的日军纷纷向西溃逃,致使晋州周边的日军力量陡增。加之,日军誓要复仇,结果,诈和无信的日军在本应止战的和谈期骤然反扑,发动了第二次"晋州之战"。战争发生后,李如松马上调兵发向大丘、南原等地,应援晋州。正是明军在鸟岭以南布防策应、在南原筑城防守,从而有力遏制了日军西向全罗的势头。不过,明军南下兵力偏少以及拘于鸟岭沿线的布防意识,确实无法满足明军协防岭南、背守全罗的需要。朝鲜人曾讲,"解晋州之围,必如提督攻平壤之势,然后可以为之矣"①。但连月作战、"远入而势孤"②的明军此时却很难达到先前状态。

日军无视和谈、反扑晋州,暴露了其狡诈的侵略面目。和谈难以成事,第二次"晋州之战"已见端倪。但直到万历二十四年(1596)万历帝诏书被丰臣秀吉拒收,明廷才真正放弃对和谈的依赖。③日军反扑晋州,使明军认识到了御倭战争的持久性,也更加认识到南下之后南北兼顾的重要性和为朝鲜留兵协防的紧迫性。明廷兵部态度明

---

① 《朝鲜宣祖实录》卷40,宣祖二十六年七月戊辰。
② 《朝鲜宣祖实录》卷38,宣祖二十六年五月庚辰。
③ [日]朝鲜研究会:《小华外史》,东京:朝鲜研究会1914年版,第265页。

确,明军不会遽撤。刘綎"据来报知,倭情叵测,堤防当严,今已发兵二队,先赴大丘屯守"①。宋应昌亦牌催胡泽、沈思贤,会同刘綎、骆尚志,前去大丘、善山、鸟岭等处,踏勘地势险阨,筑关隘,立寨堡,② 加紧推进鸟岭以南设险防守事宜。

(本文为国家社科基金重大项目"壬辰战争资料的搜集、整理、翻译与研究"阶段性成果,项目编号:17ZDA223)

---

① [韩]《唐将书帖》,收于[韩]韩国精神文化研究院《古文书集成》(16辑),城南:韩国精神文化研究院1994年版,第206页。
② 《朝鲜宣祖实录》卷40,宣祖二十六年七月己未。

两场战争：明清之交的朝鲜王朝国家正体性问题研究

[韩] 桂胜范*

摘要：壬辰战争（1592—1598，又称"秀吉的朝鲜入侵"），不仅是爆发于五百年王朝的中间点，而且对朝鲜王朝产生了重大影响，因而成为结束朝鲜王朝（1392—1910）前期的历史事件。七年战争的破坏，给朝鲜王朝造成了巨大的社会经济损失，日军在战争初期迅速占领了朝鲜主要军事重地，占领朝鲜之京更是达一年之久。维持朝鲜社会秩序和治理国家所必需的一些重要材料被烧毁或丢失，其中包括家庭、奴婢和土地登记册等。战争促使朝鲜王朝进入了重组和重建时期。三十年后，朝鲜王朝遭受了更多来自北方的侵略，也就是发生在1627年和1637年满族的侵略。继日本人破坏朝鲜王朝物质资源之后，满族又以朱熹（1127—1200）宇宙论及其经典诠释为基础的理学层面，动摇了朝鲜王朝的思想基础。朝鲜国王和统治阶层的两班精英一直在向他们的人民灌输忠孝原则，并称赞明朝皇帝是拯救朝鲜、免受日本侵略、给了朝鲜第二次生命的父亲。然而，在满族的干涉下，朝鲜在现实中却背叛了礼仪上的父亲，并被迫发誓为父亲的敌人——即杀死父亲的野蛮满族可汗服务。这不仅是一种国耻，也是一种思想危机，同时还是对"情"与"孝"两条道德原则的严重违背。因此，朝鲜向清朝皇帝投降乃是一个象征性事件，它表明朝鲜王朝的政治伦理和外交基础在此时已经被摧毁。因此，清朝影响下的朝鲜国王和统治精英需要解决道德法律与现实不一致的症结，以免失去合法

---

* 桂胜范，韩国西江大学史学科教授。

性和国家认同。本文以明清交替时期朝鲜王朝在国际舞台上的国家认同和存在理由为重点，考察东亚大背景下两次大战的不同结局。

关键词：壬辰战争　丙子之役　国家认同　道德原则

一　前言

发生于17世纪开头前后的两场战争——"壬辰倭乱"（"壬辰战争"，1592—1598）[①] 以及"丙子胡乱"（1636—1637），重创了朝鲜王朝。如果说，建国后二百余年间一直讴颂太平的朝鲜王朝因来自南部的"倭乱"而变得颤颤巍巍，那么，正当战争后遗症稍有恢复、国家将有起色之时，朝鲜王朝却又因来自北方的"胡乱"的致命打击，陷入了交叉受侵、不得喘息的困窘状态。

然而，"倭乱"和"胡乱"带给朝鲜王朝的打击和后遗症在本质上是不同的。如同"国家的税源和税额想恢复到'倭乱'之前的状态，至少需要一百年以上"的说法所示，"倭乱"七年间，维持王朝运转所必需的下层物质基础遭到了深深的破坏。相比之下，"倭乱"结束后近四十年、即1636年发生的"丙子胡乱"，在时间上而言，战乱期只有两个月。不仅如此，就战乱所席卷的空间而言，"胡乱"所侵犯的主要是朝鲜中北部地区，而"倭乱"攻击的却是作为朝鲜王朝物产宝库的"三南"。

"倭乱"与"胡乱"的差别还表现在明朝所扮演的角色之不同。"倭乱"时，朝鲜之所以能够保全国体，是因为明朝的大规模参战，起到了决定性作用；而"胡乱"时，朝鲜没有从明朝获得任何帮助，结果对清朝屈服。"倭乱"时，在国际舞台上能动员武力守护朝鲜的强力后援，在"胡乱"时却没有出现。当时，在东亚国际舞台上，朝鲜国王作为明朝皇帝（天子）的一个诸侯，具有名副其实的藩屏义务。因此，明朝参战与否，必然会对战争局面产生影响——不仅战

---

① 在本次发表中，为方便起见，把"壬辰战争"与"丙子胡乱"简称为"倭乱"和"胡乱"。不过，在汉语翻译中，把"壬辰战争"称为"倭乱"本来就是可以的。

争性质本身会截然不同，而且，两场战争的战后余波也颇带有不同的盖然性。

考虑到两场战争性质会有如此的不同，笔者打算对两者相异的余波逐一进行对照。为了克服大型战乱的后遗症，朝鲜统治精英采取了怎样的态度，将决定着朝鲜王朝发展方向的变化。另外，通过对照，我们更能够接近到朝鲜王朝所追求的至高价值——国家正体性这一本质问题。

出于这样的问题意识，笔者在本次发表中比较和分析了"倭乱"与"胡乱"给朝鲜王朝带来的冲击，对于阐明和启动儒教和事大的朝鲜王朝正体性而言，将重点放在两场战争所产生的不同影响方面。本研究将有助于我们把握战争后遗症对朝鲜王朝发展进程所产生的差别性影响，并通过分别考察物质上和精神（国家理念）上的影响，从而帮助我们在东亚层面理解朝鲜王朝的国家正体性。

二 壬辰倭乱之破坏与明—朝鲜关系之强化

讨论"倭乱"影响的既有研究，大多强调朝鲜在物质层面的损失，[①]与东亚国际秩序相关的所谓"倭乱"导致明清交替的说法，也广为流传。[②]有关"倭乱"给朝鲜王朝造成的精神理念之影响的研究，大多关注于朝明关系中以"再造之恩"问题作为外交途径和为突破困境所使用的手段上，[③]然而，整部人类文明史上几乎所有战争

---

① 篇幅所限，此处笔者就不一一罗列相关研究了。
② 首次提出"倭乱"影响了明清交替这一假说的学者是日本学者稻叶岩吉。他在1921年发表的《支那史讲话近世之部》中提到了这一观点，可参考氏著《支那史讲话近世之部》，日本评论社出版部1921年版，第35—38页。此后，持该观点者虽然表述有些许不同，但大部分通过著述概论性书籍以及发表相关考论重复这一成说，使这种论调得到全球性的传播。对这种论点进行批判的，参照［韩］계승범《壬辰倭乱과 누르하치》，정두희、이경순编《壬辰倭亂：동아시아삼국전쟁》，휴머니스트2007年版。认为"倭乱"以后明朝依然强盛的研究，如Kenneth M. Swope, *A Dragon's Head and a Serpent's Tail: Ming China and the First Great East Asian War, 1592–1598*, Norman: University of Oklahoma Press, 2009。
③ ［韩］한명기：《壬辰倭亂과 한중관계》，역사비평사1999年版，第67—88页。

余波都是一样的。"倭乱"给朝鲜王朝造成的影响，也应该从物质和精神（理念）两方面来全面把握。

众所周知，"倭乱"所引起的物质损失是非常大的。那些确保朝鲜王朝物质基盘、不可或缺的量案、军籍及奴婢账籍等文书，有相当一部分都已在"倭乱"中遗失。不仅如此，与土地相比，经济价值更高的劳动力，即人口，也损失巨大。除了战斗中的死伤者以外，包括被日本强行带走的被掳人在内的朝鲜百姓，也损失严重。要想把因战乱而弃置一年以上的土地再次起耕，并不是一件容易的事情。战后，与毫不迟疑地确保税源相比，中央朝廷优先考虑了包括地方士族在内的民生安定，采取了与民休息的政策。① 但从国家收税角度看，这一政策却削弱了战后朝鲜中央对地方社会的统制力。

"倭乱"发生前后的朝鲜是一个农业上自给自足的社会，我们首先来考察其土地问题。战前，国家所掌握的土地超过150万结，战后则锐减到约30万结。其后，光海君（1608—1623年在位）时期，能够确保54万结作为税源，这个田结数在17世纪一直缓慢增长。肃宗（1674—1720年在位）统治后半期的18世纪初，田结数已经接近140万结，这个数字在整个18世纪期间大体上得以维持。② 在当时的朝鲜社会，财富多少取决于土地所产之多寡，我们单以中央政府所掌握田结数由战前150余万结锐减到30余万结这一事实可知，七年"倭乱"使朝鲜王朝的土地税源遭受到了多么严重的破坏！

当然，田结数的减少并不一定意味着耕作土地自身的减少。即使农业有所产出，但因地主土豪势力嚣张跋扈，且不乏有隐匿田结者，国家仍难以掌握真实情况。相关资料在《朝鲜王朝实录》中有生动体现，比如：

> 宪府启曰："乱离以来，抛荒极目。随起收税之规，实出于不

---

① [韩] 김성우:《壬辰倭亂이후 복구사업의 전개와 양반층의 동향》,《한국사학보》3、4，한국사연구회，1998年。
② [韩] 박종수:《16—17 세기 田 稅 의 定 額 化 과정》,《한국사론》30，서울대학교 국사학과，1993年。

两场战争：明清之交的朝鲜王朝国家正体性问题研究

得已。而人心巧诈，豪右奸猾之辈，虽田连阡陌，而一卜不录；孤寒守拙之人，片片起陈，而结卜加倍焉。赋役之不均，小民之困瘁，莫甚于此。终至税入日蹙，百事难措，极为痛心。臣等取考戊戌以后，各道各年田结时起数则逐年渐减，其中亦有尤甚数少者，此非徒守令之罪，监司为一道之主，亦不检饬，致有此弊，而其时句管等官之不职，尤可恶也。请并命推考。敬差官以有风力刚明之人十分择遣，使之严加申饬，无如前日之慢忽。"答曰："依启。"①

这则材料充分表明，战后乡村的实际耕作土地面积与国家税收掌握的土地面积之间存在相当大的差异。同样地，战后现场所能体现出的实际土地生产力之恢复，和中央朝廷对于确保税源之土地的体认之间，亦不相吻合。这意味着"倭乱"对朝鲜王朝的物质基础，特别是土地税源，打击甚大。

在"倭乱"前后的朝鲜，和土地一起作为财富尺度的，莫过于劳动力，也就是佃户和奴婢。然而，就国家层面而言，劳动力只能从士民层中抽调，特别是"民"这一阶层。从平民阶级中选出具有经济价值的、能够符合租庸调中包含军事服役的"庸"役标准的人，对经受战争摧残的朝鲜王朝而言，乃是不亚于土地的极为重要的税源。因此，从战争前后朝鲜王朝人口的推移变化中，我们也可以综合把握"倭乱"给朝鲜社会带来的实际的物质损害。

与精确统计数据相比，中央政府官方记录《朝鲜王朝实录》之外、与户籍相关的各种资料所提供的大量零碎内容，可以使我们获得的朝鲜人口推定值更有普遍意义（一般化）。即便是同样研究朝鲜时代的学者，他们对人口的推定值也存在着很大差异。重点依据什么资

---

① ［韩］《宣祖实录》卷139，宣祖三十四年七月乙丑。此外，［韩］《宣祖实录》卷140，宣祖三十四年八月戊寅记载："……讲罢，大司宪成泳进曰：'……乱后随起随税之规，盖出于不得已。而人心奸巧，不能平正，奸猾隐漏结卜，小民独应徭役。故虽一二卜之田出米无穷，不能支当矣……平日全罗道为四十四万结，乱后起耕几半云。而所报只六万结，则国家所失者几何哉！他道亦称是，则国用安能裕哉……'"（译者按：作者所用《宣祖实录》《光海君日记》《仁祖实录》，均可查阅韩国国史编纂委员会网站公布之《朝鲜王朝实录》点校本，http://sillok.history.go.kr/main/main.do）

料，采取了什么样的算法，抑或是运用了什么样的人口学理论，都会使计算结果迥然不同。

根据权泰焕与慎镛厦的统计，"倭乱"爆发前的 1591 年，朝鲜人口推定值约在 1409 万人的水平，但到了战争结束后的 1599 年，这一数值就降到了 1174 万人，朝鲜足足遭受了 200 多万人的损失。① 然而，这一人口推定仅仅只是推测，很难直接被当成事实。论文中提出的众多假定，无一例外地都用"and"来连接，这是行不通的。万一其中有一处数据对不上，那么，整个推定就会变得毫无意义。尽管如此，按照权泰焕与慎镛厦的人口学推定值来看，抛开其正确性与否，七年战争期间，大概有 235 万人、也就是约占战前 17% 的人口在朝鲜半岛上消失了。这意味着，朝鲜每六人中就会有一人被杀害或被日军掳走。如果这一数目属实，"倭乱"对朝鲜的破坏力怎么强调也不过分。

从比较史角度积极运用人口学统计方法来考察朝鲜时代人口变动的托尼·马歇尔（Tony Michell）的研究，对于"倭乱"中人口减少的说明更趋合理。按照他的观点，"倭乱"前的 16 世纪中半，朝鲜人口约有 1000 万人，这是在考虑当时农业技术水平前提下、朝鲜人口所能达到的最高值，随后，人口增长趋势开始放缓，接近停滞。在这种状况下发生的"倭乱"最多给朝鲜王朝带来 200 万左右人口的损失。到 1650 年左右，朝鲜人口才开始恢复到战前水平。② 虽然急剧减少的 20% 人口可以在短时间（一到两代人）内恢复，但在人口增长停滞的情况下，人口的恢复就会很慢，这属于人口学常识。③ 假如说，

---

① ［韩］权泰焕、慎镛厦：《朝鲜王朝时代人口推定에관한一试论》，《东亚文化》14，서울대학교 동아문화연구소，1977 年。

② Tony Michell, *Fact and Hypothesis in Yi Dynasty Economic History: The Demographic Dimension*, Korean Studies Forum v. 6, Korean-American Educational Commission, 1979/1980，［韩］김혜정译：《조선시대의 인구 변동과 경제사:인구통계학적인 측면을중심 으로》，《부산사학》17，부산경남사학회，1989 年。

③ Tony Michell, *Fact and Hypothesis in Yi Dynasty Economic History: The Demographic Dimension*, Korean Studies Forum v. 6, Korean-American Educational Commission, 1979/1980，［韩］김혜정译：《조선시대의 인구 변동과 경제사:인구통계학적인 측면을중심 으로》，《부산사학》17，부산경남사학회，1989 年。

两场战争：明清之交的朝鲜王朝国家正体性问题研究

人口水平恢复到战前需要60年，那就意味着至少要经过三代人才可能实现。① 简言之，根据米歇尔的计算，"倭乱"导致了朝鲜半岛将近20%的人口损失，朝鲜需要至少半个世纪以上的时间，方能从"倭乱"引发的物质（人口以及劳动力）重创中恢复过来。

崔豪钧则对权泰焕与慎镛厦的人口推定值提出了疑问并进行了部分调整。按照他的说法，人口减少的具体内容应包含被劓鼻杀害者、各类战斗中的朝鲜军战死者、日军抓走的被掳人等，整体人口损失大致可以推算为100万人以上，这大概是战前人口的10%左右。② 换句话说，十个人中就有一人从朝鲜半岛这个空间中消失了。但是，崔豪钧没有算上战争中因饥馑与疫病而死的百姓。如果考虑到这一点，由"倭乱"所引起的朝鲜半岛人口减少数目至少也要有200万人。

尽管有关"倭乱"所引发的人口变动的研究还很多，但他们在使用数据和推定数值的正确度方面，基本没有什么太大差异。至今为止，学界所提出的各种推定值观点之中，对于七年战争所导致的约200万劳动力减少这一认识，基本不持异议。这意味着，即使战前人口有1000万人乃至1400万人，但在这七年的特殊时期里，的确有15%—20%的人口因战祸而消失，而要恢复到战前人口水平，则需要60年以上的"长时间"。

一个国家要想摆脱战争创伤、重新恢复，绝对不是一件容易的事。尤其是对于朝鲜这样一个自给自足的农业社会来讲，土地和奴婢极具经济价值，③ 但这两者的恢复需要60—100年时间，却是朝鲜王朝无法回避的事实。更重要的是，持续500年的朝鲜王朝，有20%的

---

① 对于进入结婚和生育年龄周期的世代而言，随着文化圈和时代的不同，其实际年龄也会产生差异。在现代社会中，一个世代意味着大约为30年，而在朝鲜王朝，年近20岁基本就已经进入了结婚适龄期。

② ［韩］崔豪钧：《임진·정유倭亂기 인명 피해에 대한 계량적 연구》，《국사관논총》89，국사편찬위원회，2000年。

③ 即使到开港时（1876），朝鲜的海外贸易依存度也只有2%。参见［韩］이헌창《조선후기 자본주의맹아론과 그 대안》，《한국사학사학보》170，한국사학사학회，2008。该文提到，海外贸易量在朝鲜国内全部流通量中所占比重为2%；这一数值意味着，直到19世纪中半，朝鲜的经济流通都是处于自给自足的状态。

时间、也就是100年，一直都在饱受"倭乱"后遗症的折磨。①

只不过，在前近代人类历史中，人口急剧减少15%—20%乃是非常特殊的情况，这就需要我们来思考这种情况何以发生。虽然14世纪欧洲因鼠疫而损失了30%以上的人口，但却很难说，这与特定政治权力没落之间存在因果关系。况且，由于各种原因，尽管人口减少了15%—20%，但政治权力仍得以维持的事例在历史上比比皆是。简言之，虽然"倭乱"造成了朝鲜的人口损失，但朝鲜王朝的生存基础尚不足以瞬间崩溃。从17世纪后期到18世纪后期约100年的时间里，中国（清）和日本所经历了100%的人口暴增，但唯独朝鲜王朝增长了30%的人口，②这也强烈暗示了当时朝鲜的经济实力还没有达到可以牵引人口暴增的程度。

"倭乱"给朝鲜王朝造成了物质上的损失，同时也在精神理念上，给朝鲜提供了一个反思王朝命运安危的绝好机会。通过明朝的大规模参战，朝鲜人原本仅从"册封—朝贡"关系或是书籍中获得的"中华秩序（明秩序）"，这次却在现实中得到了生动的学习和体验。

对于明朝参战的背景，韩国学界大多认为，明朝出于自身利害打算而决定出兵，对于明朝所扮演的角色评价过低。具体观点包括：其一，明朝为防止战争蔓延于本土，决定出兵援助朝鲜；其二，明军临战不积极（按：指明朝对日和谈）；其三，军粮供馈的负担；其四，明军有掠夺扰民之行为。③不过，这些其实都是与整体战况没有直接

---

① 关于"倭乱"使国家收税基础遭到破坏的概述，参见［韩］백승철：《朝鲜후기상업사연구》，혜안2000年版，第72—77页。

② 首尔：［韩］이영구、이호철：《朝鲜시대의人口규모추계（I）》，《경영사학》2，경영사학회，1987年，第196页。

③ 可以参考［韩］이장희《임란중糧餉考：明兵의 군량조달을 중심으로》，《史丛》15·16，고려대학교역사학연구회，1971；［韩］류구성《임란시明兵의 來援考：朝鲜의 피해를 중심으로》，《史丛》20，고려대학교 역사학연구회，1978；［韩］최소자《임진란시明의 파병에 대한 논고：파병의 배경과 군사 활동에 대한 평가》，《东洋史学研究》11，동양사학회，1977；［韩］한명기：《壬辰倭亂과 한중관계》，首尔：역사비평사1999年版，第31—67、125—156页，等等。

两场战争：明清之交的朝鲜王朝国家正体性问题研究

关联的附带性问题，原因在于：第一，完全不计较本国利害关系便对外国派兵的愚蠢国家在历史上几乎是找不到的；第二，在对日军不具备压倒性优势情况下，明朝想通过和谈来结束战争，也是很自然的事情；第三，明军应朝鲜之求而参战，朝鲜提供军粮也是理所当然；第四，明军带来的民弊并不能抹杀明军在战争中所发挥的作用。

比较来看，驻韩美军也引发过许多问题，但在朝鲜战争（1950—1953）后、20世纪后半期的冷战时代，驻韩美军对于维持韩半岛的军事力量均衡、遏制战争，具有不可否认的作用。同样的，明军参战即便有再大的"后遗症"，也不能否定其逆转战势的功劳，不能否定其对打击日本军队所起到的决定性作用。即使明军不参战，也没有太多证据能证明朝鲜可以独自击败日军。① 明军的作用不容抹杀，受过"倭乱"摧残的这种经验就是"明朝体验"。这一时期的"明朝—朝鲜"关系比朝鲜王朝建国以来的任何时段都显得空前强化和具有戏剧性。

朝鲜王朝建国（1392）以来，明朝与朝鲜的关系并非始终一致。虽然从表面上看，明与朝鲜是典型的"册封—朝贡"关系，但即便在"倭乱"前（15—16世纪）的这段时间里，朝鲜对明朝的态度与认识，在15世纪和16世纪的情况也不一样。朝鲜仅在15世纪才把明朝当作一个中原大国。就像高丽时期明朝在中原灭掉的其他国家一样，明朝随时也可能变成那样。朝鲜人对明朝"事大"，其实是以这种认识为前提的。因此，当时明鲜关系的理论基础主要是君臣关系。

但是，进入儒教化整风运动、也就是士林运动冲击政局的16世纪，② 明朝与朝鲜关系中增加了"父—子"的新理念，也就是所谓"君父—臣子"关系的理念化。这种变化在明朝灭亡百年之后更是臻至鼎盛，明朝接续了儒家所倡导的周汉唐宋为代表的中华正统，被认为是名实相符的中华文明国，这种趋势越来越强烈。儒教和事大是朝

---

① ［韩］계승범：《壬辰倭亂초기倡義명분과朝鮮王朝의正體性》，《西江人文論丛》47，서강대학교 인문과학연구소，2016年。
② ［韩］계승범：《중종의 시대：朝鮮의 유교화와 사림운동》，首尔：역사비평사 2014年版，第151—195页。

鲜王朝建立的两大根基，君臣（忠）、父子（孝）的儒教价值在此基础上结合成不可分割的关系，是自然而然的结果。正是这种价值观的影响，与以前把明朝看成"大国"相比，把明朝当成"上国"来尊崇的趋势在16世纪的愈加强化。①

16世纪朝鲜政治知性史的两个巨头李滉（1501—1570）和李珥（1536—1584）确认了明朝与朝鲜关系的绝对性。在给对马岛的外交文书中，李滉论述了"事大交邻"的相关问题：

> 天无二日，民无二王。春秋大一统者，乃天地之常经，古今之通义也。大明为天下宗主，海隅出日，罔不臣服……（《退溪全书》卷八《礼曹答日本国左武卫将军源义清》）

朝鲜所遵循的春秋义理的对象是作为天子的明朝皇帝，这是很明确的。李珥也有关于朝贡的讨论：

> 臣闻下之事上，不以夷险而易其心，不以盛衰而废其礼……今夫以小事大，君臣之分已定，则不度时之艰易，不揣势之利害，务尽其诚而已。（《栗谷全书·拾遗》卷四《贡路策》）

可以说，对于普世性的中华帝国、也就是明朝，朝鲜规定了"事大"之礼和应该遵循的绝对义理。

李滉和李珥的弟子——朝鲜的士大夫们，在国难当头之时，倡举义兵，这便体现了"义"。举一个例子，战争初期，情况紧迫，负责招募义兵的金诚一（1538—1593）在号召岭南士民的文字里提及，遭遇变乱的君王正如风前灯火，倘若只顾自己生路而不顾忠诚节义，将会有可怕的后果：

---

① [韩] 계승범：《조선시대 해외파병과 한중관계》，首尔：푸른역사2009年版，第89—145页。

两场战争：明清之交的朝鲜王朝国家正体性问题研究

则偷生世间，将何以头戴一天；死入地下，亦何以见我先正。衣冠礼乐之身，其可辱乎；断发文身之俗，其可从乎；二百年宗社，其忍输之贼手乎；数千里山河，其忍委之贼窟乎；中夏变为夷狄，人类化为禽兽，是可忍乎，是可为乎？（《鹤峰先生文集》卷三《招谕一道士民文》）

义兵的目标不仅仅单纯是收复朝鲜疆土，而且还要驱逐夷狄，明"华夷之辨"，守护普世性的中华文化。

对明朝"事大"不仅仅是外交路线层面的问题，而是已经上升到遵循天理、绝对性义理的认识，持此观点的人在"倭乱"爆发前已经在主导朝鲜王朝。这一意识的高涨使"倭乱"前的朝鲜一片荒废，但却在精神理念上为强化既存的明鲜关系，提供了契机。臣子遭遇夷狄之患、君父派兵救援的典型事件，正是"倭乱"。朝鲜亲身体验到由明朝主导的"中华秩序"的有用性。战前，明朝和朝鲜的"君父—臣子"关系虽然已经理念化和意识化，但还只是流于理论层面，而"倭乱"则使朝鲜在现实中对这些理论加以确认。概言之，对明朝事大不单纯是外交路线问题，而是直接涉及朝鲜王朝国家正体性之根基。

这种经验在"再造之恩"这种意识形态（ideology）上也有反映。因为有了明朝的帮助，朝鲜得以获得重生，这一认识（也就是"再造之恩"）产生于战前"明鲜关系即父子关系"的理念化，它与朝鲜统治精英阶层的认识密不可分。正当朝鲜人积极书写表达"再造之恩"之时，明朝人也开始强调对朝鲜的这种"再造之恩"。①

简言之，"壬辰倭乱"是使明朝与朝鲜之间在理念上形成的"君父—臣子"关系在现实中得以证明的重大事件，从而开启了"明—朝鲜"关系在本质上不因任何情况而变更的绝对价值。可以说，"倭

---

① 朝鲜第一次使用这一概念的事例，参见［韩］《宣祖实录》卷42，宣祖二十六年九月丙辰。明朝第一次使用的事例，参见《宣祖实录》卷44，宣祖二十六年十一月己未。同时，经由"倭乱"而形成了"再造之恩"的政治功能，参见［韩］한명기《壬辰倭亂과 한중관계》，首尔：역사비평사，第67—88页。

乱"在物质上给朝鲜王朝以严重打击,但并未对其造成根本性动摇。对于轻视物质价值而更重视形而上学的儒教价值的朝鲜王朝而言,无论怎样破坏其物质基础,其国家精神,即"春秋义理",乃至"事大义理",即朝鲜的国家正体性,都不会受到冲击。反过来说,通过亲身体验,朝鲜更加明确了自己属于中华秩序一员的认识,朝鲜王朝的正体性已经名副其实地得到增强了,"倭乱"所具有的特性也正在于此。

三 "胡乱"的冲击与理念的后遗症

"倭乱"虽然严重动摇了朝鲜王朝的物质基础,但却使其精神基础更为巩固。而"胡乱"虽然并未重创朝鲜的物质基础,但在精神上的冲击,却令人质疑王朝存在的正当理由。在这一点上,"倭乱"和"胡乱"在朝鲜王朝中各自具有的意义是有天渊之别的。

考虑到"倭乱"造成的损失,我们首先来看一下"胡乱"对朝鲜王朝物质基础的冲击。"倭乱"的战场主要是处于农业社会的号称"谷仓地带"的三南地区(译者按:湖南全罗道、岭南庆尚道、湖西忠清道),但"胡乱"所波及的地域则主要是关西地区以及作为政治中心的汉阳与京畿道一带。另外,"倭乱"在朝鲜本土持续七年之久,但"胡乱"却是一场相对短暂、仅两个月便结束的战争。"倭乱"被称为"壬辰战争",因为它是一场东亚三国都大规模参战的"东亚大战争"(The Great East Asian War),[①] 不像"胡乱"那样,更接近于清朝本身为摆脱进攻中原的"长期征服战争"(1618—1664)的旋涡、为解决后顾之忧而对朝鲜展开的单方面作战。因此,比起

[①] Kenneth M. Swope, *A Dragon's Head and a Serpent's Tail: Ming China and the First Great East Asian War*, 1592 – 1598, Norman: University of Oklahoma Press, 2009; JaHyun Kim Haboush, *The Great East War and the Birth of the Korean Nation*, New York: Columbia University Press, 2015.

两场战争：明清之交的朝鲜王朝国家正体性问题研究

"胡乱"，各国学者们对"倭乱"更加关注。① 这也是学界在划分朝鲜王朝前期、后期的时候，以"倭乱"作为分界而非"胡乱"的原因。

"胡乱"对朝鲜的危害不亚于"倭乱"，尤其与"倭乱"中作为生产基础的土地受到损失相比，"胡乱"带来的人口劳动力损失问题更为突出。由于战争发生在冬天、人们来不及避难，面对清军束手无策，汉阳和京畿道一带的朝鲜人被清军大量抓获。尽管如此，国家掌握的土地结数却几乎没有什么损失，这表明"胡乱"与"倭乱"相比，它对朝鲜王朝物质基础的冲击远弱于"倭乱"。那么，人口的丧失规模到底是怎样的状况呢？

"胡乱"留给朝鲜的主要社会问题不是战争中的伤亡人口，而是战后被清军掳走的民间人。与"倭乱"不同的是，清军狩猎式掳掠朝鲜民众的现象更严重。这些被掳人大部分来自江华岛在内的汉阳和京畿道一带，而学术界至今仍缺乏对其全体规模的细致化研究。除非出现新的资料，否则，我们只能依赖一些碎片化的记录进行推定。迄今为止，被引用最广泛的资料是崔鸣吉（1586—1647）留下的记录。他曾经提到，"城下之盟"后的丁丑年（1637）二月十五日，被清军驱赶着过汉江的被掳百姓数量达到50万人。② 从"三田渡之降"后的情况来看，越过汉江的这50万名被掳人应该是主要来自汉阳与京畿道一带。这种推定也很符合史籍上称当时汉阳几乎十室九空的记载。③ 至于其他根据零散材料所推定的数字，也都没有超出50万人。④ 如果把各种战役中死亡或重伤的兵士数目以及因饥荒和寒冷而

---

① [韩] 계승범：《영어권 학계의 胡亂 관련 연구 관심》，《韩国史学史学报》36，한국사학사학회，2017。

② [韩] 崔鸣吉：《迟川集》卷17《移陈都督咨》，[韩] 景仁文化社《韩国文集丛刊》第89册，1995年，第524页。

③ [韩]《仁祖实录》卷34，仁祖十五年二月癸酉："户曹启曰：'京城居民，受祸最酷，余存者只是未满十岁之儿，年过七十之人，而举皆饥冻垂死。少者则依癸甲年例，许人养育为奴婢，老者则自本曹赈济似当。'上从之。"

④ [韩] 박용옥：《丙子乱 被掳人赎还考》，《사총》9，고려대학교역사학연구회，1964；[韩] 김종원：《초기 조청관계에 대한 일고찰：丙子胡亂 시의 피로인문제를 중심으로》，《역사학보》71，역사학회，1976；[韩] 한명기：《丙子胡亂 시기 朝鲜人 포로 문제에 대한 재론》，《역사비평》85，首尔：역사비평사，2008。

死的民众数目都算上,① 朝鲜可能损失了近70万人。由此看来,单从人口损失角度来比较,"胡乱"的危害还是要比"倭乱"小一些的。

然而,相比于人口劳动力这类物质基础,"胡乱"对朝鲜王朝造成的冲击更主要是在精神理念上。这不只是单纯的冲击,而是使朝鲜深陷于恐慌,对朝鲜王朝的国家正体性和存在理由(法语:raison d'être)产生了致命打击。"城下之盟"对朝鲜而言,已经是羞耻甚至耻辱,而此番受辱于夷狄,更让朝鲜感到无地自容。② 但是,朝鲜所遭受的耻辱仅仅是在清朝与朝鲜两者关系中的一种产物,而比它更重要的本质是,以"春秋义理"为名明与朝鲜之间的"君父—臣子"关系受到了影响和冲击。

人间的儒教性价值,其核心是义,也就是"义理"。在家庭中,守护义理的最高对象是父母,这就是孝的核心价值;在国家社会中,守护义理的最高对象是君主,这就是忠的核心价值。而朝鲜作为明朝的国,在国际舞台上还有一个守护义理的最高对象,那就是明朝皇帝(即天子)。"对明义理"及"春秋义理"的表达,就是"义理"这种意识形态的产物。而朝鲜在"倭乱"爆发以前就已经视明朝为君父、自己为臣子,这就意味着明朝与朝鲜的关系是基于儒家两大"义理"——君臣关系上的"忠"和父子关系上的"孝",这一认识已经理念化。之所以说"胡乱"对朝鲜冲击巨大,乃是因为明朝与朝鲜之间不仅是君臣关系,更是父子关系。

君臣关系和父子关系在其价值的绝对性与持续性上是截然不同的。政治上的君臣关系随实际情况而变,但以人伦与天伦为基础的父子关系是超越常态的绝对价值。君主如果不施王道和德治,而是一味依赖霸道与暴力,那么,臣下依然可以对他进行谏争。孟子曾说过:"君有大过则谏,反复之而不听则易位。"换句话说,君臣关系是随特定条件而发生变化的。

---

① 几乎没有什么研究考虑到这一层面,但对于"丙子胡乱"期各种战役及其兵力规模的研究文章,可以参阅 [韩] 유재성:《丙子胡乱史》,首尔:국방부전사편찬위원회1986年版,第133—217页。

② 参考 [韩] 한명기《정묘·병자호란과 동아시아》,首尔:푸른역사2009年版。

相比之下，在儒教框架内，父子关系是任何情况下都无法断开的永恒不变的绝对价值。即使父亲每天晚上醉酒施暴，孩子们都不可能在儒教框架内结束父子关系。无论父母做得再怎么不好，子女也不能改变或抛弃父母。这正是"天下无不是之父母"①的名儒之语在朝鲜脍炙人口的原因。"父母慈爱而子孝，此常事不足道；惟父母不慈，而子不失孝，乃为可称"，宋代名臣之语也常常被引用，②这些都说明"孝"是超越任何情况的绝对不变的价值。但是，进入16世纪以后，"明—朝鲜"关系在君臣关系基础上更加强调"父子关系"的理念化，反倒意味着本来拥有绝对价值基础的永恒不变的"明—朝鲜"关系，已经在国际舞台中发生了变化。

如果某种价值仅有绝对性而失去相对性，那就成为超越一切的价值，并作为状况伦理而不容改变。这正是父子关系（孝）何以作为天理伦常的理由。儒教政治的根干是"以孝理国"，这也是儒教政治提出"孝道政治"的原因。通过国史编纂委员会在线提供的《朝鲜王朝实录》数据库中检索"以孝理国""以孝为治""率一国以孝"等词句，我们可以看到有个有趣的现象，即，这些词句主要集中出现于成宗朝（1469—1494）和中宗朝（1506—1544）。对明关系不只是忠、还有孝的认识趋势，在16世纪初登场并扩散，这强烈暗示着"明—朝鲜"关系已经是一种超越任何国际情势的绝对关系。③

正因为如此，即便是中原帝国改朝换代、宗主国星移斗转，朝鲜在道德理念上都没有什么负担。这一点倒是与高丽时代统治者不同。相类似的是，17世纪初明清交替，朝鲜支配层无法认同清朝继承天命，统治新的中华帝国，其本心仍是与衰落的明朝共命运。

---

① 比如，在［韩］《光海君日记》光海君五年十一月甲子就提到了这句话。这句话是罗从彦（1072—1135）所言，可参考《豫章学案》，《宋元学案》卷39，台北：台湾商务印书馆1973年版。
② 比如，在［韩］《光海君日记》光海君七年三月辛未就提到了这句话。典出《宋史》卷312《韩琦传》，乃是英宗与曹太后产生矛盾，韩琦以"孝"来劝谏英宗的话。参见《宋史》卷312《韩琦传》，台北：鼎文书局1991年版，第10226页。
③ ［韩］계승범：《중종의 시대：조선의 유교화와 사림운동》，首尔历史批评社2014年版。

简言之，君臣关系中的宗主国如果灭亡、天命转移，藩属国都可以理清这种关系，高丽王朝（918—1392）与中原历代王朝结成的多样的"册封—朝贡"关系，就是一个很好的例子。但在父子关系框架下，想要做现实的灵活变通，却是完全不可能的。因为以孝为基础的父子关系是超乎天命的人间关系。基于此，朝鲜被清朝侵略后，明知没有自卫力、却还是迎来"胡乱"，又在南汉山城的极端情况下，能理直气壮地说"现在就死在这里，后世才有话可说"这类慷慨之辞，这种做法完全可以理解。用比喻来说的话，清朝这个"强盗"在伤害明朝这个"父母"的时候，朝鲜这个"孩子"除了不顾自身安危奔向父母并与强盗搏斗外，别无选择。在祖国和民族这类概念还没有出现的中世，朝鲜统治精英们认为，与其向父母之邦的夷狄仇人低头，还不如同归于尽、玉石俱焚。也就是说，假使沦落到禽兽不如悖逆伦常的状态苟延残喘，还不如作为一个受教化之人死去更好。朝鲜统治精英们并没有追随之前高丽王朝的现实性外交路线，比起王朝的生存，"对明春秋义理"被优先考虑。只有沿着孝道政治的脉络，我们才能理解朝鲜为什么会这么做。①

结语　两乱与朝鲜王朝的国家正体性

朝鲜是一个比起物质文明更注重精神（理念）并以之为基础的国家。"倭乱"证实了这种理念，即在以中华儒家文明为普遍价值的前提下，以华夷观为基础的"对明春秋义理"在现实中运作良好。与此相比，"胡乱"之后的"三田渡之降"（1637）在本质上对这种意识形态产生了决定性打击。从那以后直至朝鲜开港（1876）为止的250余年里，朝鲜王朝一直未能摆脱这种冲击。可以说，朝鲜王朝后期政治思想文化的演变方向都是在围绕着如何消除这种冲击而争论，这么表述并不过分。因此，在论及"倭乱"与"胡乱"给朝鲜王朝造成的损害时，比起物质伤害，

---

① 有关明清交替期朝鲜在理念上出现的纠结，参见［韩］계승범《조선시대 해외파병과 한중관계》，首尔：푸른역사2009年版，第216—219页。

我们更应当去关注儒家理念层面遭到的冲击。

这种精神的冲击波相当剧烈而深刻,"倭乱"与其完全不可同日而语。"倭乱"虽然使朝鲜严重丧失了维持王朝运转所必需的物质资源,但其精神理念基础反而大为增固。尽管明军造成的民弊问题尤为严重,但认为君父全力援救臣子的意识,却在朝鲜一天天扩散蔓延。就像我们说,驻韩美军的犯罪行为引发了许多社会问题,但人们依然认为"托了美军的福"、大韩民国才能安享太平,其想法如出一辙。简言之,对朝鲜支配层来说,"倭乱"虽然是很大的国家危机,但它也是一个对明朝补偿至极精诚、"事大"之心的积极经验。因为这是一个体现"君父—臣子关系"不仅存于理论并且可以在现实中得以体验的决定性契机。

相反的,"胡乱"完全不是这样。与破坏国家物质基础的"倭乱"相比,"胡乱"造成的物质损失虽然相对较少,但它却将朝鲜王朝的精神根基、也就是"事大"义理和"忠孝"义理连根拔起,这让朝鲜王朝的国家正体性和存在理由(法语:raison d'être)受到了严重威胁。考虑到"明—朝鲜"关系在君臣关系(忠)基础之上还有父子关系(孝)理念化的这一本质问题,如果臣子不去帮助遭遇危机的君父,反而对要弑杀君父的仇敌卑躬屈膝,那将是任何儒教理论都无法辨明的、罪大恶极的悖逆。特别是,如果我们从以儒教基本价值"义理(忠孝)"为中心的朝鲜王朝国家理念的角度来看"胡乱"的话,"三田渡之降"(1637)给朝鲜朝野带来了精神理念的冲击,也对朝鲜王朝自身存在理由产生质疑。毫不夸张地说,其后发生的朝鲜王朝史,其实就是一部为了摆脱这一冲击,自我拯救并通过改造记忆来重整王朝的历史。

这种急剧的变化,从朝鲜支配精英们对明朝和清朝的称呼变化上,也能看得很明显。比如说,朝鲜人仍旧使用与明相关的用语,对清朝则不会混用这些用语。以"三田渡之降"为分水岭,朝鲜使臣之前去北京所写的纪行文题目绝大多数为"朝天录",而此后几乎都被"燕行录"所代替。在这里,天子君临地上的唯一都城北京被降格为世上众多都邑之一,把此前绝对化的空间——天朝北京相对化了。接受天子册封的王（诸侯）的臣下本是"天子的臣下"，但却被称作陪臣。这一称呼的使用也是以1637年为基准来进行区分。自1637年以后，在清朝皇帝面前称呼陪臣的现象逐渐消失。① 这是因为，朝鲜对"皇帝"的认识已经相对化了——"北京皇帝"并非唯一的天子，而只是世上存在的众多皇帝中的一个而已。

这类差别化用语的例子是不计其数的。朝鲜把明朝使臣称为"天使"，而称呼清朝使臣为"清使"、"北使"。把明朝将帅称为"天将"，而对清朝将帅称呼为"清将"乃至"胡将"。对明朝称呼为"中国"、"皇明"，而对清朝称呼为"北国"乃至"胡清"。这一点一直持续到朝鲜王朝后期，就像明亡之后，朝鲜仍在使用"崇祯"年号或是使用干支纪年、却不书清朝年号，这种气氛都是一脉相承的。这也深刻说明，"三田渡之降"和清军入关对朝鲜王朝统治精英们的冲击是何其严重！

总之，发生于1600年前后时期的两场大战虽然都席卷了朝鲜半岛，但它们给朝鲜留下的余波却是本质不同的。中原帝国主导的前现代东亚国际秩序是一个以北京为中心的单边秩序，相比之下，唯有得到位于"北京东部"的朝鲜积极响应，这种国际秩序才有可能维持下去。这正是笔者在本次论及"壬辰战争"（1592—1598）的发表中以"胡乱"来审视"倭乱"的理由。此外，"倭乱"结束后二十年，中原大陆即发生了"明清战争"（1618—1622），朝鲜亦经历了苦闷与选择，我们也有必要结合对"胡乱"及"明清战争"的考察，来综合把握"倭乱"对东亚的意义。

（译者徐成，山东大学历史文化学院2017级研究生）

---

① ［韩］계승범：《朝鮮후기中華論과 그 裏面：명·관련 호칭의 변화를중심으로》，《韩国史学史学报》19，한국사학사학회，2009。

世界历史视域下的壬辰战争再评析

宋成有*

摘要：15世纪末，西欧人揭开大航海时代的序幕。至16世纪，大航海活动进入新阶段，全球航线开通，世界逐渐联为一体。西欧贸易商与传教士进入东亚，酿成西学东渐的文化冲击波，是为壬辰战争的最大国际背景。日本被激活，迅速普及热兵器装备、国际视野开阔，形成钻研新学的传统。1592、1597年丰臣秀吉凭借包括火绳枪在内的军事优势，发动两次侵朝战争，建立取代中国、独霸亚洲的大帝国。壬辰战争展现了欧亚互动的特点。火炮、火绳枪、火药等热兵器用诸战场，明显区别于古代东亚发生的其他战争。

关键词：全球航线　西学东渐　丰臣秀吉　火绳枪　壬辰战争

近年来，国内外学术界对壬辰战争展开多角度的研究，探讨战争爆发的原因、主要战场与战役、战争与议和的转换过程、中朝关系、日朝关系、中日关系、历史人物评价等问题，见仁见智，意见分歧。风头之盛，媒体亦从中看到商机，将其拍成多部纪录片在媒体上播放，借机增加点击量和收视率。2014年中国中央电视台（CCTV）与韩国的KBS电视台签订协议，合作拍摄的《万历朝鲜战争》（《壬辰倭乱1592》），将文字记述形象化。2019年，CCTV予以播放，引起中国观众的兴趣，议论如潮。

已有的研究成果与媒体演播节目，多为对壬辰战争具体问题的记述与分析，关于壬辰战争的世界史背景、16世纪的欧亚联动等问题，

---

* 宋成有，北京大学历史学系教授。

则较少涉及。本文拟从全球史观的视角出发，就大航海时代的西学东渐、欧亚联动如何激活日本、壬辰战争与火器的使用等问题加以探讨，重新审视这场发生在古代东亚规模最大、影响深远的国际战争。

一 大航海时代西欧对东亚的冲击：西学东渐

众所周知，663年的中日白江口之战，唐军水师1万余人、战船不及200艘，对阵倭国水师约4万余人、战船千余艘，唐军大获全胜。1274、1281年蒙元两次攻打日本，均以失败告终。以上三次交战，武器装备在600年间没有变化，弓箭是最重要的进攻性兵器，与火器无涉。又过了300余年，1592、1597年丰臣秀吉进攻朝鲜，明朝出兵援救。在整个壬辰战争期间，双方在出兵规模上，超过白江口之战与元蒙东征日本，主要作战兵器也由弓箭刀枪等冷兵器，转变火炮、"铁炮"等热兵器。造成此种转变的原因，并非东亚的自我发展的结果，而是西欧火器的舶入、仿制与普及所致，构成壬辰战争不同于古代中日战争的显著之处。为此就有必要理清西欧人下海远航并来到东亚的过程，弄清壬辰战争的时代背景。

西欧人最初下海的活动范围，局限在地中海贸易区，北海和波罗的海一带，为西欧人奔向远洋，积累了从事航行与国际贸易的经验。15世纪以后，商品货币经济的活跃、对东方金银财富的强烈渴望、远洋贸易的巨额利润、打破奥斯曼帝国对亚欧贸易的阻隔等多种因素形成合力，驱使西欧人不惧风高浪险，竞相海外冒险。凭借地圆说的启迪，罗盘、多桅帆船的使用，王权与商业资本的结合，西欧人揭开大航海时代的序幕，葡萄牙人、西班牙率先驶向深蓝。1487年，葡萄牙巴托罗缪·迪亚士到达非洲最南端，逼近印度洋。1492年，哥伦布将西班牙的王旗插上巴哈马群岛的华特林岛，首航美洲成功。1498年，葡萄牙人瓦斯科·达·伽马绕过好望角，抵达印度西海岸的卡利库特，打通自西欧至南亚的航线。1500年，葡萄牙航海家佩德罗·卡布拉尔率领的船队在巴西登陆。

进入16世纪，大航海进入新阶段：其一，对美洲的探险规模进一步扩大。1501年,受聘于葡、西两国政府的亚美利哥率船队多次前往南美洲探险,弄清楚哥伦布抵达的"印度"是欧洲人涉足不久的新大陆。1503年,科埃尔奥率领6艘船,从里斯本出发,再探美洲大陆。其二,更重要的是全球航线开通。1519—1522年,葡萄牙人费迪南·麦哲伦的船队在西班牙国王资助下,绕过南美洲并横穿太平洋、印度洋,返回出发地塞维尔港,九死一生,完成了环球航行。至此,以西欧为枢纽地,形成联结欧、非、美、亚各大洲的海上航线和全球航线,形成洲际贸易网络。欧洲成为洲际贸易中心枢纽之地,启动全球扩张,进而掌控全球的经济开发,世界逐步联为一体,世界史也因此发生前所未有的巨变。亚、非、美洲与大洋洲无法再像以往那样独自发展,面临着来自欧洲的冲击,程度不等地发生嬗变。

依据1493年5月罗马教皇亚历山大六世仲裁的"教皇子午线",非洲、东印度和马六甲海峡划归葡萄牙,以西归西班牙支配。此后,葡西两国又多次签订条约,瓜分东西方的殖民范围。葡萄牙人首先光顾东亚,西班牙人、英国、法国、荷兰也随后加入探访远东的行列。西欧人,特别是葡萄牙人,通过传教和贸易,酿成西学东渐的浪潮,其文化冲击力的影响极其深远。

1543年8月,一艘原本驶往宁波的葡萄牙贸易船,遭遇风暴漂流至日本九州南部的种子岛,葡萄牙人首次登陆日本,带来火绳枪"铁炮"。据《铁炮记》记载,岛民与随船到来的明朝人五峰在沙滩上笔谈,得知这艘大船来自西南方的"贾胡"之舟。船长牟良叔舍与大副等手持前所未见的"长二三尺""中通外直"新奇武器,当场表演射击:"其发也如驰电之光,其鸣也如惊雷之轰","银山可摧,铁壁可穿"①,杀伤威力巨大。岛主时尧不惜高价购得两支。时尧命家臣篠原小四郎学习制作火药调和法。翌年,八板金兵卫清拜外国船铁匠为师,掌握了用熟铁打造枪筒的技术,当年即仿制数十支。自此,"铁炮"迅速在日本流传开来。

1549年,西班牙籍耶稣会传教士方济各·沙勿略(St. Francois

---

① [日]南浦玄昌:《铁炮记》,《南浦文集》卷1,宽永二年,第5—6页。

Xavier）最早抵达九州，与当地大名大内义隆、大友义镇交往，首先劝说大名入信天主教即"吉利支丹""切支丹"，成为"切支丹大名"，其领民也随之大批成为教民。1559年，传教士比莱拉、弗洛伊斯等来到日本。自登陆伊始，注重交往室町幕府将军足立义昭等，以及势力急剧增长的织田信长等战国大名，创造传教的必要条件。耶稣会传教士发现佛教在日本朝野影响巨大，僧侣在日本社会的地位颇高，寺庙里香火鼎盛。遂入乡随俗，也竞相剃掉须发，身披袈裟，借助佛教理念传播天主教，例如将创世神耶和华比拟为大日如来等。

1552年，第一座天主教堂"大道寺"出现在山口县。此后，在京都、九州等地，陆续建成了名曰"南蛮寺""吉利支丹寺""伴天连寺"的教堂200余座。虽然寺庙与教堂是两种不同的建筑物，传教士们倒也坦然接受"南蛮寺"之类的怪异称谓。"南蛮寺"多为三层阁楼，比拟高耸的教堂，内部铺设草席"塔塔米"，使居民们乐于前来听取布道。传教士还开办医院，疗伤治病，吸引当地居民入信天主教；开设神学院、修道院等各类学校，招生授课。至1583年，入学的学生人数累计为12000人。①

在中国，1552年，耶稣会传教士沙勿略组成传教团，自印度果阿远赴中国，开拓传布"福音"的新天地。几经磨难，沙勿略穿过马六甲海峡，来到珠江口外的上川岛，被拒于中国国门之外。最终，"一心想念着中国的归信"天主教的沙勿略热病缠身，②客死他乡。1579年，意大利籍传教士罗明坚（Michele Ruggieri）抵达澳门，苦学汉语，待机进入中国内地。1583年，罗明坚与耶稣会传教士利玛窦（Mathew Ricci）一同进入肇庆。利玛窦等误用同行在日本传教的经验，剃掉须发，身披袈裟，自称为来自泰西的僧侣。在肇庆，传教士们先以玻璃三棱镜、圣母

---

① 吕万和：《江户时代的遗产》，《吕万和自选集》，线装书局2019年版，第76页。
② ［意大利］利玛窦、［比利时］金尼阁等：《利玛窦中国札记》，何高济等译，中华书局2010年版，第138页。

像引逗大众围观，又治疗一个病重并被家人遗弃的百姓，使之成为"这个大帝国中第一个接受洗礼的人"。① 与此同时，利玛窦等注意交结当地官府，赠送绘有五大洲的《山海坤地全图》和自鸣钟。肇庆知府王泮赏识传教士的博学广识，"决定赐给他们一种中国人很重视的恩宠"，亲笔书写的"仙花寺"匾额悬挂在教堂门口的上方，客厅里则高悬"西来净土"的匾额。结果，"这两块匾大大提高了神父们在各阶层百姓中的声望"②。

在频繁的公关活动中，利玛窦发现中国与日本不同，僧侣社会地位低下。于是，他重新蓄发留须，身穿深紫色的丝织儒袍，头戴儒冠，攀附风雅，取别号"西泰"，打躬作揖，俨然明儒。毕竟是传教士，利玛窦将天主教解释成与儒学毫无冲突的新学，强调"神父们努力赢得博学的声誉，这不是一种虚荣，而是着眼于他们到这里来的目标，那就是要促进基督教的事业"③。旅居中国的28年间，利玛窦利用在肇庆取得的成功经验，在南京设立教堂、发展教徒；在天津拜会太监马堂，打通进入北京的关节。与利玛窦交往的徐光启、李之藻、杨廷筠等均由学而入信，在《辩学章疏》中，徐光启盛赞天主教"可以补益王化，左右儒术，救正佛法也"④ 利玛窦也因在华传播天主教业绩显著，成为中国教区的主持人。

利用东亚国家对外开放之机，耶稣会的教士与西欧贸易商接踵而至，来到中日两国。他们提供了火绳枪"铁炮"、火药、火炮、望远镜、甲胄、地球仪，也带来生活奢侈品，如西洋镜、风琴、自鸣钟等，以及大象、孔雀、鹦鹉、阿拉伯马、欧洲的牧羊犬等海外珍奇禽兽。同时，传教士们还施展在天文历算、地理知识和治病医术等方面的技能，增强西学对东亚社会的吸引力。为获利而奔波的葡西两国的

---

① ［意大利］利玛窦、［比利时］金尼阁等：《利玛窦中国札记》，何高济等译，中华书局2010年版，第170页。
② 同上书，第172—173页。
③ 同上书，第216页。
④ 徐宗泽：《明清间耶稣会士译著提要》，中华书局1949年版，第147页。

商人，则以澳门或马尼拉为据点，将来自中国的大宗生丝、绸绢投放欧洲市场，通过在中日之间的转口贸易，获取超额利润。

在这个过程中，西学东渐，形成对东亚的文化冲击波。西学，即来自泰西之学。"泰西"，犹言极西，是明末中国人对西欧国家的称谓。1605年旅居中国的葡萄牙耶稣会传教士高一志，活用《四书五经》的宋明理学概念，先后编著《西学修身》《西学持家》和《西学治平》等宣扬天主教教义的著作，影响广泛，"西学"之语不胫而走。

从世界文化类型的分类来看，西学属于基督教文化。这里所说的基督教，是相对于佛教、儒教的大概念而言，包括天主教、东正教、新教等教派。其东来者，既包括《天主圣教实录》《悔罪要旨》《天主理论》《天主实义》等天主教经典教义，也包括为促进传教之用的西欧天文、地理、数学、医学、兵学等自然科学。从文化类型分类和传入内容来看，西学东渐是继佛教之后，另一次异质文化传入东亚。因此，西学东渐并非欧洲人的自我标榜和炫耀，而是东西方文化在相当规模上的最初撞击与汇合。

西学东渐恰逢其时，传播过程充满曲折。在东北亚的历史进程中，16世纪前期至17世纪前期，东亚国家政局动荡时期，对外相对开放。无形之间，为西学大规模涌入东亚，提供了重要历史条件。然而，西学面对的毕竟是传统文化博大精深，反弹力强劲的东亚。传教士初来乍到，并不熟悉这片对他们来说十分陌生的天地。因此最初来到东北亚国家的欧洲传教士为打开西学传播的渠道，颇费了一番气力。一方面，他们要灵活地适应当地的文化风土，借助人们熟悉的概念、方式和习惯，旧瓶装新酒，宣扬天主教教义。另一方面，他们要借助西欧最新的天文、地理、医学、兵学，包括火绳枪"铁炮"、火药的制作技术等新学，以及博学与才华出众的个人魅力，尽快融入主流社会，在皇权至尊、官本位至上的社会环境中，站稳脚跟，以求事半功倍之效。在源源不断涌来的西学面前，东亚传统文化受到巨大的历史性冲击。

西学东渐在东西方交流史上具有划时代的意义，西欧文明首次大规模进入东亚。借助大航海时代的风帆,世界在洲际联系的密切化过程中,逐渐联为一体。至此,东亚的历史发展,包括军事技术、武器装备、作战方式等演进,已不可能孤立于时代潮流之外。西学东渐的时代潮流,构成壬辰战争最大的时代背景,这是在审视壬辰战争时应予重视的一个问题。

二 欧亚联动:"南蛮学"激活日本

日本的西学,通称"南蛮文化",因其来自当时日本人华夷观中的"南蛮"之地,即葡西两国殖民地化的南亚与东南亚而得名。其内容五花八门,包括大名们克敌制胜的"铁炮"与火药的制作技术、西式行军布阵方法、"铁炮"队的训练、洋式甲胄头盔;还包括异国情调十足的金箔彩绘屏风、描绘五大洲四大洋的世界地图,以及新奇的欧式饮料食品、烟草洋酒、白银精炼法、洋船建造与航海技术、金属活字印刷术、宗教和世俗油画、西洋钟表、服饰,以及与天主教关联密切的《圣经》、圣象、天主教的节日、教会病院、教会学校等。总之"南蛮文化"涉及军事、教育、经济、社会、习俗等各方面,色彩斑斓。

日本科技史研究的著名学者汤浅光朝认为,"火药、印刷术和航海这三大技术也是日本告别中世纪的巨大动力";强调"近代西欧文明的波涛首先拍击日本海岸的,第一个是枪炮,第二个就是天主教"①。从1543年"铁炮"传入,至1639年德川幕府完成禁教锁国,在近百年间,"南蛮学"盛行日本,影响广泛。在这个意义上说,汤浅的说法不无道理,称"日本由此告别中世纪"也并非过誉之词。

问题在于,德川幕府一旦锁国,禁止日本人出海或从海外归国,同时用斩首、火刑、"踏绘"等残忍手段严禁天主教之后,印刷天主教读物的金属活字印刷机成为无用之物,传统的木板雕刻印刷术依然

---

① [日]汤浅光朝:《解说科学文化史年表》,张利华译,科学普及出版社1984年版,第170页。

占据主流地位。1613—1620年，仙台藩家臣支仓常长奉命乘坐日本工匠就地取材打造的大型风帆海舶，横渡太平洋至墨西哥，再抵达西班牙并在马德里受洗礼入信天主教，随后前往梵蒂冈拜见教皇保罗五世，为日本人第二次跨洋进入西欧。然而，支仓回国后面临严酷的禁教锁国的险恶局面，不遇而终，其访欧事迹，连同洋式帆船一起，在日本湮没无闻。因此，究竟哪些"南蛮学"要素推动日本从中世纪走向近世，并保留了深远的历史影响，尚待再斟酌。

相比较而言，发挥激活日本的作用并影响久远的，当为"铁炮"、国际观念与钻研新学的新传统三要素。"铁炮"，包括火药、火绳枪、弹丸等硬件产品和制造、使用技术，均属于有关火器的新知识和新技能，本文用"铁炮"一词来概括之。其传来日本之时，正值割据各地的战国大名竞相混战之际，新兵器最先受到领主与武士的欢迎。种子岛主时尧研制"铁炮"成功后，消息迅即传遍日本。纪州（今三重、和歌山县境内）根来寺僧侣的代理、和泉国（今大阪境内）堺的商人等闻讯而动，跑来探寻"铁炮"、火药、弹丸的制造技术。"自兹以降，关东八州及率土之滨，莫不传而习之。"① 经日本工匠之手，"铁炮"居然"遍及五畿七道"，迅速普及并装备大名的军队或农民军，包括袭扰中国大陆与朝鲜半岛的倭寇。至1556年，日本已拥有"铁炮"30支。②

"铁炮"的出现，带来一系列连锁反应：其一，日本从此告别了单纯的冷兵器，进入冷热兵器兼用，热兵器"铁炮"逐渐占据主流的兵器更换时代；其二，在作战方式上，两军领兵大将单挑，大战三百回合后，再向落马一方发起集团冲锋而决定胜负的古代作战方式，转变为步兵"足轻"手持"铁炮"瞄准射击，散兵线作战以大量杀伤敌军的作战新方式；其三，使用新式武器且无须长时间训练的"铁炮"队，异军突起，在战场上发挥了始料未及的巨大作用。1575年，织田信为援救德川家康军，在三河国（今爱知县）设乐原长篠之战

---

① ［日］南浦玄昌：《铁炮记》，《南浦文集》卷1，宽永二年，第6—9页。
② 吕万和：《江户时代的遗产》，《吕万和自选集》，线装书局2019年版，第75页。

中，与武田信玄军决战。织田将3000人的"铁炮"队，分为千人一队的三队，分别操作装弹、瞄准、射击三个作战步骤，连续进行、轮番射击。"铁炮"队密集的火力重创以集团冲锋而所向披靡的武田一万骑兵部队，杀伤7000余人马，生还者仅3000余人，夺得统一日本关键之战的胜利。织田"铁炮"队的杀伤力不胫而走，于是，更多的"铁炮"队出现在战场。

不仅如此，在中日交流史上，"铁炮"的制作技术甚至向中国逆输入。火药是中国的四大发明之一，唐宋之际已用于军事，元代发明金属管形火铳，至明代大发展，普遍装备军队。但中国火铳的铳筒体多用铜、铁铸成，单兵作战使用不便。嘉靖年间（1522—1566），葡萄牙传教士带来佛郎机炮，被明军俘获的倭寇头目新五郎传授用熟铁锻造铳筒的技术。火炮、火铳被迅速普及，极大提高了明军的作战能力。

（2）在国际观念方面，长期以来，日本人对世界的认知范围，仅局限于中国、天竺印度、东洋日本和南洋即东南亚。通过"南蛮文化"世界认知的导入，日本人的视野扩展到全球。1582年（日本天正十年）2月，在耶稣会督察使亚历山大·范礼安建议下，九州的有马晴信、大友宗麟、大村忠纯等"切支丹大名"选派入信天主教的伊东曼西奥、千千石米格尔为正，中浦朱立安、原玛尔提诺等四名家臣少年武士，在两名仆役的陪同下，随范礼安前往罗马教廷拜见教皇，史称"天正少年遣欧使节"。遣欧使节少年使节横穿太平洋，绕过好望角，北上欧洲，开创了亚洲人跨洋进入西欧的记录。他们先后访问西班牙、葡萄牙，拜访国威菲利普二世，1585年抵达罗马教廷，拜见教皇葛里高利十三世。1590年7月，遣欧使节返回日本。通过此行，西欧与日本相互认识，遣欧使节带回印刷机、铜板图书、《圣经》，以及天球仪、地球仪和世界地图集，极大地开阔了日本人的国际视野。

1591年3月，少年使节来到京都聚乐第拜谒丰臣秀吉，献上多达52页的世界地图，演奏西洋乐器，受到赞赏。此后，因丰臣氏禁教，遣欧使节处境恶劣，但他们呈送的世界地图却成为丰臣的喜爱之物。

丰臣秀吉时常把玩绘有中日朝三国地图的折扇，引发其借道朝鲜、攻取中国并南进印度，最终建立大帝国的迷思。

（3）研习新学的新传统。日本历来有学习中国古代文化的既成传统，在普及新学"南蛮学"的过程中，形成钻研新学的新传统。之所以如此的基本原因在于：其一，在文化心理上，无历史包袱之累。日本历来善于引进并吸收异质文化，古代通过学习中国，迅速成长为东亚文明国家。近世，则对新学"南蛮学"充满好奇，乐于打开文化心理上的大门，持续升高"南蛮学"的热度；其二，在统治人才的养成上，身份等级制的作用始料未及。近世日本并无科举制的羁绊，通过丰臣秀吉的兵农分离政策，形成士农工商的社会身份。武士、文化人的地位变迁，与科举取仕无关，得以自由选择并心无旁骛地研修新学，无形中促进"南蛮学"的迅速传播；其三，在政策举措上，竞争推动了新学研讨的深入。战国末期，各战国大名之间的竞争激烈。奖励新学策与"乐座""乐市"策等，共同构成各战国大名的富国强兵政策，形成竞相研修"南蛮学"的浓厚氛围。在新学的研修、传播过程中，形成研习新学的新传统，培养了各种人才。对日本而言。织丰时代的"南蛮学"，为江户时代的"兰学"乃至明治初年的"洋学"的发展未雨绸缪，影响深远。

值得注意的是，在"铁炮"装备日本战国大名军队的过程中，起兵尾展国（今爱知县境内）的织田信长作用显著。为战胜对手，确保"铁炮"、洋式战船、火药等军事物资装备源源不断得到供应，织田和传教士与西欧贸易商关系亲密，成为天主教在日本的最大保护者。借助新锐武器"铁炮"的威力，织田军攻无不克，战无不胜。1560年，织田军在尾张桶狭间击灭第一个敌手今川义元，占据骏河、远江国（今静冈县境内）。1567年，攻灭美浓国（今岐阜县）的斋藤龙兴，自比岐山周文王再世，刻下"天下布武"的印章，展示一统天下的决心。1568年，占据京都。1570年，在近江姊川，击破朝仓义景、浅近江井长政联军。1571年，攻占比睿山延历寺，焚毁寺庙，杀光僧兵和在山上避难的一向宗僧俗男女。1573年，驱逐室町幕府的末代将军足利义昭，室町幕府灭亡。

世界历史视域下的壬辰战争再评析

对于织田来说，1575 年至关重要。5 月，在三河国的设乐原长篠城下，织田军的"铁炮"队重创甲斐国（今山梨县）武田家的骑兵，击灭统一道路上最顽强的敌手。8 月、10 月消灭占据越前（今福井县）和纪伊国（今三重县境内）伊势长岛的数万名一向宗农民军，加快统一的步伐。1576 年，织田在近江国（今滋贺县）的琵琶湖畔修造黑瓦白墙的安土城，居城天守阁高耸入云，向天下炫耀实力与武功。织田与传教士频繁接触，允许在安土城、京都建立教堂，要求提供军火武器。1578 年，织田破越后国（今新潟县）的上杉谦信。1580 年，消灭与其为敌 10 年的大阪石山本愿寺，击溃宗教势力的抵抗。至此，织田控制日本中部与关东大部分，统一了大半个本州岛。

1582 年，明智光秀策动京都"本能寺之变"，织田被迫自杀。其部将丰臣秀吉继续织田的事业，推进武力统一进程。出于对"铁炮"、火药的需要，丰臣秀吉对天主教与传教士采取宽容方针。1585 年，丰臣出任相当于宰相的"关白"。1586 年，出任朝廷的太政大臣，挟天皇以令诸侯，南北出击，降服地方割据势力。1587 年征服九州，岛津氏归顺。1590 年，丰臣进军本州岛东北地区陆奥国，平定北条氏，统一日本。武力统一的实现，令丰臣愈加迷信武力。西欧异质文化，特别是"铁炮"、火炮等热兵器在其统一进程中发挥的威力，刺激丰臣热衷用兵海外的野心。与此同时，将国内过剩的武力引向海外的巩固政权的政治需要，愈加令"借道伐明"提上日程。

实际上，征服九州南部的岛津氏之后，丰臣就萌生了使琉球、朝鲜、中国和"南蛮"葡萄牙等国臣从"神国"日本的念头，并毫不隐讳地告知了耶稣会副管区长加斯帕尔·考艾留，要求提供两艘三桅炮舰。① 征服亚洲、建立大帝国的狂妄构想，需要强大武力的支撑。战国时代的百年战争，特别是在其末期，恰逢欧亚互动舶来的杀伤力强大的装备，新的作战方式以及新兵种"铁炮"队在战场上的异兵

---

① ［日］林屋辰三郎编：《史料大系·日本の歴史》第 4 卷《近世 1》，大阪书籍株式会社 1969 年版，第 101 页。

突起，在物质上给予丰臣以武力扩张的充分自信。

导致丰臣秀吉帝国梦的精神动因，则是源自《古事记》《日本书纪》（合称"记纪"）的"神国论""皇国论"与"武国论"。所谓"神国论"，即"记纪"神代卷编纂者认为造化神创生日本国土，受诸神佑护，故"国乃神国"。1339年，笃信伊势神宫信仰、拥戴南朝天皇的右中将北畠亲房，撰著《神皇正统记》。北畠坚持南朝正闰说和君臣大义名分论，故《神皇正统记》开卷名义："大日本者乃神国也。天皇国之常立神初奠其基，日神天照大神传命永世统治。此事仅存我国，而为外国所无，故曰神国也。"①"皇国论"源于"神国论"，宣扬皇权神授，天皇遵奉皇祖神天照大神的"神敕"，"万世一系"地统治日本，将皇权神秘化、神圣化和正统化。"武国论"强调第一块日本国土，是创世神伊弉诺尊与伊弉冉尊在天浮桥之上，用"天琼矛"下探沧溟，衍生的结果，即"矛锋滴沥之潮，凝成一岛，名之曰磤馭慮岛"②。因此，尚武精神为日本特有的"国质"。"神国论""皇国论"与"武国论"为丰臣秀吉的武力扩张、组建大帝国的狂妄构想，提供了强有力的精神支撑，与"铁炮"的杀伤力、"南蛮学"的国际视野相结合，呈现了欧亚互动在日本产生的奇异效果。

1590年11月，丰臣秀吉统一日本。在京都聚乐第会见朝鲜通信使正使黄允吉、副使金诚一时，丰臣无视朝鲜使节的存在，怀抱其幼子鹤松嬉戏。其傲慢不拘，使西人党的正使黄允吉颇感压力，忧虑丰臣用兵半岛的"兵祸不远"；东人党的副使金诚一却认为天下太平，无须惊慌失措。③ 1591年3月，黄允吉等回国，陪同前来的丰臣信史平调信、僧侣玄苏等送交丰臣致朝鲜国王宣祖李昖的亲笔信。内称：

> 日本丰臣秀吉，谨答朝鲜国王足下。吾邦诸道，久处分离，废乱纲纪，格阻帝命。秀吉为之愤激，披坚执锐，西讨东伐，以

---

① ［日］北畠亲房：《神皇正统记》，教育社1986年版，第38页。
② 《日本书纪》卷1《神代》下，第4页。
③ 《宣祖昭敬大王修正实录》卷6，宣祖大王二十四年三月条。

数年之间,而定六十余国。秀吉鄙人也,然当其在胎,母梦日入怀,占者曰:"日光所临,莫不透彻,壮岁必耀武八表。"是故战必胜,攻必取。今海内既治,民富财足,帝京之盛,前古无比。夫人之居世,自古不满百岁,安能郁郁久居此乎?吾欲假道贵国,超越山海,直入于明,使其四百州尽化我俗,以施王政于亿万斯年,是秀吉宿志也。凡海外诸藩,役至者皆在所不释。贵国先修使币,帝甚嘉之。秀吉入明之日,其率士卒,会军营,以为我前导。①

丰臣信中夸耀其"数年之间,而定六十余国"的武功;自称是太阳神转世:"当其在胎,母梦日入怀,占者曰:'日光所临,莫不透彻,壮岁必耀武八表。'"最终,提出"借道伐明"的要求:"吾欲假道贵国,超越山海,直入于明,使其四百州尽化我俗,以施王政于亿万斯年";要求朝鲜"以为我前导",借道伐明,实现独霸亚洲的帝国梦。

李昖君臣经过激烈争论,最终"以君臣大义,明白拒绝"丰臣的借道要求。② 但如何奏报明廷,颇费踌躇。5月,丰臣告知琉球:"吾欲远征大唐,当以汝琉球为引导","以吾之智行,吾何城不催,何国不亡,吾帝大唐矣。"③ 琉球国王迅速奏告明廷,朝鲜随后也加以奏报。8月,明朝礼部奏告万历皇帝:"朝鲜供报倭奴声息,与琉球所报相同,宜奖赏激劝。"④ 明朝与朝鲜均预感到战争的逼近。

三 激活的后果:硝烟弥漫的戊辰战争

1592年2月,宣祖李昖"派大将申砬、李镒巡视诸道兵备。镒

---

① [日]赖山阳:《日本外史》第16卷《德川氏前记·丰臣氏》中,东京筑地活版制造所1893年版,第1—2页。
② 《宣祖昭敬大王修正实录》第6,宣祖二十四年三月条。
③ 《宣祖昭敬大王修正实录》卷6,宣祖二十四年五月条。
④ 《万历实录》卷250,王其榘《明实录·邻国朝鲜篇资料》,中国社会科学院边疆史地研究所,1983年(本书以下版本均同,不再详注),第314页。

往两湖，砬往京畿、海西，阅月而还。所点视者，弓矢枪刀而已"；申砬性格暴躁，"朝野皆以砬勇武为可恃，砬亦意轻倭奴，以为不足忧，朝廷信之"①。不待朝鲜战备充足，3月，丰臣秀吉集结15余万人马，准备入侵。4月，第一阵东路的加藤清正军、中路的小西行长与西路的黑田长政军在釜山沿海登陆，壬辰战争爆发。小西与有马晴信率兵围攻釜山镇，"贼围城百匝，乘西城外高处，发炮如雨"②。金节制使郑拨被"铁炮"击中阵亡；坚持"战死易，假道难"立场的东莱府使宋象贤，城破战死。从侵朝之初，日军的"铁炮"队就派上了用场。占领金海后，加藤军沿朝鲜半岛东海岸向北，占领咸镜道，前哨甚至过江、袭扰布尔哈通河一带；小西军占忠州、丽州、大丘、尚州，进击王京汉城；黑田军占星洲，过秋风岭，闯入清州，围攻汉城。其余岛津义弘军、小早川隆景军、福岛正则军、毛利辉元军、宇喜多秀家军、柴羽秀胜军等第二阵日军亦大举登陆，蜂拥而来。日军"旌旗剑戟千里不绝，炮声相闻"③。各地朝鲜守军仓促迎敌，一触即溃。

全罗水军节度使李舜臣的水军在巨济岛前津、玉浦等处截击日军战船。在鸣梁海战中，左肩中弹，犹奋战终日并获胜。④李舜臣的水军之所以连战连捷，是因为部下用命，战前"大修战备"，研制成一流的战舰龟船，特别是船体前后设铳穴各一，"左右各有铳穴六，藏兵其底，四面发炮，进退纵横捷速如飞"⑤，给日军造成重大杀伤。但在朝鲜陆军中，装备主要为冷兵器，火器数量少且落后。因此，有勇将之称的李镒兵败尚州，惊呼大量使用"铁炮"的日军"恰似神兵，难以抵挡"⑥。凭借"铁炮"的威力，日军北进至汉江，"发炮，

---

① 《宣祖昭敬大王修正实录》卷6，宣祖二十五年二月条。
② 《宣祖昭敬大王修正实录》卷6，宣祖二十五年四月条。
③ 同上。
④ 同上。
⑤ 同上。
⑥ [日]桑田忠亲：《丰臣秀吉》，《日本的大战》第6卷，新人物往来社1978年版，第387页。

飞丸乱落亭上",南都元帅金命元"不敢拒敌","贼遂渡江"①。以上事例表明,从侵朝战争一开始,硝烟即弥漫战场,谁拥有火器的优势,谁就掌握了战场的主动,陆战败退的朝鲜军慨叹"贼之长技惟鸟铳耳"②,却也无可奈何。

5月,紧急调来守卫王京汉城的7000余名朝鲜弓箭手毫无斗志,王京陷落在即。李昖君臣出奔平壤,王京遂陷入混乱。乱民乘机哄抢宫省仓库,又纵火灭迹,景福、昌德、昌庆三宫俱焚,《承政院日记》及《高丽史》草稿、朝鲜朝历代《实录》均在大火中化为灰烬。③ 日军占领王京汉城,焚毁宗庙,继而再占开城,形势愈加危急。

日军在朝鲜战场轻易得手,在得知攻占汉城的消息后,丰臣构思了吞并中国、建立亚洲大帝国的具体步骤:其本人入驻东亚最大的贸易港口宁波,坐镇指挥;其养子秀次出任监控中国的"关白",支配北京四周百余国领地;亲信部将羽柴秀保或宇喜多秀家出任监护日本朝廷的"关白";两年内让后阳成天皇迁居北京,领有京郊10国;扶植皇太子周仁亲王或皇弟智仁亲王为留驻京都的天皇等。④ 占领中国后,再兵临"天竺"印度,建立亚洲大帝国。如前述,1591年5月,丰臣告知琉球"吾帝大唐矣",居然有称帝中国的野心。

众所周知,从世纪之初的倭奴国至5世纪的倭五王,日本向中国称臣500年。7世纪初的圣德太子在致隋炀帝的国书中,自称"日出处天子""东天皇",力求对等。14世纪,室町幕府第三代将军足利义满为获得贸易利益,再次向明朝称臣,接受"日本国王"的册封。类似丰臣那样的帝国梦,前所未见。究其因,是武士扩张的本性,转移国内过剩的战力,包括"铁炮"在内的强大武力与统一日本的武功一起发作,令丰臣利令智昏,忘乎所以。换言之,日本被激活,与冒险发动侵朝战争之间,存在着必然逻辑关系。

---

① 《宣祖昭敬大王修正实录》卷6,宣祖二十五年四月条。
② 《宣祖昭敬大王修正实录》卷6,宣祖二十五年五月条。
③ 同上。
④ [日]桑田忠亲:《丰臣秀吉》,《日本的大战》第6卷,新人物往来社1978年版,第395页。

6月，黑田长政军攻陷平壤，李昖君臣再奔义州，频频向明朝呼救。鸭绿江畔战火熊熊，明朝君臣"以朝鲜为国藩篱，在所必争"①。7月，加藤军北进会宁，俘获世子临海君李珒与顺和君李珏。李昖愈急，自请"内附"。明廷诸臣朝议中，主张暂缓出兵，建议在"沿江一带宜盛陈兵马防守，以振威声"的大臣有之，主张出兵援救者亦有之。万历皇帝"念朝鲜被陷，国王请兵甚急，既经会议，宜速救援，无贻他日边疆患"②。为救助国王，辽东副总兵祖承训率三千辽东铁骑过江增援，但因贪功冒进，攻入平壤七星门市街后。时逢大雨，明军火器因雨浇湿失效。骤遭躲在街屋中的日军数百名"铁炮"队的夹击，损失惨重。游击史儒、千总张国忠、马应龙等俱中弹阵亡，③祖承训率残部撤回辽东。

显然，援朝抗倭并非易事。9月，兵部尚书石星授精通日语的贸易商沈惟敬以游击衔，准备前往平壤打探消息。同时，兵部着手备战，告知经略朝鲜备倭的宋应昌"宜会蓟辽督抚重点调集各种火炮、火铳"，"挑选防守车炮，水陆坑堑船只"④。"挑选车炮"，即准备佛郎机炮、大将军炮、火铳、鸟铳、迅雷铳、鲁密铳、连发火器"一窝蜂"、连续射击的五雷神机、类似迫击炮的虎蹲炮等。各地督抚奉命筹备参战，重点为炮手与火器。其中，抗击倭寇最力的浙江即调集战船80艘、哨官5名、捕舵兵士1500余名，随船军火器械3600余件，药铅子6000余斤，军费8200余两，⑤充足调配火器乃重中之重。同月，宁夏总兵李如松平定哱拜策动的西北叛乱，10月，转让提督蓟辽保定山东等处防海御倭总兵官。此时，日军围攻晋州，"铳手数千，常从山上齐放，射城内，势如电雹，声动天地"⑥。"铁炮"施威，援救朝鲜势在必行。

---

① （清）黄遵宪：《日本国志》卷5，王宝平主编《晚清东游日记汇编》，上海古籍出版社2001年版，第68页。
② 《万历实录》卷250，王其榘《明实录·邻国朝鲜篇资料》，第321页。
③ 《万历邸钞》，王其榘《明实录·邻国朝鲜篇资料》，第323页。
④ 《万历实录》卷252，王其榘《明实录·邻国朝鲜篇资料》，第324页。
⑤ 同上。
⑥ 《宣祖昭敬大王修正实录》卷6宣祖二十五年十月条。

大战在即，兵部尚书石星期待不战而促令日本撤军。11月，沈惟敬奉命进入平壤，将兵部帖送交小西行长，承诺重通贡开市、册封丰臣为日本国王，僧玄苏为国师，要求将"所掠朝鲜王子女、平壤王京地方俱还朝鲜，罢兵回巢，恭听朝命"①。12月，宋应昌、沈惟敬奏报："倭贼头目有将平壤、王京一带归还天朝，不与朝鲜等语。"②明廷朝议中，议和之说亦有所抬头。一番斟酌后，万历帝仍命"兵饷已备，着经略相机剿除，以绝后患"③。万历帝决意出兵，但赋予"相机剿除"之权。随即，明朝"大发兵东援朝鲜"，经略宋应昌、左都督总兵李如松率4万明军过江，"军容甚盛"④。

1593年1月，明军从平壤城东南发起攻击，大将军炮、佛郎机炮、霹雳炮、火箭等各种火器一起发威，"万炮齐发，声震天地"。守城日军居高临下，"用炮石拒之"⑤，战斗异常激烈。游击将军"吴惟忠中铅，血殷踵，奋呼督战。如松马中炮，易而进，遂破倭"⑥。交战竟日，日军伤亡数千人，小西率残部败退龙山，明军收复平壤，首战告捷。继而，李如松收复开城，以及黄海、平安、京畿、江原四道，推进至坡州。轻敌的李如松疾进王京，在碧蹄馆遭小早川隆景军伏击，李如松突出重围，退入开城。在朝鲜军队与义兵的袭扰下，孤军深入咸镜道的加藤清正部急忙南撤，与小西部会合。2月，李如松派查大受率部潜入龙山，焚毁日军粮仓。交战双方形成对峙，议和提上日程。

4月，经略宋应昌派沈惟敬前往龙山敌营，与小西、加藤交涉议和。沈惟敬先以40万明军即将开来相恫吓，要求"还朝鲜王子、陪臣，敛兵南去"等要求，许诺"封事可成，两国无事"⑦。厌战的小西力促丰臣许和，与加藤率军撤离王京，陆续南下。恰逢此时，播州

---

① 《宣祖昭敬大王修正实录》卷6，宣祖二十五年十一月条。
② 《万历实录》卷255，王其榘《明实录·邻国朝鲜篇资料》，第326页。
③ 同上书，第327页。
④ 《国榷》，王其榘《明实录·邻国朝鲜篇资料》，第327页。
⑤ 《宣祖昭敬大王修正实录》卷7，宣祖二十六年一月条。
⑥ 《国榷》，王其榘《明实录·邻国朝鲜篇资料》，第328页。
⑦ 《宣祖昭敬大王修正实录》卷7，宣祖二十六年四月条。

土司杨应龙发难，西南燃起战火，议和尤显必要。6月，沈惟敬赴日，在名护屋拜会丰臣。石田三成、增田长盛等"大明皇女之贤女为日本后妃"、"大明日本通好"、"允许官船商船往来"、"与大明分割朝鲜八道"、日明和平誓约永世不得改变、北四道并京城归还朝鲜国王、朝鲜权臣提出累世不可更改的誓词书7项议和条件。① 沈惟敬带着日方要求，与请和使小西飞（内藤如安）踏上归程。不久，加藤清正放还被俘的临海君、顺和君两世子及宰臣黄廷彧等，议和进程出现相向而行的局面。

7月，明军蓟镇军先行撤回国，宣大、山西、保定军继而跟进。沿途明军自带粮草并未扰民。刘綎、吴惟忠等率南兵留驻朝鲜，包括浙江5000炮手，分驻大丘、鸟岭、王京各要冲。② 加藤清正军乘明军北撤之机攻占晋州，并兵犯两湖。中朝联军顽强抗击，各处义军蜂起，日军的攻势不再凌厉。李昖回国后，请刘綎等训练朝鲜军队，注重火器装备军队，武举考试科目特别增加火铳一项。水师打造大小龟船，"火器列于诸岛，以待倭至"③，军力与士气逐渐改观。9月，经略宋应昌、提督李如松渡过江回国复命，明军精锐万余人留守朝鲜。10月，李昖返回王京，饥民遍地，国家财政凋敝。

1594年2月，朝鲜国王派遣金睟携方物，上表谢恩，泣言"倭夷猖獗"，"悖慢无理"，"乞特敕亟止封贡"④。围绕封贡问题，明廷群臣争论激烈。刑部主事郭实首倡拒henri；户科给事中王德完亦振振有词："倭欲无厌，夷信难终。封则必贡，贡则必市。是沈惟敬误经略，经略误总督，总督误本兵，本兵误皇上"⑤；众多官员纷纷响应。兵部尚书石星多次奏报万历帝，力说"封为虚号，只以完目前，防为实际，乃以图远计也"⑥。争论至9月，朝鲜国王李昖转变态度，"为倭

---

① [日]林屋辰三郎：《明と講和条件》，《史料大系・日本の歴史》第4卷《近世1》，第106—107页。
② 《万历实录》卷262，王其榘《明实录・邻国朝鲜篇资料》，第335页。
③ 《宣祖昭敬大王修正实录》卷7，宣祖二十六年八月条。
④ 《万历实录》卷270，王其榘《明实录・邻国朝鲜篇资料》，第351页。
⑤ 《万历实录》卷271，王其榘《明实录・邻国朝鲜篇资料》，第352页。
⑥ 同上书，第353页。

夷请封以保社稷"；万历皇帝一锤定音，将郭实削职为民，降旨令拒和派"不得妄谈"。① 小西飞入京，石星给予王公礼遇。如安要求册封丰臣为日本国王，封赏其部属。明廷以"勒倭尽归巢""既封不与贡""誓无犯朝鲜"3个条件为交换，册封丰臣为日本国王。② 小西飞指天发誓，接受上述条件。12月，朝议确定册封丰臣及其部下，命淮阴侯李宗城为册封正使，都指挥杨方亨为副使，择机与沈惟敬同赴日本。1595年4月，册封使李宗城、杨方亨等来王京汉城，待机赴日。小西、加藤等日军拒不撤兵，李昖君臣寝食不安。

1596年4月，册封使李宗城等携带金印进入釜山倭营。其间，听信棍徒谢隆的流言，即"关白实无受封意，将诱致诏使拘囚困辱，要索贿赂。和终不成，徒辱君命也"③。惊惧之下，贵族子弟李宗城居然扮装拨报差人，混出倭营，骑马夜遁，逃往庆州，再辗转逃回北京，被锦衣卫下狱，免死但削职罚银。杨方亨转任册封正使，沈惟敬任副使。5月，岛津义弘率萨摩军据守釜山，其余各部日军烧寨、撤回国内。李昖派黄慎、朴弘长为正副通信使，与杨方亨等同赴日本。

8月，杨方亨、沈惟敬等赴伏见城。丰臣命柳川调信责备黄慎等朝鲜使节："吾收兵而汝国未献三道，今又不使王子来些再造之恩"，是失礼失信。④ 9月2日，丰臣秀吉在大阪城接受册封，拜领金册、翼善冠与蟒袍。转而借口未获得朝鲜南三道、朝鲜世子致谢，声称将出兵惩罚朝鲜。丰臣拒不撤兵，议和破裂，战争提上日程。

1597年2月，丰臣调集14万余人的远征军，再次侵略朝鲜。明廷任命麻贵为总兵官备倭。3月，力主封贡议和的兵部尚书石星被罢官，新任兵部尚书邢玠总督蓟、辽、保定军务，经略御倭；佥都御史杨镐经略朝鲜军务。5月，邢玠率首批明军共约3.7万余人渡江。6月，日军数千战船麇集釜山海面，邢玠设计逮沈惟敬，双方再无居间联络者，唯余对决一途。7月，日军发起攻击，加藤军攻陷庆州。9

---

① 《万历实录》卷271，王其榘《明实录·邻国朝鲜篇资料》，第361页。
② 《明史》卷320《外国传一·朝鲜》，中华书局1974年版，第8294页。
③ 《宣祖昭敬大王修正实录》卷7，宣祖二十九年四月条。
④ ［日］赖山阳：《日本外史》。

月，明廷议决处决石星，妻子流放。同月，加藤清正与宗义智合兵5万，围攻南原城。"铁炮"队夜间登城，"乱发飞丸，城中大乱"，杨元遁走，守军与居民惨遭屠城，"全州以北一时瓦解"①。10月，明军骑兵攻稷山，痛击日军；水军统制使李舜臣利用海水涨落的时机，在鸣梁海峡迎战日战船200余艘，"以十二船载大炮，乘潮至顺流攻之，贼败走"②。日军的攻势受到遏制，困守蔚山、釜山城垒，中朝联军转入反攻。11月，经略杨镐赴京城督战，宣大、延、浙之兵赶来增援。12月，杨镐、麻贵率明军趋庆州，攻击加藤军。双方在蔚山、岛山激战，小西军前来援救，水陆夹击，明军溃退，杨镐遁。

1598年2月，邢玠调集都督陈璘、副总兵邓子龙指挥下的浙、广水师五百艘战船泊唐津，以及副总兵董一元、刘綎所率川汉、蓟辽兵等7万水陆大军，寻机决战。6月，任命万世德为朝鲜经略，明军加紧备战。朝廷群臣纷议东征功过，杨元、杨镐等临阵逃脱的将领受到惩处。

8月，丰臣秀吉忧急而亡的消息传来，中朝联军士气大振。李舜臣在泽普古今岛获悉日军水师来袭，"自领水军突入贼中，发火炮烧五十余艘，贼遂遁。"9月，明军向小西、加藤、岛津义弘军发起攻势。刘綎率军攻顺天小西营寨，陈璘水师协攻，"毁倭船百余"，后受挫；麻贵率军攻蔚山加藤军，中伏败退。董一元率军攻岛津军，进展迅速。先克晋州，进击泗川城，"用火器击碎寨门，兵竞前拔栅"。不意"忽营中火药崩，烟焰涨天"③，日军乘机反击，董军败退。董军用大炮进攻日军营寨得手，却因火药爆炸而功亏一篑，火器的使用终成明军成败的关键。11月，德川家康等四大老下令撤军。加藤军发舟先撤。刘綎率军再攻顺天，以图围歼小西军。李舜臣、陈璘率水师在露梁海截击前来救援的岛津军，双方展开激战。明军战船的火炮、火铳重创日军水师，李舜臣指挥龟船进击，"焚贼船二百余艘，

---

① 《宣祖昭敬大王修正实录》卷7，宣祖三十一年九月条。
② 同上。
③ 《明史》卷320《外国传一·朝鲜》，中华书局1974年版，第8298页。

杀获无算"。交战中，邓子龙战死；李舜臣"亲犯矢石力战，有飞丸中其胸"，旋阵亡。① 小西侥幸免于被歼灭，脱离硝烟弥漫的战场，与岛津等"诸倭扬帆尽归"②。

结　论

《明史·朝鲜传》载："倭乱朝鲜七载，丧师数十万，糜饷数百万，中朝与属国迄无胜算，至关白死而祸始息。"③ 有关壬辰战争的缘起与结局，可谓言简意赅。丰臣挑起战争，帝国梦以破产告终，但造成巨大的灾难与创伤。朝鲜国土惨遭蹂躏，仅晋州屠城，遭难者即达6万；明朝出兵十余万，"阵亡已逾二万"，"先后费饷六七百万"④。至今京都丰国神社附近的"耳冢"，见证着日本武士野蛮侵略的残忍与暴行。重新审视壬辰战争，可以得出以下三点简短的结论。

其一，16世纪以来，世界历史的面貌发生了根本性变化。随着全球航线与洲际贸易的展开，世界逐渐联为一体，东西方相互隔绝的状态一去不复返，所有国家概莫能外。西方逐渐占据时代发展的制高点，成为国际贸易与新的文化传播掌门人。借助传教与贸易的两轮驱动，"南蛮学"或西学等新学浸润东亚。西学东渐的大趋势，构成壬辰战争的最大国际背景。

其二，西学东渐提供的机遇大于危机，东亚国家出现分化。由于多种因素的综合作用，日本被激活，迅速普及新学，更新军事装备与作战方式，军事实力急剧膨胀。西欧舶来的"铁炮"，加快了日本实现统一的进程，也支撑起丰臣秀吉试图建立东亚大帝国的野心。1592、1597年，丰臣秀吉发动侵朝战争。换言之，"南蛮学"激活日本，导致搅乱东亚的戊辰战争，是谓欧亚互动的一个必然结果。

其三，维护东亚和平的重要路径之一，是东亚国家的群体与时俱进

---

① 《宣祖昭敬大王修正实录》卷7，宣祖三十一年十一月条。
② 《明史》卷320《外国传一·朝鲜》，中华书局1974年版，第8299页。
③ 同上。
④ 《万历邸钞》，王其榘《明实录·邻国朝鲜篇资料》，第455页。

与自立自强。为此,既需要自身不懈努力,也需要与时俱进,接受国外的新事物、新装备。壬辰战争期间,明朝在原有铸铁火铳、集束火箭、火鸦的基础上,引进西欧佛郎机炮、红衣大炮,以及火绳枪制造技术,其水平并不逊于日本。因此,在硝烟弥漫的朝鲜战场上,明军一战收复平壤,再战收复开城,进而迫使日军撤出王京汉城,并将战线稳定在庆尚道、全罗道一线。最终,在中朝联军火炮的攻击下,日军狼狈撤出朝鲜。明军战斗力的强大,得益于西洋火器的引进与使用。可见,顺应世界潮流,方能自强自立,维护东亚的和平与稳定。

全球史研究

全球化是昨天的新闻吗?*

[英] A. G. 霍布金斯**

摘要：作者认为在当下的学术圈内存在一种"软—全球化"概念，史学家们过于宽泛地使用了这一术语，全球化研究由于缺乏分析上的敏锐与深刻，有被取代或超越的危险，成为昨日旧闻。由此，作者强调：全球化具有多中心的起源，绝非仅是接续了"西方之兴起"这一单一叙事。全球化在创造同质性的同时也创造了异质性，并带来了双重效果。它既可表明地方独特性在全球的各大进程中做出了贡献，同时也展现了超国家的影响力塑造了多样的国别史。全球化是一种历史过程，而非是一种抽象理论。它应当被更准确地视作是在前后相继的序列上所展开的各种不同类别的演进过程而非是一种累积性的、线性发展的故事。作者辨识出了三类相互交叠的全球化，即：17世纪和18世纪由军事—财政型国家所驱动的"原初的全球化"；19世纪末，作为"工业化的扩散"和"民族国家的创制"之产物的"现代的全球化"；20世纪50年代之后，随着去殖民化运动而开启的全新的"后殖民时代的全球化"。

关键词：全球化，全球史，民族国家，现代化

---

* 这是一篇演讲稿的扩展和修订版，这场演讲在 2016 年 10 月 12 日发表于山东大学，在我的新书《美利坚帝国：一种全球史》（A. G. Hopkins, *American Empire: A Global History*, Princeton, NJ: Princeton U. P, 2018.）中，本文的思路获得了更为深入的阐释。由此，引文在这里被压缩到了最小的篇幅。我要特别感谢刘家峰教授邀请我到济南，要感谢他和他的同事不仅让我在停留期间获得了有益的帮助，而且还令这段时光舒适且愉快。

** A. G. 霍布金斯，剑桥大学彭布罗克学院教授。

◈◈ 全球史研究 ◈◈

导　言

　　历史编纂学中的各个阶段（phases）大约以十年为一个寿限。当上一代还如日中天的时候，事实上，下一阶段的各构成要素早已开始孵化、逐渐成熟；继任者刚一冒头，上一代就会从人们的视野中消失。尽管降格之后，很快就会湮没无闻，但先前每一阶段仍然潜伏于生命的胚胎之中，一旦世上的时机到来，要对新问题做出新回答的时候，这些前朝遗事随时都可以被再次发掘出来，从而苏醒复活。这种看似悖谬的后果绝非一无可能，因为往往这些新问题只是在边边角角上而非在内在实质上有什么新意。由此，那些曾被弃之不用的答案，在特定情况下经过适当改装，依然能够重新建立起它们（与新问题的）相关性。如果要对那些闻名于世的"经典"著述，就其贡献下个定论，那么（各阶段间）这种前后相继的存在状况（the existence of this sequence）就变得尤为重要。经典也许会一度失宠、不再讨喜，但几代人之后却又会被重新发现或再次强调，在某些案例中，这一重现过程也许需要几百年的时间。然而，现如今鲜有史家仍有耐心去研读那些经典之作，当下热议的最新阶段在智识上的种种渊源常常因改扮行头而不为人知。其中一种后果就是：（让人们）做出一种言过其实的夸大感知，认为当下热议的这个阶段的确独具匠心、令人新奇；还有一种后果，那就是让这一阶段的支持者们受到限制、束住手脚，使其无法去领会和把握别样的可能或对手的立场（alternatives），从而使其故步自封、无法抵挡批评，最终自陷绝境，走向倾覆。

　　历史编纂学上前后相继的序列确保了每一代人都能依其所用而得以青史留名。主要处理全球史和帝国史主题的这一分支，以一种极为清晰明快的风格表明了最近半个世纪以来历史编纂上的摇摆和震荡。现代化理论因其根深蒂固的反历史[①]的缺陷，饱受诟病，不得不让位

---

　　① ahistorical，指否认历史现象因时因地的变化，否认历史现象变动不居的本性。——译者注

全球化是昨天的新闻吗？

于依附论①，后者怂恿着社会科学家们以一种不设防的激情投入过去的怀抱中，拥抱历史。通过重新确认生产要比交换更具至高无上的优先性，马克思主义②对依附论过度松散的激进主义风格做出了修正。通过把唯心论的解释抬升到了唯物论的解释之上，后现代主义颠覆了先前盛行的各类因果解释的等级序列。今天，历史学家们也都忙于把各片大陆、各大帝国以及各座岛屿全球化，（以此来跟上潮流）。

业内同行所感受到的这种变动不居的心境，得自他们在此消彼长的优先性解释中的自我定位。如果他们不能与时俱进，他们就有陷于困境的风险，正如马克思主义者过去常说的那样，他们会陷入到一种"过时的难题"（outdated problematic）里；但如果他们紧跟潮流，他们也有失去自身个性（individuality）的危险，（变得随波逐流，人云亦云）。只有那些最初买原始股的、吃螃蟹的人才能表现出色。那些在市场达到顶峰后才入市的人将会经受随后崩盘时的惨痛。每股潮流都摇旗呐喊，风头一时，因为它能为当下紧迫的事端提供一种看似深入、全面的回应。当相反的证据被拿出来证明了它们的落后，或者采取永不休止的重复打压以使其低头、臣服，这些潮流最后无一不走向终结。风头过后，人们才看清楚，原来时下之事根本就不是什么时代的哑谜。

预见下股潮流的能力将会极大地减轻在当务之急中做出抉择的困难。然而不幸的是，正如一名金融顾问必须指出的那样，过去的表现断不能保证未来的回报。尽管如此，历史学家们仍然可以利用他们对先前和眼下之当务之急的了解和认识来添砖加瓦，使其自身的工作得以成形。例如，随波逐流地将全球化置于阐释工作的中心位置上，而没有认识到这一术语如今在历史学家们的出版物中风头正盛，事实上几乎完全被放在了委以重任的位置上，这种跟风的做法怕是一种有失

---

① 原文 the dependency thesis，指以贡德·弗兰克、伊曼纽尔·沃勒斯坦等人为代表，从资本主义世界体系的边缘国家入手，重新审视资本主义在长时段扩张历程中对边缘国家经济和社会结构的长远塑造。——译者注

② 译者认为此处指新马克思主义（Neo-Marxism），或当代马克思主义，与其古典形态不同，与苏俄的形态也不同，应该是指"二战"后的西方马克思主义。——译者注

明智的举动。与之类似，帝国研究随着苏维埃帝国的解体以及美利坚合众国——评论员们将其视为是时下的超级大国，尽管半路还杀出来一个中国①——的进一步崛起而受到了激发和鼓励，帝国研究获得了复兴与新生。当下的危险并不在于碰巧要处置一个过时的难题，而在于重新传达了一条早已为人所接受的旧闻。一旦厌倦感超过了容忍的极限，最新的这种研究路径也会变成累赘、遭到解聘，然而另辟蹊径，别样的路数——通常是它的反面——则开始走上前台，风头正劲。② 正像奥斯卡·王尔德所观察指出的那样："只有真正时髦过的事儿才谈得上过时。"③

清理甲板，扫清障碍

令人好奇的是：为什么长久以来，历史学家们会让全球化研究从他们手边溜走，考虑到这一主题无疑是一个特殊的领域，本可以让他们以丰富多彩和引人注目的方式施展其专业技能，这种错过实属意外。然而，他们过去的确是忽视了这一主题。尽管各种来路的社会科学家们在 20 世纪 90 年代成为了这一主题的开路先锋，但大多数历史学家们直到转入 21 世纪之后，才开始意识到这些研究文献的存在。但是到了 2010 年前后，全球史研究在世界范围内开始起飞、不断繁衍、伸展枝叶。今天，处理全球化主题的各类课程也丰富了起来，研究中心得以建立，新型期刊业已面世。然而在表层之下，相反，当下的"难题"还没有错过最佳尝味期，依然吊人胃口。尽管全球化已经吸引了学者们的注意，但在课程设置中它只留下了相当有限的印

---

① Paul Kramer, "Power and Connection: Imperial Histories of the United States in the World", *American Historical Review* 16 (2011), pp. 1348–91. 该文为近年来的学术史做出了一个导览。

② 对于当下这一案例的一种明显反应就是重申国家、区域和地方研究的价值。

③ 转引出处同上，原句出自：Oscar Wilde, "The Decay of Lying: An Observation", *Intentions*, London, 1891, p. 44.

记,有关国家(national)的内容还占据绝对的优势。① 此外,应景之作往往华而不实,喧宾夺主。一些作者把"全球"(global)一词插入专著和文章的标题之中,以成就一种时事话题,不然就在正统的经验叙事中添油加醋,以博重视。还有一些人把这个术语提升到了一种宏观层面上,这种研究只会表面敷衍而不能深入剖析。事到如今,为了博取周围社会科学家们的注意,鲜有历史学家会将他们的作品同相关的分析性文献相联系。

尽管存在种种缺陷,但这是所有历史编纂趋势中司空见惯的事儿,(在研究中)同样还是有一些重要的推进值得注意。对西方世界以外地区的研究表明:全球化具有多中心的起源,它绝非仅仅是接续西方之兴起这一故事的另一个冗长篇章。(学者们)能够认识到:全球化在创造同质性(homogeneity)的同时也创造了异质性(heterogeneity),这会带来双重效果——这既可以表明地方独特性如何在全球的各大进程中做出了贡献,同时也展现了超国家的(supra-national)影响力如何塑造了多样的国别史。② 还有一些作品也已开启了认识过去的航路,那些航路还有待探索。一个核心问题就是:全球化的历史是否就是一种进程的记录?在时间的流转中,这一进程是否初心未改,在不断发展壮大中还保持着基本的特质?还是说它应当被更准确地视作是在前后相继的序列上各种不同类别的演进过程?③ 本文采取了后一种立场,从一种有章法的潮流出发,着眼于全球化的三大阶

---

① Christopher Bayly, "History and World History", in Ulinka Rublack, ed. *A Concise Companion to History* (Oxford, 2001), Ch. 1.

② 讨论这一主题的两种极富思想性但又有所不同的文献可参见:Pierre-Yves Saunier, *Transnational History* (New York, 2013) 和 Louis A. Pérez, Jr., "We are the World: Internationalizing the National, Nationalizing the International", *Journal of American History*, 89 (2010), pp. 558 – 866。A. G. Hopkins, ed. *Global History: Interactions Between the Universal and the Local* (Basingstoke, 2006) 这本书探讨了地方特性如何回应并重塑了全球化的驱动力。Jay Sexton, "The Global View of the United States", *Historical Journal*, 48 (2005), pp. 261 – 76。这篇文献(第275页)极为高明地观察指出:"跨国史学(transnational history)总是常常服务于强化合众国之独特性(distinctiveness)这一目的。"

③ 对于史学和其他社会科学间存在可能交集的一项动议可参见:A. G. Hopkins, *Globalisation in World History* (London and New York, 2002), Ch. 1。

段，这三个阶段共同对应了历史学家传统意义上所说的现代这一时段，即从 18 世纪早期到当下。

关于全球化和帝国的定义汗牛充栋；每一种都招致了批评，值得推敲。然而一种共识还是存在的，即全球化提升了商品、人员和观念在整个世界上的流动和周转，尽管在如何满意地衡量这一进程以及如何将其置于一种恰切的年表上还存在着不绝于耳的不确定性。① 此处所使用的"帝国"这一术语专指国家主权的延伸，即已兼并了他国的领土，但尚未创建起一个统一的民族国家。随后的论述将（帝国与民族国家）这两个术语联系了起来，以此表明：帝国在 1750—1950 年间充当了全球化的主要代言人。

由是观之，各大帝国扮演了一种独特的角色，因为它们有能力让公共产品穿梭于既存的国界两侧。公共产品包括范围广泛的各类服务，如行政管理职能、安全保障、基础设施建设以及司法、教育和货币体系的供给，以上种种都是世界整合过程中的基本要素。技术上的进步鼓励了一种观念的出现，即国际贸易应当多多益善，发展越发具有累积性的效果。然而，伴随进步所带来的各类众所周知的好处（相较其他各个要素而言，尤其）依赖于公共产品的供给。从这一视角来看，帝国主义曾是一种意图鲜明的尝试，通过将公共产品输送到新近殖民的各个地区从而提升全球整合的程度。公共产品的供给涉及税收、补贴，并在某些情况下还会涉及财产权益的变更。由此，这些需求会对被动接受者的主权产生深远影响。向外国以及常常具有异质属性的社会提供公共产品，这一行动会轻而易举地导致领土上的入侵并要求对现存制度做出各种变更。这种依惯例被总结为帝国主义的进程削弱了接受国的独立地位。哪里有成果斐然的整合，哪里就需要攫取对臣服国家的所有权，其结局就是这些国家终将会被并入到势力不断扩张的帝国中来。尽管存在诸多差异，但延绵于 1750 年到 1950 年的

---

① David Held, Antony McGrew, David Globlatt and Jonathan Perraton, *Global Transformations: Politics, Economics, and Culture* (Cambridge, 1999); 同上, *Globalisation: Key Concepts* (London, 1999), 提供了一个全面的导言。

全球化是昨天的新闻吗？

各大西方帝国都是借助于一种可见的领土根基来得以定义的，其中有一些还借助各类非正式的势力范围来加以界定。

全球化是一个过程，而非是一种理论，尽管它催生出了许多常常在前因后果上彼此冲突的理论。作为一种进程，全球化需要一股驱动力（impulse）来使之投射出轨迹。各大帝国的演进正是这股脉冲，最适合在此拿来思考历史上的进程。当然，各大帝国并不是全球化唯一的代言人，它们也不是总有能力来推进这一进程。它们所扮演的角色同人口散居（diaspora）、商业网络和普世的信仰体系——如伊斯兰教——一样，都在共同发挥着作用，这些角色以各种方式既彼此补充又相互竞争。无疑，不列颠帝国是现代帝国中最爱被拿出来举例的一个，因为它兼并的领土遍及世界，其非正式的影响也遍及了拉丁美洲、奥斯曼帝国和中国，由此它曾赋予全球化以势不可挡的声势。必须承认，各大帝国在享有扩张性的同时也要经受限定性的制约，它们的法令也没有覆盖到全球的各个角落。同样也需要记住的是，即使是在 21 世纪，统摄全国的政府仍然继续限制着物资、人员和各类服务的自由流动，大量被切割成条条块块的国内领土依然隔绝于全球化的各种影响。[1] 由此，这一过程的未完成特性并非是一种失职：帝国仍然可以作为一种格外宝贵的手段来发挥作用，自 18 世纪以来，它就重新构建着全球化的历史进程。

在随后的分析中，我将会辨识出三种相互交叠的系列主题，用专业术语来说就是原初—全球化（proto-globalization），现代全球化（modern globalization），和后殖民时代的全球化（post-colonial globalization），这三个主题盘桓在过去的两个世纪里。[2] 这些术语以及时段划分主要依据于西欧和美国，以及本文所涉及的区域，尽管在时序上做出一些调整，这些范畴同样也可以应用于世界上其他各处的帝国。

---

[1] Michael Lang, "Globalization and its History", *Journal of Modern History*, 78 (2006), pp. 899 – 931.

[2] Hopkins, *Globalisation in World History*, Chs. 1 – 2. Cain and Hopkins, *British Imperialism*, 1688 – 2015 (London, 3rd ed. 2016), pp. 706 – 25. 提供了一个对英国案例的深入说明。

每一阶段皆经历了一种辩证的过程而得以向前推进：成功的扩张活动造就了持续抗衡或不断竞争的多股势力；它们之间的争斗以接连不断的各种危机为高潮，这些危机出现于18世纪末叶，19世纪末叶，以及20世纪中叶。这都是些具有转型性意义的大事件。每一场危机都引领了下一个全新阶段的到来，每一场危机在解决了一个主要冲突之后，最终又催生出了另外一个冲突。

这一序列提供了一种方式，以此对西方世界史中的各大段落展开回顾和审视。本文在此引用了三个事例，希望能够表明一种研究路径，这一路径也许其他学者也愿意加以考虑。考虑到三个事例在空间分布上极为有限这一显而易见的原因，这些被选定的样本只是具有指示性的价值而非是面面俱到的通则。原初—全球化的终了阶段为处置动乱提供了一种手段，从而在18世纪末开启了西方世界的大转型。19世纪末叶的种种发展也导致了"新帝国主义"在海外呈现出来，从而过渡到了现代全球化阶段。对第二次世界大战后去殖民化浪潮所做出的传统讲述应当被重新审视，并扩大为一种对其重要影响的反思，作为一场危机，它令现代全球化转型进入了它的当下阶段：后殖民时代的全球化。

原生—全球化

"原生—全球化"这一术语在此专指一种在17世纪和18世纪由军事—财政型国家①所驱动的扩张类型。这是一些由土地精英所主导的王朝国家，这些土地精英从主要以农业为基础的经济体中来汲取自身的财富和地位，同时也让具有实际价值的各市场部门得以萌芽。伴随着"火药革命"的到来，军事物资上的必然需要鼓励着政府对内

---

① military-fiscal states，也称财政—军事型国家（fisical military states），是社会科学研究中描述国家形态的一种理想型，往往以西欧近代早期为研究对象，认为国家对外军事能力的强弱有赖于其财力的强弱，而对内获得稳定的税收来源则是关键手段。在国家向国民征税的过程中，双方不断讨价还价，从而胁迫政府附带地产生了一些与军事行动无关的民事责任，进而塑造了现代国家的公民权理念。——译者注

◈◈　　**全球化是昨天的新闻吗？**　　◈◈

推行中央集权化，对外展开领土扩张，以此来确保并维持国家财政收入的稳步增长。随着技术手段的提升，这些大国雄心勃勃地呼唤着一种强有力的海上势力范围来承载全球范围内的海外探险活动。军事—财政型国家高度认同这样一种感知，即它们在战争上的投资远远大于其自身可以调遣的财政资源。财政上的无底洞源自于大规模的且总是被低估的战争开销，它驱动着国家，并常常以丧心病狂的方式借助提高税收和增加借贷来寻求更大数量的财政收入。然而，征税不仅是要染指老百姓的口袋，同时也会刺激他们的心灵，两相结合，在国内和国外形成声势更为浩大的事关领土主权和代议制政府的口实。原生—全球化在18世纪后半叶发展到了它的极盛阶段，当时，几个占据领导地位的军事—财政型国家彼此间展开了一系列的争战，震荡全球，并以彼此间大规模的相互分化和瓦解为终结。极为烧钱的军备竞赛以及与之相关的追求公共产品的远征活动使国家财政的需求不断飙升，从而深化了国家对新型税种和更高税率的探索。①

　　种种事态在18世纪晚期登峰造极，也许可以说是达到了一种所谓的"大合流"（great convergence）时刻，各大帝国主义国家无不依从了一种相同的财政型国家的宿命。不列颠在七年战争（the Seven Years' War）中撒下血本迎来的胜利很快就引发了大范围的各类不满表达，人民不满于沉重的税负、官员的腐败以及在政治进程中审计问责的缺失。其后果就是在18世纪60年代到18世纪70年代，社会上产生了一系列对1689年革命之解决方案的挑战。不列颠的困境与欧洲大陆国家的经历如出一辙，双方并驾齐驱。七年战争摧毁了法国人的财政体系；法兰西因在1778年向不列颠宣战而损害了它在财政上的正常运转。其中一个后果就是协助了（北美的）大陆殖民地获得

---

① 孟德斯鸠对种种结果做出了一手的观察："一种全新的瘟热症（distemper）在欧洲蔓延开来，感染了我们的君主们，并引诱他们不断把军队扩充到一个富余的数量上。军队在数量上早已翻倍，从一种自卫之必须的水平上发展成了一种极具感染性的相互攀比。因为只要一个君主耀武扬威，其他君主无不争相效仿；由此，除了摧残公众，一无所获。"Anne M. Cohler, et al. *Montesquieu: The Spirit of the Laws* (Cambridge, 1989), pp. 224-225.

了它们的独立；另一个后果就是为其自身的1789年革命铺平了道路。① 西班牙和尼德兰也经历了相似的命运。两国都曾支持美国革命并加入到抵抗不列颠的战斗中去；两国都被击溃并因此而元气大伤、积贫积弱。② 不列颠在两个方面要比其在欧洲大陆上的对手们更具优势：相较其他欧洲国家而言，她在更大程度上实现了财政整合，并有能力将各类有效的借贷技巧同提升人均收入结合起来；她同时还有一个更好的前景，即通过增加从殖民地获取的财源来压缩对国内纳税人所施加的税负。③ 在18世纪60年代，国内的征税程度将要引发抗议示威活动，同时遍及全国的信贷规模也正要引发批评者的大声警告，一到这时，不列颠政府就开始求助于帝国扩张来寻求解决之道。

伦敦当局对国家财政收入的需求跟东印度公司寻求新式财源的打算一拍即合。1757年罗伯特·克莱夫④在普拉西战役⑤中的成功开辟了一种美好的前景，确保了英国政府可以从被征服的领地上获得稳定

---

① Michael Kwas, *Privilege and the Politics of Taxation in Eighteenth-Century France* (Cambridge, 2000). 对法国公债的争论参见：Michael Senescher, *Before the Deluge: Public Debt, Inequality and the Intellectual Origins of the French Revolution* (Princeton, 2007)。

② 如今存在一种值得赞许的矫正性观点，不再依照陈规把西班牙视为是落后国家，尽管修正派内部就某些他们自己提出的修正派观点也未能达成一致。参见：Carlos Marichal, *Bankruptcy of Empire; Mexican Sliver and the Wars Between Spain, Britain, and France* (Cambridge, 2007); Regina Grafe and Maria Alejandra Irigoin, "A Stakeholder Empire: The Political Economy of Spanish Rule in America", *Economic History Review*, 65 (2012), pp. 609–51。还可参见：JoséJurado Sánchez, "Military Expenditure, Spending Capacity and Budgetary Constraints in Eighteenth-Century Spain and Britain", *Revista de Historia Economica*。该文对比说明了与不列颠相比，西班牙在财政制度上处于弱势。

③ 西班牙在拉丁美洲帝国中所拥有的可征税产业只是推迟了这种宿命的到来，但并不能使之逆转。

④ Robert Clive，东印度公司员工，英国驻孟加拉总督，建立了英国对孟加拉的统治。——译者注

⑤ the Battle of Plassey，英国东印度公司同印度的孟加拉王公之间展开的战争。克莱夫买通了孟军内奸，加之战时突降大雨使孟军从法国获得的枪炮和火药受潮，而英军则提前准备了防水布，最终在孟方人数远远大于英方的情况下，英方大胜。这场胜利为英国征服孟加拉，以及随后征服整个印度铺平了道路。——译者注

而持久的财政来源。① 因为仅从孟加拉一地所获取的财政收入就已经高达整个不列颠公共财政的四分之一,这看上去似乎说明保守派对榨取型帝国的规划即将胜利在望。② 然而,很快,事态的发展变得越发清晰,印度并不能继续解决这一财源问题。③ 等到了1772年,由于其他各类责任不断加身,持续不绝的军费支出不断被放大,最终使得东印度公司几近破产。在账目上动手脚,做假账早已无法继续掩盖严峻的现实。④ 没有任何一届英国政府乐意在国内提升土地税;各类消费税早已超出了引发愤怒的燃点;苏格兰和爱尔兰也被压榨。必须找到额外的财政来源,并运用强硬有力的手段来加以执行,如果必要的话,还需要确保这些额外的财源安全无虞。北美大陆上的十三块殖民地成为唯一尚存的可能,它还有一定的潜能来满足此类需要。

亚当·斯密观察指出:在一个世纪的时间里,这些羽翼渐丰的大陆定居者们早已规模大增,财富大涨;现代的研究也确认了其判断的准确性。然而,殖民冒险的成功并不仅仅提高了殖民地潜在的财政能力,同时也提升了定居者的期待,并为其提供了实现(独立)期待的手段。宗主国政府可能控制得了内部辖区——包括苏格兰和爱尔兰——的愤懑不平,但却对大西洋对岸鞭长莫及的定居活动艰难经营、步履维艰。1776年,随之而来的是一场始料未及的革命。它曾只是一场针对财政需求暴涨而做出的示威表态,试图(让宗主国)在业已获得的政治权益上有所收敛,然而英方施加了控制,以限定内

---

① Spencer A. Leonard, "'A Theatre of Disputes': The East India Company Election of 1764 as the Founding of British India", *Journal of Imperial & Commonwealth History*, 42 (2014), pp. 593 – 624.

② P. J. Marshall, "British Society in India under the East India Company", *Modern Asian Studies*, 31 (1997), p. 91.

③ 在1768年,一个同时代的历史学家报告指出:"不久之前,那些将印度视为是一种从未止息的财富源泉,并认定其在领土上足够丰裕以至于可以为不列颠的所有需求提供资助的那些人们现在应当考虑将印度视为是一种危险不定,甚至是无法牟利的不动产了。" John Adolphus, *The History of England from the Accession of George III to the Conclusion of the Peace in the Year* 1783 (London, 1801), p. 342.

④ David Hartley, *The Budget: Inscribed to the Man Who Thinks Himself a Minister* (London, 1764),这篇文献和其他文献一起揭露了那些他们认为可疑的记账方法。

陆定居活动的扩张。这一切被殖民地人民判定为一种不义之举。从最为宽泛的背景来看，美国革命可以被理解为一种辩证过程的产物。不列颠版的军事—财政型国家的确促进了经济上的成长，尽管它达到了最终框定这一事业步伐的极限，并超出了有效政治控制的范围。斯密是对的：不列颠在美洲大陆早就有一个帝国的"规划"，而非是要建立主权国家。原生—全球化具有足够有效的渗透力，可以在其触及的社会上留下深刻的烙印，但却缺乏19世纪工业化进程所传递的那种令社会转型的威力。美国革命是在专业术语（全球化）发明之前帝国渗透活动的一个范例。

在1783年之后，回避合众国问题的帝国史学家们以及一群大谈民族故事（the national story）的新一代专业人士响应命令，开始行动。1789年之后，或者说最迟在1815年之后，欧洲的史学家们开始把接力棒递给后来的参赛者，后者握着接力棒奔向了现代世界。这些耳熟能详的时代界标并不能同本文所探讨的全球化三阶段完全对接。无疑，这作为一个案例表明：尾随大陆殖民地的反叛而发生的战斗以及法国大革命所带来的多场战争拖垮了欧洲大陆强国的海外帝国，并在很大程度上也重新塑造了欧洲。然而，紧随其后的绝非仅仅是"自由主义崛起"的故事。欧洲大陆上的封建君主与大土地所有者结成联盟，为重建绝对主义王权（absolutism）再次奋战；各地的政府无不让重商主义的管制政策无限延续下去。与人们原有的预期相反，军事—财政型国家在这类动乱活动中得以幸存。1815年的和平决议让胜利者的权势进一步根深蒂固。自由派的呼声不断提升；保守派的回应也无处不在。从这一年起，一直延续到19世纪中叶，这些年间的特色可以用一句话来总结：下定决心来重建那个存在于1789年之前的世界。试图拆解军事—财政型国家的种种努力尽管明目张胆且雄心勃勃，最终还是在1848年停了下来。随后保守派所做出的反应明确表明改革的激战将会一直延续到这个世纪的终结。等到了19世纪50年代，只有一个主要的欧洲大国不列颠完成了成果显著的自由主义改革，当时不列颠也经历了一场漫长的斗争过程。军事—财政型国家的时代一直延续到了19世纪相当长的一段时间里。

全球化是昨天的新闻吗？

这类分析表明：此种以海外攫取为中心，研究西方帝国主义的传统路径需要加以扩宽，以便把欧洲大陆上所发生的各类大事囊括进来。① 1804年加冕称帝之后，拿破仑随后以一种军事上的果敢决策向世人表明：一个共和国是如何摇身一变成为帝国的。他大肆在欧洲攻城略地，并在被征服的领土上建立起各类政府形式，这些政府形式有别于被兼并的邦国、属国和盟国（incorporated states, satellites, and allies）。其经营策略在于（从被征服地区）寻找协作者以镇压"叛乱"，运用直接和间接的统治技巧，改革既存的司法体系。② 拿破仑的顾问们建立起了一种信息通报网络，并创制了一种准军事单位③以对国内的老百姓加以控制。他们同样也表现出了一种强烈的现代权力意识（awareness of power），这种意识以一种象征主义的手法呈现于艺术、建筑、时尚风格和公共表演中，这让他们心满意足，也表明这种意识在他们的文化中具有一种无所匹敌的至上性。拿破仑也自诩为黑格尔笔下的"英雄"，不断激发对帝国的狂热崇拜，高抬好战尚武的价值观，自我分配权力，并论证威权制政府的合理性，因为它是给各后进民族带来发展的必要手段。在欧洲，法国统治阶层的以上种种特征无不预示着这个世纪随后所发生的一切，当其他西方列强也获得了或扩展了海外帝国，并采取相似的政策时，（他们也同样会复制法国统治阶层的所作所为）。

在自由（liberty）的宣称之下，法兰西的战事如同发动起来的一串列车，带来了一系列的动荡不安，这包括在尼德兰南部和部分德意

---

① 欧洲历史学家在谈及拿破仑·波拿巴的"帝国"时，常将其看作是研究对象中的老生常谈，但他们这样做时，并没有将欧洲海外帝国的文献整合进来。这是一个论及种种例外的归纳，以如下的作品为代表：Michael Broers, *Europe under Napoleon*, 1799 – 1815 (London, 1996)，更深入全面的参考文献刊载于 Michael Broers, Peter Hicks, and Agustin Guimerá, eds., *The Napoleonic Empire and the New European Political Culture* (New York, 2012)。

② 在欧洲，"叛乱"（insurgent）（源自于法语词"insurge"）这个术语在18世纪中叶才开始使用。

③ 宪兵，（gendarmeries），此处指有别于对外的军队，建立了对内的警政，这是现代民族国家在构建过程中出现的一种"意外的负担"（查尔斯·蒂利语）。——译者注

志地区反抗奥地利领土占有的去殖民化活动，占领西班牙和意大利部分地区的运动，以及把葡萄牙专制君主流放到避难地巴西去的行动。在施加独裁统治并创建全新的帝国主义国家的过程中，拿破仑（的政策）在实际效果上激发着一种反—殖民主义抵抗运动（anti-colonial resistance movements）的形成。18 世纪 90 年代，德意志各邦国首先遭到蹂躏，随后促使其结成了一种未曾预想的邦联体制（confederation）。由此所引发的原生—民族主义者（proto-nationalist）的反应（reaction）最终导致了普鲁士领导下的德意志统一。常年战乱所引发的效果同样可以在这片大陆的南北两端感受到。北欧国家经历了政治上的动荡和经济上的断裂；意大利半岛上的各邦国从奥地利的统治下解放了出来，却又落入法兰西的殖民控制之下。抵抗运动在南北两处都得以显现。挪威奋起反抗瑞典对其施加的控制；意大利地区的爱国者（patrioti）则既要奋起抵抗奥地利，又要抵抗法兰西的统一，由此奠定了复兴运动①的根基。西班牙境内的游击队活动也有助于击溃法兰西的军队，为一种全新的后—殖民政治时代的到来开辟道路。

在（民族）自决概念最终成形并由伍德罗·威尔逊将其写进一战和平决议的构想之前，这一概念早已在欧洲制定并付诸实施了。大部分欧洲大陆国家都在 19 世纪末争相涌入"全新的"帝国主义事业中来，不管它们以何种形式加入，它们都曾经是法兰西的前殖民地。从这个角度来看，在 19 世纪的历史进程中，欧洲涌现出来的很多民族国家都曾一度是"去殖民化"的产物。处于前帝国阶段的欧洲各大国对法兰西的反击在世纪末以一种"全新的"帝国主义的方式得以展现，随后它们才在更大的世界范围内一展拳脚。

如果对欧洲大陆各种发展变化的理解需要被整合进帝国主义的研究，那么 1783 年合众国独立之后所取得的各种成就，其间种种大事也应当被整合进帝国主义研究。各种义正词严的"去殖民化"活动并不能表征帝国影响力的消退。有理由相信合众国在 1861 年内战开始之年依然需要争取实际意义上的独立。在这个新生共和国的经济、

---

① Risorgimento，指意大利 19 世纪的一种民族统一思潮——译者注

政治和文化生活中特别能够让人感受到英国的影响。由此，研究这一时段的标准路径聚焦在了一个自由的、民族国家的兴起，这未免会偏离主题，变得离谱。从帝国主义的视角来看，合众国以一种全新的装扮出场，这正是不列颠在全球呈现非正式影响力的首个范本，同时合众国为实现真正独立也是首个设计出有争议策略的范本。此外，南北双方就这个新生国家的特性所展开的日渐尖锐的争吵也反映了1815年之后欧洲进步势力和保守势力间的对决。南方利益集团所取得的政治优势深化了一种依赖倾向，与不列颠之间的自由贸易关系也不断深入。北方利益集团采取了一种别样的计划，涉及面很广，既涉及关税保护，也含有争取文化独立的种种野心。与部分欧洲地区的遭遇一样，两股力量的分歧最终导致了合众国内战的爆发，这些分歧也必将会在其他新兴国家中出现，这些新兴国家在20世纪中叶完成正式的独立之后，也曾被这种离心离德的力量拖垮。

从1750年到1850年，这一时段一以贯之的整体性有助于解释欧洲海外扩张的局限。这块大陆上的经济体仍以农业为主导；关键性的技术创新，特别是在通信交流方面的创新为未来铺就了道路。不列颠以相当的规模大力发展现代制造业并在领土上不断有所斩获，从这一点上来说，不列颠是独一无二的。尽管如此，在铁路和汽船出现之前，帝国主义的扩张意图远比后来的实际效果更为明目张胆。无疑，不列颠是当时的超级大国，但是那个时代及其技术水平还是限定了帝国的渗透能力，即使对西方帝国中的最强者而言，也是如此。

现代全球化

19世纪末袭击了西方世界的第二次大危机兴起于此处我们用"现代全球化"这一术语所标示的时段，它是两大著名进程的产物：工业化的扩散以及民族国家的创制。军事—财政型国家继续参战，某些案例一直延续到第一次世界大战，但它们不断在各种强大势力——这些势力以重塑经济、社会以及国家自身为目的——面前丢掉疆土。在经济附加值上，工业化远比农业更有威力并进而满足了日渐增长的人口对就业的需求。民族国家如果要通过寻求财政整合以提高岁入，那么就需要与各类崭新的社会团体结合起来。处于战争状态的国家为其自身的统治添加社会福利的色彩；议会制政府取代了封建王朝对岁入的掌控和政策的制定。这些变化都曾是一个发展并不均衡的历史过程的产物。农业社会同以市镇和制造业为基础的社会，两者之间的转换既是一个值得立碑纪念的事件，也是一件令人提心吊胆的大事。原先建立起来的等级制度受到了削弱和颠覆；新型的阶级分化不断涌现。政治家们培育了民主主义情绪以创制出各类忠贞不贰的情感，囊括了在地域、阶级和宗教上的分歧，取代或控制住了王朝时期的种种社会纽带。引领这一进程的各大国获得了国际层面上的权势；那些拖了后腿的国家在掠夺者面前则变得不堪一击。

把英国同意大利、西班牙这类国家进行对比，不平衡的经济发展表现得最为明显。英国站在发展序列的一端，意大利、西班牙站在另一端，而像法兰西这样的国家则占据中点的位置。不列颠凭其无与伦比的财政金融和服务部门早已发展成了一个工业强国，并具有一个安全稳固的中央政府，不断在改革的大方向上日渐推进。意大利和西班牙的大部分地区仍然维持着乡村风格，并保留着强烈的地方隶属关系，以至于令全国范围内的统一活动和进步性改革举步维艰，（各地方势力）还时常与依靠军队的（中央）势力展开竞争。正如其称呼所暗示的那样，向现代全球化的转型同样与日渐提升的全球整合相互联系，随着各种技术手段的改进，削减了生产、分配和强制手段的成本损耗。通过扩展世界贸易，不列颠再次引领了这一进程，激励了国际范围内的专业分工，推广了宪政式政府的更优形态，并推高了人们的期待与梦想。不列颠帝国成为了经营多边交易，监管金融流向并推行公海秩序的主要机制。自由贸易将不列颠帝国的影响力带到了帝国正式的领域之外。随着世纪的更替，在过去的百年间，不列颠的影响力早已从深入渗透的合众国扩展到了奥斯曼帝国、拉丁美洲和东亚地区。帝国主义，无论是以正式还是非正式的方式，都在那个时代中居于引领地位，扮演着全球化的代理人。另一方面，西班牙和意大利则挣扎着奋起追赶。1898 年，西班牙最终还是输给了合众国，将它在

全球化是昨天的新闻吗？

新世界曾强盛一时的帝国之领土中的剩余部分也拱手让给了美国。意大利试图在北非地区建立一个帝国的努力终结于一场军事灾难；随后其残存的野心在非洲之角依靠英国人的支持，才得以挽救。

长期的通货紧缩使得结构转型所带来的压力不断加深，在这个世纪的最后二十五年里，人们的期望受到打压，失业人口不断攀升。这些紧张态势不断给国内民众的骚动不安添油加醋，也对尚处于胚胎状态下的民族国家的统一性造成了严峻的考验。肩负重任，维持国内秩序和社会整合的政治家们不断试验各种可能的解决之道，这些解决之道包括福利改革、镇压和推行帝国主义。从这一视角来看，以侵占和兼并世界大片地区为目的的极具戏剧化的帝国冒险在19世纪末曾是强有力的全球化进程的一种形式，在西方世界里，它是作为一种对国内问题进行部分修补的权宜之计而得以推行的。

这种转型的全球视野所能给予我们的绝非仅是一种对已知问题的重复陈述。它也预示着两种创新。第一个创新为长期存在的一个问题提供了一种答案，即：是否可以说投身于"新"帝国主义运动的国家都具有相似的动因，只是它们在实现能力上各不相同；还是应该说各大国都被一些驱动力所驱动着，而这些驱动力在属性上与列宁所说的"（帝国主义的）走狗"完全不同？作为转型的前锋，不列颠借助强大的国家整合程度已经发展出了高度依赖于国际联系的先进的工业和金融部门。英国人在帝国扩张上的动力主要来自经济驱动，既以产业部门的游说活动为代表，也有理由说它也是国家利益的代表。而在另一端，西班牙和意大利在全球经济中的投资极其有限，还正忙于实现全国范围的统一。帝国主义对它们而言只是一种机遇，敲敲边鼓，进而与民族主义的论调相合拍，它们抱着这样一种希望，即希望在国外所取得的成功能够把国内大唱反调的各个因素团结统一起来。这种对动因的分类方式使得合众国也能被囊括进来，跻身西方帝国主义之列，并与欧洲帝国主义国家形成等量齐观之势。1898年，合众国在一场短暂的战争中击溃了西班牙，获得了古巴、波多黎各和菲律宾群岛，另外还兼并了夏威夷。这场极具戏剧性的对外干涉长久以来饱受合众国史学家们的争论，但他们的研究主要局限于国内政治的背景。

的确，合众国正经历着西欧国家转型时所遇到的同样的难题。制造分裂的内战结束之后，国家统一才得以铸造；经济也经历着一种向制造业逼近的急剧转型，同时还要面对各种出现的社会问题，这些问题欧洲国家也曾处理过。与不列颠不同，合众国曾是一个后起之秀。它拥有巨大的经济体量，但除了与欧洲有联系之外，它同海外其他地区的联系相当有限。美国尽管同意大利在很多方面都存在差异，但两国确共享着一个相似的动因：尽管各方利益都曾发挥影响，但与西班牙开战的主要动因来自完成国家统一的决定。

传承下来的正统派观点在处理第一次世界大战时，将其视为是一个分水岭：1914年之前的一百年是帝国扩张的年代；而随后的半个世纪则是帝国收缩的年代。研究的着眼点也从劫掠者和殖民地总督各项明确坚定的举措转移到了民族主义领袖们的反叛活动上，当时，后者正积蓄力量，蓄势待发，并最终为他们的国家赢得了独立。随着（欧洲大国）漫长隐退的到来，合众国向前迈进一步，在世界范围内扛起了自由的大旗。此处，摆出一种对比的态势，就是为了要强调一战之后帝国的幽灵并未退场，它依然具有强大的延续性。在1918年，那个时代的人们并不认为大帝国的时代已经走向尾声。相反，西方的各大帝国都在"一战"后达到了其鼎盛阶段，当时新获委任统治的领土不断被它们收入囊中，增强了帝国的控制能力。推行文明化的使命继续激发着帝国政策的制定；对白种族裔至高无上的信仰依然在坚定不移地论证殖民统治的合理性。帝国心态甚至到了20世纪30年代仍未改变，当时政治家们试图对潜在的侵略者采取绥靖政策，他们所做出的反应性举措就是向其提供其他民族的领土，如同纳贡。[1] 其众所周知的意图就是要"获取"权势以便在第一次世界大战之后扩张现代全球化。各大帝国之所以得以保留是因为它们仍然在这一进程中发挥其应有的功能。

---

[1] 以"慕尼黑阴谋"为代表，当时英、法、意三国同德国在1938年签订了《慕尼黑协定》，在没有捷克斯洛伐克代表出席的情况下，将捷方的苏台德区单方面割让给德国，以换取德国转攻苏联，祸水东引。——译者注

◈◈　　全球化是昨天的新闻吗？　　◈◈

　　这股从过往之历史来理解当下的趋势可以在如下的研究中得以发现：研究者将美国优势（U.S. predominance）的起源追溯到了第一次世界大战，甚至更早。当然，当亨利·卢斯（Henry Luce）在1941年创造了"美国的世纪"这一术语，他正在对一种可能的未来做出辨识，而非解释继承而来的过往。随后的研究进一步确证了他在判断力上的敏锐。第二次世界大战前夜，欧洲各大帝国仍然毫发未损，大权在握的帝王对帝业之热情仍未消退。特别是不列颠拥有现代最强大的帝国，作为一种全球性的大国，安享着无人能及的地位。1938年，在西方各大帝国所掌控的区域中，由不列颠所控制的不少于59%，不列颠控制了全部殖民地人口中的69%，这意味着拥有接近5亿的臣民。① 作为传统认识上帝国扩张和衰落的转折点，第一次世界大战所预示的那些大事件甚至直到严阵以待、整军备战的20世纪30年代才开始显现。同样，在1939年，各帝国主义列强开始走向战争以保存自身的帝业，世人不仅看到了它们的分化解体，也看到了结盟联合，它们对和平做出规划，以巩固其既有的胜利。在美国的支援下，它们受到鼓舞，胜利者们无疑复活了帝国的使命并试图扩张它们所统治的疆域。一种极具协作精神的（英）联邦体制让不列颠在20世纪随后的光景中——20世纪结束以后则并非如此——仍然维持着所谓的"强大"。一个重新组织起来的法兰西联邦②将会把法兰西从一场代价高昂的胜利中拯救出来并维持它作为一个主要大国的国际地位。从这

---

① Bouda Etemad, *Possessing the World: Taking the Measurements of Colonisation from the 18th to the 20th Century* (New York, 2007), pp. 167, 186, 222, 225–226.

② Union française，英文为the French Union，"二战"后法国效法英联邦，试图重建殖民统治，以法兰西联邦取代旧有的法兰西殖民帝国（Empire Colonial Français）。1946年10月立宪会议通过法兰西第四共和国宪法第16条，认定法兰西联邦由三部分构成：法国本土及阿尔及利亚；海外省，如法属圭亚那、留尼旺群岛等；海外属地，包括在非洲太平洋上的一些殖民地。随着民族独立运动的兴起，1958年法兰西第五共和国宪法决定成立法兰西共同体［Communauté française］来取代法兰西联邦，各成员国在内政和经济上享有自主权，但外交和国防仍由法国控制。1960年法国进一步修宪，放松了对成员国的控制，有12国先后退出。一直到1961年，法兰西共同体参议院宣布解体。1970年重新组建了法语国家组织（Organization Internationale de la Francophonie）这一没有实质政治控制意义的语言文化组织。——译者注

一视角来看，现代全球化的时代以及与之对应的帝国时代都延续到了20世纪的后半叶，然而帝国之终结，当它真正来临时，又是如此之突然。

　　回顾往昔，无疑这种构成了20世纪上半叶之主要特征的帝国延续性包含着种种征兆（signposts），从这些征兆中可以看到西方开疆扩土型帝国的最终消解。第二次世界大战所带来的剧变是一个明显且广为人知的案例。然而，在此所强调的是20世纪30年代的危机，当时的种种的发展和走势对"二战"后的历史具有决定意义，并开始改变了殖民地的风貌。西方各大帝国都被外在强力所摧毁，这些摧毁性的力量早已在它们内部应运而生。初级产品的生产过剩引起了广泛的经济不良反应；对自由和民主修辞的过度贩卖在公民权被剥夺的群体中催生出了希望之光。这种开胃甜酒最终把骚动不安搅动、激发成了持续性的政治行动，并赋予先前缺乏生气的民族自决以生命力。一场"绿林起义"把乡村中的大多数人都裹进了政治上的竞技场，将他们与各类政党挂钩，由这些政党发出了他们反对殖民统治的呼声。到了20世纪30年代的尾声，这类挑战早已迫使殖民大国对承袭而来的政治立场和殖民政策做出反思，思量再三。第二次世界大战无疑推动了诸种事态的向前发展，但无论是在非洲还是在亚洲，它并没有让一段"岁月静好的殖民"时期彻底"破灭"。① 殖民地的骚乱，在不断集结的各帝国主义对手中间无不存在。欧洲内部的民族仇恨是引发敌意的一个最明显的原因；对非—西方世界是否"拥有"权势，这是造成大国竞争，进而引发敌意的另一个原因。正是后一个原因赋予了这种冲突以理由，应当把这种冲突当作全球范围内的帝国主义战争来加以认识。

后殖民时代的全球化

　　20世纪50年代，去殖民地化的运动变得越发刻不容缓且无法逆

---

① 正如 Michael Crowder 在如下这篇文章中所暗示的："The Second World War: Prelude to Decolonization in Africa", in Michael Crowder, ed., *The Cambridge History of Africa*, Vol. 8 (Cambridge, 1984), p. 20。

转。帝业永存的假设被弃置一旁，就如同它从未被设想出来。世界几乎以一种悄无声息的方式步入了一个全新的时代，即后殖民时代的全球化时期。国际经济中的种种变化改变了西方各大帝国的整合模式，这一模式创制于19世纪并一直延续到了20世纪上半叶。国际价值观的变化也摧毁了西方的道德权威并侵蚀了它对帝国合法性的宣称。追求领土的帝国要么变得多余成为累赘，要么就不切实际失去可行性。一种帝国的辩证法再次发挥作用：这种自19世纪50年代以来满足民族工业国家需要的全球整合业已实现了它的目的。帝国政策必须适应不断变化的环境：世界经济的变迁；冷战的需要；（对殖民地）紧抓不放的成本消耗；（殖民地）寻求民族自决的需要。

殖民地物资交换所建立的模式——用工业制成品同初级原材料进行贸易——在20世纪50年代开始走向碎裂。专业分工和整合一体的另类样式开始得以显现。行业间的贸易将各发达经济体联系了起来；金融和商业服务取代了旧有的制造业岗位；制造业产业集群在亚洲的前殖民地地区涌现出来。世界贸易不再从帝国的中心辐射出来，而是步入了全新的区域性联结中。人口迁移的流向也发生了变化。19世纪，将欧洲人带到世界其他地区去的运动在20世纪的后半叶发生了很大程度上的逆转，大量移民不仅从前殖民地地区回到了西方世界定居，还移民到了与之展开合作的新兴地带上。超国家的商业和政治组织扩大了它们的作用，并获得了某些主权意义上的构成要素。跨国公司对小国施加着影响，自身也与更大的公司结盟、合并。联合国以前所未有的程度发挥着影响，它的影响力涉及各类影响人类种种权益的争端，其中也包括殖民主义。种族平等的观念广泛散布；曾经论证了帝国主义之合理性并为殖民统治大开方便之门的白人至上的信仰已经失去了继续存在的土壤。到了20世纪60年代，有利于领土帝国之创制的种种条件早已退场。国际关系中的权势开始以别样的方式发挥作用。（各国在）战略上不得不做出重新的调整，以适应新型的结构。作为正在崛起的超级大国，合众国既非是一个全新的罗马也非是一个崭新的不列颠。1945年之后，它曾是一个满有抱负的霸主，而非是一种寻求开疆扩土的帝国主义势力。

这些变化在范围上看都是涉及全球的，并相应地导致对"去殖民化"的传统理解不断延伸。关于这一主题的文献著述都固守着位于亚洲和非洲大陆上殖民地的官方边界，（以国别为研究单位）。与之同步展开的冷战研究扩展到了其他区域，但仍将去殖民化视为是一种时代的附带组成部分，这一时代应当聚焦于东西外交的"上层政治活动"（the high politics）。并不是要让"去殖民化"适应冷战，而是冷战需要去适应"去殖民化"，由此，"去殖民化"也需要被置于一个更广泛的全球大国转型的背景之下，被置于一个战后时代利益诉求和价值观念转变的情境之中（来加以理解）。[①]声张或重申国家主权的各类运动早已散布到当下的讨论框架之外。一种被放大的"去殖民化"的概念囊括了一系列国家——从中国到澳大利亚——如今它们都被遗漏于思考的范围之外，其中也包括内部殖民主义[②]的几个明显案例，其中合众国就是最突出的一个例子。

战后去殖民化的故事通常始自于1947年的印度独立，但也可以说它始自于"二战"期间和"二战"后东亚所经历的震荡（upheaval），当时中国经长期斗争将自身从外国势力的控制之下解放了出来。尽管从未被正式地殖民化，但中国自鸦片战争以来就一直屈从于西方势力的影响。随着帝国主义的势力范围在整个（东）半球建立起来，同时攫取了修建铁路和开采矿藏的特许权益，中国的海关关税被置于外国势力的操纵之下；条约规定的通商口岸给予了欧洲人以特权；1894年到1895年甲午海战更是惨败于日本人之手。一系列丧权辱国的遭遇继续在20世纪不断出现：以不列颠为首的外国势力影响了

[①] Odd Arne Westad, "The Cold War and International History in the Twentieth Century", in Melvyn Leffler and Odd Arne Westad, eds., *Cambridge History of the Cold War*, Vol. I (Cambridge, 2010), pp. 1 – 19, 本书呼吁一种全球化的研究方法，尽管在第一和第二卷中只有两个章节明确处理了去殖民化问题。Cary Fraser, "Decolonization and the Cold War", in Richard Immerman and Petra Goedde, eds., *Oxford Handbook of the Cold War* (Oxford, 2013), Ch. 27, 将这一主题恰当地置于了一种全球背景中。

[②] 指同一社会内部不同区域或族裔间因经济发展不平衡所造成的巨大社会差异和不平等现象，双方甚至产生类似于殖民统治的压迫关系。例如美国国内曾经的黑人奴隶制问题。——译者注

1911年辛亥革命后中国领导人的选举活动，1929年受其支持的蒋介石最终在权力的竞争中大获全胜。当日本人在1931年入侵满洲，并在1937年得寸进尺地第二次入侵中国之时，形势到了最低沉的时刻。强有力的理由表明第二次世界大战始自于1937年的上海沦陷，而非是1939年的闪击波兰。

民族主义者反抗殖民统治以及新型殖民势力之影响的起义随着击溃日寇以及1949年中国革命的成功而得以大获全胜。注定要卷进来的合众国试图在印度支那控制一场相关的民族主义起义，这是一种源于恐惧而激发的反应，美国害怕新中国势力的扩张会为这一地区注入共产主义的毒药，同时摧毁法兰西成为（共产主义）在欧洲之有力盟友的企图。① 一种类似的、同时推进的情势也出现在朝鲜半岛，在此，日寇被驱逐清空之后，高压手段所造成的分割，将这个国家分裂成了两部分，这既激发了民族主义者情感上的高涨也令这一情感饱受挫折和打击。相似的考虑也使得华盛顿方面先是支持荷兰在印度尼西亚的殖民活动，随后又对其大加排挤，（一度）力挺印度尼西亚的苏加诺政权，与不列颠联手在马来西亚"坚守战线"（holding the line），并试图在其②自身所拥有的前殖民地——菲律宾，它早已在1946年被获准独立——重建正式的影响力。总之，正是中国强有效力的"去殖民化"过程助燃了亚洲的冷战，将超级大国引入这一区域并最终在远东抽走了殖民秩序脚下的地毯，使之乱了方寸。③ 然而，尽管中国在冷战研究中占据突出的地位，但在战后"去殖民化"的文献著作中，除了扮演一种"背景"，它很少担任主角。

---

① A. A. Rotter, *The Path to Vietnam: Origins of the American Commitment to Southeast Asia* (Ithaca, New York, 1987). 一个便于查考且标注了日期的指南可参见：Mark A. Lawrence, *The Vietnam War: A Concise International History* (Oxford, 2008)。

② 此处指美国——译者注

③ Robert J. McMahon, *Colonialism and the Cold War: The United States and the Struggle for Indonesian Independence, 1945 - 1949* (Ithaca, N.Y., 1981); Bruce Cumings, *The Korean War; A History* (New York, 2010); Rana Mitter, "China and the Cold War", in Immerman et al., *Oxford Handbook*, Ch. 8.

英国的自治领同样也被排除于"二战"后去殖民化的传统调查之外。① 截止1945年，大部分历史学家都抱着这样一种观念：他们的故事最好是被当作一个全新的民族国家的故事来加以讲述，而非让帝国的成分继续苟延残喘。自治领业已完成了内部的自治，几乎实现了立法上的自主，并在英国人的对外政策上发挥了一定的影响。尽管如此，在1945年，旧的自治领依然需要实现从形式上的独立到实际上的独立的转变。自治领的大多数政治领袖们仍然热衷于为加强帝国势力而出谋划策。种族上的亲和力（ethnic affinities）维持着各种联系，这些联系是不听命于立法机构和帝国命令的。自治领中的民族主义与一种强大的意识相结合，这种意识用当下的语言来说，就是众所周知的"种族爱国主义"（race patriotism）和帝国忠诚。在文学和表演艺术中持续出现的文化依赖可以用一个形成于20世纪50年代的澳洲知名短语来总结，即"文化畏缩"（cultural cringe）。② 物质上的考量强化了这类情感。海外贸易的联系继续指引着自治领转向不列颠，以其为中心，为英国的制造业提供市场，同时（除了加拿大）它们也效忠于英镑区③。

这种捆绑在一起的联系直到20世纪60年代才开始松绑。紧接着的是一个未被注意的去殖民化过程，当时旧的自治领开始着眼于自身

---

① 下文引自：A. G. Hopkins, "Rethinking Decolonization", *Past & Present*, 200 (2008), pp. 211–247。同时也可参见：Cain and Hopkins, *British Imperialism*, Chs. 21, 26。开创性研究应当归功于Stuart Ward，特别是他的著作 *Australia and the British Embrace: The Demise of the Imperial Ideal* (Melbourne, 2001)，以及 Philip Buckner, ed. *Canada and the British Empire* (Oxford, 2000)。"自治领"这一术语在20世纪50年代开始不再那么常用。我在此处使用它专指出于便利而简称为英联邦国家（Commonwealth countries，这些国家通常被设定为有"白人定居活动"存在的地区，并把新生的自治领，如印度，排除在外）的那些地区在随后所经历的阶段。

② 对这一术语之发展历程的评估可参见这一术语之发明者的论述，A. A. Phillips, *A. A. Phillips on the Cultural Cringe* (Melbourne 2006)。

③ the Sterling Area, 1939 年英国颁布外汇管制条例，在以英镑为中心的货币集团国中建立英镑区，区内各国和各地区的货币对英镑保持固定比价，区内的贸易和账务清算皆以英镑结算，区内各国和各地区收入的黄金和美元需卖给英国或其指定银行，作为共同储备。到了1972年，英国实行英镑浮动，造成英镑范围实际缩小到英国本土，爱尔兰和直布罗陀。——译者注

而非"母国"来寻求对自身未来的定位。试图让来自英国的移民再次进驻帝国各个区域的企图最终成效寥寥。移民的别样来源改变了旧不列颠世界的社会结构。① 与此同时，同英国的商业联系也变得弱化，别样的区域联系开始扩展。澳大利亚和新西兰发展出了同日本以及东南亚各国的新关系；② 加拿大同合众国的既有联系也得到了加强。更进一步的区域发展，欧洲经济共同体（the European Economic Community，EEC）的创立都加速了这一趋势的到来。1961 年，英国决定申请成为（欧共体）成员国的举动给了自治领以未曾预想、措手不及的震动。虽然此次申请以失败告终，但事实上它从根本上预示着不列颠决定将要从其帝国的泊位上撤退的意图，进而确认自治领也有必要做同样的申请。③ 英国国防预算的削减迫使自治领要为自身的安全负责，它们大多与合众国接上了头。文化上的自信获得了种种充满生气的表达，这让自治领也得以抛头露面。如今，澳大利亚人不再畏头畏尾。到了 20 世纪 60 年代，最后一拨（拥护殖民宗主国的）效忠派领袖让位于下一代，这代年轻的领袖们把反思这些新出现的当务之急放在了优先考虑的位置上。宪政上的种种变革也影响了公民权并让封建君主完全脱离了"旧式国家"。总之，种种这类发展动摇了曾经稳固的真理：自治领早已自行出局、退场，不再将自己视为是英属的。

有充分理由把美利坚合众国（它起初也始自于一种由定居者建立起来的殖民地）也添加到去殖民化的故事中来，尽管其自身的领土占有活动很少在此类联系中被提及。然而，在第二次世界大战之后，在欧洲各大国势力都在与其殖民地脱钩的同一时期，合众国也让自己这个独行帝国（insular empire）实现了去殖民化。合众国同样也可以为内部的去殖民化提供一个范例。第二次世界大战之后，华盛顿当局不

---

① 这一趋势还在继续。这一数据在新西兰尤为明显，在 2013 年，（主要来自中国和印度的）亚裔占到了海外出生之新国人口的三分之一，或者说占新西兰总人口的百分之十二。

② Hopkins, "Rethinking Decolonization". 该文对数据进行了归纳并提供了更进一步的参考文献。

③ 不列颠直到 1973 年才获得成员国身份。Andrea Benvenuti, *Anglo-Australian Relations and the "Turn to Europe", 1961 – 1972* (Woodbridge, U. K., 2008)，依照这一程序最终完成。

全球史研究

再对非裔美国人和本土美洲人①为提升公民权益而向当局施加的压力视而不见了。联邦和各州政府纷纷做出回应，正如这个独行帝国的一贯方式，（政府所采取的策略是）首先镇压"煽动者"，然后再退却让步。当红色恐怖（the Red Scare）在20世纪50年代初达到了一种令人痴迷的水平时，在民权问题上，即使是最为适度谦和的进步也都陷于停顿。抗击共产主义变成了比终结种族主义更为重要的任务。美国联邦调查局侵扰着非裔美国人所拥有的政治组织并在事实上令其关门大吉，一直到麦卡锡时代走向终结之前，情况一直如此。② 1957年复兴而起的改革运动伴随着臭名昭著的阿肯色小石城危机③而饱受质疑。最终导致的（阿肯色州和联邦政府间的）对垒不仅吸引了全美媒体的注意也引发了世界范围的关注。国务卿约翰·福斯特·杜勒斯（John Foster Dulles）向艾森豪威尔总统发出了一条言明事态紧急、不加粉饰的通报："这一情势正在摧毁着我们的对外政策。"他补充指出：其在亚洲和非洲所产生的效果"将会令我们更为困窘，比匈牙利给俄国人所造成的麻烦更为严重"④⑤。随后，《1957年民权法案》出台，这是近一个世纪以来的首个此类改革法案。然而持续不断的群众性示威游行依然如故，最终导致了一个较前者更为全面的《1964年民权法案》的出台。马丁·路德·金作为这一运动最知名的代表人

---

① native americans，指印第安人。——译者注

② Manfred Berg, "Black Rights and Liberal Anti-Communism: The NAACP in the Early Cold War", *Journal of American History*, 94 (2007), pp. 75–96.

③ 又被称为Little Rock Nine，小石城九人事件，1959年9月在阿肯色州首府小石城有九名黑人学生根据联邦地区法院对布朗案的判决冲破黑白分校禁令，进入公立高中就读。州长奥瓦尔·福布斯（Orval Faubus）调动国民警卫队在学校门口予以拦截，放任白人暴民对黑人施暴。艾森豪威尔总统为避免事件升级，火速调派陆军101空降师进驻小石城，直接控制了州一级的国民警卫队，并派全副武装的士兵每天护送9名黑人学生上学。——译者注

④ 1957年9月24日，引自：Mary L. Dudziak, *Cold War Civil Rights: Race and the Image of American Democracy* (Princeton, 2000), p. 131；同时可参见第132—136页确认性的（confirmatory）评论。

⑤ 指发生于1956年的匈牙利十月事件，匈牙利人民对苏联的控制和共产党领导的社会主义体制做出反抗，要求从集权走向民主，但由于苏联两次出兵镇压，最终以失败告终。——译者注

物,四年后遇刺身亡。

本土美洲人尽管在数量上相对较少,但也需要被囊括到这一故事中来,尽管传统的记述在处理这一问题时,为了铲除包含种族隔离——曾长期施加于非裔美国人身上——的版本,几乎将非裔美洲人的努力完全排除在记述之外。1953年以后,国会废除了间接统治①的政策,这项政策曾在20世纪30年代以来被拿来治理(印第安人)保留地并转化为一种同化(印第安人的治理)形式,阻止了分离性团体的发展壮大,并把部落的土地向私人企业敞开。对(印第安人)主权和文化多元主义的攻击激怒了本土美洲人,使其多种多样的政治组织最终整合出了一场连贯一致的激进运动。一系列高度公开化的示威活动在20世纪60年代随之而至。华盛顿当局最初的反应是把美国的印第安人运动归类为一种"极端主义"组织并运用反叛乱的举措来镇压激进的反对派。然而,在负面宣传面前,约束与镇压最终让位于调和与安抚。1968年,国会终结了同化政策并通过了《印第安人民权法案》(the Indian Civil Rights Act),随后又在1975年出台了《印第安人的自决和教育法案》(the Indian Self-Determination and Education Act)。这些举措标志着漫长殖民托管期的终结,这与其他殖民大国的经历具有引人注目的相似性。

避免连带损害

由于全球化已经经过了一个深入持久的历史过程,这给人一种明显的感觉,似乎全球化已是昨日的新闻。尽管如今这一感觉还称不上是想当然,但这种观察同20世纪80年代世界银行和其他类似机构所做出的假设——它们保持着这样的观点,即全球化是一种非常晚近的发展走向——比起来,还是相当进步的。一个更具考验性的质疑就

---

① 这一政策直接借鉴自卢加德爵士(Lord Lugard),又译卢吉或卢迦爵士,英国政府在非洲展开殖民活动的主要实施者,曾在乌干达和尼日利亚开展利用当地酋长和部落领袖来推行英国殖民活动的间接统治,后曾担任香港总督,也是香港大学的创始人之一,并任首任校长。——译者注

是：这种（全球化的）路数正面临着（因在学者圈中）过度熟稔（而有变成陈词滥调）的危险，从（它）被当作一种研究路径的角度来看，全球化这一主题是否已是昨日的新闻？如果的确如此，并且全球化研究正在步入富余、过剩之前的终极阶段，那么新入行的研究生们就应当警觉起来，不要再登上这艘正在沉没的巨轮，以免遭遇随之而来的连带损害。

如今历史学家们以一种相当开明的方式挥洒着"全球化"这一术语，当历史编纂学上的各个演进阶段业已达到了饱和，先前各节点上的关键词就被不断地追忆起来。依据这一标准，一种反击也许就近在眼前，（很快显现）。与此同时，在世界事务中，并没有与之竞争的其他选项出现，也没有征兆预示着在内在矛盾的重压之下这一主题会发生内爆（imploding），（自我解体）。事实上，全球化不同于先前大多数历史编纂学上所划定的各个阶段，它是一种（真实存在的历史）进程而非仅是一种（虚空抽象的）理论，这也有助于让它免受驳斥。的确，有很多理论性的成分包含其中，但（全球化）这一主题自身并不依赖于某种主导性假设，也并不依据这一假设来声称可以一劳永逸地解决世界上的所有问题。它既非是一种意识形态上的信仰也不是一种特定的腔调。它并非天生就是政策导向的。不管是赞成还是反对其所带来的后果，你都可以来研究全球化问题；你可以在相关的方面建言献策，推动政策的变化，或者进入这一主题，远离所有可行性应用的细枝末节。总之，全球化并非仅是一顶（覆盖有限的）大帐篷，而是广袤渊深的巨型天幕。

这一品质并非意味着针对全球化所展开的史学研究将能逃脱在历史编纂学上被取代或被超越的终极宿命。它只意味着因其属性不同，这一主题的致命弱点也呈现出迥异的风格。今天的主要问题是历史学家让市场中充斥着所谓的"软全球化"（soft globalization）概念，也就是说（他们）过于宽泛地使用了这一术语，用它来描述鲜有共同点的大量历史现象，撇开了那些出于流变之中的存在之物。某些被描述为全球化的东西也许放在一个更老旧的标题——国际史——中会更适得其所。以任何一种平实无夸的感知而言，也许还有其他一些运动称不上是全球性的，它们只是多种多样的地方和区域驱动力在变化之波长和延续之期限上的伸展和扩大。

当下，随着历史学家的研究，全球化并不会因为它不再是我们周围世界的一部分，或因为其多重假设业已受到拒斥就失去其应有的价值。相反，由于缺乏分析上的敏锐与深刻（这主要是由于无法投身于对相关社会科学文献的分析），它往往会引发不满。自20世纪90年代以来，是社会科学家而非历史学家发展了种种假设，让全球化得以深入过去，与更广泛的诸多议题相结合。到目前为止，鲜有历史学家能够表明，他们对与其自身工作相关的那摊文献足够熟悉，也就因此无法在更广阔的视野上展开辩论。如果对全球化的历史研究失去冲劲，那将并不是因为他们被踢出了局，而是因为他们很难进入这场游戏中来。

本文的目的就是对一项被社会科学家和历史学家都当作关注焦点的议题提出一种特殊假设：如何来分析全球化的历史演进。在此有所推进的这一论点试图表明：全球化应当被看作一组前后相继的序列而非是一种累积式的、线性发展的故事。本文中所提及的大部分事件对西方世界的历史学家而言都是极为熟悉的。然而，通过将这些事件置于三个阶段，让它们在背景的映衬下现身，并揭示其联系，从而突破了标准记述的种种局限。

原生全球化将不列颠、欧洲大陆、合众国以及亚洲的部分地区联系了起来，并延伸到了世界的其他地区（在此，因为篇幅的原因，世界的其他部分被排除在了讨论之外）。对军事—财政型国家之发展轨迹的再评价要求我们也要对美国革命以及不列颠攫取印度进行重新的审视。更激进点儿说，它预示着（法国等国）在欧洲大陆上所强加的殖民统治，以及19世纪接踵而至的争取独立的斗争，也需要被整合进对帝国主义的传统记述中，并且作为不列颠坚持不懈地创制出来的第一个非正式帝国的范例，合众国也应当被囊括进来。第二阶段，即现代全球化阶段，它开启了一个发展并不平衡的进程，这一进程最终催生出了工业化的民族—国家。这一阶段蹒跚而行的特征给社会造成严重的压力，这一压力借助19世纪末在非西方世界强力推行全球化而找到了发泄的出口。这一分析预示着一种对帝国主义势力之动机进行区分和辨析的方法；它包括将合众国视为一种新帝国主义的参与者而囊括进来；它强调持续性的长此以往，这一阶段不仅承载了两次世界大战，而且也下延到了20世纪50年代。在第三阶段，也就是在当下仍未结束的这一阶段，后殖民时代的全球化将各类变迁同世界经济联系了起来，并且也可以说与所谓的世界道德联系了起来，（在这一阶段中，人们）实现了去殖民化并创造出了一种令人耳目一新的情境，使得追求领土的帝国要么变得多余无用，要么变得难以发作。

  这种大跨步的发展要求学者们相应地做出大跨步的回应。冷战需要被置于一个更宽泛的去殖民化的背景下来加以定位；对于去殖民化的标准研究需要进一步扩大，以把当下被排除在考察范围之外的国家也囊括进来，例如中国，自治领以及美利坚合众国。

  正如此文所呈现的，这类归纳既缺乏证据也有待提炼。这类归纳只是提供了一种可能，为全球化的历史研究提供一种分析框架，这一方法并非仅仅是对早为人知的大事再重新贴一遍标签，它也是要表明怎样做才能使这些大事重新放射出启迪人心的光芒，并有可能（让解释）变得更有说服力。如果其他学者能够对我的上述想法做出补充和改进，那么对漫长全球史的崭新研究将会有一个更为光明灿烂的未来，而非仅是止步于过去，故步自封。

（译者：孙琇，山东大学历史文化学院副研究员。
中英文摘要由译者摘编后添加）

Tabale of Contents & Abstracts

The Changes and Formation of the Ritual System of Western Zhou
Hu Xinsheng/

Abstract: Rooted in the time-honored cultural tradition of the Zhou clan, the ritual system of Western Zhou differs greatly from that of the Shang. The Zhou rulers established the principles of the Zhou ritual system based on the Zhou patriarchic system and clan identity, which helped ascertain the doctrines of filial piety and friendship as key to ritual practices, and aligned clan morality with the state ritual system. Guided by the clan identity and patriarchic ideology, the ritual system of early Western Zhou exhibited the new trends of disenchanting witchcrafts and pursuing the beauty of solemnness. This new change signifies the beginning of Chinese culture to walk out of the immature stage of ignorance and superstition, and toward establishing the ritual system with characteristics of Chinese civilization. The new elements of the ritual system of early Western Zhou imposed profound influence on Confucian ritual doctrines, and marked a crucial stage of development of Chinese ritual system.

Keywords: ritual system of Western Zhou; clans; patriarchal system; ritual style; formation of Chinese ritual system

Some Issues in Studies of Ancient Chinese Local Governance
Ma Xin/

Abstract: The local governance of ancient China, as part of ancient Chinese centralization, while subject to central administration, also imposed distinctive influence on imperial rule. Feudal kingdoms, or fangguo, was the origin and the key of local governance of ancient China, primarily a feudal system in which feudal lords had quite independent political, military, and economic power. The principal part of local governance of ancient China is the system of prefectures and counties. As part of the centralized administration, local governments had relatively stable power and management structures, while generating no local separatism. The local governance of ancient China is composed of central and local systems. While the central system offers feedbacks, the local one managed local society. In ancient China counties played central roles in local governance, while villages were the underpinnings of the county rule. Thus, local governance of ancient China has special characteristics in terms of institutions, political functioning, as well as governing patterns, and exhibits more stability, diversity, and compatibility, compared to imperial central government.

Keywords: ancient China; imperial rule; local governance; system of prefectures and counties

A Preliminary Enquiry of Some Issues of Affixed Titles of County Magistrate of Song Dynasty

Fan Xuehui/

Abstract: The institutional arrangement of affixed titles of county magistrates during the Song dynasty is a compound structure, usually composed of official ranks, dispatchment, affiliated titles, and official apparels. The system of official ranks changed dramatically after the Yuanfeng reform (1080 – 1082) into Jilu ranks, while before that it was a combination of sinecure posts with original ranks. In 1103, before advancing to the seventh rank, prefecture and county magistrates had to concurrently hold official ranks and probational ranks. Military officials needed to hold military ranks. Dispatched officials were divided into zhixian county magistrates composed of jingchaoguan, muzhiguan and wuguan, and xianling county magistrates, comprised mainly of civil officials. Although this was the civil service system throughout the Song, exceptions always existed. According to differences in qualifications, performances in examinations, recommendations, special titles such as quan, techai, yichai, gaichai etc. were applied before appointments. The newly appointed who had not arrived at posts were granted the title of xinchai. Affixed titles include both universalistic titles and those region-specific. Such affixed titles were abolished in 1113. Affixed titles were hierarchical and consistent with official ranks.

Keywords: Song Dynasty; affixed titles of county magistrate; compound structure; standardization; stratification

The Yellow Emperor and the Five August Emperors Era
Jiang Linchang/

Abstract: The Yellow Emperor was the earliest clan of the Five August Emperors era (c. 30th century – c. 21st century BC). The Five August Emperors era was not only the starting point of Chinese civilization but also the origin of Han Chinese nation. The multiple ethnic groups during the Five August Emperors era evolved into the multi-ethnic integration with the central plains as the core. The causes include expansion of agricultural cultivation by the Yellow Emperor clan in central plains, annexation of other clans, and military expansion. The culture of the central plains continued to play a central role in the framework of the pluralistic integration, precisely indicative of the profound cultural influence of the Yellow Emperor's clan and continuity of Chinese civilization. Studies of the Five August Emperors era need to take an interdisciplinary approach, comprehensively taking insights from philology, historical geography, archaeology, and ethnology into consideration. The issues of the Five August Emperors era and origin of Chinese civilization need to be considered in the context of the ongoing transformation from East Asian system to Eurasian system. It is important to revisit Prof. Tong Enzheng's thesis that the half-month shaped bronze culture zone with a northeast-southwest slope was the deep-rooted reason of the continued development of the central plains from the Five Emperors era down to the Xia, Shang, and Zhou periods.

Keywords: Yellow Emperor; Five August Emperors era; Five Great Clans; origin of civilization; Central Plains as the ccore; Eurasian system

Xia Shang Zhou Dynastic Project and Archaeological Studies of Xia Dynasty

Li Boqian/

Abstract: The words Xiayu, Xia clan, and Xia dynasty appeared in documents of pre-Qin period, and Xiabenji is one chapter of the shiji (*Historical Records*) by Sima Qian. Archaeological excavation and studies of the recent century have further proved the very existence of the Xia dynasty. Since the Xia Shang Zhou Dynastic Project was launched in 1995, by adopting archaeological, historical, philological, astronomical, and carbon dating methods, a huge amount of new data potentially crucial to determining the starting date of the Xia dynasty has emerged. This carries profound significance to our understanding of the origin of Chinese civilization. Although having released initial results in 2000, as a collective and collaborative project, the Xia Shang Zhou Dynastic Project deserves more future efforts.

Keywords: Xia Dynasty; Doubting the Antiquity; Erlitou; Wang chenggang; Xinmi Xinzhai; Xia Shang Zhou Dynastic Project

The Text of Shi 訊 Ding and the Moral Education of western zhou

Feng Shi/

Abstract: Shi 訊 Ding (师 訊鼎) is the prototype during Gong King (Gongwang 恭王) 's period in the middle of Western Zhou dynasty. Shi 訊 师 訊 was a mobility from Guo state 虢. Shi 师 was a patrimonial official position for this clan, whose job mainly involved helping with the King's moral improvement and conducting morality ruling eventually. Inscriptions on the Ding 鼎 mentioned 訇 and his antecedents in the family, including Gongshang Fu 公上父, Bo Taishi 伯太师, Guo Ji 虢季 and so on, presenting the glorious experiences of them in assisting Mu King (Muwang 穆王) and Gong King (Gongwang 恭王)'s governance with virtue (De 德). The concepts inscribed on the Ding 鼎, such as Grand Virtue (Kong De 孔德), Serene Virtue (An De 安德), Great Virtue (Hu De 胡德), Salient Virtue (Lie De 烈德), Humility Virtue (Yi De 懿德) and Abstemious Virtue (Jie De 节德), can be compared with those in Pre-Qin literatures like Zhouli 周礼, Liji 礼记, Zuozhuan 左传 and Shijing 诗经, these conceptions represent more sophisticated and systematic thoughts known as "Virtual education (De Jiao 德教)" and "Morality Ruling (De Zhi 德治)" in Western Zhou dynasty. Historically, those thoughts laid a solid foundation for the construction of moral theory by Confucianist like Confucius and Mencius. For the research of Cofucianism, it is necessary to retrospect the two notions, "Virtual education (De Jiao 德教)" and "Morality Ruling (De Zhi 德治)".

Keywords: Shi 訇 Ding Western Zhou; Gong King; virtual education; morality ruling

The Purpose of daimyo duringthe War of Bunroku and Keicho: A Riscuscion of daimyo's Motivation to Enter the War

TSUNO, Tomoaki/

Abstract: The aim of this paper is to examine the purpose of daimyo to participate in the war of Bunroku and Keicho (the Imjin war). The reason that daimyo was forced to enter the war was to maintain their statuw Another reoson was to expamd the territory Previous stuhies have been focusing on the former However, given the fact htat the war took conguering the Ming court as its vlfimate goal, to undcrstand the essence of the war, mere attentiorn should be paid on the latter.

Keywords: The War of Bunroku and Keicho; The Imjin War; Daimyo's motivation for battle; positive motivation

The koream war of the fixteenth Century and the Ming Court Politics : An Analysis Centered on wenxingjun kongyu lu by Liu Siyuan

Bu Yongjian/

Abstract: In the winter of 1596, shortly before the outbreak of the second stage of the Korean War, Korea sent a diplomatic mission, headed by Zheng Qiyuan, to Beijing sounding the alarm and supplicating for Ming reinforcement. The secretary of the mission, Liu Siyuan, compiled a highly interesting record about the mission, Wenxingjun kongyu lu. Based on this book, this paper studies the ideal and operation of Ming tributary diplomacy, the politics of the Ming court, and the ways through which various stake holders manipulated information.

Keywords: Wenxingjun kongyu lu; Zheng Qiyuan; Liu Siyuan; Ming court politics; Korean War

A Study of Tong Yangzheng and the Ming Logistical Network

Yang Haiying

Abstract: The fact that Tong Yangzheng, the vice commander of eastern expedition in 1592 – 93 of the Ming court, was the son of Tong Deng, military commander of Liaodong, demonstrates that he came from a time-honored Haixi Jurchen family. Tong Yangzheng, who took charge of logistical supplies during the early eastern expedition not only carried out the sea-route transportation but also established the Zhongjiang trade. The fact that he could provide ample supplies indicates the logistical network of the Ming court, which deserves scholarly attention. The close ties between Zhang Sanwei and Nurhaci and that Yangzheng's uncle Tong Yangcai did business in Jianzhou indicates not only the complex connections of this war with

Jianzhou Jurchens but also the structure and operation of the Ming logistical system, sources of supplies, transportation routes, management of distribution, socio-economic development, and personal network of officials.

Keywords: eastern expedition of 1592 – 93; Tong Yangzheng; logistical network; Zhongjiang trade; sea-route transportation

Study on the Deployment and Defence of Ming Army in Joseon Around the Second Jinzhou Battle

Shi Shaoying/

Abstract: After the Bitiguan Battle, the korean war gradually turned to the period of Ming-Japanese peace negofation. However, Japanese had not totally withdrawn from Joseon and Ming army faced tough challenge. The deployment of Ming Army deep into south of Joseon and the partial strikes of Joseon local army , had forced Japaese aggressthat occupied cingnan resionors westward and posed threat to Jinzhou. Thus, Japanese aggressors, who were jupposed to ceese fire, suddenly started the Second Jinzhou Battle, The fortification of Ming army in Nanyuan had availably held back Japanese westward aggresion, but insufficient occupation forces in the south of Joseon could not meet the long-term needs of Ming's defense. After the Second Jinzhou Battle, Ming army had clearly realized the war would be protracted, and Ming should perpetually garrison for Joseon until the Japanese aggressors completely withdraw.

Keywords: The Ming army; Ming-Japanese peaceful negotiation; Seoul; The Niaoling Mountain; The second Jinzhou battle

Two Different Wars: The Identity of the JZChosŏn Dynasty in Ming-Qing Transition

Kye, Seung Bum/

Abstract: The Imjin War (1592 – 1598), also known as the Hideyoshi Invasion of Korea, became an historical event that closed the first-half of the Chosŏn dynasty (1392 – 1910) not just because the war broke out at the mid-point of the five-hundred-year dynasty, but also because it exerted heavy influence on the dynasty. Above all, the seven-year war devastatedly caused tremendous socioeconomic damage. The dynasty suffered the land degradation and terrible manpower losses during the war. The Japanese occupied the Chosŏn capital for about one year and overran some major cities during the early phase of the war. A number of important materials indispensable to maintain social order and govern the state were burned or lost including household, slave, and land registers, among others. As a result, the war pushed the dynasty to move on to a period of reorganization and reconstruction. Three decades later, the dynasty underwent more invasions from the north; the Manchu invasions of 1627 and 1637. While the Japanese devastated the physical resources of the dynasty, the Manchu shook the ideological foundations of the dynasty in the form of Neo-Confucianism based on Zhu Xi's (1127 – 1200) cosmology and his interpretations of the Classics. The Korean kings and the ruling yangban elites had been indoctrinating their people with the principles of loyalty to the monarch (ch'ung) and filial piety to parents (hyo) and had also praised the Ming emperor as the father who gave Chosŏn a second life by saving it from Japanese aggression. Under Manchu interference, however, in reality and theory Chosŏn was forced to betray its ritual father and vow to serve the father's enemy, the barbaric Manchu khan, who was about to kill its father. It was not only a national humiliation but also an ideological crisis and a serious violation of two moral principles Ching and hyo simultaneously. For this reason, the Korean surrender to the Manchu emperor indeed functioned as a symbolic event signifying that the ethical and diplomatic foundations of the Chosŏn dynasty were now destroyed. The Korean kings and the ruling elites under Manchu dominance, therefore, needed to solve the crux of inconsistency between moral law and reality so as not to lose their legitimacy and the national identity.

With emphasis on the national identity and the raison d'être of the Chosŏn dynasty on the international stage in the course of the Ming-Qing transition, this paper looks at the different aftermaths of the two major wars in the larger context of East Asia.

Keywords: The Imjin War; Manchu Invasion of Korea in 1637; national identity; moral principles

A Re-evaluation of The Imjin War from the Perspective of World History

Song Chengyou/

Abstract: At the end of the 15th century, western Europeans opened a new maritime navigation era. In the 16th century, the Great Navigation Epoch entered a new stage, with the opening of global shipping routes and the gradual globalization. Western European traders and missionaries came into East Asia and thus caused a maximum cultural shock wave of western learning, which constituted the international background of the Imjin War. With a rapid popularization of firearms and an international vision, Japan was activated and formed a tradition of studying new learning. In 1572 and 1597, Toyotomi Hideyoshi, using his military superiority, including the matchlock, launched two invasions of Korea and established a great empire to replace China and dominate Asia. The ImjinWar shows the characteristics of the interaction between Europe and Asia. The usage of firearms such as artillery, matchlock and gunpowder in battlefields are obviously different from other wars in ancient East Asia.

Keywords: global routes; Western Learning into East Asia; Toyotomi Hideyoshi; matchlock; The Imjin War

Is Globalization Yesterday's News?

A. G. Hopkins/

Abstract: In present academia, historians are flooding into the market with the concept of "soft-globalization". They over-generously use the term but are lack of analytical incisiveness. The studies of globalization will have a risk of being overtaken or bypassed and become an old-dated research approach. The author emphasized globalization had multi-centered origins and was not simply another long chapter in the story of the Rise of the West. Globalization can create heterogeneity as well as homogeneity. The studies of Globalization have dual effects: show how localities contributed to global processes and reveal what supra-national influences shaped diverse national histories. In the author's mind, globalization are real historical processes instead of empty theories. It should be seen as a set of sequences rather than as one story of cumulative, linear development. The author identifies three overlapping sequences, termed "proto-globalization", "modern globalization" and "post-colonial globalization". "Proto-globalization" refers to the type of expansion promoted by military-fiscal states in the seventeenth and eighteenth centuries. "Modern globalization" struck the Western world in the late nineteenth century, which was the product of two well-known processes: the spread of industrialization and the creation of nation states. In the 1950s, the decolonization movement became swift and irreversible. The world entered on a new era of "post-colonial globalization".

Keywords: globalization, global history, national state, modernization